Chiapas

LA PALABRA DE LOS ARMADOS
DE VERDAD Y FUEGO

Chiapas

LA PALABRA DE LOS ARMADOS DE VERDAD Y FUEGO

Entrevistas, cartas y comunicados del EZLN
(hasta el 4 de marzo de 1994)

Ediciones del Serbal

Los textos reproducidos en este libro fueron tomados de
El Despertador Mexicano, órgano del EZLN, y de
La Jornada [LJ], *Proceso* [P], *Macrópolis* [M], *Mira* [M]

Primera edición: 1994

Publicado por Ediciones del Serbal
Guitard, 45 - 08014 Barcelona
Fotos de Flora Guerrero Goff
Impreso en España
D.L.: B. 28017/94
Diseño: Marina Vilageliu
Impresión y encuadernación: Grafos, S.A. Arte sobre papel
ISBN 84-7628-139-0

ÍNDICE

Prólogo, 9
Introducción, 11

DECLARACIÓN DE LA SELVA LACANDONA, 21

EL DESPERTADOR MEXICANO, 25

CHIAPAS: EL SURESTE EN DOS VIENTOS,
UNA TORMENTA Y UNA PROFECÍA, 39

TESTIMONIOS DEL DÍA PRIMERO, 59

LOS PRIMEROS REPORTAJES, 87

EL PRIMER PAQUETE DE COMUNICADOS, 95
Lo ocurrido a la Cruz Roja y a la prensa. 5 de enero, 95
Sobre el EZLN y las condiciones para dialogar. 6 de enero, 96
Ofensiva del gobierno, actos terroristas y Camacho. 11 de enero, 102
El alto al fuego. 12 de enero, 105
La comisión mediadora. 12 de enero, 106
La violación al cese al fuego por el gobierno. 13 de enero, 108
La ayuda de EEUU a México y el uso que se le da. 13 de enero, 109
Carta de *Marcos* sobre la paz que algunos piden. 13 de enero, 110

HABLAN CUADROS MEDIOS Y MILICIANOS, 113
El capitán *Salvador*. 11 de enero, 113
El mayor *Mario*. 15 de enero, 115
Elisa, Laura, Leonel y un miliciano. 19 de enero, 125
Zapatistas al sureste de Guadalupe Tepeyac. 23 de enero, 128
La capitana *Irma*. 26 de enero, 130
La teniente *Matilde*. 28 de enero, 134
Amado, Mario, Elisa y Héctor. 29 de enero, 137

SEGUNDO PAQUETE DE COMUNICADOS, 143
¿De qué nos van a perdonar? 18 de enero, *143*
Condiciones y agenda para el diálogo. 20 de enero, 145
A otras organizaciones indígenas. 20 de enero, 147
Las demandas centrales y las formas de lucha. 20 de enero, 148
Carta de *Marcos* sobre su posición en el EZLN. 20 de enero, 150
Carta de *Marcos*: la vida cotidiana en el EZLN. 26 de enero, 154

CARTAS DEL CCRI A VARIAS ORGANIZACIONES, 159
Al Consejo 500 Años de Resistencia Indígena. 1 de febrero, 159
(Páginas 160-168: fotos)
A las ONG. 1 de febrero169
Al CEOIC. 2 de febrero, 170
Carta de *Marcos* presentando las cartas. 2 de febrero, 173
Carta de *Marcos* a Gaspar Morquecho. 2 de febrero, 174

ENTREVISTA AL CCRI-CG por *La Jornada*. 3 y 4 de febrero, 179
ENTREVISTA A *MARCOS* por *La Jornada*. 4 al 7 de febrero, 193
MÁS CARTAS A OTRAS ORGANIZACIONES, 225
Su presentación por *Marcos*. 8 de febrero, 225
Al CEU. 6 de febrero, 226
Al Frente Cívico de Mapastepec. 8 de febrero, 228
Al presidente municipal de Sixto Verduzco, Mich.
  8 de febrero, 229
A la CNPI. 8 de febrero, 230
A la CNPA. 8 de febrero, 231
A la Arelidh. 8 de febrero, 232
A niños internos de Guadalajara. 8 de febrero, 233
Carta de *Marcos* sobre la prensa. 11 de febrero, 234

COMUNICADOS: LAS CONDICIONES
  PARA EL DIÁLOGO, 243
A los candidatos a la Presidencia. 13 de febrero, 243
A la Conac-LN. 14 de febrero, 244
Al PDM y a la UNO. 15 de febrero, 247
Sobre la liberación de Absalón Castellanos. 15 de febrero, 248

NUEVOS TESTIMONIOS, 249
Del miliciano *Apolinar* y el mayor *Sergio*. 16 de febrero, 249
De la comunidad Guadalupe Tepeyac. 16 de febrero, 252
De 45 organizaciones campesinas e indígenas. 17 de febrero, 256

COMUNICADOS PREVIOS AL DIÁLOGO, 259
Su presentación por *Marcos*. 16 de febrero, 259
Sobre el inicio del diálogo. 16 de febrero, 261
Sobre los indígenas expulsados. 17 de febrero, 262
Entrevista a *Marcos* por *Proceso*, *El Financiero* y *The NYT,* 263

DURANTE LOS DÍAS DEL DIÁLOGO, 283
Carta del CCRI-CG a las ONG. 20 de febrero, 283
Informe del primer día. 21 de febrero, 284
Informe del segundo día. 22 de febrero, 285
Informe del tercer día. 23 de febrero, 290
Conferencia de prensa del 23 de febrero, 293
Informe del cuarto día. 24 de febrero, 296
Conferencia de prensa del 24 de febrero, 299
Carta de *Marcos* al PRD. 25 de febrero, 301
Conferencia de prensa del 25 de febrero, 302
Comunicado sobre la renuncia de CSG. 26 de febrero, 304
Conferencia de prensa del 26 de febrero, 307
Entrevista a *Marcos* por *La Jornada*. 26-27 de febrero, 313
Conferencia de prensa del 28 de febrero, 327
El pliego de demandas. 1 de marzo, 331

LA DESPEDIDA DEL DIÁLOGO, 339
Agradecimiento a las ONG. 1 de marzo, 339
Comunicado del CCRI-CG. 1 de marzo, 340
Conversación de *Marcos*. 3 de marzo, 339
Testimonios: la mayor *Ana María* y la comandante *Ramona*, 349

PRÓLOGO

La introducción que a continuación de estas líneas reproducimos es la respuesta que dio en México el Subcomandante Insurgente *Marcos*, del Ejército Zapatista de Liberación Nacional, al pedido –se diría «colectivo», en la presunción promisoria de que varios libros con los testimonios zapatistas se echan a andar simultáneamente en varios países– de un prólogo, prefacio, o como quiera llamárselo, al volumen que presentará al mundo el movimiento revolucionario surgido en el estado de Chiapas, sureste mexicano el primer día de este año de 1994.

Nunca una insurgencia revolucionaria había producido en tan poco tiempo tanta escritura como la que este libro registra, tanta que el editor no tiene más remedio que elegir. El criterio que se sigue aquí aconseja sólo abarcar aspectos, en el mejor de los casos períodos: es como si la selección hecha fuera el anticipo de una historia en varios volúmenes. Nunca, tampoco, en la tradición de las revoluciones libertarias, o raras veces, textos reivindicativos y demandantes de justicia habían estado tan ligados al arte del relato, a la «excelencia literaria» –por qué no decirlo–, ni es muy frecuente ese salto del discurso que transforma una retórica política en una poética militante, saturada de guiños e inflexiones, rica en trazos de ironía y de sarcasmo, porosa al decir de la gente que día a día la profesa y la convierte en acto.

Quienes ingresen a este libro y a esta selva tiene que ir ligeros de equipaje: sólo si se ha dejado atrás la suspicacia y el reflejo taxonómico y clasificatorio de revoluciones al que se está acostumbrado, se podrá recibir las revelaciones que depara esta «novela» apasionada. No hay focos desde cuyos núcleos iluminados se irradien consignas ya oídas en el trasiego de los tiempos; no hay voz de líder a la usanza antigua, pero sí una voz, o portavoz, de un colectivo que esa voz interpreta y transmite. Esa voz, en la coyuntura, tiene el nombre de Marcos, pero desdobla o multiplica su carisma en otros nombres de guerra que se turnan como protagonistas y que dicen alternadamente, con una lógica irrefutable, con una razón tan diáfana y clara que habría que ser ciego y sordo, estólido e inanimado para no oír su contundencia: lo que estos hombres y mujeres profirieron en enero de 1994 desde las montañas de Chiapas, cuando México sellaba su ingreso al Tratado de Libre Comercio, fue nada menos que una contundente advertencia que tuvo la virtud de detener la supuesta complacencia de los tratadistas, estadistas, políticos, gobernantes que, muy sueltos de cuerpo, creían poder pasar una vez más por encima de los pueblos para reacomodar a su antojo, nuevamente, como desde siempre –y aquí hay que decir, desde los albores de la historia– los aparatos del poder, para ajustar a su arbitrio los mecanismos de la explotación.

Hay algo en estos documentos –que en sí mismos rubrican, como si fueran imaginarias constancias notariales, las acciones del Ejército Zapatista de Liberación Nacional– reconocible, es como un hálito predominante: el deseo de justicia; y también un sentimiento, sentido, significante, o como quiera llamársele, que enaltece a quien lo recibe porque antes ha animado, consustancial, cada uno de los gestos, cada una de las luchas, cada una de las palabras de estos y estas insurgentes tzotziles, tzeltales, tojolabales: la dignidad. Y mucho más aún: una urgencia que rompe siglos de apacentar a la espera de respuestas. Se dice basta a la miseria, a la discriminación, al robo y la expropiación de los bienes más sagrados y más reales de una comunidad: la tierra, la salud, la educación, la vivienda, la libertad.

Pero también se rompe un silencio internacional. Los rumores y luego proclamas que surgen de Chiapas hablan más alto que todas las declaraciones de muerte al socialismo que se han declamado para justificar los genocidios neoliberales.

INTRODUCCIÓN

EJÉRCITO ZAPATISTA DE LIBERACIÓN NACIONAL

México, 30 de junio de 1994

Para: todas la editoriales grandes, medianas, pequeñas, marginales, piratas, bucaneros y etcétera impresos que publican los comunicados y cartas del EZLN y que han escrito pidiendo una presentación o prólogo para sus respectivas y que piden la exclusiva y etcétera.

De: Subcomandante Insurgente *Marcos*
Ejército Zapatista de Liberación Nacional.
Cuartel general
Montañas del Sureste mexicano
Chiapas, México

Recibí la solicitud para una especie de prólogo o presentación de libro que prepara Ediciones de Serbal (ojo, rellenar el espacio vacío con el nombre de la editorial grande, mediana, pequeña, marginal, pirata, bucanera, etcétera, que solicita esta, como es evidente, exclusivísima presentación) con los comunicados, cartas y otros materiales del EZLN.
　Según puedo ver, no basta la fama de disperso que ostento para disuadirlos de mandarme preguntas y problemas sobre ediciones, prólogos y otras cosas igualmente absurdas. Así pues, les voy a contestar en un tono *ad hoc* a tales y tan trascendentes problemas. Y nada mejor para ello que contarles esta pequeña historia que nos aconteció hace no pocas lunas:
　Corría el año 1986. Salí con una columna de combatientes a realizar una exploración a una jornada de nuestro campamento-base. Todos mis muchachos eran novatos; la mayoría no cumplía el mes de haber llegado y se debatía todavía entre la diarrea y la nostalgia que

suelen acompañar a los nuevos en sus primeros días de adaptación. Los más "viejos" del grupo apenas cumplían 2 y 3 meses, respectivamente. Así, pues ahí iba yo, a ratos arrastrándolos y a ratos empujándolos en su proceso de formación política y militar. Nuestra misión consistía en abrir una nueva ruta para nuestros movimientos y entrenarlos en las tareas de exploración, marchas y campamentos. El trabajo se dificultaba porque no había agua y debíamos racionar el consumo de la que llevábamos de la base. Así que se agregó a la de entrenamiento la práctica de supervivencia, puesto que la escasa ración de agua nos impedía cocinar. En total, la exploración duraría 4 días con aproximadamente 1 litro de agua diario por persona y comiendo sólo pinole con azúcar. A una hora de haber salido de la base nos encontramos con que la ruta atravesaba por unas lomas enterradas. Las horas pasaban y nosotros ascendíamos y descendíamos cerros por caminos que espantarían a las cabras más avezadas.

Por fin, después de 7 horas de un continuo sube y baja, llegamos a lo alto de un cerro donde decidí montar campamento, pues la tarde empezaba ya a hacer ver su paso a la sombras del crepúsculo. Se distribuyó la ración de agua y la mayoría, pese a mis advertencias de que guardaran un poco de líquido para el pinole, "quemó" sus reservas pues tenían mucha sed y el efecto psicológico de saber que estaba racionada aumentaba sus ansías. A la hora de comer el pinole se vieron las consecuencias de su imprudencia: masticaban y masticaban su bocado de pinole con azúcar sin poderlo pasar y sin agua ya para ayudarlo a traspasar la barrera de la garganta. En fin, fueron dos horas de un silencio tal que se escuchaban claramente el crujir de las quijadas y los sonidos de las gargantas cuando lograban tragar un poco del polvo azucarado. Al día siguiente, y ya escarmentados, todos guardaron una parte de su ración líquida para el pinole matutino. Salíamos a la exploración a las 09:00 y regresábamos a las 16:00; así eran 7 horas de machetear subiendo y bajando lomas sin más agua que la que sudábamos copiosamente. Así pasaron tres días; en el cuarto la debilidad era ya patente en toda la columna y en las comidas aparecieron los síntomas de sado-masoquismo que parece caracterizar a los insurgentes: entre bocado de pinole y traguitos de agua se empezaba a platicar de taquitos, tamales, pasteles, filetes, refrescos y demás cosas que nos hacían reír. El colmo fue cuando, el día que íbamos a retornar a la base, encontramos un arroyo y en la noche la montaña se burló de nosotros obsequiándonos con un fuerte chaparrón que nos empapó antes de que alcanzáramos a ponernos a cubierto. Nosotros no perdimos nuestro buen humor y maldecimos a discreción a la lluvia, a la selva, a los techos y a sus respectivas y húmedas parentelas. Pero, bueno, eso formaba parte del entrenamiento y no nos sorprendió. Se cumplió el trabajo, la gente respondió bien en general, aunque alguno amenazó seriamente con desmayarse cuando subíamos con carga una loma especialmente perra. Todo esto no es más que la "escenografía" de la historia que quería contarles: uno de esos días de exploración, regresamos, como siempre, agotados al campamento. Mientras se distribuían las raciones de agua y pinole, encendí el aparato de radio de onda corta para buscar las noticias vespertinas, pero al prender la radio salió un canto estridente de loritos y guacamayas. Recordé entonces un escrito de Cortázar (¿*Último round*?¿*El libro de Manuel*?¿*Historia de Cronopios y Famas*?) que hablaba de lo que pasaría si las cosas-no-estuvieran-en-su-sitio. Pero yo no me dejé arredrar por tan poca cosa, acostumbrado a ver en estas montañas cosas tan aparentemente absurdas como una venadita con un clavel rojo en la boca (probablemente enamorada, porque si no ¿por qué un clavel rojo?), una danta con zapatos de baile violeta, y una piara de jabalíes jugando a la ronda y llevando el ritmo de "romperemos un pilar para ver a doña Blanca..." con los dientes y las pezuñas. Como les digo, no me dejé sorprender y moví el dial buscando otra estación, pero nada, todo era canto de loros y guacamayas. Cambié a la onda media con idénticos resultados. Sin desanimarme me dispuse a desarmar el aparato para encontrar la razón científica de tan desentonado canto.

Cuando abrí la tapa posterior apareció la causa lógica y dialéctica de la irregular transmisión: una parvada de loros y guacamayas salió volando y gritando, satisfechos de recuperar su libertad. Llegué a contar hasta 17 loritos, 8 guacamayas hembras y 3 machos, todos saliendo atropelladamente. En una autocrítica tardía por no haber limpiado el aparato, me apresté a darle el mantenimiento que requería. Mientras sacaba plumas y cacas (y hasta el esqueleto de un lorito al que los demás habían tenido el cuidado de darle cristiana sepultura pues su tumba, ubicada en un rincón del pequeño aparato, lucía una cruz cuidadosamente labrada y una losa con una inscripción en ¿latín? (*requiescat in pace*)), me encontré con un pequeño nido con un huevecillo grisáceo moteado de verde y azul; a un lado había un sobre pequeño, mismo que me dispusiese a abrir con mal disimulada ansia. Era una carta dirigida a "quien corresponda". En letra muy pequeña, una lorita contaba su triste y desconsolada historia.

Habíase enamorado profundamente de un joven y apuesto guacamayo (eso decía la carta) y era correspondida (eso decía la carta) pero los loritos, celosos de la pureza de su raza no aprobaban tan escandaloso romance y le prohibieron terminantemente a la lorita que viera al apuesto y joven guacamayo (eso decía la carta). Así que el gran amor que unía a la pareja (eso decía la carta) [fragmento ininteligible. N. del editor] (...) uno de los transistores del radio. Como "el guacamayo es fuego, la lorita estopa, llega el diablo y sopla" (eso decía la carta) pronto pasaron a mayores y ese huevecillo que ahora tenía en mis manos era el fruto prohibido de la irregular relación; la lorita pedía (eso decía la carta) a quien lo encontrara que le diera abrigo y sustento al pequeño ser hasta que pudiera valerse por sí mismo (eso decía la carta), y terminaba dando una serie de recomendaciones maternales, además de una desgarradora lamentación por su cruel destino, etcétera (eso decía la carta).

Abrumado por tamaña responsabilidad de convertirme en padre adoptivo y maldiciendo mi ocurrencia de limpiar el radio, traté de buscar apoyo moral y material de alguno de mis combatientes, pero ya todos estaban dormidos, probablemente soñando en manantiales de café con leche y ríos de Coca Cola y limonada. Siguiendo la multicitada sentencia de "No hay problema lo suficientemente grande como para no darle la vuelta" abandoné el huevo a un lado de mi hamaca y me dispuse a gozar de un merecido descanso. [Al párrafo siguiente le falta algún ligamento. N. del editor]: fue inútil los remordimientos no me dejes estómago que protestaba por falta de alimento pero no, era el huevecillo que se rompía y empezaba a moverse. Con un inexplicable instinto maternal me dispuse a presenciar el sagrado momento en que me convertiría en madre... que diga en padre. Cuál no sería mi sorpresa al ver que del cascarón no salía ni una guacamaya ni un lorito vaya, ni siquiera un pollito o una palomita. No, lo que salió de huevo... ¡una pequeña danta! En serio, era una dantita con plumas verdes y azules. En un arranque de lucidez (que, por cierto, cada vez me son más escasos) comprendí el verdadero trasfondo de la truculenta historia, el quid-de-la-cuestión-como-dijo-no-sé-quién. "¡Eureka!" grité como-también-gritó-no-me-acuerdo-tampoco-quién.

Lo que pasó es que la lorita "dobletió", es decir, se "ligó" con una [aquí falta un tramo, pero se supone que la lorita se cruzó con amantes de dos especies diferentes] (...) mi mochila y le convidó un poco de mi comida. No niego que simpatizamos, y mi instinto maternal, perdón, paternal, ha ido dando paso a una insana pasión hacia la danta que me obsequia con ardientes miradas que poco tienen de agradecimiento y sí mucho de pasión mal contenida. Mi problema es grave, pues si caigo en la tentación cometeré, además de pecado contranatura, un incesto porque soy su padre adoptivo.

He pensado en abandonarla, pero no puedo, es superior a mis fuerzas. En fin, que no sé qué diablos hacer...

Como pueden ver, tengo demasiados problemas para poder atender los suyos. Espero que ahora comprendan mi reiterado silencio en torno a las cuestiones que insisten en plantearme. Por cierto, el CCRI-CG del EZLN aprobó su solicitud de publicación de materiales y que redactara algo como un prólogo o presentación. De nada.

Vale, por demás y como-dijo-busquen-ustedes-quién, los "libros son amigos que nunca traicionan". Salud y mándeme algún manual de animales salvajes del trópico (busquen en la "D" de "Danta" y "Desesperación").

Desde las montañas del Sureste mexicano
Subcomandante Insurgente *Marcos*
México, junio de 1994.

PD. OLVIDADIZA.
Sí, ya me olvidaba que el objeto de la presente es la:

Presentación o prólogo a los comunicados del Libro: "De la Primera o la Segunda Declaración de la Selva Lacandona" o no sé cómo vayan a titular el mentado libro de Ediciones del Serbal

(Ojo reiterativo: rellenar el espacio con el nombre de la editorial, etcétera, etcétera) así que, me imagino, algo habrá que decirle a los lectores. Aprovechando que hay un respiro entre aviones, dantas y comunicados, escribo esta carta disfrazada de posdata.

A los lectores de este libro a saber cómo se llama.

Del: Submarcos
Junio de 1994.

El presente libro contiene los comunicados emitidos por el EZLN, desde la Primera Declaración de la Selva Lacandona hasta la Segunda Declaración de la Selva Lancandona, es decir desde el 31 de diciembre de 1993 al 10 de junio de 1994 [N. del editor: la presente edición llega hasta el 4 de marzo de 1994]. Reúne, además, una serie de cartas que presentan o reiteran algunas de las principales posibles opciones políticas e ideológicas del Ejército Zapatista de Liberación Nacional.

Respecto a los comunicados emitidos por el Comité Clandestino Revolucionario Indígena-Comandancia General del EZLN vale la pena hablar un poco sobre el mecanismo para producir estos pronunciamientos. Todos los comunicados firmados por el CCRI-CG del EZLN son aprobados por miembros del Comité, a veces por la totalidad de ellos, a veces por representantes de ellos. La redacción de los textos es uno de mis trabajos, pero el comunicado en sí se origina por dos caminos:

Uno es que los miembros del Comité o el colectivo del Comité ven la necesidad de pronunciarse sobre algo, de "decir su palabra". Entonces se proponen y discuten los puntos principales de lo que se va a decir y, con esas indicaciones generales, me ordenan que haga una redacción. Después les presento el comunicado redactado, ellos lo revisan, le quitan y le agregan cosas y lo aprueban o rechazan.

El otro camino es que llegada la información de distintas partes o frente a algún hecho que lo amerite, y viendo la conveniencia de manifestarnos al respecto, propongo al Comité que emitamos un comunicado, redacto y presento la propuesta. Se discute y se aprueba o se rechaza.

¿He dicho se "rechaza"? Sí, aunque las circunstancias contribuyan a la apariencia de que el Subcomandante I. *Marcos* es el "cabecilla" o "líder" de la rebelión, y que el CCRI es sólo "escenografía", la autoridad del Comité es indiscutible en las comunidades y es imposible sostener una posición sin el respaldo de este organismo indígena de dirección. Varias propuestas de comunicados que hice fueron rechazadas, algunas de ellas por ser "muy duras", otras por ser "muy blandas", y algunas más "porque confunden más que aclaran". También varios comunicados fueron emitidos a pesar mío. Los ejemplos no vienen al caso, pero lo correcto del juicio de mis compañeros del Comité se demostró en el transcurso de estos 6 meses de guerra.

Existen también los textos que suelo redactar para presentar los comunicados que se envían. En estos textos estoy más "suelto", pero la vigilancia del Comité se mantiene. Más de una de las "Cartas de presentación" merecieron la reprobación del CCRI.

La forma en que los comunicados llegaban era bastante accidentada y tomaba mucho tiempo. Esta característica "inoportuna" de nuestros pronunciamientos es algo que hemos tratado de remediar sin éxito alguno. La rapidez con la cual algunos comunicados llegaron a la prensa se debió a circunstancias afortunadas que, desgraciadamente, nunca fueron parte de nuestros planes.

Sin embargo, creo que la falta de "rapidez" en las respuestas zapatistas son comprensibles para la mayoría de los lectores que enfrentan hoy este libro. Lo que sí puede no ser comprensible es el complicado y anónimo heroísmo de los enlaces que transportaban, desde nuestras líneas hasta las ciudades, esas hojas blancas con letras negras que hablaban nuestro pensamiento. Hay anécdotas varias sobre estos zapatistas anónimos que arriesgaban todo para cruzar las líneas enemigas una y otra vez, reventando monturas y con los pies destrozados por las lluvias y el frío en enero y febrero, no hay calificativos de *sex appeal* para su anonimato, no hay reconocimiento alguno para su esfuerzo de hacer que nuestra palabra, su palabra, llegara a otros oídos. Valga este lugar para hacer un reconocimiento a su labor callada... y efectiva.

De las razones que llevaron a algunos medios a darnos un lugar en sus páginas y en sus emisiones radiales para decir nuestra palabra, ya hablé en una carta que viene en este libro. No insistiré en ello, pero sigue pendiente la palabra de esa otra parte. La prensa honesta, sobre los caminos que permitieron al pensamiento zapatista aparecer en las páginas de algunos periódicos y revistas, y en algunas emisiones radiales. Creo que, cualquiera que sea el desenlace de este anhelo colectivo de dignidad, habrá en ellos, siempre, la satisfacción del deber cumplido.

Hay otra parte de este afanoso trasiego de palabras. Algo que no aparece en la posdata CCRI-CG de EZLN de las cartas de presentación. Mientras los primeros eran escritos con mayúsculas y minúsculas y firmados por el Comité, las segundas están en mayúsculas y minúsculas y las firma el "Subcomandantre Insurgente *Marcos*". Creemos que ambas palabras y la dualidad de mensajes cumplieron su cometido. Su futuro es incierto bajo la forma actual, pero siempre caminará la palabra de los que hablan con verdad, por una u otra vereda.

Hay algo más que decir, la "línea editorial" zapatista sigue la consigna de *Ahora o tal vez nunca*. Producto de las condiciones de guerra y aislamiento en que estamos, no "medimos" lo que decimos y tratamos de "aventar" todo de una vez... porque puede ser la última.

A esto se debe que, desde los primeros comunicados, la posición del EZLN se haya definido y después se reiteren, continuamente, las mismas ideas. Esta palabra ansiosa que se atropella continuamente viene de una situación que sólo puede comprender en su justo valor quienes se encuentren o se han visto en las mismas circunstancias. Por un lado, no podemos darnos el lujo de ser espontáneos, y hemos descubierto que la mentira requiere un mínimo de planeación.

Por otro lado, no podemos tampoco "dosificar" nuestra palabra y buscar el "momento oportuno" para decirla, ni esperar taimadamente a que las condiciones sean propicias. Los ejemplos más fehacientes de esta "línea editorial zapatista" son las cartas de presentación fechadas el 18 de enero de 1994 (*¿Quién tiene que pedir perdón?*) y el 20 de enero de 1994. La del 20 de enero de 1994 (que es la que presenta el resultado del juicio seguido a Absalón Castellanos Domínguez), vista a la distancia y después de lo que ha ocurrido, puede parecer exagerada, a mí mismo me lo parece ahora. Pero en estos instantes cuando, frente a la máquina de escribir, la ansiedad movía los dedos, me pareció que no había otra forma de decirlo. No es que se trate de pesimismo u optimismo, ni siquiera eso, es algo más... más... más inmediato, una valoración espontánea y despojada de dramatismo de lo que ocurría y de lo que podía ocurrir.

Lamento si desilusiono a alguien con este "horrible secreto", pero nunca planeamos con antelación lo que íbamos a decir. Teníamos y tenemos claridad en lo que somos y no somos, en lo que podemos y no podemos hacer, y en lo que debemos y no debemos hacer. En este marco general o con este (...) [frase ininteligible] fe (...) "muerte" y lo escribe.

Recuerdo que alguna vez me propuse no insistir más en el tema, pero les recuerdo lo que expliqué arriba de la "línea editorial zapatista". Después, cuando releía en el periódico la carta, resultó una de las más tétricas que haya escrito. En fin, como no escribimos para agradar sino para explicar, uno puede prescindir de esas preocupaciones de escribir lo que uno cree que el respetable quisiera que uno escribiera.

Vale. Salud y buen provecho, lectura es alimento que, afortunadamente, nunca llena.

Ignoro si todo lo que he señalado sirva para ayudar o para dificultar la relectura de los materiales que recopila este libro. Traté, en lo posible, de hacer un "comunicado" sobre los comunicados y una "carta" sobre las cartas. Veo, con regocijo, que otra vez se impuso la "línea editorial zapatista" y escribí lo que ahora se me ocurre decir sobre estos textos. Por eso, en el improbable caso de que se necesite una presentación después y si el azar me señala para hacerlo de nuevo, para este prólogo señalo fecha, hora y lugar: que sepan los lectores que esto lo escribí la madrugada del 28 de junio de 1994, que mi reloj izquierdo marcaba las 02:30 hrs. , que llovía bastante y que ya tiene rato que Tacho me dijo que se iba a dormir. El lugar, para variar, es,

Desde las montañas del Sureste mexicano.
Subcomandante insurgente *Marcos*
México, junio de 1994.

P.D. SOBRE LAS P.D's.- Por supuesto que alguna disgresión sobre las posdatas debe ir en una posdata. Resulta que uno siente que algo se queda entre los dedos, que algunas palabras andan todavía por ahí buscando acomodo entre frases, que uno no acaba de vaciar bien los bolsillos del alma, pero es inútil, no habrá posdata que abarque tantas pesadillas... y tantos sueños...

Declaración de la Selva Lancandona
HOY DECIMOS ¡BASTA!

Al pueblo de México

Hermanos mexicanos:

Somos producto de 500 años de luchas: primero contra la esclavitud, en la guerra de Independencia contra España encabezada por los insurgentes, después por evitar ser absorbidos por el expansionismo norteamericano, luego por promulgar nuestra Constitución y expulsar al Imperio Francés de nuestro suelo, después la dictadura porfirista nos negó la aplicación justa de las leyes de Reforma y el pueblo se rebeló formando sus propios líderes, surgieron Villa y Zapata, hombres pobres como nosotros a los que se nos ha negado la preparación más elemental para así poder utilizarnos como carne de cañón y saquear las riquezas de nuestra patria sin importarles que estemos muriendo de hambre y enfermedades curables, sin importarles que no tengamos nada, absolutamente nada, ni un techo digno, ni tierra, ni trabajo, ni salud, ni alimentación, ni educación, sin tener derecho a elegir libre y democráticamente a nuestras autoridades, sin independencia de los extranjeros, sin paz ni justicia para nosotros y nuestros hijos.

Pero nosotros HOY DECIMOS ¡BASTA!, somos los herederos de los verdaderos forjadores de nuestra nacionalidad, los desposeídos somos millones y llamamos a todos nuestros hermanos a que se sumen a este llamado como el único camino para no morir de hambre ante la ambición insaciable de una dictadura de más de 70 años encabezada por una camarilla de traidores que representan a los grupos más conservadores y vendepatrias. Son los mismos que se opusieron a Hidalgo y a Morelos, los que traicionaron a Vicente Guerrero, son los mismos que vendieron más de la mitad de nuestro suelo al extranjero invasor, son los mismos que trajeron un príncipe europeo a gobernarnos, son los mismos que formaron la dictadura de los científicos porfiristas, son los mismos que se opusieron a la Expropiación Petrolera, son los mismos que masacraron a los trabajadores ferrocarrileros en 1958 y a los estudiantes en 1968, son los mismos que hoy nos quitan todo, absolutamente todo.

Para evitarlo y como nuestra última esperanza, después de haber intentado todo por poner en práctica la legalidad basada en nuestra Carta Magna, recurrimos a ella, nuestra Constitución, para aplicar el Artículo 39 Constitucional que a la letra dice:

> "La soberanía nacional reside esencial y originariamente en el pueblo. Todo poder público dimana del pueblo y se instituye para beneficio de éste. El pueblo tiene, en todo tiempo, el inalienable derecho de alterar o modificar la forma de su gobierno."

Por tanto, en apego a nuestra Constitución, emitimos la presente al ejército federal mexicano, pilar básico de la dictadura que padecemos, monopolizada por el partido en el poder y encabezada por el ejecutivo federal que hoy detenta su jefe máximo e ilegítimo, Carlos Salinas de Gortari.

Conforme a esta Declaración de guerra pedimos a los otros Poderes de la Nación se aboquen a restaurar la legalidad y la estabilidad de la Nación deponiendo al dictador.

También pedimos a los organismos Internacionales y a la Cruz Roja Internacional que vigilen y regulen los combates que nuestras fuerzas libran protegiendo a la población civil, pues nosotros declaramos ahora y siempre que estamos sujetos a lo estipulado por las Leyes sobre la Guerra de la Convención de Ginebra, formando el EZLN como fuerza beligerante de nuestra lucha de liberación. Tenemos al pueblo mexicano de nuestra parte, tenemos Patria y la Bandera tricolor es amada y respetada por los combatientes INSURGENTES, utilizamos los colores rojo y negro en nuestro uniforme, símbolos del pueblo trabajador en sus luchas de huelga, nuestra bandera lleva las letras "EZLN", EJÉRCITO ZAPATISTA DE LIBERACIÓN NACIONAL, y con ella iremos a los combates siempre.

Rechazamos de antemano cualquier intento de desvirtuar la justa causa de nuestra lucha acusándola de narcotráfico, narcoguerrilla, bandidaje u otro calificativo que puedan usar nuestros enemigos. Nuestra lucha se apega al derecho constitucional y es abanderada por la justicia y la igualdad.

Por lo tanto, y conforme a esta Declaración de guerra, damos a nuestras fuerzas militares del Ejército Zapatista de Liberación Nacional las siguientes órdenes:

Primero. Avanzar hacia la capital del país venciendo al ejército federal mexicano, protegiendo en su avance liberador a la población civil y permitiendo a los pueblos liberados elegir, libre y democráticamente, a sus propias autoridades administrativas.

Segundo. Respetar la vida de los prisioneros y entregar a los heridos a la Cruz Roja Internacional para su atención médica.

Tercero. Iniciar juicios sumarios contra los soldados del ejército federal mexicano y la policía política que hayan recibido cursos y que hayan sido asesorados, entrenados, o pagados por extranjeros, sea dentro de nuestra nación o fuera de ella, acusados de traición a la Patria, y contra todos aquellos que repriman y maltraten a la población civil y roben o atenten contra los bienes del pueblo.

Cuarto. Formar nuevas filas con todos aquellos mexicanos que manifiesten sumarse a nuestra justa lucha, incluidos aquellos que, siendo soldados enemigos, se entreguen sin combatir a nuestras fuerzas y juren responder a las órdenes de esta Comandancia General del EJÉRCITO ZAPATISTA DE LIBERACIÓN NACIONAL.

Quinto. Pedir la rendición incondicional de los cuarteles enemigos antes de entablar los combates.

Sexto. Suspender el saqueo de nuestras riquezas naturales en los lugares controlados por el EZLN.

PUEBLO DE MÉXICO: Nosotros, hombres y mujeres íntegros y libres, estamos conscientes de que la guerra que declaramos es una medida última pero justa. Los dictadores están aplicando una guerra genocida no declarada contra nuestros pueblos desde hace muchos años, por lo que pedimos tu participación decidida apoyando este plan del pueblo mexicano que lucha por trabajo, tierra, techo, alimentación, salud, educación, independencia, libertad, democracia, justicia y paz. Declaramos que no dejaremos de pelear hasta lograr el cumplimiento de estas demandas básicas de nuestro pueblo formando un gobierno de nuestro país libre y democrático.

INTÉGRATE A LAS FUERZAS INSURGENTES
DEL EJÉRCITO ZAPATISTA DE LIBERACIÓN NACIONAL

Comandancia General del EZLN

Año de 1993

EL DESPERTADOR MEXICANO
Órgano Informativo del EZLN, México,
No.1, diciembre de 1993

Editorial

Mexicanos: obreros, campesinos, estudiantes, profesionistas honestos, chicanos, progresistas de otros países, hemos empezado la lucha que necesitamos hacer para alcanzar demandas que nunca ha satisfecho el Estado mexicano: trabajo, tierra, techo, alimentación, salud, educación, independencia, libertad, democracia, justicia y paz.

Llevamos caminados cientos de años pidiendo y creyendo en promesas que nunca se cumplieron, siempre nos dijeron que fuéramos pacientes y que supiéramos esperar tiempos mejores. Nos recomendaron prudencia, nos prometieron que el futuro sería distinto. Y ya vimos que no, todo sigue igual o peor que como lo vivieron nuestros abuelos y nuestros padres. Nuestro pueblo sigue muriendo de hambre y de enfermedades curables, sumido en la ignorancia, en el analfabetismo, en la incultura. Y hemos comprendido que, si nosotros no peleamos, nuestros hijos volverán a pasar por lo mismo. Y no es justo.
La necesidad nos fue juntando y dijimos BASTA. Ya no hay tiempo, ni ánimo de esperar que otros vengan a resolver nuestros problemas. Nos organizamos y hemos decidido EXIGIR LO NUESTRO EMPUÑANDO LAS ARMAS, así como lo han hecho los mejores hijos del pueblo mexicano a lo largo de su historia.
Hemos comenzado los combates contra el ejército federal y otras fuerzas represivas; somos miles los mexicanos dispuestos a VIVIR POR LA PATRIA O MORIR POR LA LIBERTAD en esta guerra necesaria para todos los pobres, explotados y miserables de México y no vamos a parar hasta lograr nuestros propósitos.
Los exhortamos a que se sumen a nuestro movimiento pues el enemigo que enfrentamos, los ricos y el Estado, son crueles y despiadados y no pondrán límites a su naturaleza sanguinaria para acabar con nosotros. Hace falta darle la pelea en todos los frentes de lucha

y de allí que la simpatía de ustedes, su apoyo solidario, la difusión que le den a nuestra causa, el que hagan suyos los ideales que exigimos, el que se incorporen a la revolución levantando a sus pueblos donde quiera que se encuentren, sean factores muy importantes hasta el triunfo final.

EL DESPERTADOR MEXICANO es el periódico del Ejército Zapatista de Liberación Nacional y cumple con la tarea de informar a nuestro pueblo sobre el desarrollo de la guerra justa que hemos declarado a nuestros enemigos de clase. En este primer número presentamos la Declaración de Guerra que hacemos al ejército federal, y se dan a conocer las Órdenes que deben cumplir los Jefes y Oficiales de tropa del EZLN en su avance por el territorio nacional. Asimismo, se presentan las Leyes Revolucionarias que se impondrán, con el apoyo de los pueblos en lucha, en los territorios liberados para garantizar su control revolucionario y las bases para empezar a construir una Patria nueva.

VIVIR POR LA PATRIA O MORIR POR LA LIBERTAD

Instrucciones para Jefes y Oficiales del EZLN

Las siguientes órdenes deben cumplirse obligatoriamente por todos los jefes y oficiales de tropas bajo la dirección del Ejército Zapatista de Liberación Nacional.

Primera.- Operarán de acuerdo a las órdenes que reciban de la Comandancia General o Comandancias de Frente de Combate.

Segunda.- Los jefes y oficiales que se encuentren operando militarmente en zonas aisladas o con dificultades de comunicación con las Comandancias deberán efectuar sus trabajos militares, combatir constantemente al enemigo, de acuerdo a su iniciativa propia, teniendo cuidado de procurar el adelanto de la Revolución en los lugares donde se encuentren operando.

Tercera.- Deberán rendir Parte de Guerra siempre que sea posible, o a más tardar mensualmente a las Comandancias respectivas.

Cuarta.- Procurarán guardar, lo más posible, el buen orden de la tropa, especialmente cuando entren a las poblaciones, dando toda clase de garantías a las vidas e intereses de los habitantes que no sean enemigos de la revolución.

Quinta.- Para socorrer a la tropa en sus necesidades materiales hasta donde sea posible, deberán imponer contribuciones de guerra a las negociaciones o propietarios que se hallen en la zona donde operen, siempre que ellos cuenten con capitales de importancia, de acuerdo a la LEY DE IMPUESTOS DE GUERRA y a las leyes revolucionarias de afectación de capitales comerciales, agropecuarios, financieros e industriales.

Sexta.- Los fondos materiales que se recauden por estos medios se emplearán estrictamente para las necesidades materiales de la tropa. El jefe u oficial que tome para su beneficio personal parte de estos fondos, por mínima que sea, será tomado prisionero y juzgado de acuerdo al reglamento del EZLN por un tribunal militar revolucionario.

Séptima.- Para alimentos de la tropa, pastura de la caballada, combustible y refacciones de vehículos, deberán dirigirse a la autoridad democráticamente elegida del lugar que se trate. Esta autoridad recogerá de entre los pobladores civiles lo posible y necesario para las necesidades materiales de la unidad militar zapatista y los entregará al jefe u oficial de más alto grado de dicha unidad militar y sólo a él.

Octava.- Únicamente los oficiales con grado de Mayor o superior a éste, irán cambiando a las autoridades de las plazas que caigan en poder de la revolución, de acuerdo con la voluntad del pueblo y con lo dispuesto por la LEY DE GOBIERNO REVOLUCIONARIO en su parte relativa.

Novena.- Los pueblos, en general, deberán tomar posesión de sus bienes de acuerdo con lo establecido en las Leyes Revolucionarias. Los jefes y oficiales del EZLN prestarán a dichos pueblos su apoyo moral y material a fin de que se cumpla con lo dispuesto en estas leyes revolucionarias siempre y cuando los mismos pueblos soliciten tal ayuda.

Décima.- Absolutamente nadie podrá celebrar entrevistas o tratados con el gobierno opresor o con sus representantes, sin la previa autorización de la Comandancia General del EZLN.

Ley de Impuestos de Guerra

En las zonas controladas por el EZLN se implantará la siguiente LEY DE IMPUESTOS DE GUERRA y se hará valer con la fuerza moral, política y militar de nuestra organización revolucionaria.

Primero.- La LEY DE IMPUESTOS DE GUERRA se aplicará desde el momento que una unidad militar del EZLN se encuentre operando en un territorio específico.

Segundo.- La LEY DE IMPUESTOS DE GUERRA afecta a todos los pobladores civiles, nacionales o extranjeros, asentados o de paso por dicho territorio.

Tercero.- La LEY DE IMPUESTOS DE GUERRA no es obligatoria para los pobladores civiles que vivan de sus propios recursos sin explotar fuerza de trabajo alguna, y sin obtener provecho alguno del pueblo. Para campesinos pobres, jornaleros, obreros, empleados y desocupados el cumplimiento de esta ley es voluntario y de ninguna manera serán obligados moral o físicamente a sujetarse a dicha ley.

Cuarto.- La LEY DE IMPUESTOS DE GUERRA es obligatoria para todos los pobladores civiles que vivan de la explotación de fuerza de trabajo o que obtienen algún provecho del pueblo en sus actividades. Los pequeños, medianos y grandes capitalistas del campo y de la ciudad podrán ser obligados al cumplimiento de esta ley sin excepción, además de sujetarse a las leyes revolucionarias de afectación de capitales agropecuarios, comerciales, financieros e industriales.

Quinto.- Se establecen los siguientes porcentajes de impuestos según el trabajo de cada quien:

a).- Para comerciantes en pequeño, pequeños propietarios, talleres e industrias pequeñas el 7% de sus ingresos mensuales. De ninguna manera podrán ser afectados sus medios de producción para el cobro de este impuesto.

b).- Para profesionistas el 10% de sus ingresos mensuales. De ninguna manera podrán ser afectados los medios materiales estrictamente necesarios para el ejercicio de su profesión.

c).- Para los medianos propietarios el 15% de sus ingresos mensuales. Sus bienes serán afectados según las leyes revolucionarias respectivas de afectación de capitales agropecuarios, comerciales, financieros e industriales.

d).- Para los grandes capitalistas el 20% de sus ingresos mensuales. Sus bienes serán afectados según las leyes revolucionarias respectivas de afectación de capitales agropecuarios, comerciales, financieros e industriales.

Sexto.- Todos los bienes arrebatados a las fuerzas armadas del enemigo serán propiedad del EZLN.

Séptimo.- Todos los bienes recuperados por la Revolución de las manos del gobierno opresor serán de propiedad del gobierno revolucionario según las leyes del gobierno revolucionario.

Octavo.- Se desconocen todos los impuestos y gravámenes del gobierno opresor, así como los adeudos en dinero o especie a los que el pueblo explotado del campo y la ciudad se ve obligado por gobernantes y capitalistas.

Noveno.- Todos los impuestos de guerra recabados por las fuerzas armadas revolucionarias o por el pueblo organizado pasarán a propiedad colectiva de las poblaciones respectivas y serán administrados según la voluntad popular por las autoridades civiles democráticamente elegidas, entregando al EZLN sólo lo necesario para el socorro de las necesidades materiales de las tropas regulares y para la continuación del movimiento liberador según la LEY DE DERECHOS Y OBLIGACIONES DE LOS PUEBLOS EN LUCHA.

Décimo.- Ninguna autoridad civil o militar, sea del gobierno opresor o de las fuerzas revolucionarias, podrá tomar para su beneficio personal o de sus familiares parte de estos impuestos de guerra.

Ley de Derechos y Obligaciones de los Pueblos en Lucha

En su avance liberador por el territorio mexicano y en lucha contra el gobierno opresor y los grandes explotadores nacionales y extranjeros, el EZLN hará valer, con el apoyo de los pueblos en lucha, la siguiente Ley de Derechos y Obligaciones de los Pueblos en Lucha:

Primero.- Los pueblos en lucha contra el gobierno opresor y los grandes explotadores nacionales y extranjeros, sin importar su filiación política, credo religioso, raza o color, tendrán los siguientes DERECHOS:

a).- A elegir, libre y democráticamente, a sus autoridades de cualquier clase que consideren conveniente y a exigir que sean respetadas.

b).- A exigir de las fuerzas armadas revolucionarias que no intervengan en asuntos de orden civil o afectación de capitales agropecuarios, comerciales, financieros e industriales que son competencia exclusiva de las autoridades civiles elegidas libre y democráticamente.

c).- A organizar y ejercer la defensa armada de sus bienes colectivos y particulares, así como a organizar y ejercer la vigilancia del orden público y buen gobierno según la voluntad popular.

d).- A exigir de las fuerzas armadas revolucionarias garantías para personas, familias y propiedades particulares y colectivas de vecinos o transeúntes siempre que no sean enemigos de la revolución.

e).- Los habitantes de cada población tienen derecho a adquirir y poseer armas para defender sus personas, familias y propiedades, de acuerdo a las leyes de afectación de capitales agropecuarios, comerciales, financieros e in dustriales, contra los ataques o atentados que cometan o pretendan cometer las fuerzas armadas revolucionarias o las del gobierno opresor.

Por lo mismo están ampliamente facultados para hacer uso de las armas contra cualquier hombre o grupo de hombres que asalten sus hogares, atenten contra el honor de sus familias o intenten cometer robos o atropellos de cualquier clase contra sus personas. Esto es válido sólo para los que no son enemigos de la revolución.

Segundo.- Las autoridades civiles de cualquier clase, elegidas democráticamente tendrán, además de los derechos anteriores y de las atribuciones que les señalen las leyes revolucionarias respectivas, los siguientes DERECHOS:

a).- Podrán apresar, desarmar y remitir a las Comandancias respectivas a quienes se sorprenda robando, allanando o saqueando algún domicilio, o cometiendo cualquier otro delito, para que reciban su merecido castigo, aunque sea un miembro de las fuerzas armadas revolucionarias. Igual se procederá contra los que hubieren cometido algún delito aunque no sean sorprendidos en el momento de ejecutarlos, siempre y cuando su culpabilidad sea demostrada suficientemente.

b).- Tendrán derecho a que por su conducto se cobren los impuestos revolucionarios establecidos por la LEY DE IMPUESTOS DE GUERRA.

Tercero.- Los pueblos en lucha contra el gobierno opresor y los grandes explotadores nacionales y extranjeros, sin importar su filiación política, credo religioso, raza o color, tendrán las siguientes OBLIGACIONES:

a).- Prestar sus servicios en los trabajos de vigilancia acordados por voluntad mayoritaria o por necesidades militares de la guerra revolucionaria.

b).-Responder a los llamados de ayuda hechos por las autoridades elegidas democráticamente, las fuerzas armadas revolucionarias o por algún militar revolucionario en casos urgentes para combatir al enemigo.

c).- Prestar sus servicios como correos o guías de las fuerzas armadas revolucionarias.

d).- Prestar sus servicios para llevar alimentos a las tropas revolucionarias cuando estén combatiendo contra el enemigo.

e).- Prestar sus servicios para trasladar heridos, enterrar cadáveres, u otros trabajos semejantes ligados al interés de la causa de la revolución.

f).- Dar alimentos y alojamientos a las fuerzas armadas revolucionarias, que estén de guarnición o de paso en la población respectiva en la medida de sus posibilidades.

g).- Pagar los impuestos y contribuciones que establecen la LEY DE IMPUESTOS DE GUERRA y otras leyes revolucionarias.

h).- No podrán ayudar de ninguna manera al enemigo ni proporcionarle artículos de primera necesidad.

i).- Dedicarse a un trabajo lícito.

Cuarto.- Las autoridades civiles de cualquier tipo, elegidas democráticamente, tendrán, además de las obligaciones anteriores, las siguientes OBLIGACIONES:

a).- Dar cuenta regularmente a la población civil de las actividades de su mandato y del origen y destino de todos los recursos materiales y humanos puestos bajo su administración.

b).- Informar regularmente a la Comandancia respectiva de las fuerzas armadas revolucionarias de las novedades que ocurran en su lugar.

Ley de Derechos y Obligaciones de las Fuerzas Armadas Revolucionarias

Las fuerzas armadas revolucionarias del EZLN en su lucha contra el gobierno opresor y los grandes explotadores nacionales y extranjeros, y en su avance liberador sobre el territorio mexicano se comprometen a cumplir y hacer cumplir la siguiente LEY DE DERECHOS Y OBLIGACIONES DE LAS FUERZAS ARMADAS REVOLUCIONARIAS:

Primero.- Las tropas revolucionarias del EZLN en su combate contra el opresor tienen los siguientes DERECHOS:

a).- Las tropas que transiten o pasen por una población tendrán derecho a recibir de los pueblos, por conducto de las autoridades democráticamente elegidas, alojamiento, alimentos y medios para el cumplimiento de sus misiones militares, esto en la medida de las posibilidades de los pobladores.

b).- Las tropas que, por órdenes de las Comandancias respectivas, estén de guarnición en alguna plaza tendrán derecho a recibir alojamiento, alimentos y medios según lo establecido en el inciso a) de este artículo.

c).- Los jefes, oficiales o soldados que observen que alguna autoridad no cumple lo establecido por las leyes revolucionarias y falten a la voluntad popular, tendrán derecho a denunciar a esta autoridad al gobierno revolucionario.

Segundo.- Las tropas revolucionarias del EZLN en su combate contra el opresor tienen las siguientes OBLIGACIONES:

a).- Hacer que los pueblos que no hayan nombrado libre y democráticamente a sus autoridades, procedan inmediatamente a la libre elección de las mismas, sin la intervención de la fuerza armada, la cual, bajo la responsabilidad de su mando militar, dejará obrar a los pobladores sin presión alguna.

b).- Respetar a las autoridades civiles elegidas libre y democráticamente.

c).- No intervenir en asuntos civiles y dejar obrar libremente a las autoridades civiles en estos asuntos.

d).- Respetar el comercio legal que cumpla con las leyes revolucionarias al respecto.

e).- Respetar los repartos agrarios realizados por el gobierno revolucionario.

f).- Respetar los reglamentos, costumbres y acuerdos de los pueblos y sujetarse a ellos en los casos de relación civil-militar.

g).- No cobrar impuestos a los pobladores, bajo ninguna forma ni pretexto, por el uso de sus tierras y aguas.

h).- No apoderarse de las tierras de los pueblos o de los latifundios arrebatados a los opresores para beneficio personal.

i).- Cumplir con todas las leyes y reglamentos emitidos por el gobierno revolucionario.

j).- No exigir a los pobladores servicios personales o trabajos de beneficio personal.

k).- Reportar a los subordinados que cometan algún delito, apresarlos y remitirlos a un tribunal militar revolucionario para que reciban su merecido castigo.

l).- Respetar la justicia civil.

m).- Los jefes y oficiales serán responsables ante las Comandancias respectivas de los abusos o delitos de sus subordinados que no sean remitidos a los tribunales militares revolucionarios.

n).- Dedicarse a hacerle la guerra al enemigo hasta sacarlo definitivamente del territorio en cuestión o aniquilarlo totalmente.

Ley Agraria Revolucionaria

La lucha de los campesinos pobres en México sigue reclamando la tierra para los que la trabajan. Después de Emiliano Zapata y en contra de las reformas al artículo 27 de la Constitución Mexicana, el EZLN retoma la justa lucha del campo mexicano por tierra y libertad. Con el fin de normar el nuevo reparto agrario que la revolución trae a las tierras mexicanas se expide la siguiente LEY AGRARIA REVOLUCIONARIA.

Primero.- Esta ley tiene validez para todo el territorio mexicano y beneficia a todos los campesinos pobres y jornaleros agrícolas mexicanos sin importar su filiación política, credo religioso, sexo, raza o color.

Segundo.- Esta ley afecta todas las propiedades agrícolas y empresas agropecuarias nacionales o extranjeras dentro del territorio mexicano.

Tercero.- Serán objeto de afectación agraria revolucionaria todas las extensiones de tierra que excedan las 100 hectáreas en condiciones de mala calidad y de 50 hectáreas en condiciones de buena calidad. A los propietarios cuyas tierras excedan los límites arriba mencionados se les quitarán los excedentes y quedarán con el mínimo permitido por esta ley pudiendo permanecer como pequeños propietarios o sumarse al movimiento campesino de cooperativas, sociedades campesinas o tierras comunales.

Cuarto.- No serán objeto de afectación agraria las tierras comunales, ejidales o en tenencia de cooperativas populares aunque excedan los límites mencionados en el artículo tercero de esta ley.

Quinto.- Las tierras afectadas por esta ley agraria, serán repartidas a los campesinos sin tierra y jornaleros agrícolas, que así lo soliciten, en PROPIEDAD COLECTIVA para la formación de cooperativas, sociedades campesinas o colectivos de producción agrícola y ganadera. Las tierras afectadas deberán trabajarse en colectivo.

Sexto.- Tienen DERECHO PRIMARIO de solicitud los colectivos de campesinos pobres sin tierra y jornaleros agrícolas, hombres, mujeres y niños, que acrediten debidamente la no tenencia de tierra alguna o de tierra de mala calidad.

Séptimo.- Para la explotación de la tierra en beneficio de los campesinos pobres y jornaleros agrícolas las afectaciones de los grandes latifundios y monopolios agropecuarios incluirán los medios de producción tales como maquinarias, fertilizantes, bodegas, recursos financieros, productos químicos y asesoría técnica.

Todos estos medios deben pasar a manos de los campesinos pobres y jornaleros agrícolas con especial atención a los grupos organizados en cooperativas, colectivos y sociedades.

Octavo.- Los grupos beneficiados con esta Ley Agraria deberán dedicarse preferentemente a la producción en colectivo de alimentos necesarios para el pueblo mexicano: maíz, frijol, arroz, hortalizas y frutas, así como la cría de ganado vacuno, apícola, bovino, porcino y caballar, y a los productos derivados (carne, leche, huevos, etc.).

Noveno.- En tiempo de guerra, una parte de la producción de las tierras afectadas por esta ley se destinará al sostenimiento de huérfanos y viudas de combatientes revolucionarios y al sostenimiento de las fuerzas revolucionarias.

Décimo.- El objetivo de la producción en colectivo es satisfacer primeramente las necesidades del pueblo, formar en los beneficiados la conciencia colectiva de trabajo y beneficio, y crear unidades de producción, defensa y ayuda mutua en el campo mexicano. Cuando en una región no se produzca algún bien se intercambiará con otra región donde sí se produzca en condiciones de justicia e igualdad. Los excedentes de producción podrán ser exportados a otros países si es que no hay demanda nacional para el producto.

Undécimo.- Las grandes empresas agrícolas serán expropiadas y pasarán a manos del pueblo mexicano, y serán administradas en colectivo por los mismos trabajadores. La maquinaria de labranza, aperos, semillas, etc. que se encuentren ociosos en fábricas y negocios u otros lugares, serán distribuidos entre los colectivos rurales, a fin de hacer producir la tierra extensivamente y empezar a erradicar el hambre del pueblo.

Duodécimo.- No se permitirá el acaparamiento individual de tierras y medios de producción.

Décimo Tercero.- Se preservarán las zonas selváticas vírgenes y los bosques y se harán campañas de reforestación en las zonas principales.

Décimo Cuarto.- Los manantiales, ríos, lagunas y mares son propiedad colectiva del pueblo mexicano y se cuidarán evitando la contaminación y castigando su mal uso.

Décimo Quinto.- En beneficio de los campesinos pobres, sin tierra y obreros agrícolas, además del reparto agrario que esta ley establece, se crearán centros de comercio que compren a precio justo los productos del campesino y le vendan a precios justos las mercancías que el campesino necesita para una vida digna. Se crearán centros de salud comunitaria con todos los adelantos de la medicina moderna, con doctores y enfermeras capacitados y conscientes, y con medicinas gratuitas para el pueblo. Se crearán centros de diversión para que los campesinos y sus familias tengan un descanso digno sin cantinas ni burdeles. Se crearán centros de educación y escuelas gratuitas donde los campesinos y sus familias se eduquen sin importar su edad, sexo, raza o filiación política y aprendan la técnica necesaria para su desarrollo. Se crearán centros de construcción de viviendas y carreteras con ingenieros, arquitectos y materiales necesarios para que los campesinos puedan tener una vivienda digna y buenos caminos para el transporte. Se crearán centros de servicios para garantizar que los campesinos y sus familias tengan luz eléctrica, agua entubada y potable, drenaje, radio y televisión, además de todo lo necesario para facilitar el trabajo de la casa, estufa, refrigerador, lavadoras, molinos, etc.

Décimo Sexto.- No habrá impuestos para los campesinos que trabajen en colectivo, ni para ejidatarios, cooperativas y tierras comunales.

DESDE EL MOMENTO EN QUE SE EXPIDE ESTA LEY AGRARIA REVOLUCIONARIA SE DESCONOCEN TODAS LAS DEUDAS QUE POR CRÉDITOS, IMPUESTOS O PRÉSTAMOS TENGAN LOS CAMPESINOS POBRES Y OBREROS AGRÍCOLAS CON EL GOBIERNO OPRESOR, CON EL EXTRANJERO O CON LOS CAPITALISTAS.

Ley Revolucionaria de Mujeres

En su justa lucha por la liberación de nuestro pueblo, el EZLN incorpora a las mujeres en la lucha revolucionaria sin importar su raza, credo, color o filiación política, con el único requisito de hacer suyas las demandas del pueblo explotado y su compromiso a cumplir y hacer cumplir las leyes y reglamentos de la revolución. Además, tomando en cuenta la situación de la mujer trabajadora en México, se incorporan sus justas demandas de igualdad y justicia en la siguiente LEY REVOLUCIONARIA DE MUJERES:

Primero.- Las mujeres, sin importar su raza, credo, color o filiación política, tienen derecho a participar en la lucha revolucionaria en el lugar y grado que su voluntad y capacidad determinen.

Segundo.- Las mujeres tienen derecho a trabajar y recibir un salario justo.

Tercero.- Las mujeres tienen derecho a decidir el número de hijos que pueden tener y cuidar.

Cuarto.- Las mujeres tienen derecho a participar en los asuntos de la comunidad y tener cargo si son elegidas libre y democráticamente.

Quinto.- Las mujeres y sus hijos tienen derecho a ATENCIÓN PRIMARIA en su salud y alimentación.

Sexto.- Las mujeres tienen derecho a la educación.

Séptimo.- Las mujeres tienen derecho a elegir su pareja y a no ser obligadas por la fuerza a contraer matrimonio.

Octavo.- Ninguna mujer podrá ser golpeada o maltratada físicamente ni por familiares ni por extraños. Los delitos de intento de violación o violación serán castigados severamente.

Noveno.- Las mujeres podrán ocupar cargos de dirección en la organización y tener grados militares en las fuerzas armadas revolucionarias.

Décimo.- Las mujeres tendrán todos los derechos y obligaciones que señalan las leyes y reglamentos revolucionarios.

Ley de Reforma Urbana

En las zonas urbanas controladas por el Ejército Zapatista de Liberación Nacional entran en vigor las siguientes leyes para proporcionar una vivienda digna a las familias desposeídas:

Primera.- Los habitantes que tengan casa propia o departamento dejarán de pagar los impuestos catastrales.

Segunda.- Los inquilinos que paguen renta y lleven más de 15 años habitando en una vivienda dejarán de pagar la renta al propietario hasta que triunfe el gobierno revolucionario y se legisle.

Tercera.- Los inquilinos que tengan menos de 15 años habitando una vivienda y pagando renta por ello pagarán únicamente el 10% del salario que gane el jefe de la familia y dejarán de pagar al llegar a cumplir los 15 años viviendo en el mismo lugar.

Cuarta.- Los lotes urbanos que cuenten ya con servicios públicos pueden ser ocupados inmediatamente, notificando a las autoridades civiles libre y democráticamente elegidas, para construir en dichos lotes habitaciones así sea en forma provisional.

Quinta.- Los edificios públicos vacíos y las grandes mansiones podrán habitarse en forma provisional por varias familias haciendo divisiones interiores. Para esto las autoridades civiles nombrarán comités de vecinos que decidan sobre las solicitudes que se presenten y otorgarán los derechos a vivienda según las necesidades y los recursos disponibles.

Ley del Trabajo

Las siguientes leyes serán adicionadas a la Ley Federal del Trabajo vigente en las zonas controladas por el EZLN.

Primera.- Las compañías extranjeras pagarán a sus trabajadores el salario por hora en su equivalente en moneda nacional al que pagan en dólares en el extranjero.

Segunda.- Las empresas nacionales deberán incrementar mensualmente los salarios en el porcentaje que determine una comisión local de precios y salarios. Dicha comisión estará integrada por representantes de trabajadores, colonos, patrones, comerciantes y autoridades libre y democráticamente elegidas.

Tercera.- Todos los trabajadores del campo y la ciudad recibirán atención médica gratuita en cualquier centro de salud, hospital o clínica, públicos o privados. Los gastos médicos serán cubiertos por el patrón.

Cuarta.- Todos los trabajadores tendrán derecho a recibir de la empresa donde trabajan un tanto de acciones intransferibles de acuerdo a los años de servicio, además de su pensión actual. El valor monetario de dichas acciones podrá usarse en la jubilación por el trabajador, su esposa o un beneficiario.

Ley de Industria y Comercio

Primera.- Los precios de los productos básicos serán regulados por una comisión local de precios y salarios. Dicha comisión estará integrada por trabajadores, colonos, patrones, comerciantes y autoridades libre y democráticamente elegidas.

Segunda.- Está prohibido el acaparamiento de cualquier producto. Los acaparadores serán detenidos y entregados a las autoridades militares acusados del delito de sabotaje y traición a la patria.

Tercera.- El comercio de una localidad deberá asegurar el suministro de tortillas y pan para todos en tiempo de guerra.

Cuarta.- Las industrias y comercios que los patrones consideren improductivas e intenten ser cerradas para llevarse la maquinaria y materias primas, pasarán a poder de los trabajadores en su administración y las maquinarias pasarán a ser propiedad de la nación.

Ley de Seguridad Social

Primera.- Los niños abandonados serán alimentados y protegidos por los vecinos más cercanos con cargo al EZLN antes de ser entregados a las autoridades civiles, quienes los cuidarán hasta llegar a la edad de 13 años.
Segunda.- Los ancianos sin familia serán protegidos y tendrán prioridad para recibir habitación y cupones de alimentación gratuita.
Tercera.- Los enfermos incapacitados de guerra recibirán atención y trabajo prioritario a cargo del EZLN.
Cuarta.- Las pensiones de jubilados se igualarán a los salarios mínimos establecidos por las comisiones locales de precios y salarios.

Ley de Justicia

Primera.- Todos los presos en las cárceles serán liberados, exceptuando los culpables de asesinato, violación y los jefes del narcotráfico.
Segunda.- Todos los gobernantes del nivel de presidente municipal hasta el de presidente de la República serán sujetos a auditoría y juzgados por malversación de fondos en caso de encontrarse elementos de culpabilidad.

VIVIR POR LA PATRIA O MORIR POR LA LIBERTAD

CHIAPAS: EL SURESTE EN DOS VIENTOS, UNA TORMENTA Y UNA PROFECÍA

Muy estimados señores:

Ahora que Chiapas nos reventó en la conciencia nacional, muchos y muy variados autores desempolvan su pequeño *Larousse ilustrado*, su México desconocido, sus diskets de datos estadísticos del Inegi o el Fonhapo o hasta los textos clásicos que vienen desde Bartolomé de las Casas. Con el afán de aportar a esta sed de conocimientos sobre la situación chiapaneca, les mandamos un escrito que nuestro compañero Sc. I. *Marcos* realizó a mediados de 1993 para buscar que fuera despertando la conciencia de varios compañeros que por entonces se iban acercando a nuestra lucha.

Esperamos que este material se gane un lugar en alguna de las secciones o suplementos que conforman su prestigiado diario. Los derechos de autor pertenecen a los insurgentes, los cuales se sentirán retribuidos al ver algo de su historia circular a nivel nacional. Tal vez así otros compañeros se animen a escribir sobre sus estados y localidades esperando que otras profecías al igual que la chiapaneca también se vayan cumpliendo.

Departamento de Prensa y Propaganda, EZLN
Selva Lacandona, México, enero de 1994

VIENTO PRIMERO

El de arriba

Capítulo Primero

Que narra cómo el supremo gobierno se enterneció de la miseria indígena de Chiapas y tuvo a bien dotar a la entidad de hoteles, cárceles, cuarteles y un aeropuerto militar.
Y que narra también cómo la bestia se alimenta
de la sangre de este pueblo y otros infelices
y desdichados sucesos.

Suponga que habita usted en el norte, centro u occidente del país. Suponga que hace usted caso de la antigua frase de Sectur de "Conozca México primero". Suponga que decide conocer el sureste de su país y suponga que del sureste elige usted al estado de Chiapas. Suponga que toma usted por carretera (llegar por aire a Chiapas no sólo es caro sino improbable y de fantasía: sólo hay dos aeropuertos "civiles" y uno militar). Suponga que enfila usted por la carretera Transístmica. Suponga que no hace usted caso de ese cuartel que un regimiento de artillería del ejército federal tiene a la altura de Matías Romero y sigue usted hasta la Ventosa. Suponga que usted no advierte la garita que el Servicio de Inmigración de la Secretaría de Gobernación tiene en ese punto (y que hace pensar que uno sale de un país y entra en otro). Suponga que usted gira a la izquierda y toma decididamente hacia Chiapas. Kilómetros más adelante dejará usted Oaxaca y encontrará un gran letrero que reza "BIENVENIDO A CHIAPAS". ¿Lo encontró? Bien, suponga que sí. Usted entró por una de las tres carreteras que hay para llegar al estado: por el norte del estado, por la costa del Pacífico y por esta carretera que usted supone haber tomado, se llega a este rincón del sureste desde el resto del país. Y la riqueza sale de estas tierras no sólo por estas tres carreteras. Por miles de caminos se desangra Chiapas: por oleoductos y gasoductos, por tendidos eléctricos, por vagones de ferrocarril, por cuentas bancarias, por camiones y camionetas, por barcos y aviones, por veredas clandestinas, caminos de terracería, brechas y picadas; esta tierra sigue pagando su tributo a los imperios: petróleo, energía eléctrica, ganado, dinero, café, plátano, miel, maíz, cacao, tabaco, azúcar, soya, sorgo, melón, mamey, tamarindo y aguacate, y sangre chiapaneca fluye por los mil y un colmillos del saqueo clavados en la garganta del sureste mexicano. Materias primas, miles de millones de toneladas que fluyen a los puertos mexicanos, a las centrales ferroviarias, aéreas y camioneras, con caminos diversos: Estados Unidos, Canadá, Holanda, Alemania, Italia, Japón; pero con el mismo destino: el imperio. La cuota que impone el capitalismo al sureste de este país rezuma, como desde su nacimiento, sangre y lodo.

Un puñado de mercaderes, entre los que se cuenta el Estado mexicano, se llevan de Chiapas toda la riqueza y a cambio dejan su huella mortal y pestilente: el colmillo financiero obtuvo, en 1989, una captación integral de un millón 222 mil 669 millones de pesos y sólo derramó en créditos y obras 616 mil 340 millones. Más de 600 mil millones de pesos fueron a dar al estómago de la bestia.

En las tierras chiapanecas hay 86 colmillos de Pemex clavados en los municipios de Estación Juárez, Reforma, Ostuacán, Pichucalco y Ocosingo. Cada día succionan 92 mil barriles de petróleo y 516.7 mil millones de pies cúbicos de gas. Se llevan el gas y el petróleo y dejan, a cambio, el sello capitalista: destrucción ecológica, despojo agrario, hiperinflación, alcoholismo, prostitución y pobreza. La bestia no está conforme y extiende sus tentáculos a la selva Lacandona: ocho yacimientos petrolíferos están en exploración. Las brechas se abren a punta de machetes, los empuñan los mismos campesinos que quedaron sin tierra por la bestia insaciable. Caen los árboles, retumban las explosiones de dinamita en terrenos donde sólo los campesinos tienen prohibido tumbar árboles para sembrar. Cada árbol que tumben les puede costar una multa de 10 salarios mínimos y cárcel. El pobre no puede tumbar árboles, la bestia petrolera, cada vez más en manos extranjeras, sí. El campesino tumba para vivir, la bestia tumba para saquear.

También por el café se desangra Chiapas. El 35% de la producción nacional cafetalera sale de estas tierras que emplean a 87 mil personas. El 47% de la producción va al mercado nacional y el 53% se comercializa en el extranjero, principalmente en Estados Unidos y Europa. Más de 100 mil toneladas de café salen del estado para engordar las cuentas bancarias de la bestia: en 1988 el kilo de café pergamino se vendió en el extranjero a un promedio de 8 mil pesos, pero al productor chiapaneco se lo pagaron a 2 mil 500 o a menos.

El segundo saqueo en importancia, después del café, es el ganado. Tres millones de vacas esperan a coyotes y un pequeño grupo de introductores para ir a llenar los frigoríficos de Arriaga, Villahermosa y el Distrito Federal. Las vacas son pagadas hasta en mil 400 pesos el kilo en pie a los ejidatarios empobrecidos, y revendidos por coyotes e introductores hasta en 10 veces multiplicado el valor que pagaron.

El tributo que cobra el capitalismo a Chiapas no tiene paralelo en la historia. El 55 por ciento de la energía nacional de tipo hidroeléctrico proviene de este estado, y aquí se produce el 20 por ciento de la energía eléctrica total de México. Sin embargo, sólo un tercio de viviendas chiapanecas tienen luz eléctrica. ¿A dónde van los 12 mil 907 gigawatts que producen anualmente las hidroeléctricas de Chiapas?

A pesar de la moda ecológica, el saqueo maderero sigue en los bosques chiapanecos. De 1981 a 1989 salieron 2 millones 444 mil 700 metros cúbicos de maderas preciosas, coníferas y corrientes tropicales con destino al Distrito Federal, Puebla, Veracruz y Quintana Roo. En 1988 la explotación maderera dio una ganancia de 23 mil 900 millones de pesos, 6 mil por ciento más que en 1980.

La miel que se produce en 79 mil colmenas del estado va íntegramente a los mercados de EEUU y Europa. 2 mil 756 toneladas de miel y cera producidas anualmente en el campo se convierten en dólares que los chiapanecos no verán.

Del maíz, más de la mitad producida aquí va al mercado nacional. Chiapas está entre los primeros estados productores a nivel nacional. El sorgo, en su mayoría, va a Tabasco. Del tamarindo el 90 por ciento va al DF y a otros estados. El aguacate en dos tercios se comercializa fuera del estado, el mamey en su totalidad. Del cacao el 69 por ciento va al mercado nacional y 31 por ciento al exterior con destino a EEUU, Holanda, Japón e Italia. La mayor parte de las 451 mil 627 toneladas anuales de plátanos se exportan.

¿Qué deja la bestia a cambio de todo lo que se lleva?

Chiapas posee 75 mil 634.4 kilómetros cuadrados, unos 7.5 millones de hectáreas, ocupa el octavo lugar en extensión y tiene 111 municipios organizados para el saqueo en nueve regiones económicas. Aquí se encuentra, del total nacional, el 40 por ciento de las variedades de plantas, el 36 por ciento de los mamíferos, el 34 por ciento de los anfibios y reptiles, el 66 por ciento de las aves, el 20 por ciento de los peces de agua dulce y el 80 por ciento de las mariposas. El 9.7 por ciento de la lluvia de todo el país cae sobre estas tierras. Pero la mayor riqueza de la entidad son los 3.5 millones de chiapanecos, de los cuales las dos terceras partes viven y mueren en el medio rural. La mitad de los chiapanecos no tienen agua potable y dos tercios no tienen drenaje. El 90 por ciento de la población en el campo tiene ingresos mínimos o nulos.

La comunicación es una grotesca caricatura para un estado que produce petróleo, energía eléctrica, café, madera y ganado para la bestia hambrienta. Sólo las dos terceras partes de las cabeceras municipales tienen acceso pavimentado, 12 mil comunidades no tienen más comunicación que los centenarios caminos reales. La línea del ferrocarril no sigue las necesidades del pueblo chiapaneco sino las del saqueo capitalista desde el tiempo del porfirismo. La vía férrea que sigue la línea costera (sólo hay dos líneas: la otra atraviesa parte del norte del estado) data de principios de siglo y su tonelaje es limitado por los viejos puentes porfiristas que cruzan las hidrovenas del sureste. El único puerto chiapaneco, Puerto Madero, es sólo una puerta más de salida para que la bestia saque lo que roba.

¿Educación? La peor del país. En primaria, de cada 100 niños 72 no terminan el primer grado. Más de la mitad de las escuelas no ofrecen más que al tercer grado y la mitad sólo tiene un maestro para todos los cursos que imparten. Hay cifras muy altas, ocultas por cierto, de deserción escolar de niños indígenas debido a la necesidad de incorporar al niño a la explotación. En cualquier comunidad indígena es común ver a niños en las horas de escuela cargando leña o maíz, cocinando o lavando ropa. De 16 mil 58 aulas que había en 1989, sólo mil 96 estaban en zonas indígenas.

¿Industria? Vea usted: el 40 por ciento de la "industria" chiapaneca es de molinos de nixtamal, tortillas y de muebles de madera. La gran empresa, el 0.2 por ciento, es del Estado mexicano (y pronto del extranjero) y la forman el petróleo y la electricidad. La mediana industria, el 0.4 por ciento está formada por ingenios azucareros, procesadoras de pescados y mariscos, harina, calhidra, leche y café. El 94.8 por ciento es microindustria.

La salud de los chiapanecos es un claro ejemplo de la huella capitalista: un millón y medio de personas no disponen de servicio médico alguno. Hay 0.2 consultorios por cada mil habitantes, cinco veces menos que el promedio nacional. Hay 0.3 camas de hospital por cada mil chiapanecos, tres veces menos que en el resto de México; hay un quirófano por cada 100 mil habitantes, dos veces menos que en el país; hay 0.5 médicos y 0.4 enfermeras por cada mil personas, dos veces menos que el promedio nacional.

Salud y alimentación van de la mano en la pobreza. El 54 por ciento de la población chiapaneca está desnutrida y en la región de los altos y selva, este porcentaje de hambre supera el 80 por ciento. El alimento promedio de un campesino es: café, pozol, tortilla y frijol.

Todo esto deja el capitalismo en pago por lo que se lleva.

Esta parte del territorio mexicano que se anexa por voluntad propia a la joven república independiente en 1824, apareció en la geografía nacional hasta que el boom petrolero recordó a la nación que había un sureste (en el sureste está el 82 por ciento de la capacidad instalada de la planta petroquímica de Pemex); en 1990 las dos terceras partes de la inversión pública en el sureste fue para energéticos. Pero este estado no responde a modas sexenales, su experiencia en saqueo y explotación se remonta desde siglos atrás. Igual que ahora, antes fluían a las metrópolis, por las venas del saqueo, maderas y frutas, ganados y hombres. A semejanza de las repúblicas bananeras pero en pleno auge del neoliberalismo y las "revoluciones libertarias", el sureste sigue exportando materias primas y mano de obra y, como desde hace 500 años, sigue importando lo principal de la producción capitalista: muerte y miseria.

Un millón de indígenas habitan tierras y comparten con mestizos y ladinos una desequilibrada pesadilla: aquí su opción, después de 500 años del "encuentro de dos mundos", es morir de miseria o de represión. El programa de optimización de la pobreza, esa pequeña mancha de social democracia que salpica ahora al Estado mexicano y que con Salinas de Gortari lleva el nombre de Pronasol es una caricatura burlona que cobra lágrimas de sangre a los que, bajo estas lluvias y soles, se desviven.

¡¡Bienvenido...!!
Ha llegado usted al estado más pobre del país: Chiapas.

Suponga que sigue usted manejando y de Ocosocoautla baja usted a Tuxtla Gutiérrez, capital del estado. No se detenga mucho; Tuxtla Gutiérrez es sólo una gran bodega que concentra producción de otras partes del estado. Aquí llega parte de la riqueza que será enviada a donde los designios capitalistas decidan. No se detenga, apenas toca usted los labios de las fauces sangrantes de la fiera. Pase usted por Chiapas de Corzo sin hacer caso de la fábrica que Nestlé tiene ahí, y empiece a ascender la sierra. ¿Qué ve? Está en lo cierto, entró usted a otro mundo: el indígena. Otro mundo, pero el mismo que padecen millones en el resto del país.

Este mundo indígena está poblado por 300 mil tzeltales, 300 mil tzotziles, 120 mil choles, 90 mil zoques y 70 mil tojolabales. El supremo gobierno reconoce que "sólo" la mitad de este millón de indígenas es analfabeta.

Siga por la carretera sierra adentro; llega usted a la región llamada los altos de Chiapas. Aquí, hace 500 años el indígena era mayoritario, amo y señor de tierras y aguas. Ahora sólo es mayoritario en número y pobreza. Siga, lléguese hasta San Cristóbal de las Casas; hace 100 años era la capital del estado pero las pugnas interburguesas le quitaron el dudoso honor de ser capital del estado más pobre de México. No, no se detenga, si Tuxtla Gutiérrez es una gran bodega, San Cristóbal es un gran mercado: por miles de rutas llega el tributo indígena al capitalismo, tzotziles, tzeltales, choles, tojolabales y zoques, todos traen algo: madera, café, ganado, telas, artesanías, frutas, verduras, maíz. Todos se llevan algo: enfermedad, ignorancia, burla y muerte. Del estado más pobre de México, ésta es la región más pobre. Bienvenido a San Cristóbal de las Casas, "Ciudad Colonial" dicen los coletos, pero la mayoría de la población es indígena. Bienvenido al gran mercado que Pronasol embellece. Aquí todo se compra y se vende, menos la dignidad indígena. Aquí todo es caro, menos la muerte. Pero no se detenga, siga adelante por la carretera, enorgullézcase de la infraestructura turística: en 1988 en el estado había 6 mil 270 habitaciones de hotel, 139 restaurantes y 42 agencias de viaje; ese año entraron un millón 58 mil 98 turistas y dejaron 250 mil millones de pesos en manos de hoteleros y restauranteros.

¿Hizo la cuenta? ¿Sí? Es correcto: hay unas siete habitaciones por cada mil turistas, mientras que hay 0.3 camas de hospital para cada mil chiapanecos. Bueno, deje usted las cuentas y siga adelante, libre con cuidado esas tres hileras de policías que, con boinas pintas, trotan por la orilla de la carretera, pase usted por el cuartel de la Seguridad Pública y siga por entre hoteles, restaurantes y grandes comercios, enfile a la salida para Comitán. Saliendo de la "olla" de San Cristóbal y por la misma carretera verá las famosas grutas de San Cristóbal, rodeadas de frondosos bosques ¿Ve usted ese letrero? No, no se equivoca, este parque natural es administrado por... ¡el ejército! Sin salir de su desconcierto siga adelante... ¿Ve usted? Modernos edificios, buenas casas, calles pavimentadas... ¿Una universidad? ¿Una colonia para trabajadores? No, mire bien el letrero a un lado de los cañones, y lea: "Cuartel General de la 31 Zona Militar". Todavía con la hiriente imagen verde-olivo en la retina llegue usted al crucero y decida no ir a Comitán, así se evitará la pena de ver que, unos metros más adelante, en el cerro que se llama del Extranjero, personal militar norteamericano maneja, y enseña a manejar a sus pares mexicanos, un radar. Decida mejor ir a Ocosingo ya que está de moda la ecología y todas esas pamplinas. Vea usted esos árboles, respire profundo... ¿Ya se siente mejor? ¿Sí? Entonces mantenga su vista a la izquierda porque si no, en el Km. 7, verá usted otra magnífica construcción con el noble símbolo de SOLIDARIDAD en la fachada. No vea, le digo que voltee para otro lado, no se dé cuenta usted de que este edificio nuevo es... una cárcel (dicen las malas lenguas que son ventajas que ofrece Pronasol: ahora los campesinos no tendrán que ir hasta Cerro Hueco, cárcel en la capital del estado). No hombre, no se desanime, lo peor está siempre oculto: el exceso de pobreza espanta al turismo... Siga, baje a Huixtan, ascienda a Oxchuc, vea la hermosa cascada donde nace el río Jataté cuyas aguas atraviesan la Selva Lacandona, pase por Cuxuljá y no siga la desviación que lleva a Altamirano, lléguese hasta Ocosingo: "la puerta de la Selva Lacandona"...

Está bien, deténgase un poco. Una vuelta rápida por la ciudad... ¿Principales puntos de interés? Bien: esas dos grandes construcciones a la entrada son prostíbulos, aquello es una cárcel, la de más allá la iglesia, ésa otra es la Ganadera, ése de allá es un cuartel del ejército federal, allá los judiciales, la Presidencia Municipal y más acá Pemex, lo demás son casitas amontonadas que retumban al paso de los gigantescos camiones de Pemex y las camionetas de los finqueros.

¿Qué le parece? ¿Una hacienda porfirista? ¡Pero eso se acabó hace 75 años! No, no siga por esa carretera de terracería que llega hasta San Quintín, frente a la Reserva de los Montes Azules. No, llegue hasta donde se juntan los ríos Jataté y Perlas, no baje ahí, no camine tres jornadas de ocho horas cada una, no llegue a San Martín, no vea que es un ejido muy pobre y muy pequeño, no se acerque a ese galerón que se cae a pedazos y con láminas oxidadas y rotas. ¿Qué es? Bueno, a ratos iglesia, a ratos escuela, a ratos salón de reuniones. Ahorita es una escuela, son las 11 del día. No, no se acerque, no mire dentro, no vea a esos cuatro grupos de niños rebosando de lombrices y piojos, semidesnudos, no vea a los cuatro jóvenes indígenas que hacen de maestros por una paga miserable que tienen que recoger después de caminar las mismas tres jornadas que usted caminó; no vea que la única división entre un "aula" y otra es un pequeño pasillo ¿Hasta qué año se cursa aquí? Tercero. No, no vea esos carteles que es lo único que el gobierno les mandó a esos niños, no los vea: son carteles para prevenir el sida...

Mejor sigamos, volvamos a la carretera pavimentada. Sí, ya sé que está en mal estado. Salgamos de Ocosingo, siga admirando estas tierras... ¿Los propietarios? Sí, finqueros. ¿Producción? Ganado, café, maíz... ¿Vio el Instituto Nacional Indigenista? Sí, a la salida ¿Vio esos espléndidos camiones? Son dados a crédito a los campesinos indígenas. Sólo usan gasolina Magna-Sin, por aquello de la ecología... ¿Que no hay Magna-Sin en Ocosingo? Bueno, pues esas son pequeñeces... Sí, usted tiene razón, el gobierno se preocupa por los campesinos, claro que dicen las malas lenguas que en esa sierra hay guerrilleros y que la ayuda monetaria del gobierno es para comprar la lealtad indígena, pero son rumores, seguramente tratan de desprestigiar al Pronasol... ¿Qué? ¿El Comité de Defensa Ciudadana? ¡Ah sí! Es un grupo de "heroicos" ganaderos, comerciantes y charros sindicales que organizan guardias blancas para desalojos y amenazas. No, ya le dije a usted que la hacienda porfirista acabó hace 75 años... Mejor sigamos... en esa desviación tome usted a la izquierda. No, no vaya usted a Palenque. Mejor sigamos, pasemos por Chilón... bonito ¿no? Sí Yajalón... muy moderno, hasta tiene una gasolinera... mire, ese de allá es un banco, allá la Presidencia Municipal, por acá la judicial, la ganadera, allá el ejército..., ¿otra vez con lo de la hacienda? Vámonos y ya no vea ese otro gran y moderno edificio en las afueras en el camino a Tila y Sabanilla, no vea su hermoso letrero de SOLIDARIDAD embelleciendo la entrada, no vea que es... una cárcel.

Bueno, llegamos al cruce, ahora a Ocosingo... ¿Palenque? ¿Está usted seguro? Bueno, vamos... Sí, bonitas tierras. Ajá, finqueros. Correcto: Ganado, café, madera. Mire, ya llegamos a Palenque. ¿Una visita rápida a la ciudad? Bueno: ésos son hoteles, allá restaurantes, acá la presidencia Municipal, la Judicial, ese es el cuartel del ejército, y allá... ¿Qué? No, ya sé qué me va a decir... no lo diga, no... ¿Cansado? Bueno, paremos un poco. ¿No quiere ver las pirámides? ¿No? Bueno. ¿Xi'Nich? Ajá, una marcha indígena. Sí, hasta México. Ajá caminando. ¿Cuánto? Mil 106 kilómetros. ¿Resultados? recibieron sus peticiones. Sí, sólo eso. ¿Sigue cansado? ¿Más? Bueno, esperemos... ¿Para Bonampak? Está muy malo el camino. Bueno, vamos. Sí, la ruta panorámica... ése es el retén del ejército federal, éste otro es de la Armada, aquél de judiciales, el de más allá el de Gobernación... ¿Siempre así? No, a veces topa uno con marchas campesinas de protesta. ¿Cansado? ¿Quiere regresar? Bueno. ¿Otros lugares? ¿Distintos? ¿En qué país? ¿México? Verá usted lo mismo, cambiarán los colores, las lenguas, el paisaje, los nombres, pero el hombre, la explotación, la miseria y la muerte, es la misma. Sólo busque bien. Sí, en cualquier estado de la República. Ajá, que le vaya bien... y si necesita un guía turístico no deje de avisarme, estoy para servirle... ¡Ah!, otra cosa. No será siempre así. ¿Otro México? No, el mismo... yo hablo de otra cosa, como que empiezan a soplar otros aires, como que otro viento se levanta...

Capítulo Segundo

Que narra hechos del gobernador aprendiz de virrey,
de su heroico
combate contra el clero progresista, y de sus andanzas
con los señores feudales del ganado, el café
y el comercio. Y que narra también
otros hechos igualmente fantásticos.

Érase que se era un virrey de chocolate con nariz de cacahuate. El aprendiz de virrey, el gobernador Patrocinio González Garrido, a la manera de los antiguos monarcas que la corona española implantó junto con la conquista, ha reorganizado la geografía chiapaneca. La asignación de espacios urbanos y rurales es un ejercicio del poder un tanto sofisticado, pero manejado con la torpeza del señor González Garrido alcanza niveles exquisitos de estupidez. El virrey ha decidido que las ciudades con servicios y ventajas sean para los que ya todo tienen. Y decide, el virrey, que la muchedumbre está bien afuera, en la intemperie, y sólo merece lugar en las cárceles, lo cual no deja de ser incómodo. Por esto, el virrey ha decidido construir las cárceles en las afueras de las ciudades, para que la cercanía de esa indeseable y delincuente muchedumbre no perturbe a los señores. Cárceles y cuarteles son las principales obras que este gobernador ha impulsado en Chiapas. Su amistad con finqueros y poderosos comerciantes no es secreto para nadie, como tampoco lo es su animadversión hacia las tres diócesis que regulan la vida católica en el estado. La diócesis de San Cristóbal, con el obispo Samuel Ruiz a la cabeza, es una molestia constante para el proyecto de reordenamiento de González Garrido. Queriendo modernizar la absurda estructura de explotación y saqueo que impera en Chiapas, Patrocinio González tropieza cada tanto con la terquedad de religiosos y seglares que predican y viven la opción por los pobres del catolicismo.

Con el aplauso fariseo del obispo tuxtleco, Aguirre Franco, y la muda aprobación de el de Tapachula, González Garrido anima y sostiene las conspiraciones "heroicas" de ganaderos y comerciantes en contra de los miembros de la diócesis sancristobalense. "Los equipos de Don Samuel", como les llaman algunos, no están formados por inexpertos creyentes: antes de que Patrocinio González Garrido soñara siquiera con gobernar su estado, la diócesis de San Cristóbal de las Casas predicaba el derecho a la libertad y a la justicia. Para una de las burguesías más retrógradas del país, la agrícola, estas palabras sólo pueden significar una cosa: rebelión. Y estos "patriotas" y "creyentes" finqueros y comerciantes saben cómo detener las rebeliones: la existencia de guardias blancas armadas con su dinero y entrenadas por miembros del ejército federal y policías de la Seguridad Pública y la judicial del estado, es de sobra reconocida por los campesinos que padecen sus bravatas, torturas y balas.

En meses pasados fue detenido el sacerdote Joel Padrón, párroco de Simojovel. Acusado por los ganaderos de esa región de incitar y participar en tomas de tierra, el padre Joel fue detenido por autoridades estatales y recluido en el Penal de Cerro Hueco, en la capital del estado. Las movilizaciones de miembros de la diócesis de San Cristóbal (las de Tuxtla y Tapachula brillaron por su ausencia) y un amparo federal lograron la liberación del párroco Padrón.

Mientras miles de campesinos marcharon en Tuxtla Gutiérrez para exigir la liberación del padre, los ganaderos de Ocosingo enviaron a sus flamantes guardias blancas a desalojar a campesinos posesionados del predio. El Momonal: 400 hombres armados por los finqueros golpearon y destruyeron, quemaron casas, chicotearon a las mujeres indígenas y asesinaron de un tiro en el rostro al campesino Juan. Después del desalojo, los guardias blancas, en su mayoría compuestas por vaqueros de las fincas y pequeños propietarios orgullosos de compartir correrías con los mozos terratenientes, recorrieron las carreteras de la región en las camionetas pick-up facilitadas por los amos. Mostrando sus armas ostensiblemente, borrachos y drogados, gritaban: "¡La ganadera es la número uno!" y advertían a todos que era sólo el comienzo. Las autoridades municipales de Ocosingo y los soldados destacamentados en la cabecera contemplaron impávidos el desfile triunfal de los pistoleros.

En Tuxtla Gutiérrez cerca de 10 mil campesinos desfilaban por la libertad de Joel Padrón. En un rincón de Ocosingo, la viuda de Juan enterraba solitaria a la víctima del orgulloso finquero. No hubo ni una marcha, ni un rezo, ni una firma de protesta por la muerte de Juan. Éste es Chiapas.

Recientemente, el virrey González Garrido protagonizó un nuevo escándalo que salió a la luz pública porque las víctimas cuentan con los medios para denunciar las arbitrariedades. Con la anuencia del virrey, los señores feudales de Ocosingo organizaron el Comité de Defensa Ciudadana, el intento más acabado de institucionalizar las guardias blancas neoporfiristas que resguardan el orden en el campo chiapaneco. Nada hubiera pasado seguramente, si no es descubierto un complot para asesinar a los párrocos Pablo Ibarren y a la religiosa María del Carmen, además de a Samuel Ruiz, obispo de la diócesis. A los párrocos y religiosas se les daba un plazo para abandonar el municipio, pero los más radicales del Comité clamaban por una solución drástica que incluyera al obispo Ruiz. La denuncia del complot corrió a cargo de la prensa chiapaneca honesta, que la hay aún, y llegó a los foros nacionales. Hubo retracciones y desmentidos, el virrey declaró que sostenía buenas relaciones con la Iglesia y nombró un fiscal especial para investigar el caso. La investigación no arrojó resultado alguno y las aguas volvieron a su cauce.

En las mismas fechas, agencias gubernamentales daban a conocer datos escalofriantes: en Chiapas mueren cada año 14 mil 500 personas, es el más alto índice de mortalidad en el país. ¿Las causas? Enfermedades curables como: infecciones respiratorias, enteritis, parasitosis. amibiasis, paludismo, salmonelosis, escabiasis, dengue, tuberculosis pulmonar, oncocercosis, tracoma, tifo, cólera y sarampión. Las malas lenguas dicen que la cifra supera los 15 mil muertos al año porque no se lleva el registro de las defunciones en las zonas marginadas, que son la mayoría del estado... En los cuatro años de virreinado de Patrocinio González Garrido han muerto más de 60 mil chiapanecos, pobres en su mayoría. La guerra que contra el pueblo dirige el virrey y comandan los señores feudales, reviste formas más sutiles que los bombarderos. No hubo en la prensa local o nacional una nota para ese complot asesino en acción que cobra vidas y tierras como en tiempos de la conquista.

El Comité de Defensa Ciudadana sigue su labor proselitista, realiza reuniones para convencer a ricos y pobres de la ciudad de Ocosingo de que deben organizarse y armarse para que los campesinos no entren a la ciudad porque lo destruirán todo, sin respetar ni a ricos ni a pobres. El virrey sonríe con beneplácito.

Capítulo Tercero

Que narra cómo el virrey tuvo una brillante idea y
la puso en práctica y que narra también cómo el imperio decretó
la muerte del socialismo
y, entusiasmado, se dio a la tarea de difundirlo,
para regocijo de los poderosos, desconsuelo de

los tibios e indiferencia de los más.
Narra también cómo Zapata no ha muerto, dicen.
Y otros desconcertantes acontecimientos

El virrey está preocupado. Los campesinos se niegan a aplaudir el despojo institucional que ahora está escrito en el nuevo artículo 27 de la Carta Magna. El virrey está rabiando. Los explotados no son felices explotados. Se niegan a recibir con una servil caravana las limosnas que el Pronasol salpica en el campo chiapaneco. El virrey está desesperado, consulta a sus asesores. Ellos le repiten una vieja verdad: no bastan cárceles y cuarteles para dominar, es necesario domar también el pensamiento. El virrey se pasea inquieto en su soberbio palacio. Se detiene, sonríe y redacta...

XEOCH: Rap y mentiras para los campesinos

Ocosingo y Palenque, Cancuc y Chilón, Altamirano y Yajalón, los indígenas están de fiesta. Una nueva dádiva del supremo gobierno alegra la vida de peones y pequeños propietarios, de campesinos sin tierra y empobrecidos ejidatarios. Ya tienen una estación local de radio que cubre, ahora sí, los rincones más apartados del oriente chiapaneco. La programación es de lo más adecuada: música de marimba y rap proclaman la buena nueva. El campo chiapaneco se moderniza. XEOCH transmite desde la cabecera municipal de Ocosingo, en los 600 megahertz en amplitud modulada, desde las 4:00 hasta las 22:00 horas Sus noticieros abundan en piedras de molino: la "desorientación" que religiosos "subversivos" predican entre el campesinado, la afluencia de créditos que no llegan a las comunidades indígenas, la existencia de obras públicas que no aparecen por ningún lado. El soberbio virrey también se da tiempo de transmitir por XEOCH sus amenazas para recordar al mundo que no todo es mentiras y rap, también hay cárceles y cuarteles y un código penal, el más represivo de la república, que sanciona cualquier muestra de descontento popular: los delitos de asonada, rebelión, incitación a la rebelión, motín, etc., que están tipificados en los artículos de esta ley son la muestra de que el virrey se preocupa de hacer las cosas bien y punto.

No hay para qué luchar. El socialismo ha muerto. Viva el conformismo y la reforma y la modernidad y el capitalismo y los crueles etcéteras que a esto se asocian y siguen. El virrey y los señores feudales bailan y ríen eufóricos en sus palacios y palacetes. Su regocijo es desconcierto entre algunos de los escasos pensadores independientes que habitan en estos lares. Incapaces de entender, se dan a la desazón y los golpes de pecho. Es cierto, para qué luchar. La correlación de fuerzas es desfavorable. No es tiempo... hay que esperar más... tal vez años... alerta contra los aventureros. Que haya sensatez. Que nada pase en el campo y en la ciudad, que todo siga igual. El socialismo ha muerto. Viva el capital. Radio, prensa y televisión lo proclaman, lo repiten algunos ex socialistas, ahora sensatamente arrepentidos.

Pero no todos escuchan las voces de desesperanza y conformismo. No todos se dejan llevar por el tobogán del desánimo. Los más, los millones siguen sin escuchar la voz del poderoso y el tibio, no alcanzan a oír, están ensordecidos por el llanto y la sangre que, muerte y miseria, les gritan al oído. Pero cuando hay un momento de reposo, que los hay todavía, escuchan otra voz, no la que viene de arriba, sino la que trae el viento de abajo y que nace del corazón indígena de las montañas, la que les habla de justicia y libertad, la que les habla de socialismo, la que les habla de esperanza... la única esperanza de ese mundo terrenal. Y cuentan los más viejos entre los viejos de las comunidades que hubo un tal Zapata que se alzó por los suyos y que su voz cantaba, más que gritar, ¡Tierra y Libertad! Y cuentan estos ancianos que no ha muerto, que Zapata ha de volver. Y cuentan los viejos más viejos que el viento y la lluvia y el sol le dicen al campesino cuándo debe preparar la tierra, cuándo debe sembrar y cuándo cosechar. Y cuentan que también la esperanza se siembra y se cosecha. Y dicen los viejos que el viento, la lluvia y el sol están hablando de otra forma a la tierra, que de tanta pobreza no puede seguir cosechando muerte, que es la hora de cosechar rebeldía. Así dicen los viejos. Los poderosos no escuchan, no alcanzan a oír, están ensordecidos por el embrutecimiento que los imperios les gritan al oído. "Zapata", insiste el viento, el de abajo, el nuestro.

VIENTO SEGUNDO

El de abajo

Capítulo Cuarto

Que narra cómo la dignidad y la rebeldía
se emparentan en el sureste y de cómo los fantasmas de Jacinto
Pérez y mapaches recorren las sierras de Chiapas. Narra también
de la paciencia que se agota y otros sucesos de ignorada
presencia pero presumible consecuencia.

Este pueblo nació digno y rebelde, lo hermana al resto de los explotados del país no el Acta de Anexión de 1824, sino una larga cadena de ignominias y rebeldías. Desde los tiempos en que sotana y armadura conquistaban estas tierras, la dignidad y la rebeldía se vivían y difundían bajo estas lluvias.

El trabajo colectivo, el pensamiento democrático, la sujeción al acuerdo de la mayoría, son más que una tradición en zona indígena, han sido la única posibilidad de sobrevivencia, de resistencia, de dignidad y rebeldía. Estas "malas ideas", a ojos terratenientes y comerciantes, van en contra del precepto capitalista de "mucho en manos de pocos".

Se ha dicho, equivocadamente, que la rebeldía chiapaneca tiene otro tiempo y no responde al calendario nacional. Mentira: la especialidad del explotado chiapaneco es la misma del de Durango, el Bajío o Veracruz; pelear y perder. Si las voces de los que escriben la historia hablan de descompás, es porque la voz de los oprimidos no habla... todavía. No hay calendario histórico nacional que recoja todas y cada una de las rebeliones y disconformidades contra el sistema impuesto y mantenido a sangre y fuego en todo el territorio nacional. En Chiapas esta voz de rebeldía se escucha sólo cuando estremece el mundillo de terratenientes y comerciantes. Entonces sí el fantasma de la barbarie indígena retumba en los muros de los palacios gobernantes y pasa todo con la ayuda de plomo ardiente, el encierro, el engaño y la amenaza. Si las rebeliones en el sureste pierden, como pierden en el norte, centro y occidente, no es por desacompañamiento temporal, es porque el viento es el fruto de la tierra, tiene su tiempo y madura, no en los libros de lamentos, sino en los pechos organizados de los que nada tienen más que dignidad y rebeldía. Y este viento de abajo, el de la rebeldía, el de la dignidad, no es sólo respuesta a la imposición del viento de arriba, no es sólo brava contestación, lleva en sí una propuesta nueva, no es sólo la destrucción de un sistema injusto y arbitrario, es sobre todo una esperanza, la de la conversión de dignidad y rebeldía en libertad y dignidad.

¿Cómo habrá de hacerse oír esta voz nueva en estas tierras y en todas las del país? ¿Cómo habrá de crecer este viento oculto, conforme ahora con soplar en sierras y en cañadas, sin bajar aún a los valles donde manda el dinero y gobierna la mentira? De la montaña vendrá este viento, nace ya bajo los árboles y conspira por un nuevo mundo, tan nuevo que es apenas una intuición en el corazón colectivo que lo anima...

Capítulo Quinto

Que narra cómo la dignidad indígena se dio en caminar
para hacerse oír y poco duró su voz,
y narra también cómo voces de antes se repiten hoy
y de que volverán los indios a caminar pero con paso firme,
y junto a otros pasos desposeídos,
para tomar lo que les pertenece
y la música de muerte que toca ahora sólo
para los que nada tienen, tocará para otros.
Y narra también otros asombrosos acontecimientos
que suceden y, dicen, habrán de suceder.

La marcha indígena Xi'Nich (hormiga), realizada por campesinos de Palenque, Ocosingo y Salto de Agua viene a demostrar lo absurdo del sistema. Estos indígenas tuvieron que caminar mil 106 kilómetros para hacerse escuchar, llegaron hasta la capital de la República para que el poder central les consiguiera una entrevista con el virrey. Llegaron al Distrito Federal cuando el capitalismo pintaba una tragedia espantosa sobre los cielos de Jalisco. Llegaron a la capital de la antigua Nueva España, hoy México, en el año 500 después de que la pesadilla extranjera se impuso en la noche de esta tierra. Llegaron y los escucharon todas las gentes honestas y nobles que hay, y las hay todavía, y también los escucharon las voces que oprimen hoy sureste, norte, centro y occidente de la patria. Regresaron otros mil 106 kilómetros llenos los bolsillos de promesas. Nada quedó de nuevo...

En la cabecera municipal de Simojovel, los campesinos de la CIO-

AC fueron atacados por gente pagada por ganaderos de la localidad. Los campesinos de Simojovel han decidido dejar de estar callados y responder a las amenazas cumplidas de los finqueros. Manos campesinas cercan la cabecera municipal, nada ni nadie entra o sale sin su consentimiento. El ejército federal se acuartela, la policía recula y los señores feudales del estado claman fuego para volver al orden y el respeto. Comisiones negociadoras van y vienen. El conflicto se soluciona aparentemente, las causas subsisten y con la misma apariencia, todo vuelve a la calma.

En el poblado Betania, en las afueras de San Cristóbal de las Casas, los indígenas son detenidos y extorsionados regularmente por agentes judiciales, por cortar leña para sus hogares. La judicial cumple con su deber de cuidar la ecología, dicen los agentes. Los indígenas deciden dejar de estar callados y secuestran a tres judiciales. No conformes con eso, toman la carretera Panamericana y cortan la comunicación al oriente de San Cristóbal. En el crucero a Ocosingo y Comitán, los campesinos tienen amarrados a los judiciales y exigen hablar con el virrey antes de desbloquear la carretera. El comercio se empantana, el turismo se derrumba. La noble burguesía coleta se mesa sus venerables cabelleras. Comisiones negociadoras van y vienen. El conflicto se soluciona aparentemente, las causas subsisten, y con la misma apariencia todo vuelve a la calma.

En Marqués de Comillas, municipio de Ocosingo, los campesinos sacan madera para sobrevivir. La judicial los detiene y requisa la madera para provecho de su comandante. Los indígenas deciden dejar de estar callados y toman los vehículos y hacen prisioneros a los agentes, el gobierno manda policías de seguridad pública y son tomados prisioneros de la misma forma. Los indígenas retienen los camiones, la madera y a los prisioneros. Sueltan a estos últimos. No hay respuesta. Marchan a Palenque para exigir solución y el ejército los reprime y secuestra a sus dirigentes. Siguen reteniendo los camiones. Comisiones negociadoras van y vienen. El gobierno suelta a los dirigentes, los campesinos sueltan los camiones. El conflicto se soluciona aparentemente, las causas subsisten, y con la misma apariencia todo vuelve a la calma.

En la cabecera municipal de Ocosingo marchan, desde distintos puntos de las fuerzas de la ciudad, mil campesinos indígenas de la ANCIEZ. Tres marchas convergen frente al Palacio Municipal. El presidente no sabe de qué se trata y se da a la fuga, en el suelo de su despacho queda tirado un calendario señalando la fecha: 10 de abril de 1992. Afuera los campesinos indígenas de Ocosingo, Oxchuc,

Huixtlán, Chilón, Yajalón, Sabanilla, Salto de Agua, Palenque, Altamirano, Margaritas, San Cristóbal, San Andrés y Cancuc, bailan frente a una imagen gigantesca de Zapata pintada por uno de ellos, declaman poemas, cantan y dicen su palabra. Sólo ellos se escuchan. Los finqueros, comerciantes y judiciales se encierran en sus casas y comercios, la guarnición federal parece desierta. Los campesinos gritan que Zapata vive la lucha sigue. Uno de ellos lee una carta dirigida a Carlos Salinas de Gortari donde lo acusan de haber acabado con los logros zapatistas en materia agraria, vender al país con el Tratado de Libre Comercio y volver a México a los tiempos del porfirismo, declaran contundentemente no reconocer las reformas salinistas al artículo 27 de la Constitución Política. A las dos de la tarde, la manifestación se disuelve, en orden aparente, las causas subsisten, y con la misma apariencia todo vuelve a la calma.

Abasolo, ejido del municipio de Ocosingo. Desde hace años los campesinos tomaron tierras que les correspondían por derecho legal y derecho real. Tres dirigentes de su comunidad han sido tomados presos y torturados por el gobierno. Los indígenas deciden dejar de estar callados y toman la carretera San Cristóbal - Ocosingo. Comisiones negociadoras van y vienen. Los dirigentes son liberados. El conflicto se soluciona aparentemente, las causas subsisten, y con la misma apariencia todo vuelve a la calma.

Sueña Antonio con que la tierra que trabaja le pertenece, sueña que su sudor es pagado con justicia y verdad, sueña que hay escuela para curar la ignorancia y medicina para espantar la muerte, sueña que su casa se ilumina y su mesa se llena, sueña que su tierra es libre y que es razón de su gente gobernar y gobernarse, sueña que está en paz consigo mismo y con el mundo. Sueña que debe luchar para tener ese sueño, sueña que debe haber muerto para que haya vida. Sueña Antonio y despierta... ahora sabe qué hacer y ve a su mujer en cuclillas atizar el fogón, oye a su hijo llorar, mira el sol saludando al oriente, y afila su machete mientras sonríe.

Un viento se levanta y todo lo revuelve, él se levanta y camina a encontrarse con otros. Algo le ha dicho que su deseo es deseo de muchos y va a buscarlos.

Sueña el virrey con que su tierra se agita por un viento terrible que todo lo levanta, sueña con que lo que robó le es quitado, sueña que su casa es destruida y que el reino que gobernó se derrumba. Sueña y no duerme. El virrey va donde los señores feudales y éstos le dicen que sueñan lo mismo. El virrey no descansa, va con sus médicos y entre todos deciden que es brujería india y entre todos deciden que sólo con sangre se librará de ese hechizo y el virrey manda matar y encarcelar y construye más cárceles y cuarteles y el sueño sigue desvelándolo.

En este país todos sueñan. Ya llega la hora de despertar...

LA TORMENTA...
...la que está

Nacerá del choque de estos dos vientos, llega ya su tiempo, se atiza ya el horno de la historia. Reina ahora el viento de arriba, ya viene el viento de abajo, ya la tormenta viene... así será...

LA PROFECÍA...
...la que está

Cuando amaine la tormenta, cuando la lluvia y fuego dejen en paz otra vez la tierra, el mundo ya no será el mundo, sino algo mejor.

Selva Lacandona, agosto de 1992

TESTIMONIOS DEL DÍA PRIMERO

Sin firma [*LJ*, 19/i]. El Ejército Zapatista de Liberación Nacional (EZLN) recurrió a las armas "porque no nos dejaron otro camino", declaró el subcomandante *Marcos*. Para este jefe guerrillero, cuya identidad real se desconoce, "hacía falta que alguien diera una lección de dignidad, y ésta le tocó darla a los más antiguos pobladores de este país que ahora se llama México". *Marcos* aclaró que el camino elegido, el de las armas, "es uno más", no el único. "El problema de la guerra no es un problema de armas, no es un problema de quién tiene más armas, más hombres o más balas; es un problema de quién tiene la razón".

El guerrillero más conocido del EZLN –que no es indio pero asegura hablar tzeltal, tzotzil, chol y tojolobal– precisa que la edad media de los alzados oscila entre los 22 y los 23 años. Aclara que sólo los jefes ocultan su cara y explica, en tono didáctico, que el EZLN no se considera "vanguardia, ni la luz. Decimos, vean qué pasó, y eso tuvimos que hacer".

Parapetado en un pasamontañas que sólo deja ver sus ojos claros y una nariz pronunciada -imagen que ha dado la vuelta al mundo-, el jefe guerrillero llama a los mexicanos a "no dejarse" porque, señala, "hay que tratar de construir un mundo mejor, realmente para todos y no nada más para unos cuantos, que es lo que está haciendo el actual régimen".

Acerca del Tratado de Libre Comercio (TLC), que entró en vigor el primero de enero, día del alzamiento militar del EZLN, *Marcos* explicó que "los compañeros decidieron alzarse este mismo día para responder al decreto de muerte que les da el Tratado, con el decreto de vida que les da alzarse en armas para exigir la libertad y la democracia que los va a llevar a la solución de sus problemas".

Estas declaraciones del jefe guerrillero fueron realizadas el primero de enero en San Cristóbal de las Casas. Para entonces un destacamento del EZLN había tomado la ciudad y, desde el balcón del palacio municipal, el subcomandante *Marcos* en nombre de la comandancia general del EZLN, había dado lectura a la *Declaración de Guerra de la Selva Lacandona*.

A partir de ese momento una grabadora registró a lo largo de esa jornada las declaraciones del líder insurrecto así como algunas de las pláticas que sostuvo con habitantes de la ciudad coleta. El material está grabado en tres casetes, que fueron entregados a *La Jornada*.

Primeras explicaciones

–¿Alguna baja?
–No. Ni nuestra ni del enemigo. Sólo en Ocosingo, ahí sí hubo dos muertos y dos heridos, y cuatro prisioneros del lado de ellos.
–La zona militar que está aquí, a menos de 12 kilómetros, ¿no ha dado respuesta?
–Tienes que tomar en cuenta que es una situación difícil, porque ésa es la comandancia de la 31 Zona Militar. Y atacan la espalda y tres frentes. No está como que digas qué bueno, ahorita vengo y acabo San Cristóbal.
–¿Por qué algunos están encapuchados y otros no, aunque sean del mismo movimiento?
–Siempre los que estamos más guapos tenemos que protegernos... Lo que pasa en este caso es que los mandos son los que van encapuchados, por dos razones. Una, la prioritaria, es que tenemos que cuidar mucho el protagonismo, o sea que no se promueva mucho alguien.

La capucha es para que no haya protagonismo o *vedetajes,* me entiendes, que a veces tendemos mucho, pues, los que nos metemos en esto de aparecer mucho. Entonces ahorita, como no se sabe mucho quién es, pues a lo mejor al rato sale otro y a lo mejor es el mismo. Se trata de que estemos en el anonimato, no porque temamos por nosotros, sino para que no nos vayamos a corromper, por eso algunos traen pasamontañas, para que no aparezcan mucho y digan: no pues yo y acá. Nosotros sabemos que nuestra dirección es colectiva y nos tenemos que plegar a ella, aunque ahora les toque a ustedes escucharme a mí porque estoy aquí, pero en otras partes están hablando otros enmascarados igual. Ese enmascarado se llama hoy *Marcos* aquí, y mañana se va a llamar *Pedro* en Margaritas o *Josué* en Ocosingo o *Alfredo* en Altamirano o como se vaya a llamar.

Finalmente el que habla ahí es un corazón más colectivo, no un caudillo, eso es lo que quiero que me entiendan, no la medida de un caudillo al estilo antiguo, de la imagen esta. La única imagen que van a tener es que los que mueven esto están enmascarados, pues. Y va a llegar el momento en que el pueblo se va a dar cuenta de que basta tener dignidad y ponerse una capucha y decir bueno pues yo también puedo y órale, no necesito ser de determinado físico. Ésa es la verdad, por eso es, no me creas eso que dije de que soy muy guapo, me estoy haciendo propaganda.

–¿Y las mujeres están dentro del movimiento voluntariamente?

–¿Alguien te obligó a venir? Son indígenas tzotziles, tzeltales, tojolabales...

–¿Cuál es la edad promedio?

–Un escándalo, 22 años de edad. Subió. Cuando empezamos era de 16 años. Luego, hace cuatro años, era de 20, y ahora está en los 22 y 23 la edad promedio. Hay gente más pequeña de edad, pero la edad promedio de la tropa es ésa. Los que traen capucha son oficiales o gente que...

–¿Comando?

–No, eso es lo que no les va a checar. Ustedes van a checar todo lo que ven con lo que leyeron. Van a checar tupamaros, montoneros, Frente Sandinista, Movimiento 26 de Julio, URNG. No les va a checar nada. Son un desmadre. Van a ganar. Ésta es una organización que lleva 10 años preparándose sin hacer ni un asalto, ni un robo ni un secuestro. ¿De dónde sacaba dinero para hacer lo que hizo?, ¿y quién la protegió tanto tiempo? Van a decir que éramos gubernamentales. Tuvo que llegar el día de hoy para que se demostrara que no.

–¿Cuántas personas integran el ejército zapatista... no se puede decir?

–Te digo, pues, que son miles los que se movieron para hacer esas acciones en su totalidad...

–¿Y van a ser más?

–Seguro. A partir de esto, de aquí, cuando salgamos de aquí de las posiciones, que avancemos, estamos seguros de que se nos van a unir más. Hace como tres, cuatro horas, se nos comunicó que desertó un elemento del ejército federal y se pasó a nuestras filas. Y se ofrece a mostrarnos la ubicación del cuartel... No, tácticas no nos va a enseñar. Sabemos más nosotros que él.

–¿Quién fue la fuente?

–El desertor del ejército que se pasó a nuestras filas

–¿Qué garantías tiene la prensa para estar entrando a las zonas?

—A nuestras zonas, con nosotros no tienes problema; pero no estoy seguro que el ejército les deje pasar la información. O que sus editoriales o sus jefes de redacción los dejen publicar.

—¿Nos puede facilitar los medios del ayuntamiento para nuestro trabajo, los que tienen aquí, como las líneas telefónicas, fax?

—Entra a buscarlos si quieres. Ah, tú dices.... pero allá arriba ya estuve buscando un teléfono porque tenía que hablar a Derechos Humanos, a la Comisión Nacional. No, hombre, se lo robaron todo. Hay computadoras y todo eso, nosotros no le hacemos a eso... Sí hay comunicado. Lo único que te garantizo es donde nos movemos, y si presentas tu credencial de periodista, los van a dejar pasar.

—¿Están nada más aquí, en el estado de Chiapas?

—No.

En la grabación se escucha una explicación de *Marcos*: "Mañana a las seis de la mañana (el día 2), el que quiera salir por el lado de Tuxtla se le va a dar un pase para que lo dejen pasar los compañeros de la barricada."

—¿Y dónde se obtienen los pases?

—Aquí.

—¿Y con quién se habla?

—Conmigo, yo voy a estar haciendo eso precisamente. Si tienen salvoconducto, cuando llegan al retén los paran y les dicen aquí está y pásenle. Nomás antes quiero que los vea alguien, que no les hicimos daño.

—Y para obtener esos pases, ¿qué se necesita?

—Solicitarlos. Yo nomás les doy un papel que dice, esta persona que se llama así, que es así puede pasar, firmado y ya... Pasando la destruyes y... Pero además yo estoy avisando en Derechos Humanos que voy a hacer eso, en la Comisión Nacional de Derechos Humanos. Que ellos vean, de aquel lado, que pasa la gente. Yo nomás, yo le expliqué a Derechos Humanos, yo si los dejo ir, namás que yo quiero que no les vaya a pasar nada, y que si les pasa algo, no vayan a echarme la culpa a mí.

—Entonces, ¿solamente para Tuxtla?

—Sí, porque para el otro lado está ardiendo. Todo para el lado de Ocosingo, Altamirano, Margaritas, Comitán, Palenque, todo está duro.

—Y por acá, por la selva, ¿se puede uno ir para Villahermosa, de ahí no hay problema?

—Todavía no hay problema.

—¿No saben nada sobre lo que haya hecho la Comisión Nacional de Derechos Humanos con las empresas de autobuses?

—Ellos se están protegiendo en que nosotros las prohibimos. Nosotros no prohibimos nada, ni el tránsito, ni cerramos las gasolineras. Ni nada...

—¿Por qué no hay gasolina?

—Hay gasolina, lo que no hay es quién la venda (risas en el grupo de gente que escucha la entrevista). Les podemos despachar nosotros... y quedarnos con el dinero; pero van a decir, ¡ah! Entonces robaron...

—Han venido muchos turistas a preguntar...

—Ya me tienen... y ya lo dije en público... ya me tronó un balazo allá arriba.

—¿Y qué fue lo que pasó allá arriba?

—Se fue un balazo de un compañero que estaba ahí de guardia, jugueteando con una escopeta calibre, creo, seis.

—Pregunta un turista si van a poder salir de la ciudad.

—Nomás queremos que vayan a carta cabal de que van sanos, o sea que no les hicimos nada. Mejor le pintan ahí (en el vehículo) una TV. A la hora que quieran vienen, se les hace su pase y de ahí con lo que ustedes quieran, y se lanzan. Cuando los paran les van a pedir su pase y ya lo enseñan y van a ver que lo hice yo y los van a dejar pasar.

—¿No va a haber problema —insiste otro turista— en la carretera?

—No, hasta donde estamos nosotros no. Después, de aquí para Tuxtla nosotros no tenemos nada.

—¿Y de este lado de San Cristóbal a Ocosingo?

—Ese es un desmadre.

—O sea, ustedes no tienen nada que ver de aquí... de San Cristóbal a Ocosingo...

—Todo, tenemos que ver todo, de aquí para allá. O sea, todo el lado de Comitán, Margaritas... No pues, es que te puedes encontrar gente avanzando en el camino y te paran. Están avanzando para atacar...

—Por ejemplo, nosotros vamos a salir mañana a Mérida, pero...

—Tendrías que dar la vuelta por Tuxtla para Villahermosa...

—O sea, no se puede por acá, de este lado

—No. Está muy caliente ese lado. Muy caliente.

—¡Comitán! —exclama una voz de otro hombre.

—También, sí, también. Pero nosotros esperamos que el pueblo entienda que las causas que nos movieron a hacer esto son justas, y que el camino que elegimos es uno más, no es el único, ni nosotros pensamos que sea encima de todos. Pensamos, es uno más que hay que hacer e invitamos a todo el pueblo a que haga lo mismo, no que se alce en armas, pero que sí luche porque haya en México un gobierno verdaderamente libre y democrático que cumpla las aspiraciones que quiere cada uno. No queremos una dictadura de otro tipo, ni nada así del otro mundo, del comunismo internacional y todo eso. Nosotros queremos justicia donde no hay ni siquiera sobrevivencia mínima. Eso es en todo el estado de Chiapas. Y uno dirá, pues a poco me voy a alzar en armas. No, pero si muestran su acuerdo, o cada quien en donde trabaja, estudiante, maestro, todo eso, de hacer valer lo que hasta ahora nos han negado, lo que es el derecho a opinar y a sentir y a disentir. Eso es lo que queremos. Nosotros recurrimos a esto, pues, porque no nos dejaron otra, de veras.

–¿Creen ustedes que hay condiciones para hacer lo que están haciendo?

–Sí, nosotros pensamos que los tiempos están maduros a nivel internacional. Pensamos que a nivel internacional hay sensibilidad para que el pueblo mexicano se alce contra una dictadura de tanto tiempo, en este caso de un partido, como en Europa pasó. Y que a nivel nacional hay mucho descontento, pero hacía falta alguien que diera una lección de dignidad, y ésta le tocó darla a los más antiguos pobladores de este país que ahora se llama México, pero que cuando ellos estaban no tenía nombre, ese nombre. A los más infraciudadanos de este país les tocó levantar la cabeza, y con dignidad. Y eso debe ser una lección para todos. No hay que dejarse y hay que tratar de construir todos un mundo mejor. Realmente para todos, no nomás para unos cuantos, que es lo que está haciendo el régimen actual. Eso es lo que queremos. Nosotros no queremos monopolizar la vanguardia o decir que somos la luz, la única alternativa o escatimar el calificativo de revolucionario para una u otra corriente. Decimos vean qué pasó, eso tuvimos que hacer.

Tenemos dignidad, patriotismo y lo estamos demostrando. Háganlo ustedes igual, dentro de su ideología, dentro de su medio, dentro de su creencia y hagan valer su condición humana.

–Se especula que ustedes pertenecen a algún partido político.

–Bueno, nos han hecho mucho esa pregunta, si somos del PRD o somos del PAN o alguna fracción del PRI que esté en contra de (Luis Donaldo) Colosio.

Pero la verdad, sinceramente te decimos que en la Chiapas indígena no llegan los partidos políticos. Tan no llegan y llegan y topan pared y la gente ya se cansó de ese lado. Por eso crecimos nosotros aquí, precisamente porque los partidos políticos no tienen consenso.

Acerca de orígenes e influencias

–En estas regiones también han hecho una gran labor los jesuitas, las religiones. ¿Hay algún vínculo del EZLN con ellos, o contra órdenes religiosas?

–No. No porque en el ejército zapatista militan presbiterianos, evangélicos, testigos de Jehová, expulsados de San Juan Chamula, o sea no es un movimiento católico en ese sentido que pudiera reivindicar la Iglesia. Es un movimiento más amplio. Lo que sí pasa es que en las condiciones tan brutales de este estado cualquiera que se meta a una comunidad tiene que optar: o aumenta esa explotación o algo hace por solucionarla, y en el caso de la Iglesia pues fue lo que hizo, pero de ahí a que ellos plantearan una solución no digo tan radical como la nuestra, ni siquiera mediana, porque ellos siempre plantearon que había que buscar la autosuficiencia, proyectos económicos y todo eso, ni siquiera se manifestaban, hasta donde sabemos nosotros, por inclinar a la población por un partido político, mucho menos. Ellos claramente dijeron que no podían meterse en política, pero además que de todas ellas la más radical y menos deseada sería la violenta. Ellos siempre lo dijeron. Es que el problema de la guerra no es un problema de armas, no es un problema de quién tiene más armas, más hombres o más balas, es un problema de quién tiene la razón.

–Sí, pero realmente la razón no siempre puede ante la fuerza...

–No, pero espérame, ésa es una parte. La otra parte es que, si conoces la guerrilla de Lucio Cabañas, ve cómo empieza y ve cómo empieza el ejército zapatista. Y dime tú si encuentras una coincidencia y vas a ver que ninguna, porque allí empieza un pequeño grupo que trata de juntar gente y aquí ya te llegó el cabronazo de gente. No te llegó un núcleo, un foco guerrillero, te llegó algo que en tu vida habías soñado, ésta es la verdad y suerte que les tocó vivirlo, yo espero que saquen la lección, como nos vaya a nosotros, pues, te digo, nosotros no tenemos nada que perder.

Pero igual decían que no teníamos la capacidad militar para tomar cuatro cabeceras municipales y de sorpresa. Todo mundo sabía que íbamos a atacar Ocosingo el último día del año, tres días antes llegó (el general) Godínez Bravo a decir a la gente que no era cierto, nosotros, nuestras tropas, ya estábamos a unos kilómetros de San Miguel. No es cierto que era una sorpresa. Ni el ataque a Ocosingo ni el ataque a Altamirano fue una sorpresa.

–¿Y en San Cristóbal?

–Ese sí, pero se lo merecían, ustedes se lo merecían, ustedes son especialmente crueles con los indígenas, especialmente crueles los coletos.

Interviene una mujer, al parecer habitante de San Cristóbal, y le dice al jefe guerrillero que no todos "somos malos aquí".

–No, yo también pienso que hay gente honesta, que no lo ha hecho, pero en general el coleto medio es... y fíjate que ellos (los indios) no toman venganza de una serie de humillaciones que ellos padecen a diario.

–¿No crees que la gente tiene miedo de ustedes?

–Yo pienso que no tuvieron mayores problemas con nosotros... Bueno, más que el susto, eso sí, de que los íbamos a violar y a descuartizar y todo eso, ¿no? Pero fuera de eso yo espero que ya haya pasado el miedo. Pero que entiendan que todo el desmadre que les pudimos haber hecho se lo hubiéramos hecho en la madrugada, cuando ustedes estaban dormidos, o sea que reconozcan que ustedes no se dieron cuenta hasta ya muy avanzada la mañana que aquí estábamos. Tomaron el brindis del año nuevo y se fueron a dormir y les caímos, y les caímos pero de sopetón. Yo creo que todos estamos conscientes que la fuerza no es contra todos, al contrario.

–¿Por qué escogieron ustedes cuatro municipios, ya tenían planeado eso?

–No. Tenemos planeado todo.

–¿El estado (de Chiapas)?

–Comitán, Tuxtla, Palenque, Arteaga, Tapachula...

–¿No sólo cuatro municipios?

–Pues espérate y ahí vamos detrás tuyo. Está planeado todo, hasta la caseta de Tres Marías y la carretera Cuernavaca-México. Ya de ahí no hemos planeado cómo vamos a entrar. Unos dicen que nos quedemos a comer quesadillas en Tres Marías... El plan es seguir a todos los municipios, nos vamos a seguir a todos los municipios. Es que somos mayoría. Esa es la verdad. Pero trataríamos de seguir el patrón de San Cristóbal y no causarle problemas a la población civil y tratar de insistirle al ejército que se pase del lado de la justicia.

El objetivo inmediato es que en las zonas liberadas empiecen a operar nuestras leyes agrarias, o sea que el campesinado se organice, tomando la tierra, respetando la pequeña propiedad rural y trabajándola en colectivo, desconociendo todas las deudas que haya con el gobierno, Banrural, todas las carteras vencidas y todo eso, todo eso lo desconocemos en todas las zonas rurales porque donde nos movamos van a empezar a operar esas leyes, o sea, la antigua Cons-

titución antes de que la reformaran. Ése es el plan inmediato que tenemos, o sea, organizar la vida rural de este país de acuerdo a la voluntad de la mayoría de nuestros compañeros, que es que haya tierra, porque si hay, que la repartan, porque de pronto dijeron que ya no iban a repartir.
Entonces, si antes era estar dando vueltas en Reforma Agraria, que a lo mejor te dan, pues ahora, aunque des las vueltas no te van a dar. Es lo que dijeron Hank González y Salinas de Gortari cuando se dijo: se acabó la reforma agraria.
–Oye, ¿y las tiendas?
–Decía yo ahorita allá arriba que se va a permitir que se abra el comercio. O sea, no le vamos a hacer nada al comercio privado, sólo al del gobierno. Pero todo, las combis, las gasolineras, no les estamos prohibiendo que abran. Nosotros sí garantizamos que no vamos a atacar ninguna tienda porque de por sí la ley dice...
–¿El día de mañana puede ser un día normal?
–Sí, a ver si aprenden a vivir con ésa, como quiera van a tener que vivir siempre con esa amenaza sobre sus cabezas, mientras no se resuelva el problema de justicia social de esta gente, otra vez van a llegar en cualquier momento. Nomás que siempre los espantaron con la leyenda negra de que los íbamos a matar, a violar y descuartizar, y vieron que no.
–Dime, ¿tú sabes tzeltal?
–Sí, pero no lo puedo decir ahora. Hablo tzeltal, tzotzil, chol, tojolabal, puras groserías es lo más importante que sé decir, para poder defendernos.
–¿Y los cumplidos? –pregunta una mujer entre risas.
–Sí, los cumplidos son buenos, pero son cabrones, no se vayan con la finta y la leyenda de que el indígena es tonto, no. Son muy listos, muy valientes y muy cabrones. Yo creo que ya lo entendieron. Hoy a la una de la mañana los que estaban despiertos entendieron que sí son muy listos y muy capaces y todavía van a dar muchas lecciones al ejército Federal entre otros, pero sobre todo a este país, muchas lecciones.

Palabras de un jefe guerrillero indígena

En la grabación se escucha a un hombre que, con dificultad, da lectura a un documento.
"Voy a comunicar algunas decisiones que nuestro Comité Clan-

destino Revolucionario Indígena, dirección de nuestra revolución. Ha decretado el día de hoy los siguientes puntos:

"Primero: que las tiendas y los comercios que pertenecen al gobierno opresor sean abiertos para que el pueblo de San Cristóbal tome de ellos lo que necesite. Sólo las tiendas y comercios que pertenecen al gobierno federal y estatal, nada contra el comercio local.

"Segundo decreto: dirigirse a la comandancia de la XXXI zona militar con sede en Rancho Nuevo, del ejército federal, para invitar al cuerpo de oficiales, clases y tropa a que abandonen las filas del mal gobierno y se pasen con todos sus instrumentos y toda su experiencia del lado de la lucha del pueblo. En caso de que la guarnición de la XXXI zona militar no acepte abandonar la causa del mal gobierno y abrazar la causa del pueblo, entonces se me ordena que pida la rendición incondicional de ese cuartel en fecha y hora que será comunicada oportunamente. Hago público, pues, la oferta para la XXXI zona militar y los batallones y unidades del ejército federal para que abandonen al gobierno federal y se unan a nuestra causa en un solo ejército, respetando sus grados y su mando de tropas (aplausos).

"Ya se tomó el acuerdo y mañana ya está lista la comisión que certifique que no le hicimos daño a nadie; se va a dejar salir por el lado de Tuxtla. A partir de esta hora (las 6 de la mañana) y conformada la comisión que vea que no les pasó nada podrán abandonar la ciudad del lado que ya mencioné, y pueden pasar aquí por un salvoconducto para que los puedan dejar pasar. Estamos hablando con la Comisión Nacional de Derechos Humanos para que del otro lado haya un representante de ellos para que garantice el paso de estos turistas sin sufrir tampoco daño de las tropas federales. Ésta es una negociación que estamos haciendo. Lo que sí se garantiza es que conformada esta comisión nosotros nos comprometemos a dejarlos salir. ¿Qué pasa después de nuestras líneas? Va sobre su cuenta y riesgo. Está claro. Aquí ya son menos, pero algunas personas se han acercado a preguntarnos cómo pueden ayudarnos. Yo les he dicho claramente que lo que nosotros esperamos es que comprendan la justeza de nuestras demandas.

"Podrán no estar de acuerdo con el camino que elegimos, pero tienen que reconocer que las condiciones que nos llevaron a esto son muy crueles y muy desesperantes. Si ustedes comprenden esto, es una gran ayuda para nosotros. Si ustedes se dan cuenta que hemos hecho todo lo posible por respetar sus vidas, sus bienes, porque el problema no es con ustedes y también lo tomen en cuenta porque ahorita en la prensa y la propaganda se está diciendo mucho que estamos violando, robando, volando gasolineras, saqueando comercios y muchas cosas que ustedes han visto con sus propios ojos que no hemos hecho aquí en San Cristóbal. Si alguien quisiera ir más allá (aplausos)... También aquí me está hablando una persona para que haga público, pues, las garantías que damos a todas las personas civiles sin importar su filiación política ni su nacionalidad, ni su raza, ni su credo, de que no serán tocados por nuestras fuerzas.

"Siempre que podamos, lo que quiero decirle a las personas que quieran ir más allá, si pudieran dar algo de comida o de dinero, se los agradecería. Ustedes saben que no robamos, quien quiera ayudarnos en algo más material, podrían darnos eso, comida y dinero. Si es que no pueden ni quieren, nada más con que hayan entendido por qué hicimos esto, con eso, pues, nos damos por satisfechos.

"Seguiríamos hacia las fuerzas regulares del Ejército Zapatista de Liberación Nacional y las órdenes de nuestra dirección para seguir a donde nos marquen ellos. Ahora nos están marcando Rancho Nuevo, pues será ahí, si es a otro lado, a otro lado. Pero que quede claro que estamos invitando a las tropas federales para que se pasen de nuestro lado. Esto es todo, si es que hay alguna pregunta, esto es lo más que les puedo decir. No tengan pena ni de sus bienes ni de sus personas. Se les va a respetar, también su libertad. En el caso de problemas, no vamos a tomar rehenes, ni vamos a llevar a nadie a fuerza con nosotros para protegernos. En el dado caso que tengamos que irnos, o que tengamos que pelear, esa es la garantía, no llevaríamos a civiles, ni de rehenes... (aplausos nutridos).

"Nosotros vamos a pelear hasta que caiga la capital de la República. Mis compañeros lo han dicho claro, pues, en su declaración de guerra, que sus demandas fundamentales implican, pues, la creación de un gobierno de transición que convoque a elecciones, a elecciones limpias, reales, por eso están llamando a que la Cámara de Diputados y que la Cámara de Senadores desconozcan y destituyan al presidente ilegítimo, Carlos Salinas de Gortari, y formen de entre ellos un gobierno de coalición de varios partidos y gentes de reconocido prestigio; un gobierno de transición que ése sí convoque a elecciones limpias para que gane la voluntad del pueblo. Eso es lo que explican los compañeros. Yo estaba dispuesto a platicar con el que sea y lo único que han mandado son aviones. Que quede claro, pues, que no nos hemos negado al diálogo ni a nada ni a nadie. No ha habido ningún intento, más que el de la Comisión Nacional de Derechos Humanos, que fue la que se acercó a nosotros, para pedir la salida de los extranjeros. Habemos puros mexicanos. El movimiento es nacional y en nuestras tropas que combaten aquí hay gente de varios estados de la República, pero mayoritariamente son chiapanecas las tropas de aquí y mayoritariamente indígenas. Nosotros no condicionamos la salida de San Cristóbal a llegar a un acuerdo. Nosotros podemos salir aunque no haya acuerdo, según las órdenes que nos dicen que tenemos que ir a atacar algún otro lado, tendríamos que marchar hacia otros lugares. En este caso Tuxtla, pues si la orden es que tenemos que ir allá, nada tenemos que hacer aquí. Yo lo que quiero que entiendan es que nuestra situación aquí, nosotros no hemos prohibido ningún comercio, ni las gasolineras, ni las centrales de autobuses, ni combis, ni eso, ni hemos prohibido las estaciones de radio. Lo único que hemos prohibido es la salida de la ciudad porque no garantizamos que los federales vayan a respetar. Por lo demás, no hemos hecho nada más que ensuciar un poco, eso sí, pero trataremos de remediarlo también muy pronto. Se le avisa, pues, al pequeño y mediano comercio, de que no va a ser tocado, sólo el comercio que es del gobierno federal y estatal".

Habla una guerrillera

–Me podría platicar del EZLN, ¿cuál es su experiencia hoy, usted como una mujer armada que hoy ha tomado la plaza de San Cristóbal?
 –No, no lo explique, vayan a mirar el letra allá –responde una mujer joven en un casi incomprensible castellano.
 –¿Cuál es su labor aquí esta noche?
 –Vayan a mirar a letra allá en la pared.
 –Ahí están las demandas, ¿en la pared?
 –Sí.
 –¿Esas son las demandas que ustedes proponen?
 –Sí, ya lo escribimos. Pared aquí.
 –¿En la pared?
 –Sí.

Leyendas en la pared

"Queremos tierras, queremos buena alimentación, queremos vivienda digna, queremos pan, techo, tierra: vivan nuestros grupos caídos, muera el ejército de la burguesía. Queremos comida". "Muera la burguesía, viva los pobres". "Se equivocaron, no somos ángeles, somos el EZLN". "Viva el EZLN, muera el mal gobierno". "Aquí estuvieron los hijos del pueblo. Viva el EZLN, muera el gobierno".

Habla una voz anónima en la grabadora

"Día 2 de enero. Había muchísima gente aquí el día de ayer. Más de 500 efectivos armados del movimiento zapatista. En este momento no hay nada más que desorden.

"Subimos al segundo piso del palacio municipal. Las puertas están rotas, las sillas regadas, las macetas rotas, el reloj checador se quedó volteado. La estatua de Fray Bartolomé de las Casas corona en su parte de en medio todo este desorden. Muchos cristales rotos, los cuadros, también rotos, están en el piso. Los libros están sobre el piso, muchos libros regados y los estantes fueron saqueados. Los cristales de los cuadros que quedaron en las paredes, rotos. Hasta el momento no hemos detectado la presencia de ningún policía federal. Curiosamente, las arañas de los techos, fueron respetadas. Encontramos aquí en el parque nada más a una persona que al parecer no tenía nada que ver con los movimientos, y la cual también mostraba desconcierto del desorden que impera en el parque central de San Cristóbal de las Casas."

Al fondo se observa a un grupo de siete personas.

–(Voz de hombre). Señor, buenos días, perdone, ¿me puede decir qué es lo que pasó aquí?

–La alcaldía fue tomada por unos pinches guerrilleros.

–¿Y cómo es que fue tomada?

–Pacíficamente, no hubo violencia.

–¿A qué hora fue tomada?

–Ayer en la mañana, antier creo.

–¿Usted trabaja aquí, en la municipalidad?

–Sí.

–¿Se encontraba usted aquí?

–No, estábamos vacacionando. Era el día de asueto.

–¿Y qué es lo que se encuentra usted aquí hoy?

–No, pues todo destrozado. Quebraron todo, rompieron todo... y es la sorpresa.

–¿Hubo muertos, heridos?

–Al parecer no hubo ningún herido ni muerto. Al parecer, no sabría decirle. No sé si por otro lado haya algún herido, algún muerto.

–¿Cuál es su nombre?

–Juan Ballinas.

–¿Cuál es su puesto aquí en la municipalidad?
–Trabajo en la asesoría jurídica del municipio.
–¿Es usted licenciado?
–Sí.
–¿Y qué opina de todo esto?
–No, pues está mal, no. Es una ciudad tranquila y pacífica que no se merece esto.
–¿Había seguridad aquí en la municipalidad?
–Sí hay seguridad, pero son pocos elementos que quedan contra un batallón de esos de chavos que vinieron a tomar aquí esto, mujeres y que...
–¿Y estas personas que llegaron aquí pertenecen a algún grupo, de dónde son, quiénes son?
–Al parecer son un movimiento guerrillero Emiliano Zapata, o algo así, la mayoría son indígenas.
–¿Y de qué lugares?
–Son de aquí de la zona... de la selva.

Testimonio de un bombero

Estamos aquí frente a uno de los compañeros bomberos que ha llegado hasta la municipalidad.
–¿Me puede decir qué es lo que está pasando?
–Bueno, este, por lo que vemos los guerrilleros prendieron fuego acá, al palacio municipal, ya que no sabemos por qué estaban peleando. Derrumbaron todo, tiraron todos los papeles importantes del palacio.
–Y estos guerrilleros, ¿usted sabe de dónde vinieron?
–La verdad, dicen que se vinieron de la Selva Lacandona. Y ahí fue donde se formó la guerrilla...
–¿Es la guerrilla?
–Sí, los zapatistas.
–¿Y usted qué opina de todo esto?
–La verdad es que estoy medio descontrolado, porque no nos esperábamos esto. O sea, que nos agarraron de sorpresa.
–¿Ustedes fueron avisados...?
–Sí.
–¿Cuándo?
–El sábado, a la una de la mañana.
–¿Qué orden recibieron ustedes?

—De quedarnos acuartelados por si hay alguna emergencia, salir a ayudar a los ciudadanos.
—¿A qué hora llegaron aquí?
—Como a las seis de la mañana.

Y del secretario del Ayuntamiento

—¿Qué pasó aquí?
—Pues lo que ha pasado, señor, es que nos atacaron la madrugada del día primero y tomaron las instalaciones de la presidencia y algunas vías de comunicación, la base de la policía municipal y el día de anoche simplemente se fueron y dejaron todo este destrozo. Sus razones ya las han expresado en el panfleto ese que pegaron por toda la ciudad. Se dice que es un grupo armado que reta al ejército.
—Usted es secretario del ayuntamiento, ¿cuándo fueron atacados?
—Debe haber sido la una y media de la madrugada del primero.
—¿Qué opina usted?
—Caray, lo que opino es la que la situación se torna difícil en un país en el que hemos vivido tranquilos. Esto es realmente muy serio, de dimensiones muy serias y que crea una inestabilidad a la población muy severa. Creo que San Cristóbal ya no va a ser el mismo. Ni antes ni después.
—Este ejército guerrillero, ¿de dónde llega, quiénes son?
—Pues se dice que son el ejército del zapatista, el ejército de la liberación. Se entiende y se presume que viene de algunas áreas de entrenamiento, se dice también que han estado en la selva. Se ignora porque realmente el ejército ha estado ahí en la selva, trabajando intensamente, el 83 Batallón de Infantería. Así es que realmente no sabemos el origen preciso de...
—¿Cuál es su nombre?
—Sergio Alberto Pastrano.
Se escuchan gritos de "Patrocinio mató a mucha gente", y se cuela una voz que dice: "Patrocinio González Garrido es el que empezó con los problemas aquí en Chiapas. Es que fue muy pendejo y todo lo sacó de su abuelo". Otra voz dice: "qué bueno que están los combatientes, porque de plano este gobierno está muy maleado".
Retoma el subcomandante Marcos: "déjeme terminar". Pero otra voz le dice: "espéreme tantito", y Marcos contesta: "Sí, claro, termine". Esa otra voz dice: "compañeros de Chiapas, indígenas, permí-

tanme por favor, si les trajeran tortillas, agua, pozolito, ¿lo aceptan?".
"Sí, claro –dice Marcos– eso es lo que estamos comiendo. Ésa es la situación, lo que sigue es que tenemos que seguir avanzando para cumplir la orden: seguiremos nuestro avance a la ciudad de México. Precisamente empezamos hoy. Hoy principia el Tratado de Libre Comercio, que no es más que el acta de defunción de las etnias indígenas de México, que son perfectamente prescindibles en el programa de modernización de Salinas de Gortari. Entonces los compañeros deciden alzarse este mismo día para responder al decreto de muerte que les da el Tratado de Libre Comercio, con el decreto de vida que les da alzarse en armas para exigir la libertad y la democracia que los va a llevar a la solución de sus problemas. Esta es la razón de que nos hayamos alzado el día de hoy. ¿Alguna otra pregunta, porque ya me voy a cortar?"

–No queremos el comercio libre. ¿Qué está pasando?

–Lo que yo sé nada más es lo que saben ustedes, de que hubo muestras de adhesión y simpatías en cuatro o cinco estados de la República, entre los que están Veracruz, Oaxaca, Puebla y algún otro estado del norte que no recuerdo. Nuestra organización también va a hablar a nivel nacional. Se perdió una columna a la hora de entrar y entonces se metieron ahí (pero no dice dónde), salieron a buscar, pero no vamos a entrar a ninguna casa civil. No lo hicimos cuando entramos que ustedes estaban dormidos (aplausos), menos ahora que están despiertos. Yo creo que lo hicimos bien porque no se despertaron ustedes hasta muy tarde. (aplausos).

–¿El flujo de la carretera será sólo de salida o también de entrada?

–Sólo de salida. Dudo que alguien quiera entrar (risas). Si alguien quiere entrar, nada más hay que ver que no sean soldados.

–¿No temen un ataque por la noche?

–Estamos preparados para ataques de día o de noche. Lo único que les puedo decir es que avisaríamos por alguna forma.

–En caso de que nos detenga la policía federal, la judicial, cómo podemos comunicarnos con ustedes, porque aquéllos son muy abusivos, nos detienen, nos torturan, qué hay con esos señores, quiero hacer esa pregunta.

–Bueno, eso ya lo ha decidido el Comité Clandestino Indígena, de que en cualquier momento cuando se vayan nuestras tropas haya cualquier acto de represalia sobre la población indígena de San Cristóbal, volveríamos a atacar, pero ahora sí a matar, a destruir la ciudad (aplausos). Nosotros hicimos esto de hacer una entrada tranquila porque queríamos que se conociera el movimiento pero no vamos a aceptar que esa gente que nos ve con simpatía, que no es de nosotros, vaya a sufrir represalias. Si sufre represalia volvemos otra vez y en esta ciudad no va a quedar piedra sobre piedra.

Aplausos... Se escuchan balazos. Hay voces de "no corras, no corras". Confusión. Voces de "no pasa nada", risas. Según una voz de la grabación los disparos, que dice fueron accidentales, causaron alarma en más de tres mil gentes que hay reunidas en la plaza.

"La gente realmente corrió alarmada, pero en este momento está regresando a la plaza ¿Tú qué opinas, Inés?". Inés: "Son las ocho de la noche en punto en San Cristóbal de las Casas. Muchísimos extranjeros e indígenas que se nota habitan en la ciudad de San Cristóbal de las Casas se encuentran en el parque y, bueno, corrieron espantados ante el disparo y estamos en este momento observando que muchísima gente regresa, durante estas declaraciones que ha hecho el EZLN, como ellos mismos se han llamado. Entonces, hemos notado la presencia de muchísima gente que los corea aisladamente. En opinión personal pienso que son personas que desean de una u otra manera al presentar los simpatizantes de este movimiento y en este momento comunican que todos los que gozan de salud podrán salir el día de mañana por los accesos a San Cristobal de las Casas tanto de ida como de vuelta."

Nuevamente una voz en off masculina que dice: "seguimos escuchando a la persona que está en el balcón, que es el representante del Ejército Zapatista de Liberación Nacional y que en el balcón central está contestando preguntas de la gente".

Otra vez Marcos:

–¿Son reporteros? Por nuestra parte a Ocosingo sí pueden pasar, nada más se acreditan como reporteros, pero los federales no sé si los dejen pasar.

–Teme que el ejército rodee San Cristóbal y no permita la entrada ni salida de las personas (voz en off). Se escucha una detonación, pero nadie parece inmutarse. Otra detonación y se escuchan risas y rumores.

Enrique Maza, San Cristóbal de las Casas, Chis. [*P*, 10/i]. Acaba de tomar la plaza el Ejército Zapatista de Liberación Nacional (EZLN). Una multitud, frente al palacio municipal, rodea al comandante Marcos. Sus ojos no se ven verdes. Parecen de color café claro. Lo enfocan dos cámaras de video, una de ellas manejada por Juan Villatoro, quien proporcionó una copia a *Proceso*. Con frecuencia se acomoda la ranura inferior del pasamontañas, sobre la boca. Habla pausada y correctamente. La voz demasiado baja para el ruido que hace la gente a su alrededor. Pero se escucha. No da lugar a emociones. Se ve tranquilo, sin prisa, dueño de lo que dice y dueño de sus sentimientos. Estas fueron sus palabras:

"Este es un movimiento de subversión. Nuestro objetivo es la solución de los principales problemas de nuestro país que atraviesan necesariamente por los problemas de libertad y de democracia. Por eso pensamos que el gobierno de Salinas de Gortari es un gobierno ilegítimo que no puede convocar más que a elecciones ilegítimas. La única solución es un llamado a todos los ciudadanos y a que las cámaras de Diputados y de Senadores cumplan su deber patriótico y depongan a Salinas de Gortari y a todo su gabinete, y formen un gobierno de transición. Y que ese gobierno de transición convoque a unas elecciones, ahora sí en igualdad de circunstancias para todos los partidos.

"Con base en eso, dicen los compañeros, se podrían negociar las otras demandas: pan, vivienda, salud, educación, tierra, justicia, muchos problemas que, sobre todo en el medio indígena, son muy graves. Pero sobre las demandas de libertad y de democracia se está haciendo un llamado a toda la República Mexicana, a todos los sectores sociales para que participen, no necesariamente con las armas, sino con los medios de que cada uno disponga.

"Estuvimos aislados todos estos años, porque mientras en todo el resto del mundo se iban dando rebeliones contra dictaduras o supuestas dictaduras, y esto era visto con lógica, en este país se estaban adoptando una serie de medidas dictatoriales, y nadie decía nada. Pensamos que el consenso internacional va a ser que nomás faltaban los mexicanos (que) han padecido una dictadura absurda de un solo partido y ahora de una sola persona, que es Carlos Salinas de Gortari, a través ahora de Luis Donaldo Colosio. Yo pienso que a nivel internacional van a ver que un movimiento con estas reivindicaciones tan puras es lógico.

"No hay en el movimiento del Ejército Zapatista de Liberación Nacional una ideología perfectamente definida, en el sentido de comunista o marxista-leninista. Hay más bien un punto común de enlace de los grandes problemas nacionales, que coinciden siempre, para un sector u otro, en la falta de libertad y de democracia.

"En este caso, este sector ve ya agotado cualquier otro camino, como la lucha legal, la lucha abierta, los proyectos económicos, la lucha de Sedesol, y termina por seguir el único camino que le queda, que es el camino de la lucha armada. Pero se abre a otras corrientes y a otras formas de lucha, en el afán de generar un movimiento realmente nacional y revolucionario que concilie estas dos demandas fundamentales, libertad y democracia. Sobre estas dos puede sustentarse un movimiento de solución verdadera a los problemas económicos y sociales de cada sector, sea indígena o campesino, obrero, de los maestros, de los intelectuales, de los pequeños propietarios, de la pequeña y mediana industria.

"La represión a la población indígena está presente desde hace muchos años. La población indígena chiapaneca padece 15.000 muertos al año, nomás que esos muertos no se velaron. La gran vergüenza es que hayan muerto de enfermedades curables y que lo niegue la Secretaria de Salud.

"Nosotros esperamos de toda la sociedad mexicana una reacción favorable hacia las causas que originan este movimiento y que son justas. Podrán cuestionar el camino, pero nunca las causas.

"De inmediato esperamos las órdenes del Comité Directivo Clandestino Revolucionario, que es el que da las órdenes. Cuando ellos juzguen que ya se cumplieron los objetivos de esta toma, ordenarán la retirada. No es su propósito mantenerse aquí. Estamos buscando que caiga el gobierno. Por eso hay que checar si con esto basta o si se necesitan acciones más radicales."

Lugar preferido de bohemios, antropólogos y turistas, San Cristóbal de las Casas despertó la madrugada del Año Nuevo en una realidad diferente a la de 1993: Los visitantes nacionales y extranjeros fueron informados de que no debían abandonar sus habitaciones de hotel porque la ciudad estaba en poder de los guerrilleros.

Algunos se aventuraron a filmar la acción de esta guerrilla, que prometió respetar la vida de civiles y cuyos elementos andaban tranquilamente en la plaza principal, con el comandante Marcos, departiendo con curiosos y turistas. Muchos tomaron su cámara fotográfica para platicar con el subcomandante Marcos –que iba acompañado por una mujer con el rostro medio cubierto y perfectamente armada– y hasta para tomarse fotografías con él.

"Es un perfecto showman", dice Shulamis Hirsch, turista que viajó desde la Ciudad de México para recorrer en balsa los rápidos del Usumacinta. Describe así al subcomandante Marcos:

"No es indígena. Es más bien blanco, de ojos claros y nariz aguileña. No es muy alto, mide alrededor de 1.70. Parece un hombre culto, educado, de gran carisma. Es muy amable con la gente. Sus respuestas fueron pausadas, tranquilas. Cuando le preguntaron si podían tomarle una foto, respondió: Claro, cómo no."

Marcos vestía camisa y capucha negras, y portaba el mejor fusil, un M–16. Los turistas tenían rodeado al comandante:
—¿Es verdad que hay levantamientos en el resto del país?
—No tengo idea. Pero si los hay, no tienen nada que ver con nuestro movimiento. Quizá lo único que tenemos en común son las condiciones de miseria y explotación en que vive el pueblo en todas las zonas de la República.

Roberto Carbajal / enviado, San Cristóbal de las Casas, Chis. [*M*, 10/i]]. Desde lo alto del balcón de la presidencia municipal, proclama el comandante Marcos con un grito vigoroso:
—¡Éste, no se les olvide, es un movimiento étnico!
Ruge su tropa: la tropa del Ejército Zapatista de Liberación Nacional. Escuchan, impávidas, enmudecidas, todavía azoradas por la presencia de la guerra en sus siempre tranquilas calles, unas 400 personas congregadas en el florido jardín frente a palacio.
Han escuchado, del hombre alto y fuerte que viste uniforme en el que se combinan el rojo y el negro, que en este primer día de 1994 México está en guerra. Lo gritó el comandante Marcos:
—¡Hemos hecho una declaración de guerra al ejército federal y al gobierno de Carlos Salinas de Gortari como una medida última, pero justa para no morir de hambre ante la ambición insaciable de una dictadura de más de 70 años!
Exclamó también, casi furioso:
—¡Exigimos que se restauren la legalidad y la estabilidad de la nación!
Está el militar de cara al pueblo. Mientras él habla, a sus espaldas relucen los acerados cañones de rifles que apuntan hacia todos lados; que husmean, que otean el horizonte.
Acepta preguntas el rebelde. Cubierta su faz por un negro pasamontañas, el comandante Marcos clava su mirada de hielo en los ojos del reportero.
—¿Qué cuando comenzó todo esto? —repite la pregunta, entrecierra los ojos, ahora un par de puñales, y dice, con un tono de ironía: "¡Hombre...! ¡Pues hace 500 años!
Al pie del negro barandal de hierro forjado, y como quien pronuncia un discurso largamente estudiado, abunda el comandante Marcos:
—¿O que no fue hace 500 años cuando comenzó nuestra lucha contra la esclavitud? Tenemos cinco siglos de pelear: por nuestra in-

dependencia; contra el expansionismo nortamericano; por la promulgación de nuestra Constitución y contra el imperio francés... Más tarde, contra la dictadura porfirista que provocó que hombres pobres como nosotros se levantaran en armas. Y así surgieron nuestros héroes de la historia: Villa, Zapata...

–¿Pretendería ser usted un héroe de la modernidad?

–Soy solamente un mestizo; un hombre del pueblo que lucha para no seguir sufriendo esas terribles desigualdades en nuestro país. Soy un combatiente.

–¿Por qué, por qué hoy?

–Es nuestra respuesta a la entrada en vigor del Tratado de Libre Comercio, porque éste representa un acta de defunción de las etnias indígenas en México, que son prescindibles para el gobierno de Carlos Salinas de Gortari.

Vive el comandante Marcos, con intensidad, esta primera jornada de triunfo.

El triunfo de un ataque por sorpresa.

Treinta minutos después de la media noche, las tropas del EZLN tomaron por asalto esta ciudad. Un comando atacó las instalaciones de la coordinación de la Procuraduría de Justicia del estado. El policía Samuel Moreno Feliciano defendió el inmueble; recibió cinco balazos en las piernas y fue el único herido en San Cristóbal.

La población despertó sobresaltada.

Desplegaron rápida acción los combatientes: prendieron fuego a la Procuraduría, destrozaron puertas y ventanas del palacio municipal y con sus muebles instalaron barricadas en las cercanías de la plaza principal; saquearon la farmacia "Bios" y aplicaron los medicamentos en los portales de palacio municipal.

Mientras esto sucedía, otras tropas del EZLN ocupaban las ciudades de Las Margaritas, Altamirano y Ocosingo; en esta última se combatió hasta las 16:30 horas por el palacio municipal. Dos policías se convirtieron en los primeros muertos de esta guerra.

Sin pregunta de por medio dice el comandante Marcos:

–Decidimos tomar hoy estas cuatro ciudades porque no hay condiciones para efectuar elecciones libres y democráticas. En la declaración de guerra instamos a los poderes de la unión para que hagan valer el derecho constitucional, se deponga al gobierno ilegítimo de Carlos Salinas de Gortari y se instaure un gobierno de transición integrado por personajes y partidos políticos... Y que sea éste el que convoque a elecciones en igualdad de circunstancias y no como las que se avecinan, que serían ilegítimas y desequilibradas.

Es dueño de la palabra el comandante. Continúa:

—Hay que reírse de las reformas y contarreformas que en complicidad han diseñado el PRI y el PAN. No dejan oportunidad a los partidos políticos de oposición y mucho menos a otros movimientos cívicos. Hay una falta de libertad y democracia... Nosotros ni siquiera pedimos que se instale un gobierno nuestro, sino que sea uno de transición, con personajes más equilibrados.

El comandante Marcos está rodeado por subalternos. Hombres que se mueven como sombras. Otros se acercan a él, cuchichean "informes de guerra": los acontecimientos en los otros frentes de combate.

Distraído por uno de esos partes, dice el comandante Marcos, con inocultable orgullo, cuando reanuda la conversación:

—Y seguiremos avanzando hacia otras plazas. Esta batalla no termina hoy. Tenemos órdenes de llegar hasta donde podamos. Cuando hayamos tomado nuevas plazas nos dirigiremos a otras, y así, sucesivamente...

—¿Hasta donde puedan?

Como respuesta, muestra dos párrafos de la declaración de guerra hecha al gobierno. El primero habla de la orden primordial para su ejército:

"Avanzar hacia la capital del país venciendo al ejército federal mexicano, protegiendo en su avance liberador a la población civil."

El segundo:

"Por lo tanto, en apego a nuestra Constitución, emitimos la presente al ejército federal mexicano, pilar básico de la dictadura que padecemos, monopolizada por el partido en el poder y encabezada por el ejecutivo federal que hoy detenta su jefe máximo e ilegítimo, Carlos Salinas de Gortari."

Una pregunta molesta al comandante Marcos:

—¿Ejército... o guerrilla?

—Responde casi con ira:

—¡Ejército señor! ¡Ejército! Es un ejército preparado. Durante 10 años hemos hecho un trabajo político, de manera lenta y cuidadosa. Éste no es un ejército guerrillero clásico que roba, secuestra o da golpes espectaculares para luego agarrar la masa. No pega y huye, sino que pega y avanza. Y nuestros soldados están preparados políticamente y concientes de que se trata de un movimiento étnico.

Ocosingo

Son ¿800? Están armados con cuchillos, antiguas pistolas y, algunos, con modernos AK–47, los famosos cuerno de chivo. Pierden la mirada en el azul del cielo. Viven el miedo natural de quienes, dentro de poco tiempo, entrarán en combate. Aunque lo niegan: "¡No, señor, somos combatientes. Y estamos aquí para pelear. Y si nos morimos, nos morimos por una causa justa!", dice el mayor Benjamín.

Parecen tener una característica los oficiales del EZLN: todos cubren su rostro con pasamontañas. No la tropa.

Y es la tropa la que se acerca veloz a la charla. Y es la tropa la que habla con el reportero, en un atropellado español:

–Sí, siñor. Stamos aquí en las armas porqui jamás risuelven nuestros problemas. Mire siñor: nos falta vivienda y trabajo, también educación; nunca nos hacen justicia, siñor, y muchas solicitudes han sido olvidadas en la Secretaría de la Reforma Agraria.

–Pero se habla de la presencia de elementos guatemaltecos y salvadoreños en sus filas...

–¡No, siñor! –protesta enérgicamente Juan Luis, moreno y de rudas facciones autóctonas, nacido en la vecina población de Tumbalá. Semos puros mexicanos, todos cansados de promesas, de engaños, siñor, de represión y de tortura a nuestros líderes, a los que también asesinan. Luchamos porqui venga la benefectividad del indígena, siñor.

Tercia el mayor Benjamín; insiste:

–Yo soy campesino, señor, pero cursé la primaria y dos años de secundaria. Y estoy con este ejército porque, como mis compañeros, estoy cansado de la miseria... Estoy cansado de que los ricos, los hacendados de Chiapas, tengan guardias blancas que reprimen a los indígenas y de que el gobierno no les haga nada porque son ricos.

Va muriendo la noche.

El Sol se asoma perezoso por el horizonte.

Se siente la cercanía del combate.

Dice el mayor Benjamín que, muy pronto, el movimiento será entendido y apoyado por el pueblo. "Por ahora, apenas está agarrando la onda".

–¿Con qué grupo político se identifican?

–No somos maoístas ni marxistas, señor. Somos un grupo de campesinos, obreros y estudiantes a quienes el gobierno no ha dejado otro camino que el de las armas para resolver sus conflictos ancestrales.

Duermen en el piso los zapatistas. Algunos en el interior de casas abandonadas; sin más techo que el oscuro cielo de los demás. Comen tortillas con raciones de frijol, de pollo, de arroz.

Dice Benjamín que los zapatistas operan no sólo en Chiapas: que el Comité Clandestino de Lucha Revolucionaria tiene varios frentes en lugares estratégicos del país, y que con su sistema de defensa y contraataque se irá adueñando de otras comunidades. "Nuestro ejército es grande, señor, y poco a poco se hará más grande hasta que llegará al Distrito Federal para derrocar al gobierno de Carlos Salinas de Gortari."

Amanece.

Allá, a la distancia, aparecen los primeros rostros del enemigo. Todo es agitación aquí.

Corren hombres y mujeres hasta donde se encuentra Benjamín, quien les da instrucciones. Vuelan las mujeres hacia la que será la línea de fuego.

Benjamín las ve irse. Voltea hacia el reportero. Le dice:

—Aquí todo mundo se parte la madre, señor... Todo mundo.

Se apuestan los combatientes bajo los arcos del mercado. Y urge Benjamín al periodista: "Usted, por favor, váyase allá atrás, por las bodegas".

Y se inicia la batalla.

Sobreviene el estruendo. Lluvia de balas. Caen los cuerpos y su sangre se esparce en el piso de tierra o tiñe de rojo encendido las paredes. Una bala hiere a Benjamín en la ceja izquierda. ¿Muere...? No hay tiempo para saberlo. Su lugar es ocupado inmediatamente por la mayor Flora, quien empuña el AK-47 y arremete contra las fuerzas federales. Retiembla la tierra cuando los tanques emergen de la maleza y su largo cañón apunta hacia el mercado. ¡Retirada! ¡De prisa! Un soldado toma el brazo al reportero y ambos corren por las callejuelas hasta adentrarse en la oscura maleza y esconderse debajo de unos troncos.

Llora el indígena.

—Es que allá, siñor... Allá en la calle quedó Rogaciano, mi hermano, siñor... Lo último que vi de él fue un charco de sangre...

En la Selva Lacandona, a 15 kilómetros de la zona de guerra

Se ha dado a sí mismo el EZLN un receso en la lucha. También ha franqueado el paso a un grupo de reporteros para que, en el corazón de esta selva de mil tonos de verde, oscura y caliente, el capitán Roberto, comandante de las fuerzas en Ocosingo, responda a sus preguntas.

Pero él no espera ser interrogado. Se apresura a explicar:

—Nuestra organización nació después de la matanza de los estudiantes (1968). Primero se constituyó en una guerrilla y allá andábamos, nada más por las montañas, sin el apoyo de las comunidades. En los pueblos no nos daban nada. Pero después hicimos trabajo político en las ciudades, dirigiéndonos a las masas, y entonces logramos el apoyo de muchos compañeros, sobre todo campesinos. Fue entonces, alrededor de 1983, cuando formamos el ejército.

—¿Un ejército...?

—Sí. Tenemos grados y organización militar, como el ejército federal, pero nosotros somos diferentes, somos un ejército del pueblo, no de la burguesía.

—Pero ese ejército al que ustedes combaten también está integrado por gente del pueblo.

—Tal vez, pero apoyado por la burguesía, por la dictadura.

—De cualquier forma, un ejército poderoso.

Imposible ver una reacción en el rostro del capitán: está cubierto por el acostumbrado pasamontañas negro.

El tono de su voz sigue siendo calmado:

—También puede ser, pero, ¿sabe?, nosotros somos más fuertes porque tenemos una causa por la qué pelear. Y podremos aceptar que haya muchos heridos y muchos muertos entre nosotros, que de hecho ya los hay; podremos aceptar que ocasionalmente nos derroten, pero jamás depondremos las armas. Seguiremos la revolución hasta imponernos, arma en mano. Ése es nuestro objetivo.

—¿Y después?

—Después de ganar esta guerra que, fíjese bien, es una guerra limpia, una guerra abierta y formal, no queremos nada más un cambio de gobierno, porque esta guerra es por el socialismo; queremos acabar con el capitalismo e instituir el socialismo, como lo hicieron muchos otros países.

—¿Y por qué el socialismo? Ya se ha comprobado que también produce graves desigualdades.

—Sí, efectivamente, pero México no es igual a otros países. Sus habitantes son diferentes y aquí va a tener éxito el socialismo.

Va más allá el capitán Roberto:

—Porque aquí, se ha comprobado, no existe la democracia. Y con el gobierno y su sistema hay mucha gente inconforme. El TLC, la despropiación del petróleo... Y, sobre todo, insisto, la burla de las elecciones: cuando se hace cambio de presidente a nosotros no nos preguntan si estamos o no de acuerdo con el candidato. Cuando vamos a ver las noticias en la televisión, o a escucharlas en la radio es porque ya está el candidato sin que nos pregunten, y ya sabemos que él va a ser el ganador, aunque pierda en las urnas. Ahorita está Colosio, por ejemplo. Pero... ¿Nos preguntaron a los campesinos si estamos de acuerdo con que sea él?

Habla satisfecho de los triunfos de sus fuerzas: de la "liberación" de cuatro ciudades, de la toma de estaciones de radio, y aprovecha el momento para presentarnos al capitán Julio Alberto, a quien llaman "el ideólogo" del EZLN. El diseñó sus primeras leyes y líneas de acción, y fue su voz la que las transmitió por la radio chiapaneca.

Explica el capitán Julio Alberto, también encapuchado, las primeras siete leyes del EZLN.

La de la reforma urbana: "Los dueños de departamentos o casa sola no pagarán impuestos catastrales; inquilinos con 15 años de antigüedad dejarán de pagar renta hasta que venza el gobierno revolucionario... Los lotes urbanos, los edificios públicos y las grandes mansiones podrán ser utilizados para construir habitaciones".

La de trabajo: "Las compañías extranjeras pagarán a sus trabajadores, por hora, el equivalente de lo que pagan fuera del país, y los salarios serán incrementados mensualmente de acuerdo con porcentajes determinados por comisiones integradas por colonos, patrones, trabajadores, estudiantes y autoridades libres y democráticamente electas... Los trabajadores, tanto del campo como de la ciudad, recibirán un tanto de acciones de la empresa en la que laboren".

La de industria y comercio: "Los precios de los productos serán controlados por una comisión... Los aumentos en los productos no serán superiores a los incrementos salariales... Será traición a la patria el acaparamiento de productos, y las empresas que se declaren improductivas pasarán a poder de la nación en lo que se refiere a maquinaria; las materias primas, a sus trabajadores".

La de justicia: "Todos los presos serán liberados, con excepción de asesinos, violadores y jefes del narcotráfico... Todos los gobernantes, de presidente municipal al de la república, serán sujetos de auditorías y, si son culpables de malversación, serán juzgados".

La de derechos y obligaciones de los pueblos en lucha: "Podrán elegir libre y democráticamente a sus gobernantes, exigir a las fuerzas armadas garantías generales, siempre y cuando no se trate de enemigos de la revolución... Podrán adquirir armas para defender a su persona, a su familia y sus propiedades... Las autoridades elegidas libre y democráticamente podrán apresar a quienes sorprendan robando, allanando o cometiendo cualquier otro delito, aunque sean miembros de las fuerzas armadas revolucionarias... Tendrán como obligación prestar servicio de correo, llevar alimentos y proporcionar alojamiento a la tropa; pagar los impuestos de guerra, y realizar trabajos de vigilancia acordados por la mayoría de la población... Por su parte, las autoridades informarán a la población civil de sus actividades, así como del origen y destino de los recursos materiales y humanos bajo su administración".

La de derechos y obligaciones de las fuerzas armadas: "Respetarán el comercio legal, impondrán elecciones libres y democráticas, y no intervendrán en asuntos civiles... Respetarán los repartos agrarios decididos por el gobierno revolucionario, no se apoderarán ni de tierras ni de latifundios para beneficios personales, y tampoco exigirán a la población civil trabajos personales".

La de impuestos de guerra: "Los comerciantes en pequeño pagarán 10 por ciento de sus ingresos mensuales; 15 por ciento los medianos propietarios, y 20 por ciento los grandes capitalistas".

LOS PRIMEROS REPORTAJES

Del 3 al 7 de enero

Roberto Carbajal / enviado, San Cristóbal de las Casas, Chis. [*M*, 10/i]]. Son ya tres días de guerra. Comienza a escasear todo: agua, alimentos, electricidad, comunicaciones, servicios médicos, combustible... Pero sobran los ánimos para combatir. Y también los cadáveres, que bañan de rojo las siempre risueñas calles de los poblados chiapanecos. Cadáveres de insurgentes, cadáveres abandonados.

Rumbo a Ocosingo y a la altura de Cuxuljá, un grupo de insurrectos obliga a detener la marcha de los vehículos en los que viaja un convoy integrado por periodistas nacionales y extranjeros. Avanza hacia ellos un indígena con un cuerno de chivo en las manos. Se dice capitán del EZLN y declara a los reporteros:

—Lucharemos con piedras, palos, cuchillos, con lo que tengamos hasta derrocar al gobierno. No retrocederemos. Hago un llamado a la población para que se levante en armas porque con este gobierno los pobres campesinos siguen desnutridos y las mujeres están jodidas, mal vestidas y mal comidas... Y mientras tanto el sistema permite que los ricos coman tranquilamente en su bien servida mesa, y los campesinos, que se andan pelando los lomos día con día, no tienen nada.

Habla del enemigo. Se ufana:

—En la toma de Altamirano mi unidad tomó prisioneros a ocho militares. Les respetamos la vida. Sólo les quitamos las armas y les advertimos que los mataríamos si volvíamos a encontrarlos con su uniforme en esta guerra. ¿Qué no estamos armados como ellos? Cierto. Por eso les quitamos su armamento. Sabemos que no somos iguales en armas, pero tenemos conciencia y apoyo del pueblo. Con eso ganaremos.

Los que rugen ahora no son las armas: son los motores de los vehículos, nuevamente en acción. Por la carretera solitaria y enmarcada por una exuberante vegetación llegamos hasta Abasolo. La población acusa a los insurgentes: le exigieron dinero, refrescos y comida; se llevaron camionetas y saquearon la tienda rural; se apoderaron del palacio municipal y luego lo destruyeron.

En Huixtlán, otro retén del EZLN. Se pide una "cooperación" de 50 pesos por vehículo para que sea franqueado el paso. Y hay que pagarlos. Con buen ánimo entonces, el teniente Rodrigo comenta:

–En nuestro movimiento hay varios maestros y también algunos sacerdotes, aunque no les diré de dónde son. Nosotros somos cristianos y no estamos en contra de la Iglesia que, aunque no nos apoya, tampoco está en contra nuestra. Al gobierno le pedimos que en este conflicto no la involucre, y mucho menos al obispo Samuel Ruiz, a quien no conozco pero sé todo de él.

Otra vez el camino, rumbo a Altamirano: el sendero discurre entre los olvidados pueblos de Chalam del Carmen y Viejo Chalam. En las viviendas que dan el rostro a la carretera se apuestan algunos rebeldes, aunque son pocos los que portan un arma de alto poder. A la vera del camino aparecen cinco camionetas incendiadas.

El único hospital de Altamirano –a cargo de religiosas– fue tomado por fuerzas del EZLN. La capitana Alejandra, a cuyo cargo está el servicio de sanidad del ejército insurrecto, da un reporte: ocho rebeldes heridos, dos de ellos graves; dos policías municipales en recuperación.

Su acento apunta hacia Centroamérica, pero Alejandra afirma ser mexicana y afirma que estudió en la universidad... Pero no recuerda en cuál, exactamente. "No sé si pueda decírselo –titubea. Estudié en... Michoacán".

–¿Por qué lucha?

–Porque estoy identificada con la ideología del EZLN, que combate por 10 puntos: pan, salud, educación, vivienda, trabajo digno, tierra, independencia, libertad, democracia verdadera y paz. Queremos un gobierno del pueblo y por eso luchamos.

Allá, en la plaza principal, un grupo aproximado de 40 rebeldes derrumba a mazazos la presidencia municipal, pero suspende atropelladamente su actividad al escuchar el ronroneo del vuelo de tres aviones militares tipo bombardero.

Alarma también entre la población civil que corre a buscar resguardo.

Pero no hay problema.

Las bombas de las aeronaves tienen otro destino: Ocosingo.

Ese, que también era el nuestro.

Era.

Oxchuc

Fueron, más o menos, 300 integrantes del EZLN los que tomaron esta población, incendiaron 14 viviendas –de funcionarios del poblado, actuales y anteriores– y dos oficinas públicas –otras ocho fueron saqueadas. También hirieron a tres personas, secuestraron a seis más –dos de ellas fueron asesinadas– y se retiraron a las 5 de la mañana del día siguiente.

De aquellos 300, fueron comisionados 11 para bloquear el acceso al poblado. Pero lo que encontraron fue la furia de los habitantes del pueblo, sus rifles y sus machetes. Y se rindieron. Fueron capturados y golpeados severamente. Atados de pies y manos, con fuertes hemorragias en el rostro y en diversas partes del cuerpo, fueron encadenados a las verjas de negro fierro forjado que circundan el quiosco de la plaza principal. Temblando escuchaban las discusiones de quienes les aprehendieron: ¿Serán linchados?

Daniel Gómez Santís, presidente del comisariado ejidal, está a la cabeza de las discusiones. Tiene en el rostro las huellas de un profundo cansancio. Viste una gruesa chamarra y porta una vieja carabina de madera. Algunos de sus compañeros están armados con rifles y con varillas. Dice Gómez Santís a los reporteros:

–Aquí tenemos a estos cabrones que nos querían perjudicar todavía más... Ya robaron, ya incendiaron... Querían acabar con la historia de nuestra población.

La mirada de los insurrectos implora misericordia.

Se excusa Gómez Santís:

–¿Los ve muy golpeados? Es que cayeron de las azoteas, verdá de Dios.

Con voz agónica susurra Roberto Torres, zapatista de 40 años:

–No, siñor... Nos golpearon cabronamente.

Roberto Torres encabeza el grupo de cinco insurgentes que nacieron en Altamirano, y que allí fueron reclutados: además de él, Gilberto López, Roberto Sánchez, José Pérez y Tomás Santís.

Los restantes vivían en Las Margaritas: Juan Morales Santís, Javier Vázquez, Miguel Alvarez, Germán Pérez y Domingo Morales Santís. Dicen que no, que no militan en el EZLN; que después de cortar la caña regresaron de Pujiltic, y que como sabían que había problemas en ese municipio intentaron llegar a su comunidad por otro camino.

–Pero al llegar a Oxchuc, siñor –dice Juan Morales–, nos agarraron las gentes del pueblo. Luego nos golpiaron, nos detuvieron, nos pusieron pantalones verdes y nos quitaron los dineritos que habíamos ganado en la caña...

Es otra, y muy diferente, la historia que cuenta Roberto Torres:

–En San Miguel fuimos obligados a entrar al ejército. Nos amenazaron, siñor: que si no entrábamos quemarían nuestras casas y matarían a nuestras familias. Yo entré en diciembre, siñor. El 15 o el 20, no me lo recuerdo. Ese día me dieron ropa y una pistola 22 de un tiro.

Junto a él, con el rostro tumefacto, José Pérez se muestra orgulloso de ser combatiente:

–Nací en la comunidad de Cuxhuljá, municipio de Ocosingo. Y me uní al ejército porque sus mandos tienen la política de cambiar la situación: que haya techo, educación, salud. Hace tres años entré al ejército, pero no recibí entrenamiento alguno. Cuando fui detenido traía un arma de calibre grande.

La muestra orgulloso Gómez Santís:

–Mire nomás, siñor: les quitamos cuatro armas de las meras largas, todos estos cartuchos –descansan en una bolsa de plástico– y todos estos machetes. Nos querían romper la madre, siñor...

–¿Qué pasó? –pregunta el reportero a Roberto Torres.

–El teniente Román nos dio instrucciones de bloquear el acceso al pueblo. Y vinimos solos, siñor, como unos pendejos. Ya no volvimos a ver a nadie de nuestra unidad. Román no entró a Oxchuc, nos echó del rebaño.

Acusa a sus superiores:

–La verdá, siñor, es que estos cabrones nos inquietaron. Ellos tienen la culpa.

Gilberto López, soltero, 24 años, no reniega de las fuerzas a las que se unió hace dos años. Tampoco de su comandante Román.

–Yo sí recibí instrucción ideológica y política. Yo, como mis compañeros, quiero un gobierno que no escoja la clase que va a apoyar... Que apoye parejo, siñor, que no se escoja el color de la piel, porque todos somos iguales ante Dios.

–¿Cada cuándo se reunían?

–Una vez cada 30 días, en secreto. En Altamirano, siñor.

–¿Les dieron instrucción militar?

–No, nos dieron entrenamiento. Pero yo, siñor, usaba un rifle de grande calibre.

–¿Qué opina su familia de su afiliación al EZLN?

–Que es cosa mía.

Ya, ya han tomado una decisión los habitantes de Oxchuc, informa Gómez Santís: no serán linchados, serán entregados a las autoridades federales.

No morirán todavía.

Sus nombres no se unirán a esa lista de insurgentes muertos: 152, hasta el día de hoy, viernes 7.

Entrevista al mayor Mario

Rodolfo Reyes, enviado, Ocosingo, Chis., 2 de enero de 1994 [*LJ*, 3/i].

Nos alzamos en armas porque estamos cansados de la miseria, porque los ricos, los hacendados de Chiapas, tienen guardias blancas que reprimen a los indígenas y el gobierno no les hace nada porque son ricos.

Cubierto con un pasamontañas negro –que descubre el rostro de un hombre de escasos 25 años–, seguro, sin ser desafiante, el mayor Mario, encargado de una unidad del Ejército Zapatista de Liberación Nacional (EZLN), que tomó esta población la madrugada de ayer, concedió una breve entrevista a este enviado.

– ¿Los apoya el pueblo?

– Ahorita apenas está agarrando la onda (sic).

Acariciando constantemente la culata de madera de su AK-47, de los pocos rifles de asalto que posee el EZLN, el mayor afirmó que "el combate es una ciencia que tiene un principio y fin".

Poco antes de que el ejército entrara a liberar esta ciudad de más de 110 mil habitantes, el mayor confió que "nuestras fuerzas están perfectamente adiestradas para enfrentar al ejército federal. Nuestro ejército es grande, pues está estructurado por las masas explotadas".

–¿Qué filiación política tienen?

–Mire, ni somos maoístas ni marxistas, sino un grupo de campesinos, obreros y estudiantes a quienes el gobierno ya no les ha dejado otro camino más que las armas.

Los zapatistas nos encontramos no sólo en Chiapas, indicó, también estamos en otras partes: el Comité Clandestino de Lucha Revolucionaria. Tenemos células guerrilleras en lugares estratégicos.

Además dijo que desde ayer el EZLN puso en marcha el dispositivo de defensa y contraataque, "con el cual nos iremos adueñando de otras comunidades" (horas después, alrededor de 800 alzados tomarían las poblaciones de Oxchuc y Huixtán).

Nuestro ejército es grande y poco a poco se irá formando hasta llegar a la capital del país para derrocar al gobierno de Carlos Salinas de Gortari: ese es nuestro objetivo, añadió, mientras otros rebeldes, la mayoría adolescentes y mujeres, le pedían instrucciones.

Pocas horas más tarde los más de 800 rebeldes, muchos de ellos muchachas enfundadas en su uniforme gris con un pañuelo rojo al cuello, tendrían una cita con su destino: cercados por el ejército federal en el mercado de Ocosingo, armados con cuchillos, pistolas de hace 20 años y unos cuantos AK-47, cuernos de chivo.

Entrevista al subcomandante Marcos

L'Unitá, San Cristóbal de las Casas, Chis., 4 de enero de 1994 [*P*, 10/i].– Es uno de los pocos que tienen la cara cubierta y que está armado con una metralleta. El único que no es indio. Mientras habla, saca una pipa de la faltriquera, se la pone en la boca por la apertura del pasamontañas, pero no la enciende. Se expresa con la claridad del intelectual acostumbrado a comunicarse con la gente simple. Es seguramente mexicano, pero no es posible identificar el acento. Una muchacha, también ella con un pasamontañas negro y ojos de japonesa, se queda junto a él durante toda la entrevista.

–Subcomandante Marcos, ustedes tomaron San Cristóbal el 1 de enero. Pero, ¿quiénes son ustedes?

–Nosotros formamos parte del Ejército Zapatista de Liberación Nacional, y exigimos la renuncia del gobierno federal y la formación de un nuevo gobierno de transición que convoque a elecciones libres y democráticas para agosto de 94. Exigimos que se resuelvan las principales demandas de los campesinos de Chiapas: pan, salud, educación, autonomía y paz. Los indios siempre han vivido en guerra porque la guerra hasta hoy ha sido siempre contra ellos, mientras que ahora será para los indios y será para los blancos. En todo caso, tendremos la oportunidad de morir combatiendo y no de disentería, como mueren normalmente los indios chiapanecos.

–¿Están en relación con alguna organización política campesina?

–No tenemos ninguna relación con ningún tipo de organización abierta. Nuestra organización es exclusivamente clandestina y armada.

–¿Nacieron de la nada, así de improviso?

–Nos hemos estado preparando en la montaña desde hace diez años, no somos un movimiento improvisado. Hemos madurado, pensado, aprendido, y hemos llegado a esta decisión.

–¿Hay contenidos raciales y étnicos en sus demandas?

–El Comité Directivo está formado por indios tzotziles, tzeltales, choles, tojolabales, mames y zoques, los principales grupos étnicos de Chiapas. Todos ellos han estado de acuerdo y, además de democracia y representatividad, demandaron respeto, respeto que los blancos nunca les han tenido. Sobre todo en San Cristóbal, los "coletos" (sancristobalenses) son muy insultantes y discriminadores con respecto a los indios en la vida cotidiana. Ahora los blancos respetan a los indios, porque los ven con las arma en la mano.

–¿Cuál cree que será ahora la reacción del gobierno?

–No nos preocupa la respuesta de gobierno, sino la respuesta de la gente, de los mexicanos. Nos interesa saber qué ejemplo producirá este hecho, qué cosa moverá en la conciencia nacional. Esperamos que algo se mueva, no sólo a nivel de la lucha armada, sino en todos los sentidos. Esperamos que ponga fin a esta dictadura disfrazada.

–¿No tienen confianza en el PRD como partido de oposición en las próximas elecciones?

–Nosotros no confiamos, no tanto en los partidos políticos, cuanto en el sistema electoral. El gobierno de Salinas de Gortari es un gobierno ilegítimo, producto de un fraude, y este gobierno ilegítimo producirá necesariamente elecciones ilegítimas. Nosotros queremos un gobierno de transición y que este gobierno convoque a nuevas elecciones, pero con una competencia que sea realmente igualitaria, que ofrezca iguales condiciones a todos los partidos políticos. En Chiapas mueren 15.000 indios al año de enfermedades curables. Es una cifra semejante a la que producía la guerra en El Salvador. Si un campesino con cólera llega a un hospital del campo, lo echan fuera para que no se diga que hay cólera en Chiapas. En este movimiento, los indios que forman parte del ejército zapatista quieren en primer lugar dialogar con su propia gente. Ellos son sus verdaderos interlocutores.

–Perdone, pero usted no es indio.

–Usted debe comprender que nuestro movimiento no es chiapaneco, sino nacional. Así como hay gente, como yo, que proviene de otros estados, también hay chiapanecos que combaten en otros lugares. Somos mexicanos, eso nos unifica, además de la demanda de libertad y de democracia. Queremos elegir a nuestros representantes reales.

–Pero ahora, ¿no tienen miedo de una represión pesada?

–La represión para los indoamericanos existe desde hace 500 años. Usted posiblemente piensa en el tipo de represión de los gobiernos sudamericanos. Pero para los indios este estilo de represión es pan de todos los días. Puede preguntarles a los indios que viven en la periferia de San Cristóbal.

–¿Qué desarrollo consideraría usted un éxito?

–Querríamos que se reunieran otros a este movimiento en todas partes de la República.

–¿Necesariamente armados?

–No. Nosotros hacemos una convocatoria amplia, que dirigimos también a la gente que participa en movimientos civiles, legales, abiertos.

–¿Por qué escogieron el 1 de enero y la ciudad de San Cristóbal de las Casas?

–Fue el Comité Directivo el que decidió. Es claro que la fecha está relacionada con el TLC, que para los indios es una condena a muerte. La entrada en vigor del Tratado representa el inicio de una masacre internacional.

–¿Qué piensa de una reacción internacional? ¿No teme que los Estados Unidos puedan intervenir como lo han hecho en otras partes de América Latina?

–Los Estados Unidos tenían antes la coartada de la Unión Soviética, temían la infiltración soviética en nuestro país. Pero, ¿qué pueden pensar ahora de un movimiento que sólo reclama justicia social? No pueden seguir pensando que estamos siendo manipulados desde el extranjero o que nos financia el oro de Moscú, visto que Moscú no existe ya. Basta con preguntarle a Yeltsin. Los estadounidenses deben darse cuenta de que luchamos por aquello que todos queremos, que han querido los países europeos. ¿No se rebeló la gente en Alemania y en Italia contra la dictadura? ¿No es igualmente válido que también el pueblo mexicano se rebele? Los estadounidenses tienen mucho que ver con la realidad que puede usted observar, las condiciones de miseria de los indios y la gran hambre de justicia. En México, el sistema social entero se funda sobre la injusticia en sus relaciones con los indios. Lo peor que le puede suceder a un ser humano es ser indio, con toda su carga de humillación, de hambre y de miseria.

Para el comandante Marcos, las demandas de los rebeldes son lógicas: Democracia, tierra, justicia, y fin al "gobierno ilegítimo de Salinas".

EL PRIMER PAQUETE DE COMUNICADOS

Sobre lo ocurrido a la Cruz Roja y a la prensa los días 3 y 4

5 de enero
Departamento de Prensa del EZLN

Cruz Roja. Una ambulancia de la Cruz Roja fue agredida por disparos de arma de fuego y bazuka. Esta agresión fue atribuida a nuestras fuerzas zapatistas, por lo que declaramos que en ningún momento hemos agredido de manera alguna a vehículos o personas que portan las insignias de la Cruz Roja y que no poseemos armas capaces de provocar los daños que se produjeron a la unidad de la Cruz Roja y a sus tripulantes. Declaramos que este ataque no puede ser atribuido a nuestras tropas, y reiteramos nuestro respeto a la vida, bienes y trabajo de la Cruz Roja. Las armas que produjeron estos daños deben ser buscadas en las filas del ejército federal y no del EZLN.

Prensa. El día 3 de enero de 1994 una caravana de vehículos de la prensa fue atacada por armas de fuego a la altura de El Aguaje, cerca de la comandancia de la 31 zona militar en Rancho Nuevo. En este atentado resultó herido un reportero del diario nacional *La Jornada*. Algunos sectores de la prensa han culpado a nuestras fuerzas zapatistas de la autoría de este artero ataque, por lo que declaramos que en ningún momento desde el inicio del conflicto hemos tenido posición militar en el lugar del atentado y ninguna de nuestras tropas, hasta el día del 4 de enero de 1994, ha transitado o tomado posiciones en el tramo carretero que va del CIES, en las afueras de San Cristóbal de Las Casas, al cuartel de Rancho Nuevo, por lo que es imposible que los disparos hayan sido producidos por fuerzas zapatistas. Nuevamente, como en el caso de la Cruz Roja, son artimañas de las fuerzas federales para culparnos de sus agresiones a la prensa y a la Cruz Roja.

Caso de *El Tiempo-Excélsior*. Pero en el caso de los reporteros del diario local de SCLC *El Tiempo* y del periódico nacional *Excélsior*, sí es cierto que fueron detenidos por nuestras tropas en la cabecera municipal de Huixtán en los momentos en que dicha posición era atacada por fuerzas enemigas. En ningún momento los miembros de la prensa fueron agredidos o torturados y se les recogieron sus medios mientras se confirmaba su identidad. Un error de apreciación del mando de la unidad zapatista provocó que a los periodistas les fuera recogida, indebidamente, la cantidad de N$ 700.00. Nuestro EZLN pide disculpas serias por este error cometido con los trabajadores de la prensa y se ofrece a reintegrar a la brevedad posible la cantidad decomisada.

Atentamente.
Desde algún lugar de las montañas del Sureste mexicano
CCRI-CG del EZLN

Sobre el EZLN y las condiciones para el diálogo

6 de enero

> "Aquí estamos nosotros, los muertos de siempre, muriendo otra vez, pero ahora para vivir."

Al pueblo de México
A los pueblos y gobiernos del mundo

Hermanos:

Desde el día 1 de enero del presente año nuestras tropas zapatistas iniciaron una serie de acciones político-militares cuyo objetivo primordial es dar a conocer al pueblo de México y al resto del mundo las condiciones miserables en que viven y mueren millones de mexicanos, especialmente nosotros los indígenas. Con estas acciones que iniciamos damos a conocer también nuestra decisión de pelear por nuestros derechos más elementales por el único camino que nos dejaron las autoridades gubernamentales: la lucha armada.

Las graves condiciones de pobreza de nuestros compatriotas tienen una causa común: la falta de libertad y democracia. Nosotros consideramos que el respeto auténtico a las libertades y a la voluntad democrática del pueblo son los requisitos indispensables para el mejoramiento de las condiciones económicas y sociales de los desposeídos de nuestro país. Por esta razón, al igual que enarbolamos la bandera del mejoramiento de las condiciones de vida del pueblo mexicano, presentamos la demanda de libertad y democracia políticas, para lo cual pedimos la renuncia del gobierno ilegítimo de Carlos Salinas de Gortari y la formación de un gobierno de transición democrática, el cual garantice elecciones limpias en todo el país y en todos los niveles de gobierno. Reiteramos la vigencia de nuestras demandas políticas y económicas y en torno de ellas pretendemos unir a todo el pueblo de México y a sus organizaciones independientes para que, a través de todas las formas de lucha, se genere un movimiento nacional revolucionario en donde tengan cabida todas las formas de organización social que se planteen, con honestidad y patriotismo, el mejoramiento de nuestro México.

Desde el inicio de nuestra guerra de liberación hemos recibido no sólo el ataque de los cuerpos represivos gubernamentales y del ejército federal, también hemos sido calumniados por el gobierno federal y estatal y por algunos medios de comunicación masiva que pretenden, desvirtuando nuestra lucha, engañar al pueblo de México diciéndole que nuestra lucha es promovida por extranjeros, profesionales de la violencia e intereses oscuros y antipatriotas que sólo buscan beneficios personales. Debido a estas calumnias y mentiras, nuestro EZLN se ve obligado a precisar lo siguiente:

Primero: nuestro EZLN no tiene en sus filas, ni en sus organismos de dirección, extranjero alguno ni ha recibido jamás apoyo alguno o asesoría de movimientos revolucionarios de otros países ni de gobiernos extranjeros. La noticia de que guatemaltecos militan en nuestras filas y fueron entrenados en el país vecino son historias inventadas por el gobierno federal para desvirtuar nuestra causa. No hemos tenido, ni tenemos nexo alguno con el FMLN salvadoreño ni con la URGN de Guatemala ni con ningún otro movimiento armado latinoamericano, norteamericano, europeo, africano, asiático u oceánico. Las tácticas militares que empleamos no fueron aprendidas de la insurgencia centroamericana, sino de la historia militar mexicana, de Hidalgo, Morelos, Guerrero, Mina, de la resistencia a la invasión yanqui en 1846-1847, de la respuesta popular a la intervención francesa, de las grandes gestas heroicas de Villa y Zapata, y de las luchas de resistencia indígena a todo lo largo de la historia de nuestro país.

Segundo: nuestro EZLN no tiene liga alguna con autoridades religiosas católicas ni de ningún otro credo. No hemos recibido ni orientación ni dirección ni apoyo de estructura eclesial alguna, ni de ninguna de las diócesis del estado de Chiapas ni del nuncio apostólico, ni del Vaticano ni de nadie. En nuestras filas militan, mayoritariamente, católicos, pero hay también de otros credos y religiones.

Tercero: los mandos y elementos de tropas del EZLN son mayoritariamente indígenas chiapanecos, esto es así porque nosotros los indígenas representamos el sector más humillado y desposeído de México, pero también, como se ve, el más digno. Somos miles de indígenas alzados en armas, detrás de nosotros hay decenas de miles de familiares nuestros. Así las cosas, estamos en lucha decenas de miles de indígenas. El gobierno dice que no es un alzamiento indígena, pero nosotros pensamos que si miles de indígenas se levantan en lucha, entonces sí es un alzamiento indígena. Hay también en nuestro movimiento mexicanos de otros orígenes sociales y de distintos estados de nuestro país. Ellos están de acuerdo con nosotros y se han unido a nosotros porque no están de acuerdo con la explotación que sufrimos. Así como estos mexicanos no-indígenas se unieron a nosotros, otros más lo harán porque nuestra lucha es nacional y no se limitará únicamente al estado de Chiapas. Actualmente, la dirección política de nuestra lucha es totalmente indígena, el 100 por ciento de los miembros de los comités clandestinos revolucionarios indígenas en todo el territorio en combate pertenecen a las etnias tzotzil, tzeltal, chol, tojolabal y otros. Es cierto que no están todavía todos los indígenas de Chiapas con nosotros, porque hay muchos hermanos que todavía están sometidos con las ideas y engaños del gobierno, pero ya estamos bastantes miles y tienen que tomarnos en cuenta. El uso de pasamontañas u otros medios para ocultar nuestro rostro obedece a elementales medidas de seguridad y como vacuna contra el caudillismo.

Cuarto: el armamento y equipo con que cuenta nuestro pueblo son variados y, como es de entender, no fueron mostrados públicamente en su totalidad y calidad a los medios de comunicación ni a la población civil en las cabeceras municipales que tomamos los días 1 y 2 de los corrientes. Estas armas y equipo fueron conseguidos poco a poco y preparados a través de 10 años de acumulación de fuerzas en silencio. Los "sofisticados" medios de comunicación que poseemos se pueden conseguir en cualquier tienda de artículos de importación del país. Para conseguir el armamento y equipos nunca recurrimos al robo, el secuestro o la extorsión, siempre nos mantuvimos con los recursos que nos daban gentes del pueblo, humildes y honestas, en todo México. A esto se debe, a que nunca hayamos recurrido al bandidaje para hacernos de recursos, que los aparatos represivos del Estado no nos hayan detectado a lo largo de 10 años de preparación seria y cuidadosa.

Quinto: algunos preguntan que por qué decidimos empezar ahora, si ya nos estábamos preparando desde antes. La respuesta es que antes probamos todos los otros caminos pacíficos y legales sin resultado. Durante estos 10 años han muerto más de 150 mil de nuestros hermanos indígenas por enfermedades curables. Los planes económicos y sociales de los gobiernos federal, estatal y municipal no contemplan ninguna solución real a nuestros problemas y se limitan a darnos limosnas cada tanto que hay elecciones, pero las limosnas no resuelven más que un momento, después viene la muerte otra vez a nuestras casas. Por eso pensamos que ya no, que ya basta de morir de muerte inútil, por eso mejor pelear para cambiar. Si ahora morimos ya no será con vergüenza sino con dignidad, como nuestros antepasados. Estamos dispuestos a morir otros 150 mil si es necesario esto para que despierte nuestro pueblo del sueño de engaño en que lo tienen.

Sexto: las condiciones de "concertación" que pretende imponernos el gobierno federal son inaceptables para nuestra organización. No depondremos las armas hasta que se hayan cumplido las demandas que enarbolamos al inicio de nuestra lucha. En cambio, nosotros proponemos las siguientes condiciones para el inicio del diálogo:

A). Reconocimiento al EZLN como fuerza beligerante.

B). Cese al fuego de ambas partes en todo el territorio en beligerancia.

C). Retiro de las tropas federales de todas las comunidades con pleno respeto a los derechos humanos de la población rural. Regreso de las tropas federales a sus respectivos cuarteles en los distintos puntos del país.

D). Cese al bombardeo indiscriminado a poblaciones rurales.

E). En base a las tres condiciones anteriores, formación de una comisión nacional de intermediación.

Nuestras tropas se comprometen a respetar estas condiciones si el gobierno federal hace lo mismo. En caso contrario nuestras tropas seguirán llevando adelante su avance sobre la ciudad capital del país.

Nuestro EZLN reitera que seguirá ateniéndose a las leyes de la guerra aprobadas en la convención de Ginebra, respetando a la población civil, a la Cruz Roja, a la prensa, a los heridos y a las tropas enemigas que se rindan sin combatir a nuestras fuerzas.

Hacemos un llamado especial al pueblo y gobierno norteamericanos. Al primero para que inicie acciones de solidaridad y ayuda para nuestros compatriotas, y al gobierno norteamericano para que suspenda toda ayuda económica y militar al gobierno federal mexicano por tratarse de un gobierno dictatorial que no respeta los derechos humanos y porque dicha ayuda será empleada para masacrar al pueblo de México.

Mexicanos: El balance militar de la contienda, hasta el día 5 de enero, arroja los siguientes resultados:

1. Bajas de las fuerzas zapatistas: 9 muertos y 20 heridos graves atendidos en nuestros hospitales de campaña. Un número indeterminado de heridos leves que se reintegraron a sus puestos de combate y 12 perdidos en acción. No hemos incluido en esta cuenta a nuestros combatientes que, heridos, fueron arteramente ejecutados a sangre fría con el tiro de gracia por oficiales del ejército federal. El número de estos compañeros no ha sido determinado todavía pues nuestras tropas siguen combatiendo en Ocosingo.

2. Bajas de las fuerzas enemigas (incluyen policías y soldados federales): 27 muertos, 40 heridos y 180 prisioneros que se rindieron a nuestras fuerzas y fueron liberados posteriormente intactos en su salud física. Hay otros 30 muertos al menos, en el ejército federal no confirmados. Estas bajas, junto a un número indeterminado de heridos, se habrían producido el día 4 de enero en las montañas al sur de San Cristóbal de las Casas cuando bombas arrojadas por los aviones de la F.A.M. habrían caído sobre los camiones de soldados federales que maniobraban en esa zona.

3. Material de guerra enemigo destruido o averiado: 3 helicópteros artillados de la F.A.M. (uno en la cabecera municipal de Ocosingo y dos en SCLC) y 3 aeronaves artilladas de la F.A.M. (los 3 en la cabecera de SCLC), 15 radio patrullas, 15 vehículos de transporte, 4 centros de tortura de la Policía Judicial del estado.

4. Prisioneros liberados: 230 en las 4 cárceles atacadas y liberadas por nuestras fuerzas (2 en SCLC, 1 en Ocosingo y 1 en Margaritas).

5. Material de guerra recuperado: Aproximadamente 207 armas de distintos calibres (M-16, G-3, M-2, lanza granadas, escopetas y pistolas) y un número indeterminado de parque de diversos calibres.

Mil 266 kilogramos de dinamita y 10 mil detonantes de TNT.

Más de 20 vehículos de transporte.

Un número indeterminado de aparatos de radio comunicación utilizados por la policía, ejército y fuerza aérea.

A la prensa nacional e internacional:

Llamamos la atención de la prensa honesta nacional e internacional sobre el genocidio que las fuerzas militares federales realizan en las cabeceras municipales de San Cristóbal de las Casas, Ocosingo, Altamirano y Margaritas, así como en carreteras aledañas a estos puntos, donde asesinan indiscriminadamente a civiles y luego los presentan como bajas al EZLN. Algunos de los muertos zapatistas que reclama el ejército federal, gozan de cabal salud. La actitud de las tropas federales en estas ciudades contrasta con la de nuestras fuerzas que se preocuparon siempre, según pueden atestiguar civiles de esas ciudades, por proteger vidas inocentes. La mayoría de las destrucciones a edificios públicos y privados que son adjudicadas a nuestras tropas zapatistas fueron realizadas por los federales cuando entraron en las 4 cabeceras municipales.

Al ejército federal:

El conflicto presente desenmascara, una vez más, la naturaleza del ejército federal y lo presenta en su verdadera esencia: la represión indiscriminada, la violación a todos los derechos humanos y la falta total de ética y honor militar. Los asesinatos de mujeres y niños perpetrados por las fuerzas federales en los lugares de conflicto muestran a un ejército sin control. Hacemos un llamado a los oficiales, clases y tropa del ejército federal para que se nieguen rotundamente a cumplir las órdenes de exterminio de civiles y ejecución sumaria de prisioneros de guerra y heridos que les giran sus mandos superiores y se mantengan dentro de la ética y honor militares. Les reiteramos nuestra invitación para que abandonen las filas del mal gobierno y se sumen a la justa causa de un pueblo, según han constatado ustedes mismos, que sólo anhela vivir con justicia o morir con dignidad. Nosotros hemos respetado la vida de los soldados y policías que se rinden a nuestras fuerzas, ustedes se complacen en ejecutar sumariamente a los zapatistas que encuentran heridos, sin poder combatir, y a los que se rinden.

Si ustedes empiezan a atacar a nuestras familias y a no respetar la vida de heridos y prisioneros, entonces nosotros empezaremos a hacer lo mismo.

Al pueblo de México:

Por último, hacemos un llamado a obreros, campesinos pobres, maestros, estudiantes, intelectuales progresistas y honestos, amas de casa y profesionistas, y a todas las organizaciones políticas y económicas independientes para que se unan a nuestra lucha en su medio y en todas las formas posibles hasta lograr la justicia y la libertad que todos los mexicanos anhelamos.
¡No entregaremos las armas!
¡Queremos justicia, no perdón o limosnas!
Desde las montañas del Sureste mexicano
CRI -CG del EZLN

Sobre el PFCRN, la ofensiva militar de gobierno, los actos terroristas y el nombramiento de Camacho

11 de enero

> "Nuestra voz empezó a caminar desde siglos y no se apagará nunca más."

Al pueblo de México:
A los pueblos y gobiernos del mundo:

Hermanos:

Estamos enterados que nuestro comunicado del 6 de enero de 1994 fue ya dado a conocer, cuando menos en parte, en la prensa nacional e internacional. Nuevas cosas han pasado desde el día 6 de enero hasta el día de hoy, 11 de enero de 1994, en el que volvemos a decir nuestra palabra para que sea escuchada por otros.
Primero.– Una de las cosas que pasó es que el señor Aguilar Talamantes, candidato a la Presidencia de la República por el llamado Partido del Frente Cardenista de Reconstrucción Nacional, en un acto público en la ciudad de San Cristóbal de las Casas declaró que ofrecía a su partido para ser "el brazo pacífico" del Ejército Zapatista de Liberación Nacional, y que él mismo, Aguilar Talamantes, se pro-

ponía para ser "el candidato a la Presidencia de la República del Ejército Zapatista de Liberación Nacional". Estas declaraciones fueron analizadas por nosotros, los miembros del Comité Clandestino Indígena Revolucionario-Comandancia General del EZLN, y pensamos que es bueno que digamos nuestra palabra sobre este asunto y entonces decimos así:

El Ejército Zapatista de Liberación Nacional no se levantó en armas para apoyar a uno o a varios candidatos a la Presidencia de la República. El EZLN no busca que gane un partido o que gane otro, el EZLN busca que haya justicia, que haya libertad, y que haya democracia para que el pueblo elija a quien mejor le acomode su entender y que esta voluntad, cualquiera que sea, reciba respeto y entendimiento de los mexicanos todos y de otros pueblos. El Ejército Zapatista de Liberación Nacional pide que el gobierno, de cualquier partido que sea, sea un gobierno legítimo, resultado de una elección verdaderamente libre y democrática, y resuelva las necesidades más apremiantes de nuestro pueblo mexicano, especialmente de nosotros los indígenas.

El Ejército Zapatista de Liberación Nacional respetuosamente rechaza las propuestas del Partido del Frente Cardenista de Reconstrucción Nacional de presentarse como "brazo pacífico del EZLN" y del señor Aguilar Talamantes de ser el candidato del EZLN a la Presidencia de la República. Decimos también, de una vez, que rechazamos también cualquier otra propuesta o autopropuesta de tomar nuestra voz y nuestra palabra; nuestra voz empezó a caminar desde siglos y no se apagará nunca más.

En cambio, saludamos y recibimos bien todos los intentos y propuestas hechas de buena fe y con honestidad de intermediación entre este EZLN y el gobierno federal.

Segundo.– A nuestra propuesta de abrir el diálogo iniciando un alto al fuego por ambas partes, el ejército federal contestó bombardeando comunidades rurales en los municipios de Ocosingo, Las Margaritas y Altamirano.

La creencia, en algunos sectores del gobierno, de que es posible y deseable una solución militar al conflicto con el exterminio total de nuestro EZLN, está ganando espacios dentro de los gobernantes del país. Reiteramos nuestra disposición al diálogo, con los requisitos señalados en el comunicado del 6 de enero. Pero parece ser que esta disposición al diálogo por parte del EZLN ha sido malinterpretada erróneamente por las autoridades militares del gobierno, que ven en esto una muestra de debilidad de nuestras fuerzas. Nada más alejado de la realidad: a propuestas de diálogo respondemos con disposición al diálogo, a los ataques y bombardeos indiscriminados responderemos con nuestros fusiles. Si el gobierno pretende seguir engañando a la opinión pública diciendo que nuestra derrota y aniquilación están cercanas pues es cosa del gobierno, ya antes engañó y ahora todos pagan el costo de ese engaño. Pero nosotros sabemos que nuestra lucha no terminará nunca, ni siquiera con la última gota de sangre del último de nuestros combatientes. Si el gobierno federal está dispuesto a cobrar con sangre nuestras demandas de justicia, libertad y democracia, no dudaremos en pagar el precio.

En próximos días daremos órdenes a todas nuestras fuerzas en activo y en reserva de atacar todas las ciudades que se encuentren a su alcance, si no hay indicios de que la disposición al diálogo por parte del gobierno federal es algo más que palabras de engaño. No dudamos que el costo será alto, pero nos siguen orillando a este camino.

Tercero.– En días pasados nos hemos enterado de diversos atentados terroristas contra objetivos civiles en diversos puntos del país. Dichos atentados son atribuidos a miembros de nuestro EZLN. El Comité Clandestino Revolucionario Indígena-Comandancia General del EZLN declara que las tropas zapatistas combaten contra las policías y el ejército federal y no contra los estacionamientos de centros comerciales. Ningún objetivo civil sufrirá ataques militares de parte de las tropas zapatistas.

Cuarto.– El día 10 de enero de 1994, el gobierno federal anunció cambios en la Secretaría de Gobernación y en otras dependencias federales. Se anunció la salida del secretario de Gobernación y ex-gobernador de Chiapas, Patrocinio González Blanco Garrido, y el nombramiento de Manuel Camacho Solís como comisionado de paz para solucionar el conflicto de Chiapas. El EZLN declara que no conoce al señor Camacho Solís, pero si en este señor hay ánimo verdadero y honesto de buscar una salida política y justa, saludamos su nombramiento y le reiteramos nuestra disposición a dialogar en los términos expresados en el comunicado del 6 de enero de 1994.

Quinto.– El Comité Clandestino Revolucionario Indígena-Comandancia General del EZLN declara que los únicos documentos válidos como emitidos por el EZLN y reconocidos por todos los combatientes zapatistas serán aquéllos que tengan la firma del compañero subcomandante insurgente Marcos.

Desde las montañas del Sureste Mexicano
CCRI-CG del EZLN

Sobre el alto el fuego

12 de enero

"En nuestro corazón también vive la esperanza."

Al pueblo de México
A los pueblos y gobiernos del mundo

Hermanos:

El día de hoy, 12 de enero de 1994, nos enteramos de que el señor Carlos Salinas de Gortari, en su carácter de comandante supremo del ejército federal ordenó a las tropas federales un alto al fuego. La Secretaría de la Defensa Nacional agregó que seguirá con los patrullajes aéreos y terrestres, que no abandonará las posiciones que ocupa actualmente y que impedirá el movimiento de nuestros combatientes.

El Comité Clandestino Revolucionario Indígena-Comandancia General del Ejército Zapatista de Liberación Nacional saluda esta decisión del señor Salinas de Gortari y ve en esto un primer paso para iniciar el diálogo entre las partes beligerantes.

Las condiciones planteadas por este Comité Clandestino Revolucionario Indígena-Comandancia General del EZLN en su comunicado del 6 de enero de 1994 como requisitos para iniciar el diálogo no han sido cumplidas a cabalidad. Sin embargo, lo declarado por Carlos Salinas de Gortari es un inicio.

En correspondencia, el Comité Clandestino Revolucionario Indígena-Comandancia General del Ejército Zapatista de Liberación Nacional, jefe colectivo y supremo de las tropas insurgentes zapatistas ordena:

Primero: Se ordena a todas las unidades regulares, irregulares y comandos urbanos de las diferentes armas y servicios del Ejército Zapatista de Liberación Nacional que suspendan toda operación ofensiva en contra de tropas federales, de sus guarniciones y de las posiciones que actualmente ocupan dichas tropas.

Segundo: Se ordena a todas las unidades regulares, irregulares y comandos urbanos de las diferentes armas y servicios del Ejército Zapatista de Liberación Nacional que se mantengan en las posiciones que ocupan actualmente y respondan con firmeza y decisión si son agredidas por tropas terrestres o aéreas del ejército federal.

Tercero: La orden de cese al fuego ofensivo del EZLN se cumplirá en el momento de recibir este comunicado y se mantendrá mientras así lo considere prudente y necesario este Comité Clandestino Revolucionario Indígena-Comandancia General del EZLN.

Cuarto: De ninguna manera entregaremos las armas ni rendiremos nuestras fuerzas al mal gobierno. Este cese al fuego es con el fin de aliviar la situación de la población civil en la zona en combate y abrir canales de diálogo con todos los sectores progresistas y democráticos de México.

Nuestra lucha es justa y es verdadera, no responde a intereses personales sino al ánimo de libertad de todo el pueblo mexicano en general y del pueblo indígena en particular. Queremos justicia y seguiremos adelante porque en nuestro corazón también vive la esperanza.

Desde las montañas del Sureste mexicano
CCRI-CG del EZLN

Sobre la Comisión Mediadora

12 de enero

"Queremos paz con justicia, respeto y dignidad.
No viviremos más de rodillas."

Al pueblo de México
A los pueblos y gobiernos del mundo

Hermanos:

En días pasados se han conocido diversos pronunciamientos sobre las personas que podrían formar parte de una comisión de intermediación para llegar a una solución política a la situación actual en las zonas de combate en el sureste mexicano. Un supuesto comunicado, atribuido erróneamente al EZLN, publicado por el diario nacional *La Jornada* proponía como intermediarios del diálogo al obispo de San Cristóbal de las Casas, Chiapas, don Samuel Ruiz García, a la indígena guatemalteca y premio Nobel de la Paz, Rigoberta Menchú, y al periodista Julio Scherer, director de la revista *Proceso*. Otras voces y propuestas se han escuchado sin que hasta ahora hayamos dicho nosotros nuestra palabra. Por eso pensamos que ya es hora que digamos nuestro pensamiento sobre este punto:

Los miembros de la comisión negociadora deberán cumplir los siguientes requisitos para ser aceptados como tales por este Comité Clandestino Revolucionario Indígena-Comandancia General del EZLN:

Primero.– Ser mexicanos de nacimiento. Esto porque pensamos que los problemas entre mexicanos los debemos arreglar los propios mexicanos sin injerencia de extranjero alguno, por más que estos extranjeros sean hombres y mujeres íntegros, honestos y cabales.

Segundo.– No pertenecer a ningún partido político. Esto porque no queremos que nuestra justa lucha sea usada para obtener beneficios electorales para uno u otro partido y para que no se malinterprete el corazón que anima nuestra causa.

Tercero.– Mantener una posición pública neutral ante el conflicto bélico actual. Es decir que no esté a favor del gobierno federal ni a favor del EZLN, y que no sea parte de las estructuras organizativas de uno o de otro.

Cuarto.– Tener sensibilidad a los graves problemas sociales que aquejan a nuestro país y, especialmente, a las duras condiciones que padecen los indígenas en México.

Quinto.– Ser públicamente reconocidos por su honestidad y patriotismo.

Séptimo.– Formar esta Comisión Nacional de Intermediación para mediar entre el gobierno y el EZLN.

El Comité Clandestino Revolucionario Indígena-Comandancia General del EZLN considera que el señor obispo de la diócesis de San Cristóbal de las Casas, Chiapas, don Samuel Ruiz García, cumple con los requisitos arriba mencionados y lo invitamos formalmente a que participe, como mexicano patriota, y no como autoridad religiosa porque éste no es un problema religioso, en la futura Comisión Nacional de Intermediación.

El Comité Clandestino Revolucionario Indígena-Comandancia General del EZLN pide a la sociedad mexicana que proponga a sus mejores hombres y mujeres para la formación de esta comisión cuya misión principal sea la solución política del conflicto. Si estos hombres y mujeres cumplen con los requisitos mencionados anteriormente, el EZLN saludará su integración a la Comisión Nacional de Intermediación y escuchará con atención y respeto su voz y su corazón.

Desde las montañas del Sureste mexicano
CCRI-CG del EZLN

Sobre la violación al cese al fuego por el gobierno

13 de enero

"La mentira vuelve a la boca de los poderosos."

Al pueblo de México
A los pueblos y gobiernos del mundo

Hermanos:

El día de hoy, 13 de enero de 1994, aproximadamente a las 13:30 horas tropas del ejército federal violaron el cese al fuego ordenado por el Ejecutivo federal, Carlos Salinas de Gortari, cuando atacaron a una unidad zapatista en un lugar cercano a la comunidad de Carmen Pataté, municipio de Ocosingo, Chiapas. Tropas federales transportadas en 10 camiones del ejército y con apoyo de helicópteros artillados y aviones intentaron penetrar en nuestras posiciones y fueron rechazadas por los fusiles zapatistas. Las tropas federales empezaron a detener civiles de las poblaciones cercanas al lugar del enfrentamiento seguramente con intenciones de ejercer represalias o para presentarlos como combatientes zapatistas prisioneros, como ya han hecho antes.

En su comunicado de ayer, 12 de enero de 1994, el Comité Clandestino Revolucionario Indígena-Comandancia General del EZLN correspondió al gesto del señor Salinas de Gortari de decretar un cese al fuego por parte de las tropas federales, ordenando a su vez un cese al fuego ofensivo de las tropas zapatistas. En nuestro comunicado de ayer ordenamos a nuestras tropas no emprender acciones ofensivas y sólo responder si eran agredidas por las tropas del mal gobierno.

Con esta agresión de las tropas federales a las zapatistas queda en serio entredicho la supuesta voluntad del gobierno federal para buscar una solución política al conflicto y se insiste en resolver el conflicto por la vía militar. El Ejército Zapatista de Liberación Nacional reitera su disposición al diálogo, pero no está dispuesto a dejarse engañar. O miente el señor Salinas de Gortari o el ejército federal no está dispuesto a cumplir las órdenes del Ejecutivo federal.

El Comité Clandestino Revolucionario Indígena-Comandancia General del EZLN hace un llamado de atención al pueblo de México y a los pueblos y gobiernos del mundo para no dejarse engañar por las declaraciones del gobierno federal que, como muestran los acontecimientos de hoy, no pasan de ser palabras de engaño.

Desde las montañas del Sureste mexicano
CCRI-CG del EZLN

Sobre la ayuda de EEUU a México y el uso que se le da

13 de enero

Al señor Bill Clinton,
Presidente de Estados Unidos de Norteamérica
Al Congreso norteamericano
Al pueblo de los Estados Unidos de Norteamérica

Señores:

Nos dirigimos a ustedes para decirles que el gobierno federal mexicano está usando la ayuda económica y militar que recibe del pueblo y gobierno de Estados Unidos de Norteamérica para masacrar a los indígenas chiapanecos.

Nosotros preguntamos si el Congreso estadounidense y el pueblo de Estados Unidos de Norteamérica aprobaron esta ayuda militar y económica para combatir al narcotráfico o para asesinar indígenas en el sureste mexicano. Tropas, aviones, helicópteros, radares, aparatos de comunicación, armas y pertrechos militares son utilizados actualmente no para perseguir narcotraficantes y a los grandes capos de las mafias de la droga sino para reprimir las justas luchas del pueblo de México y de los indígenas chiapanecos en el sureste de nuestro país, y para asesinar hombres, mujeres y niños inocentes.

Nosotros no recibimos ayuda alguna de gobiernos, personas u organizaciones extranjeras. Nada tenemos que ver con el narcotráfico o con el terrorismo nacionales e internacionales. Nos organizamos con voluntad y vida propia debido a nuestras grandes carencias y problemas. Nos cansamos de tantos años de engaño y muerte. Es nuestro derecho luchar por nuestra vida con dignidad. En todo momento nos hemos atenido a las leyes internacionales de la guerra respetando a la población civil.

Con el apoyo que el pueblo y gobierno norteamericanos brindan al gobierno federal no hacen sino manchar sus manos con sangre indígena. Nuestro anhelo es el de todos los pueblos del mundo: verdaderas libertad y democracia. Y por este anhelo estamos dispuestos a dar la vida. No manchen sus manos de nuestra sangre haciéndose cómplices del gobierno mexicano.

    Desde las montañas del Sureste mexicano
CCRI-CG del EZLN

Carta de Marcos sobre la paz que algunos piden

13 de enero

Para el periódico nacional *La Jornada*
Para el periódico nacional *El Financiero*
Para el periódico local *El Tiempo* de San Cristóbal de las Casas

Señores:

El CCRI-CG del EZLN ha emitido una serie de documentos y comunicados que pueden ser de interés para la prensa nacional e internacional. Los compañeros del CCRI-CG del EZLN me piden que vea de nuevo la forma en que estos documentos [del 6, 11, 12 y 13 de enero] lleguen a sus destinatarios y sean de conocimiento público. Por esto recurrimos a ustedes para ver si es posible que por sus medios periodísticos los documentos sean del dominio público. Estos documentos contienen nuestra posición sobre los acontecimientos suscitados entre los días 7 y 13 de enero de 1994. Aclaro esto porque, para llegar hasta ustedes, el paquete de documentos debe recorrer días de camino por caminos reales, brechas y picadas y atravesar sierras y valles, brincar tanques de guerra, vehículos militares y miles de uniformes verde olivo y, en fin, todo ese arsenal de guerra con el que pretenden intimidarnos. Olvidan ellos que una guerra no es una cuestión de armas o de un gran número de hombres armados, sino de política. Bueno, el caso es que estos documentos y esta carta tardará algunos días en llegar a sus manos, si es que llegan.

    Nosotros seguimos bien, en estos documentos reiteramos nuestra disposición a un diálogo para una solución justa al conflicto. Por otra parte nos deja más bien inamovibles toda la parafernalia militar con la que el gobierno federal trata de tapar la gran cloaca de injusticia y corrupción que nuestras acciones destaparon. La paz que ahora piden algunos siempre fue guerra para nosotros, parece que les molesta a los grandes señores de la tierra, el comercio, la industria y el dinero que los indios se vayan ahora a morir a las ciudades y manchen sus calles hasta ahora sólo sucias de envolturas de productos importados, prefieren que sigan muriendo en las montañas, alejados de las buenas conciencias y el turismo. Ya no será más así, no se puede fundar el bienestar de los menos en el malestar de los más. Ahora tendrán que compartir nuestra suerte, para bien o para mal. Tuvieron antes las oportunidad de volver los ojos y hacer algo contra la gigantesca injusticia histórica que la nación hacía contra sus habitantes originales, y no los vieron más que como objeto antropológico, curiosidad turística, o partes de un "parque jurásico" (¿así se escribe?) que, afortunadamente, habría de desaparecer con un TLC que no los incluyó más que como un acta de defunción desechable, porque en las montañas la muerte no se cuenta ya. Todos son culpables, desde los altos funcionarios federales hasta el último de los líderes "indígenas" corruptos, pasando por un gobernador que no eligieron los chiapanecos según su voluntad y derecho, presidentes municipales más preocupados por obras de ornato y por estrechar relaciones con grandes señores que por gobernar para sus gentes, y funcionarios del más diverso estrato, todos negando salud, educación, tierra, vivienda, servicios, trabajo justo, alimentos, justicia, pero sobre todo negando respeto y dignidad a los que, antes que ellos, ya poblaban estas tierras. Olvidaron que la dignidad humana no es sólo patrimonio de los que tienen resueltas sus condiciones elementales de vida, también los que nada tienen de material poseen lo que nos hace diferentes de cosas y animales: la dignidad. Pero es justo reconocer que en medio de este mar de indiferencia hubo y hay voces que alertaron sobre lo que estas injusticias traerían. Entre esas voces estuvo, y está, la del periodismo honesto, que lo hay todavía, nacional y local. En fin, para qué los aburro, parece que ya tienen bastantes problemas tratando de convencer al ejército federal de que los deje hacer su trabajo periodístico. En resumen lo que queremos es paz con dignidad y justicia.

No nos amedrentan sus tanques, aviones, helicópteros, sus miles de soldados. La misma injusticia que nos tiene sin carreteras, caminos y servicios elementales se vuelve ahora contra ellos. No necesitamos carreteras, siempre nos hemos movido por brechas, caminos reales y picadas. Ni con todos los soldados federales alcanzarían a tapar todos los caminos que siguió antes nuestra miseria y ahora sigue nuestra rebeldía. Tampoco nos afectan las mentiras de la prensa y la televisión, ¿olvidan acaso el porcentaje de analfabetismo REAL en el estado de Chiapas? ¿Cuántas viviendas no tienen luz eléctrica y, por tanto, televisión en estas tierras? Si la nación se deja engañar nuevamente por esas mentiras, siempre quedará al menos uno de nosotros dispuesto a despertarla de nuevo. Los Comités Clandestinos Revolucionarios Indígenas son indestructibles, tienen desde que fueron formados un escalafón de mando. Si uno o varios caen, ya otro o ya varios toman su lugar y sus relevos futuros se alistan. Tendrán que aniquilarnos a todos, absolutamente a todos, para detenernos por vía militar. Y siempre les quedará la duda de si no habrá quedado alguno por ahí que vuelva a iniciar todo.

No los distraeré más. Espero que la "media filiación" del "comandante Marcos" no le haya traído contratiempos a más "inocentes" (doble contra sencillo a que con esa "media filiación" van a acabar deteniendo al que protagoniza a "Juan del Diablo" en la telenovela "Corazón Salvaje" del canal, *but of course*, de las estrellas). Una pregunta: ¿Servirá todo esto para que, siquiera, los "mexicanos" aprendan a decir "Chiapas" en lugar de "Chapas" y digan "tzeltales" en lugar de "Setsales"?

Salud y un abrazo, si es que hay lugar y modo todavía.

Subcomandante Insurgente *Marco*s

HABLAN CUADROS MEDIOS Y MILICIANOS

El capitán *Salvador*

11 de enero

Matilde Pérez, enviada, Selva Lacandona, Chis. [*LJ*, 12/ii]. Un agudo chiflido entre el silencio de la montaña fue la señal.

A unos cuantos metros de una curva, entre las casas de tablones, apareció su oscura figura y rostro cubierto por un pasamontañas. Su fusil al hombro, su pistola tipo escuadra y carrilleras a la cintura. A 500 metros, dos insurgentes apuntaban sus armas hacia los cuatro reporteros que se habían atrevido a penetrar a esta zona que el ejército ha clasificado de "altamente peligrosa".

Pertenecían a un pequeño grupo de la retaguardia del EZLN. El encuentro fue después de cinco horas de un accidentado y lodoso camino. Sus instrucciones fueron breves: "Bájate". Vamos a la escuela.

Su voz reveló su juventud. "¿Qué buscan?, ¿por qué están aquí?" Y tras las preguntas exigió que los cuatro –entre ellos un periodista noruego–, en ese momento intrusos, presentaran sus identificaciones de inmediato. Las miró detenidamente y al noruego Henrik Honbland le inquirió sobre su país.

Sonrió al saber que el gobierno estatal afirma que son "sólo" 200 insurrectos. "El pueblo nos apoya. Somos cientos de indígenas que hemos tomado las armas porque ya no aguantamos más. El pueblo esperó años para que el gobierno cumpliera con sus promesas, y nada.

"El pueblo ya se levantó y no lo vamos a detener", explica con voz firme el autodenominado capitán Salvador.

Sobre el bolsillo izquierdo de su camisa sobresalen dos estrellas rojas, aparentemente de plástico, con las cuales distingue su "rango".

Afuera del improvisado puesto de revisión del EZLN, continúa la actividad de la comunidad. Ni la presencia de los insurgentes ni la de los intrusos impide que las mujeres y hombres continúen sus labores, o que los más jóvenes jueguen basquetbol.

"Aquí estamos muy contentos por su llegada", afirma un hombre de casi 60 años, mientras que cinco niños miran con curiosidad a los intrusos.

"Éstas son de las gentes que ya decidieron levantarse y ya ni nosotros vamos a poder detenerlas", indica Salvador mientras revisa minuciosamente –por segunda ocasión– las identificaciones y tranquilamente apunta los nombres de los informadores de la revista *Portavoz*, *La Jornada* y del noruego.

Antes de salir por segunda ocasión en aparente busca de "instrucciones" para determinar la suerte de los periodistas, el autodenominado Capitán Salvador aclaró: "Esta es la voz de los indígenas y nosotros haremos lo que el pueblo diga".

Un tercer guardia se suma al retorno de Salvador quien una vez más exige las identificaciones de los informadores. Hay desconfianza y a la reportera de *La Jornada* la aparta del grupo.

"¿De veras son periodistas. No son espías disfrazados; no han dejado algo atrás?", insiste y advierte tajante, llevándose la mano derecha al bolsillo donde tiene la pistola: "Si han dejado algo atrás... si ponen en peligro a esta población"... Deja sobreentendido qué es lo que podría pasar.

Luego de la advertencia Salvador acepta un breve diálogo: "No pueden decir que obligamos a ningún pueblo a apoyarnos; miente el ejército al decir que los hemos manipulado y que llegamos a destruir casas, asesinar a familias y a robar. Hay muchos habitantes de las comunidades que no nos conocían, pero se están uniendo a nosotros.

"El pueblo quiere justicia; ya no aguanta más", reitera el insurgente, quien acepta la solicitud del noruego Hobland y Luis Manuel Durán Fernández, de *Portavoz*, de internarse en la sierra con el grupo de la retaguardia.

Antes de salir de la comunidad, el guerrillero vuelve a advertir: "Tienen que regresar por donde vinieron; confirmaremos que no dejaron a nadie o algo atrás". Y un kilómetro más adelante, en la oscuridad, escondida entre la yerba, una camioneta vigila la salida de los dos periodistas que regresan a Palenque. Y durante un buen tramo se dejan ver algunos destellos rápidos de lámparas manuales.

Sin embargo, en varias comunidades indígenas de esta región

selvática persiste la inquietud y angustia entre los pobladores debido a que los bombardeos militares se han agudizado en la sierra norte de Chiapas en los dos últimos días, ya que, según versiones entre el ejército, los guerrilleros se esconden tanto en esta zona como en Pantahuitz y La Culebra.

"Nuestro corazón sufre... no conocemos avión y sólo sentimos el bum, bum (vibraciones)", dice el lacandón Kayoum Maax, mientras que los niños y niñas aseguran, entre sus juegos, "nos vamos a morir."

Ante el drama y como una endeble defensa, los indígenas colocan banderas blancas para evitar un posible ataque del ejército y alguna agresión de los guerrilleros del EZLN.

El mayor *Mario*

15 de enero

Ricardo Alemán Alemán, enviado, y Elio Henríquez, corresponsal, En algún lugar de la Selva Lacandona [*LJ*, 16/i].

De la abertura del pasamontañas de lana, un par de ojos brillantes, negrísimos, se clavaron con dureza en los enviados: "¡Qué quede claro que estamos respetando el cese al fuego! No vamos a atacar al gobierno federal, Vamos a respetar su palabra, pero si ellos vienen a molestarnos, vamos a responder", casi gritó.

De padres "priístas de siempre". De entre 23 y 26 años de edad. De origen tzeltal. De difícil castellano y "con casi diez años de preparación política e ideológica", el mayor Mario, del Ejército Zapatista de Liberación Nacional, recibió a los enviados de *La Jornada*, a quienes dijo: "Muy pronto el Comité Clandestino Indígena responderá al gobierno" sobre sus propuestas de diálogo.

Rodeado por 11 hombres bien armados, casi niños, el mayor Mario negó que el EZLN "busque el poder". Explicó: "No hemos propuesto el socialismo", pero aclaró que los indígenas y campesinos de México "sólo queremos el cumplimiento de los diez puntos que hemos dicho:

"Queremos democracia y elecciones sin fraude, que haya independencia, tierra para todos los campesinos, que haya trabajo y casa. Que tengamos salud, justicia, educación, pero no para mantenernos pendejos; que dejen de matar a los indios, que nos traten como humanos, que no sólo comamos pozol, sino carne como los de allá. Son puntos muy sencillos", explica vehemente en su difícil castellano.

El amable mayor Mario se transformó en un hombre indignado cuando se le preguntó por las elecciones presidenciales de 1994, por los candidatos presidenciales, por la validez de ese proceso electoral.

"Esas elecciones (las de 1994) serán ilegítimas. El pueblo vota muy poco y tiene que ser priísta. Nosotros no votamos porque todos los candidatos son iguales; mis hermanos ya votaron por el PRI y no hay nada, por el PAN y no hay nada, por el PRD y no hay nada. No hay resultado. No se confía nada. Mis hermanos ya no confían en nada", dijo con voz alterada, con los ojos húmedos, acercando el índice al gatillo de su AK-47.

Luego de una jornada de 18 horas, cuatro de caminata por la selva lacandona, los enviados de este diario se aproximaron a un campamento del EZLN, en donde un hombre muy joven, de escasos 25 años, nos dio una calurosa bienvenida, pese al frío y la humedad de la selva.

"Son amables y me permiten su identificación", dijo ese joven, de apenas metro y medio de estatura, en un resquicio inidentificable de la selva. Luego dijo ser el mayor Mario y que para recibirnos pidió autorización a sus superiores.

Conocedor del manejo de las armas –"las que tenemos y las del enemigo"–, habilidoso con su metralleta AK-47, que no dejó de acariciar, Mario soltó sin preámbulos, al extremo de dejar sin habla a los reporteros: "¿Qué quieren saber?" Repuestos, los enviados iniciaron un largo interrogatorio en un peñasco de selva, a donde no supimos cómo llegamos y del que salimos con dificultad.

"No vamos a parar la guerra hasta que haya respuesta a esos diez puntos. Pero les digo que la guerra no va a parar pronto. No vamos a dejar nuestras armas, porque preferimos morir peleando, con dignidad, que morir de cólera, de sarampión, reprimidos por los terratenientes, que nos tienen como cochinos. No queremos migajas; queremos libertad, derecho a expresarnos, a dirigir, que no nos manden a la muerte. Queremos democracia y que haya paz de verdad, como en otros países".

Integrante de un ejército "fundamentalmente de jóvenes, de un chingo de gentes entre hombres y mujeres", Mario explicó que el Ejército Zapatista de Liberación Nacional "sí tiene que ver" con el movimiento guerrillero que en Ocosingo fue cancelado por el gobierno mexicano en 1974. "Sí, somos de ésos. Se quedaron los ejemplos, pero no hay aquí de los que había en ese entonces. Se quedaron los ejemplos".

La jornada de hoy comenzó a la primera luz del día. El trayecto a la selva Lacandona mostró que los indígenas y campesinos chiapanecos se reincorporan paulatinamente a sus actividades normales. Se pueden ver grupos de niños semidesnudos jugando fútbol, a los campesinos en la labor, el ganado que pasta tranquilo mientras los ruidos de la selva se expresan a plenitud.

Hace frío en la selva chiapaneca; el sudor casi se congela en la ropa. Se ven grupos de indígenas que abandonan sus casas "por miedo" a los dos ejércitos, el mexicano y el zapatista.

Una mujer de 50 años –pero que aparenta 80– carga un atado con sus pertenencias y derrama lágrimas mientras se dirige hacia otro pueblo.

–¿Qué dice? ¿Por qué llora?– le preguntan los enviados a un joven que además del tzeltal domina el castellano.

–Dice que sufre, que tiene una gran pena, que sufre por su pueblo –explica el muchacho.

La mujer se cubre el rostro con sus pequeñas y arrugadas manos, se seca el llanto y deja escapar un sollozo casi infantil.

En el trayecto por la selva se observa un éxodo de indígenas que "por temor" abandonan sus lugares de origen. Finalmente llegamos a un paraje donde las montañas parecen estar a la mano. Ahí encontrarnos una comunidad miserable de indígenas que se esconden, no dan la cara. Un grupo de jóvenes marca el alto a los enviados.

–¿Quiénes son?– preguntan con amabilidad.

–Nos da pena, pero no pueden pasar. Si me dicen quiénes son, vemos si pueden pasar –agrega otro.

Se hace una lista de la caravana de enviados, con nombre y medios informativos a los que representan. Los guardias regresan y acceden: "Pueden pasar. Sigan y los encontrará un hombre para llevarlos a donde quieren llegar".

Seguimos el camino, ahora a pie, porque los vehículos no pueden transitar por las accidentadas veredas. Dos horas de camino y llegamos a un pueblo paupérrimo de niños desnudos, hombres y mujeres casi enanos, avejentados.

Uno nos dice que tenemos que caminar dos horas más. Seguimos hasta que dos jóvenes armados, salidos de quién sabe dónde, aparecen frente a nosotros, a diez centímetros, y nos hacen levantar las manos.

"¡Alto!", gritan los guerrilleros, bien armados, bien uniformados, bien adiestrados. Todos son muy jóvenes. Los muchachos apuntan con sus rifles al pecho de los enviados.

Al susto sigue la amabilidad y empieza la plática con el mayor Mario.

–¿Qué los hizo levantarse en armas?

–Primero quiero aclarar: nosotros no hemos atacado al ejército federal, estamos respetando el cese al fuego y ellos tienen que respetarnos igual, porque así lo prometieron. No hemos atacado al enemigo, pero si ellos vienen a atacarnos o a molestar a nuestra población, también responderemos. Esa es la orden que tenemos ahorita.

–¿Hicieron un alto el fuego ustedes también?

–Lo estamos respetando desde hace dos días.

–¿No ha habido ningún enfrentamiento desde hace dos días?

–Ha habido. Pero es el ejército el que no cumple lo que dice y ha venido a atacarnos; nosotros sólo respondemos.

–¿Y ha habido algún acercamiento con Camacho Solís?

–Ahorita no. Eso le tocaría decidirlo al subcomandante Marcos.

–¿Marcos es el máximo responsable de ustedes?

–De comandantes sí, pero el que nos manda es el Comité Clandestino Indígena.

–En México y en el extranjero se ha querido hacer ver que la mayoría de ustedes no son indígenas y que hay extranjeros.

–Eso es mentira. Nos acusan de ser extranjeros, pero ni nos reconoce el gobierno. Todos nosotros hablamos dialecto y somos legítimos mexicanos y chiapanecos; nuestra bandera tricolor, nuestro himno mexicano los amamos nosotros.

–¿Y eso que dicen que los catequistas y la Iglesia fueron quienes los llevaron a este alzamiento?

–No, está claro que es el pueblo. Si el pueblo se levanta, no se basa en la Iglesia porque es su propia miseria. Nosotros no somos religiosos pero tampoco estamos en contra, respetamos las creencias; cada uno de nosotros está en esta lucha por nuestra pobreza, hay catequistas, sabáticos.

–¿Ustedes reconocen a la Iglesia o al obispo de San Cristóbal, Samuel Ruiz, como un mediador eficaz para poder entablar el diálogo?

–No, según lo que decidan mis otros hermanos; yo les digo que somos un chingo somos bastantes y están por todo Chiapas, por todos lados.

–Se habla de que ustedes pueden tener una fuerza armada de entre cinco y diez mil hombres, ¿es correcto?

–Correcto. Podemos tener un chingo más de soldados.

—¿Tienen en otros estados?
—El resultado se va a ver cuando se den las noticias.
—¿La intención de ustedes es llegar al poder, o cuál es concretamente?
—No, concretamente según la declaración de guerra, son diez puntos sencillos: queremos que haya tierra para todos mis hermanos pobres, mis hermanos campesinos, porque no tienen tierra; vean en dónde viven, y las mejores tierras las tienen ocupadas los finqueros. Queremos que tengan buenos trabajos pero no sólo los campesinos, porque no sólo el campesino está ignorado aquí, sino en toda la República Mexicana. Estos mis hermanos aquí no saben hablar español, y miren todavía dónde producen. Queremos que tengan buena casa, miren cómo están sus casas, y ¿dónde está la ayuda del gobierno?, y cuando nos quiere ayudar el gobierno es cuando estamos en pleito. Hubiéramos querido que lo hiciera mucho antes. Ahora nos quiere humillar como perros, pero eso nos duele como humanos; por ser indígenas nos tienen arrinconados en la montaña, no tenemos servicios, no tenemos educación, sólo para mantenernos más pendejos. No, no hay nada, y si hay ley ya saben que está bien para los terratenientes. Un poco se mueve el campesino y lo matan. De por sí el gobierno desde cuando no había combates, nos venía matando, nos manda a reprimir, a desalojar, no nos da nada y nos manda unas cositas para taparnos la cara. No somos cualquier cosa, somos humanos y no nos consideran como gente. Necesitamos que haya trabajo, tierra, que tengan buena comida nuestros campesinos, los obreros. Todos van a querer luchar, que no sólo tengan el pozol, porque también quieren comer carne como comen los de allá. No tienen, por eso peleamos. Queremos que haya democracia, que vaya libremente a elegir el propio pueblo, no que sea a la fuerza ni por dinero, ni hacer trampas ni fraudes en las elecciones que van a pasar de nuevo. Eso no queremos, ni estos hermanos ignorados. Y todavía nos dicen que somos extranjeros.
—¿Y cuánto tiempo van a estar alzados en armas?
—Hasta que se cumpla todo esto, hasta que haya todo esto, los diez puntos: pan, educación, techo, vivienda, salud, independencia para que nadie nos venga a matar. Ahorita nos vienen a mandar a todos y no es su país. Nosotros nacimos aquí, nuestros abuelos se murieron aquí y no nos consideran así. Hasta que haya todo eso no vamos a parar la guerra. Ahorita no va a parar la guerra, no vamos a dejar nuestras armas.
—Y el cese al fuego, ¿cuánto va a durar?

—Eso depende de lo que decidan los jefes que tenemos.
—En caso de que les cumplieran los diez puntos que piden, ¿se quedarían con sus armas en la montaña?
—Depende donde están, pero es que nuestro plan es que no solamente nuestro pueblo coma bien, sino que no esté manejado. Queremos que tenga libertad, derecho de expresarse, de dirigir, que haya democracia, independencia. Que haya paz. Pero no como el año que pasó, que nos tienen como cochinos jalando por donde quiera. Queremos que haya paz de verdad como en otros países, que nos consideren como humanos. Por migajas no nos vamos a detener.
—¿Por qué toman ustedes el nombre de Zapata?
—Porque Zapata fue el dirigente campesino y el revolucionario. Es el que nos amó y quiso dar la tierra a todos, pero fue despojado nuevamente por la burguesía.
—¿Cuántas bajas han tenido?
—Bueno, hay que aclarar una cosa, y quiero que digan la verdad, toda la verdad. Esta vez sí nos enfrentamos al enemigo, pero el enemigo mató civiles y los vistió de zapatistas, acusándonos de que nosotros los matamos, y eso no es cierto. Fueron ellos los que mataron muchos campesinos.
—¿Usted estuvo en Ocosingo el primero de enero?
—Sí.
—¿Usted dirigió el combate allá?
—Sí, los atacamos, los emboscamos. Y si hay muertos ahora, hoy murieron por su dignidad, porque ya no quieren ser pobres, ya no quieren ser humillados, por eso se levantan y no van a dejar sus armas jamás.
—¿La retirada de Ocosingo la consideran una derrota?
—No, nos retirarnos para demostrarle al enemigo que no se está enfrentando con narcotraficantes ni se está enfrentando, como ellos consideran, que vienen a matar a campesinos desarmados.
—¿Cómo consiguen las armas, y cómo han logrado que los federales no los descubran durante diez años?
—Nosotros no tenemos apoyo del extranjero ni de nada, somos nuestra propia fuerza. No nos han apoyado los guatemaltecos.
—¿El subcomandante Marcos es mexicano?
—¡Ah, seguro! Come tunas, come nopales, no es cierto que sea extranjero, dijo el indígena tzeltal, entre risas, que incluso compartieron los once de sus hombres.
—¿Las armas dónde las consiguen?
—Ahorita las que tenemos aquí, las tenemos. No sé donde las con-

sigan nuestro jefes, pero nosotros estamos armados –aseguró luego de una dudosa respuesta que primero había implicado el apoyo financiero "posible" de países externos.

–Qué siente usted hacia los soldados mexicanos, ¿hay algún odio o algún resentimiento?

–Odio sí existe, pero principalmente a sus jefes, no al soldado raso que viene de la clase pobre. Y es que en realidad pareciera que se nos obliga a luchar entre pobres –dijo en tono melancólico.

–¿Por qué no iniciaron la guerra antes del primero de enero, cuando se estaba discutiendo el Tratado de Libre Comercio?

–Eso lo decidió el Comité Clandestino Indígena, pero yo les digo claramente que el Tratado de Libre Comercio nos traerá pobreza, el beneficio será sólo para la burguesía. A nosotros ya nos chingaron bastante, ya nos destruyeron el artículo 27 que Zapata por su Revolución puso en la guerra. Vino Salinas de Gortari y sus lacayos, y sus grupos y en un momento lo destruyó. Nosotros y nuestras familias estamos vendidos o como se dice: nuestros pantalones ya están vendidos. ¿Qué podemos hacer?, ya no hay remedio. Hicimos todo legal, al gobierno le pedimos mediante elecciones y organizaciones y no hay ningún resultado.

Y es que el mayor Mario no olvida su origen, sus primeros veinte o veintitantos años de vida. Y didáctico, muestra la selva, la vereda, a sus compañeros, mientras ejemplifica y responde a los cuestionamientos de los enviados.

–¿Cuánta gente hay en el comité clandestino?

–Hay un chingo. Es un organismo colectivo que tiene que discutir cómo van las cosas –mientras manotea como queriendo mostrar con sus brazos la magnitud de su ejército.

–¿Cuál es la ideología de este comité y del Ejército Zapatista? ¿Buscan el socialismo?

–El socialismo todavía no lo han considerado ellos (los dirigentes del EZLN), lo que queremos son los diez puntos –y repite vehemente que quieren democracia, elecciones limpias, educación que no nos apendeje.

–Se ha considerado que podrían tener nexos como los que operan en Perú (Sendero Luminoso).

–No, eso no es cierto, esa es pura ideología inventada para que el pueblo se asuste.

–¿Han habido ametrallamientos en los dos últimos días?

–Sí, han pasado aviones y helicópteros ametrallando y tirando bombas para asustar a la gente –conforme a la versión de *La Jorna-*

da, que informó del no respeto del cese el fuego propuesto por el gobierno.

—¿Esta guerra va para largo tiempo?

—Sí, hasta que se cumpla todo lo que estamos pidiendo nosotros los pobres.

—¿Están preparados para aguantar? ¿Cuánto tiempo?

—Hasta que haya eso.

—¿Tienen capacidad para derrotar al ejército?

—Sí, porque la guerra es larga y dura. No queremos muertes pero es necesario, hemos sufrido mucho. Mucha gente aquí murió de cólera, pedimos ayuda al gobierno y no hay. Preferimos morir enfrentándonos con balas que de cólera.

—¿Los atentados de México y de otras partes fueron hechos por ustedes?

—No, nosotros sabemos claramente quién es nuestro enemigo, no atentamos contra la gente civil porque no tiene la culpa de la guerra. Nosotros no somos terroristas, tenemos una ley de guerra y cumplimos la ley de Ginebra.

—¿Ustedes proponen elecciones limpia; creen que las de este año serán legítimas?

—No, son ilegítimas. No va el pueblo a votar, y los pocos que van tienen que ser priístas.

—¿Cuál es el candidato por el que ustedes votarían?

—Nosotros no votamos por ningún candidato porque son iguales. Mis hermanos ya votaron por el PRI, por el PAN y por el PRD y no hay nada, no hay resultados, no se confía nada.

—¿Y qué opinan ustedes de Samuel Ruiz?

—Pues él tiene otra chamba, otro trabajo.

—¿Pero lo ven como un apoyo a su lucha?

—No, no nos está apoyando.

—¿Hay alguien que los apoye?

—Sólo nuestra gente. Con ellos nos fajamos con lo que tengamos, frijoles, arroz...

—¿Puede decir, mayor Mario, si todos ustedes son jóvenes?

—La mayoría somos jóvenes.

—¿Y hay mujeres en el ejército zapatista?

—Hay muchas.

—¿Dicen que el mero comandante es una mujer?

—¡No, no!

—¿Qué grado de preparación tienen los miembros del ejército zapatista?

–No tenemos preparación. Muchos de esos hombres no saben leer ni escribir, lo único que nos llegó a dar el gobierno es el tercer grado y nada más.
–¿Pero nunca han combatido, no estuvieron en otros paises?
–No, nosotros hemos aprendido como Villa y Zapata aprendieron a pelear.
–¿Aparte de Zapata y Villa, hay alguna otra figura en México con la que ustedes se identifican?
–Sí, con Hidalgo, Morelos, que fueron curas que se levantaron con los indios.
–¿Usted ha leído a Marx, a Mao-Tse-Tung?
–Sí he leído, pero no somos maoístas.
–¿Ustedes van a impedir las elecciones de este año?
–No, no las vamos a impedir. Vamos a seguir peleando por los diez puntos que hemos pedido.
–¿Y por qué tomaron San Cristóbal?
–Porque estamos encabronados por lo que está pasando, estamos enojados porque nos hacen así, por eso ha habido muertos en estas tropas. Pero no lloremos por eso, al contrario, hoy murieron por su dignidad, murieron como debe ser un humano que no va al panteón así, en balde, de cólera o de sarampión como murieron muchos aquí.
–¿Cuántos años tenía usted cuando lo invitaron a participar en la formación de este ejército?
Unos once años.
–¿Cuántas armas sabe manejar?
–Se manejar las armas que trae el enemigo.
–¿Ustedes tienen algún tipo de armamento pesado?
–Sí hay.
–¿Nos podría decir cuál?
–No.
Casi al terminar la charla, en ese peñuzco de la selva Lacandona, el mayor Mario envió un mensaje al pueblo de México: "que no tengan miedo de la guerra. Es de ellos. Nosotros peleamos para todos los campesinos para todo el pueblo mexicano y para que estén libres y ya no estén como están..."

17 de enero

Upi, San Cristóbal de las Casas [*LJ*, 18/i]. La amnistía propuesta por el gobierno del presidente Carlos Salinas de Gortari no cambia en nada la situación de la lucha entre el ejército mexicano y el Ejército Zapatista de Liberación Nacional (EZLN) en Chiapas, dijo hoy el mayor Mario, vocero del grupo insurgente.

Entrevistado en su escondite en la zona selvática de Chiapas, el mayor Mario señaló a los periodistas que Carlos Salinas "decía que había democracia en toda la República Mexicana, (pero) no es cierto".

Mario, un joven de entre 24 y 27 años, inició su charla con la prensa asegurando que las fuerzas del EZLN respetarán el cese al fuego en atención a la propuesta del Presidente, pero que si las fuerzas armadas intentan atacarlos, serán recibidas con las armas.

Al preguntarle sobre la amnistía, el mayor Mario dijo: "Nosotros no necesitamos sugerencias ni consejos, lo que nosotros necesitamos es justicia. Justicia es lo que queremos. Este perdón no es suficiente para reintegrarnos a las comunidades. Nosotros no podemos quedar como lo de antes".

"La amnistía no cambia nada. Quiere que volvamos a lo de antes. Está difícil. Ellos nos podrán decir indios patarrajadas, pero queremos continuar con nuestra lucha", dijo el líder rebelde, quien habla dos lenguas indígenas además del español.

"Díganle a todo el mundo: Carlos Salinas de Gortari decía que aquí había democracia, en toda la República Mexicana, que los pobres estábamos contentos. No es cierto. Solamente tenía a los otros países tapándole", sentenció.

Cuando se le preguntó sobre el ofrecimiento del comisionado para la Paz y la Reconciliación, Manuel Camacho Solís, de invertir grandes recursos en el empobrecido estado de Chiapas, el mayor Mario dijo que siempre les prometen muchas cosas y "nunca cumplen nada", y añadió: "Se cambian de un partido al otro. Por eso hemos declarado la guerra por 10 puntos".

"Para empezar –continuó–, aquí la gente indígena no tiene tierra, está acaparada por los finqueros; necesitamos tierra, pero no solamente tierra, nos hace falta maquinaria, riego, fertilizantes, como tienen los burgueses. ¿Por qué los pobres no tenemos? Esa es la pregunta que nos hacemos nosotros."

Agregó que también necesitan viviendas, "pero no estas viviendas que no tienen drenaje, no tienen agua potable", y que los tienen "arrinconados" en las montañas, y que además les dicen que son unos ignorantes. "Pero –indica– es porque así nos mantiene el gobierno".

A la pregunta de cuánto podrían sobrevivir sus fuerzas en la selva, respondió que pueden "vivir en la selva toda la vida mientras no haya justicia".

"Si no tenemos tierra, pan, una educación, un trabajo de verdad para los obreros, para los campesinos; una democracia de verdad, libertad, independencia, paz de verdad, hasta allí puede parar esta guerra", agregó Mario, al lado de 35 miembros de la agrupación rebelde.

"Estamos aburridos. Cambio y cambio y cambio de presidentes, de candidatos, y nosotros seguimos igual; y luego este candidato nos ofrece el Pronasol y no sé qué tantas... y total que se van cambiando como Salinas de Gortari quiso, y hace unas cositas para taparnos la cara, que hizo muy bien algunas, pero no hay nada". expresó el mayor Mario.

Elisa, Laura, Leonel **y un miliciano**

19 de enero

Gaspar Morquecho, corresponsal, en las montañas de Chiapas. "Cuando yo vivía en mi casa con mi familia, yo no sabía nada. No sabía leer, no fui a la escuela, pero cuando me integré al Ejército Zapatista de Liberación Nacional (EZLN) aprendí a leer, todo lo que sé hablar español, escribir, a leer y me entrené para hacer la guerra", afirmó la capitana Elisa, una de las 12 mujeres que junto con cien insurgentes y milicianos armados recibieron a la prensa nacional y extranjera en una boscosa ladera.

Para llegar a ese lugar pasamos tres posiciones del EZLN que fueron enviando comunicados a los mandos que se encontraban más adelante. Al llegar a una pequeña población nos dijeron que teníamos que esperar hora y media, pues "algunos" miembros del EZLN se estaban desplazando para encontrarnos; pidieron que no se tomaran fotografías ni se filmara la población.

Como a las 14:30 del martes un miliciano nos indicó que podíamos continuar y que "más adelante" nos esperaban. Dos vehículos se encontraban en la brecha y caminamos unos 400 metros hasta el lugar en que nos aguardaban.

Platicamos con Laura. Es tzeltal, tiene 21 años y desde hace tres es capitana de las tropas de asalto del EZLN. Portaba un R–10. "Yo nací en mi pueblo, crecí en la comunidad y pude estudiar hasta cuarto año de primaria; era muy chica cuando me enteré del EZLN, trabajaba la tierra con las mujeres con las que nos juntábamos para producir algo de comida. Ahí empezó la plática donde entendimos la miseria y por qué no podemos vivir mejor; ahí me reclutaron. Llegaban asesores para el estudio y entendimos y avanzamos".

Laura se casó en la montaña. Afirma que no tiene hijos para poder estar en la lucha, y usa anticonceptivos. Las parejas se unen sin ceremonia alguna y sólo tienen que informar al mando "para que todos sus compañeros estén enterados".

"Yo me inicié por conciencia, para pelear a favor de los pobres, pues no está bien que se sigan muriendo los niños. Participé en los combates de Ocosingo y cuando llegó el enemigo sentí mucho coraje, ganas de matar, gritar con coraje y darles para que se humillen como ellos nos han humillado a nosotros por tanto tiempo", afirmó Laura.

Explicó que en el EZLN hombres y mujeres combaten por igual, "estamos revueltos y no tenemos problemas con los hombres, nos tratan como compañeras y hay respeto parejo de todos y compartimos todos los trabajos".

Leonel tiene 21 años. Le preguntamos por qué se integró al EZLN y dijo: "El pueblo anda buscando su organización, donde está bueno. Yo trabajé en San Cristobal de fontanero, de peón de albañil: miraba que el trabajo y la paga no checa, no da para vivir. Una vez que vine a mi pueblo por mis papeles para integrarme el ejército federal, mi familia me dijo: mejor vete al EZLN.

"Yo les dije que sí y me metí a la montaña con un guía del pueblo que estaba organizado con el ejército zapatista. Ahí me trataban bien, más que en una familia. Empezaron a platicar que aquí estamos luchando por la pobreza. Cuando estuve ahí rápido lo entendí cómo estaba el problema y que había que tomar las armas".

Elisa lleva cinco años en las montañas con el EZLN. Es bajita, como la mayoría de las indias tzeltales, y hace tres años se casó con un insurgente.

Elisa recuerda su vida de pequeña. "Vi cómo vive mi familia, de pura pobreza, y nos organizamos para hacer la guerra, para vivir mejor. Luchamos por los 10 puntos: tierra, trabajo, techo, educación y pan dignos, por la libertad, democracia, paz, justicia y libertad.

"Queremos una vida mejor y por eso me integré al EZLN; por eso, si los campesinos no se organizan es muy duro para que consigan algo. Yo le quiero decir a la gente, a los pobres de México, que se unan para luchar, que nos ayuden. Nosotros luchamos para la gente pobre, para que viva mejor, que se unan para hacer juntos la guerra para vivir mejor".

El grupo acepta realizar algunas maniobras a petición de los reporteros de televisión y los fotógrafos. Rápidamente se desplaza en fila y se paran frente a los matorrales, a la orilla de un río. Reciben la orden de formar filas de tres en fondo, movimientos a los flancos, frente y presentación de armas. Se observa orden y disciplina.

El corresponsal de *Liberation*, Jean Francois Royer, apunta que sus armas son "muy diversas y de origen variado, algo viejas y chatarra reconstruida. He observado AR-15, AK-47 viejas y Sten, lo que quiere decir que tienen talleres y un buen trabajo de armería. Sus uniformes de manufactura rudimentaria están bien hechos y hay algunos cascos de tanqueros del Pacto de Varsovia". Royer, quien ha cubierto las guerras en Centroamérica –principalmente en El Salvador– comentó que "su armamento es muy inferior al del FMLN antes de la gran ofensiva del 89".

Desde que llegamos a la zona insistimos en que se nos permitiera pasar la noche en alguno de los poblados, en espera de la posibilidad de una entrevista con un mando superior.

Por fin, a las seis y media de la tarde nos dan autorización para dormir en un poblado. Los compañeros periodistas y camarógrafos se habían retirado. Los insurgentes se habían descubierto el rostro y con una escolta de tres jóvenes armados llegamos al poblado.

El anfitrión tenía fiesta en su casa; era la "sentada del Niño Dios". En un pequeño cuarto de madera con teja había un altar con las imágenes de San Martín de Porres, Cristo y Juan el Bautista. Lo adornaban banderitas de plástico de colores, hojas de palma y nochebuenas; una vela iluminaba el lugar. Una pequeña batea de madera con paliacate azul contenía al desnudo Niño Dios. Al día siguiente estaba sentado, vestido y cubierto con el paliacate.

Esto es como una película, comentó Royer: estar sentado a la mesa, frente a un altar, con la escolta armada, en una población indígena, comiendo frijol, tamales, tomando caldo de gallina y café.

Afuera la marimba sonaba. Eran las 19:30 horas; unas cuantas velas alumbraban y parejas de jovencitas bailaban alegremente. La lluvia, que duró toda la noche, no interrumpió la procesión y la fiesta terminó a las dos de la mañana. Al amanecer nos llevaron café caliente y pudimos platicar con los milicianos.

Estos brindan apoyo desde las comunidades, trabajan en la producción y, si "es necesario y nos llaman, también le entramos al combate, pues recibimos a veces cada 15 días adiestramiento". Muchos milicianos participaron en las tomas de las plazas. Eran los armados con palos o sin arma alguna.

El testimonio de un tzeltal que no es insurgente ni miliciano fue el siguiente: "Yo apoyo, yo trabajo en la producción, ayudo en la carga de los alimentos y quiero seguir para ser miliciano".

"Las comunidades mandan comida al EZLN en la montaña –nos explicaba un grupo de milicianos–; esto no es obligado, pues allá arriba están nuestros hijos, nuestros hermanos, son nuestra carne y nuestra sangre."

Zapatistas al sureste de Guadalupe Tepeyac

23 de enero

Salvador Guerrero Chiprés, enviado, Selva Lacandona, región fronteriza, Chis. [*LJ*, 24/ii].Los mandos del Ejército Zapatista de Liberación Nacional están en posibilidad de negociar con el gobierno "exactamente lo que el pueblo decida", indicaron los integrantes de una patrulla de supervisión.

Cuatro zapatistas del grupo de más de 40 que desarrolla actividad en una de las decenas de comunidades situadas al sureste de Guadalupe Tepeyac, accedieron a hablar con los informadores, a quienes no dejaron llegar al centro de control de la comunidad donde se halla su comandancia y equipo de radio.

"El gobierno tiene que cumplir lo que el pueblo necesita, –sea el gobierno que sea, y de nadie vamos a aceptar otra cosa", indicó un hombre delgado de 27 años de edad, 1.60 metros de estatura y brazos con venas endurecidas. Sugirió a los reporteros: "mejor se regresan por donde llegaron".

El intenso sol contrasta con la fría humedad de la selva. Aquí hay seis meses de lluvia y el resto del año temperaturas mayores a los 37 grados. Igual hay temperatura para el flamboyán que para la caoba y el cedro en menos de tres kilómetros cuadrados.

Uno de los cuatro hombres, con M-16, es interrogado sobre las propuestas del gobierno: amnistía, prerrogativas fiscales, otra promesa de desarrollo.

"No conocemos bien las propuestas, y aunque las conociéramos. Eso no es suficiente. Yo creo que los acuerdos han sido siempre papel que se lleva el gobierno al baño. Sólo le voy a decir de la tierra. Emiliano Zapata murió por eso. Ya pasaron más de 70 años y hay que pagar millones para legalizar una tierra que ya se tenía, luego hay que irse a pelear a las oficinas del gobierno y después de eso hay que empezar a pagarle al gobierno otra vez. En esa tierra se siembran productos que se pagan a bajo precio o con cheques que no se pueden cobrar, y de vuelta se empieza a perder la tierra", explica.

De la exención de impuestos: "aunque no lo hubieran hecho, de todas maneras el pueblo no les va a pagar".

En la comunidad como en muchas de la zona, sólo hay jóvenes, cuando hay alguien. A ellos atribuyen haber desplazado al resto de la población no zapatista bajo la presión de integrarse o retirarse.

Los zapatistas se burlan del calzado –tenis y botas vaqueras– de los enviados. Estos recuerdan las palabras despectivas que algunos dirigieron, a principios de enero, a las botas de plástico que son ideales para caminar por kilómetros de lajas y lodazales donde se hunden los caballos hasta las rodillas.

–Mucha gente dice que ustedes están corriendo a la población.

–Eso no es cierto. Nosotros los invitamos a la organización, y si ellos se van es porque quieren. Ahí puede usted ver que no todos se van –señala la casa de un anciano–, que los que estamos dispuestos a luchar nos quedamos.

–¿Creen que si se rompe el diálogo puedan ganarle al ejército?

–Si se rompe, se rompe. Aquí estamos. Luego vamos a ver nuestra función. Entonces verían. A ver quién está más dispuesto. A lo mejor están más dispuestos ellos a morir, a lo mejor nosotros.

A las respuestas de uno de los mejor armados se agregan las de tres de los usuarios de rifles 22. Los demás no están armados. "Está guardadito." No están encapuchados, no tienen uniforme de campaña y tampoco quieren fotografías porque "eso no se va a poder".

Tardaron 25 minutos en aceptar que se anotaran comentarios. Uno de ellos reconoció a Fredy Martin y Rafael Victorio, de *Notimex* y *Excélsior*.

Los reporteros les dijeron en la retirada de Las Margaritas el día 4, a la altura del Nuevo Momón: "no se les olvide su mochila". Frase inútil que por ello recordaron los zapatistas: "cómo la íbamos a olvidar si ahí estaba algo muy principal". Demasiado pesado para ser alimento, dijeron los informadores.

Antes de tomar control efectivo de esta comunidad registraron todas las casas en busca de armas. Invitaron-presionaron para que la población se les adhiriera y ofrecieron ayuda a los que necesitándola por su edad decidieran respaldarlos.

Reconocen no tener información precisa de los ofrecimientos gubernamentales y les preguntan a los reporteros si muchos chiapanecos la tienen.

—Dicen que ustedes se quieren llevar a la fuerza a la gente a su organización.

—Son puros decires. A juerza ni la comida es buena. También dicen que hicieron mucha labor aquí. Ahí está –señala las chozas, el camino, la selva. Ustedes pueden ver. Están rete buenos los caminos; vea sus zapatos como le quedaron; ahí están los hospitales, las escuelas.

—Y si sus mandos les ordenan que acepten los acuerdos a que puedan llegar con el gobierno.

—Está difícil. Esta lucha es de todos, es del pueblo. Luchamos hasta por los que no nos quieren. El que decide aquí es el pueblo. Si el pueblo lo permite los mandos aceptan, si no, no. Por eso luchamos, para que no haya antidemocracia; eso no lo vamos ya a permitir en ningún lado. Quieran o no quieran aquí decide el pueblo. Hay que ver, nosotros no podemos decir. Se hace lo que el pueblo decide. Dos o tres no pueden decidir. Aquí ya estamos bien mayores para comer los granos de frijol. No vamos a aceptar lo que digan los mandos, vamos a aceptar lo que diga el pueblo. Indican que en Guadalupe Tepeyac ya sólo hay un grupo pequeño de zapatistas.

"A Absalón no lo hemos visto últimamente. No sabemos de él ahorita por el momento. Es que no hemos tenido tiempo para visitarlo (ríen). A lo mejor lo tienen cargando leña. A su edad mi papá cargaba como 30 kilos. Ahora tiene que probar lo que se sufre aquí", señala el último, que decide tomar la palabra antes de ordenar que se acabó la reunión, a donde hubo que llegar en un cayuco de caoba capaz de cargar 650 kilos de café, luego pasar un par de puentes colgantes, y de cuatro horas a caballo y tres más a pie.

La capitana *Irma*

26 de enero

Oscar Camacho Guzmán, enviado, en algún lugar de la Selva Lacandona, Chis. [*LJ*, 27/i]. Para el Ejército Zapatista de Liberación Nacional, durante los 26 días del actual conflicto en Chiapas "el gobierno sólo ha hecho promesas" de que está dispuesto a resolver los problemas de la entidad, por lo que el EZLN "no dejará las armas" hasta que se cumplan los diez puntos básicos de su lucha.

Afirma lo anterior la capitana Irma, mujer de mando en el EZLN, al recibir a *La Jornada* en la Selva Lacandona, y advierte que mientras el gobierno no cumpla las diez demandas básicas la alternativa será "vencer o morir".

La capitana Irma denuncia con enojo que el ejército mexicano sigue sobrevolando la región.

Al respecto, afirma categórica: "El EZLN no va a violar el cese al fuego, pero si nos atacan responderemos".

Acerca del general Absalón Castellanos Domínguez, explica que sigue vivo y que luego del juicio a que fue sometido por el Tribunal de Justicia Militar del EZLN "se mantiene comiendo frijoles o lo que haya, como todos los demás y trabajando también como todos los demás".

De los cambios tanto en el gabinete presidencial como en el gobierno de Chiapas, afirma que no son acciones determinantes para que los problemas de la entidad se resuelvan, pues sostiene que fueron hechos bajo el mismo esquema de designación y no de elección democrática.

Al respecto hace notar, por ejemplo, que al nuevo mandatario de la entidad, Javier López Moreno, "no lo eligió el pueblo; lo designaron ellos" (el gobierno).

La entrevista –solicitada desde un día antes– la otorgan por la tarde de este miércoles, a poco menos de 24 horas de que el comisionado para la Paz y la Reconciliación, Manuel Camacho Solís, dé a conocer la propuesta del gobierno para la pacificación.

Es ya la cuarta semana del conflicto, y a unas horas de que Camacho Solís anuncie lo que ofreció días antes, la capitana Irma explica cuál es la percepción del EZLN sobre lo que ha hecho el gobierno para solucionar la crisis.

"Cambios que sirvan para resolver los problemas de Chiapas no los ha hecho el gobierno. Hasta el momento sólo ha hecho promesas. No ha ofrecido otra cosa".

–¿Y los cambios políticos, los cambios en el gobierno de Chiapas, el cambio de Patrocinio González en la Secretaría de Gobernación, no son acciones importantes?

–No, porque no han sido cambios hechos por el pueblo. No ha sido el pueblo el que escogió.

–¿Eso quiere decir que para ustedes el nuevo gobernador de Chiapas no es producto de un proceso democrático?

–Para nosotros no –responde sin titubeos la capitana Irma.

–¿Qué opinión les merece lo que ha hecho Manuel Camacho Solís para la pacificación del estado?

–Nosotros no le vemos nada para que mejore la situación de Chiapas.

"Tenemos diez puntos y los seguimos teniendo; eso nunca va a cambiar hasta que se consiga. De eso no hay nada, no existe respuesta a estos diez puntos. El gobierno nunca lo ha reconocido y de hecho pensamos que no lo va a cumplir, aunque prometa muchas cosas.

–¿Se necesitarían más hechos que promesas?

–Promesas es todo lo que hay hasta el momento, de por sí.

–¿Qué se necesitaría para que el gobierno diera muestras de interés para que avanzaran las pláticas de pacificación: que empezara acciones en torno a esos diez puntos, poner en práctica un sistema de salud en el estado, una reforma agraria...?

–La verdad es que el gobierno no lo va a hacer nunca. No es la primera vez que se le pide. Con tantos años que han pasado nada más se ve morir a la gente y el gobierno no hace nada.

En el lugar un grupo de zapatistas armados acompaña a la capitana Irma mientras no cesan de sobrevolar aviones y avionetas.

–Ahí viene el avión –indica a sus compañeros la capitana Irma y todos se esconden entre la maleza. Por algunos minutos sólo se escuchan el motor de la aeronave y los sonidos de la selva.

"Esto es otra cosa que no cumple el gobierno, no respeta la tregua y ha estado enviando los aviones. Esto quiere decir que para ellos la cosa no ha parado; en cambio, nosotros no estamos haciendo nada, pero el gobierno no cumple. ¿Qué hacen aquí los aviones militares? Todos los días pasan, eso no es respetar el cese al fuego", indica.

Se le pregunta sobre el éxodo en algunas comunidades de los Altos y se le indica que campesinos e indígenas que han salido de la zona se han quejado de que el EZLN los presiona para que se sumen a la lucha armada.

"No estamos peleando en contra del pueblo; al contrario, lo que queremos es defenderlo. Lo que pedimos es para el pueblo de todo el país, no solamente de Chiapas.

"La gente que en verdad sea del pueblo no tiene por qué tenernos miedo porque nosotros no estamos peleando en contra de ellos, sino para que vivan bien y no como ahora.

–¿La demanda de los diez puntos sigue firme?

–Seguirá hasta que se consigan. Solamente podemos hablar con las armas y no las vamos a dejar hasta que consigamos lo que hemos pedido.

–¿Cómo se puede mejorar la situación, según el EZLN?

–No le puedo responder. Eso le corresponde decirlo a otros de nosotros.

–¿Cómo sigue Absalón Castellanos? Se habla de un intercambio...

–Él está bien. Hemos tratado que no se torture a nadie, porque son seres humanos iguales, de carne y hueso. Sin embargo, parece que el gobierno no lo ve así y a algunos de nuestros compañeros detenidos no los tratan así.

"Hasta que saquen a los que tienen detenidos no lo vamos a dejar en libertad, a pesar de la vergüenza que tiene de haber maltratado tanta gente, tanto pueblo. Y como quiere, sí se le va a dejar en libertad, pero a cambio de ésos que le digo, de nuestros compañeros que los tienen torturando. Su castigo es que trabaje igual que cualquier gente.

"Pero si se le va a dejar en libertad, tienen que dejar también en libertad a nuestros compañeros y a los que a lo mejor no son del EZLN. Absalón está bien, mientras a nuestros compañeros no sabemos cómo los tienen, torturados seguramente."

–¿No sienten que pierden apoyo aquí en la zona cada vez que se va alguna persona que dice que se va porque la presionan?

–No, porque nosotros no obligamos a nadie. El que participa lo hace por su voluntad y porque sabe que es su pueblo.

–¿Cabría la posibilidad de que el EZLN se reuniera con Carlos Salinas de Gortari?

–No le puedo responder a eso. Sólo los mandos pueden responder esa pregunta.

–¿Cree que esté cerca la paz en Chiapas?

–No lo sé, pero la cosa durará hasta que se logre lo que vamos a conseguir. Nosotros estamos seguros y estamos puestos hasta vencer o morir si es preciso.

–¿Qué va a pasar si el ejército rompe la tregua?

–Si nos buscan nos encuentran. Nosotros estamos respetando la tregua y mientras ésta dure de nosostros no habrá un ataque, porque respetamos lo que decimos, pero el gobierno no lo ha respetado y si nos buscan, responderemos –concluye la capitana Irma ahí, en algún lugar de la Selva Lacandona, donde el EZLN vive, se pertrecha, gobierna y espera.

La teniente *Matilde*

28 de enero

Salvador Guerrero, enviado, comunidad Veracruz, Chis. [*LJ*, 29/i].
¿Quiere pan, capitán? La teniente Matilde ofrece un pedazo de bolillo al joven indígena de 24 años de edad con dos estrellitas rojas de plástico sobre la camisa de terlenca color café oscuro. Sólo después de mucha insistencia lo acepta. Eso, agua del río hervida y una lata de atún Calmex es lo único que comieron, luego de doce horas de patrullar desde el monte los cinco kilómetros que hay entre esta comunidad –perteneciente al municipio de Las Margaritas– y Guadalupe Tepeyac.

El acceso se dificultó doblemente –por lo menos cuatro días– ante el intenso rumor de un encuentro especial y la eventualidad del intercambio de detenidos que habrían participado en acciones dirigidas por el EZLN.

Matilde es una mujer tzotzil de 17 años de edad, mide 1.45 y carga un rifle calibre 30 y un inseparable cepillo de dientes que le cuelga del cuello color rojo. También ostenta la estrella de plástico que la avala como teniente zapatista a cargo de la patrulla de seis hombres que vigilan el paso a Guadalupe Tepeyac; lo mismo aparecen que desaparecen de la vista de la población y de los reporteros.

El capitán que se niega a dar a conocer su sobrenombre carga una metralleta Sten de asalto que de alguna manera sobrevivió a la Segunda Guerra Mundial. Los demás están armados con rifles 3.03 y el más joven de ellos, quizá de 15 años de edad, sostiene un rifle camuflado, imaginario, de madera bien pulida, sin cañón, sin gatillo, sin mira.

Llevan linterna, pistolas escuadra calibre 22, mochilas parchadas con hule y tela de color distinto al original; en los bolsillos traseros sobresalen peines de 50 nuevos centavos.

–¿Cuánto tienes en la organización?

Matilde no deja de mascar con inocencia y velocidad un chicle de marca pirata.

–He estado todo el tiempo que se ha podido.

Patrullan la última barricada antes de Guadalupe Tepeyac. Aunque son vistos sólo en dos ocasiones durante cuatro días. Aseguran que desde donde pretendan pasar los informadores y cualesquiera otros individuos ajenos a la comunidad serán vistos e impedidos de seguir adelante.

–¿Y cómo le hace para comer así, andando en el monte?
–Pues cuando hay qué comer, comemos y cuando no hay qué comer, pues no comemos.

Matilde preside la pequeña sala de la bodega de café, donde una báscula nueva parece que quedará sin usar en una zona en la que no se ha recogido la cosecha del grano. La causa ha sido la revuelta, el mismo nombre que tiene la báscula donde ahora se distraen los fotógrafos que esperan una caravana que no llega en 96 horas.

–Pueden comer cuando quieran. Luego pueden descansar. Luego pueden irse a sus camas y dormir. Aquí no les va a pasar nada. Aquí nosotros les cuidamos los coches. Todo esto es así si ustedes quieren –recomienda en su entrecortado castellano la joven oficial rebelde.

La teniente hace reposar su rifle sobre las piernas y mira la noche, una oscuridad densa y completamente cerrada desde las 19 horas. Estamos a 61 kilómetros de la cabecera municipal, en cuya ocupación habría participado la joven insurgente el pasado 1 de enero. Juega con su cepillo dental haciéndolo pasar en seco entre los dientes.

Al segundo día de espera, los zapatistas no pudieron cumplir el ofrecimiento de pasar por los informadores a las 6:00 horas. Los enviados permanecen en la bodega vacía de 60 metros cuadrados que desde el aire ya han identificado los helicópteros militares y de la PGR en los sobrevuelos que diariamente practican. Los zapatistas uniformados están a ratos y luego desaparecen.

A las 22:15, la noche deja de estar dominada por el murmullo de los grillos y el refulgir de las luciérnagas. El estruendo de motores se impone y figuras oscuras salen de las faldas del monte para mover la barricada de rocas y troncos adjunta a la bodega donde reposan los informadores. Media docena de camiones de redilas se aleja entre las sombras y las luces de los vehículos que vienen detrás hace distinguibles las siluetas de una centena de hombres armados. Al paso de los minutos, la iluminación permite incluso reconocer los colores de los paliacates y el verde olivo de las gorras hechizas.

La curiosidad se convierte en la causa de que se sugiera a los informadores regresar a la bodega y aceptar que la puerta sea cerrada con llave.

Durante la espera de tres días el capitán, que elude comunicar su sobrenombre, visita la bodega de regreso de patrullar las cercanías.

Los fotógrafos se desviven por atenderlos, renace la esperanza de conocer la realidad del conficto y lo que ésta guarda, así como al mayor que gusta de silbar entre la maleza para que aparezca una cuarentena de zapatistas dispuestos a conversar armados del mejor camuflaje de la selva, con la más barata fornitura de plástico de todo México y el raro riesgo calculado de no tener nada que perder.

–¿Quiere atún?
–¿Bolillos?
–Al rato
–¿Fuma?

Del capitán que toma el cigarrillo sale el comentario: "La gente aquí se está muriendo de enfermedad. Donde yo vivía antes no crece nada, hay población que no tiene nada. Donde estuvimos se mueren sin que los maten. Pero este movimiento ya decidió. Ya se habían pasado con nosotros. Ahora es muy duro".

Un fotógrafo salvadoreño le pregunta si estuvo en la ocupación de Las Margaritas.

–Es mi trabajo, era mi orden.
–¿Prefiere el Sten o un M-1?
–El que sea está bien.

El capitán pide paciencia, recomienda que busquen un río, que se bañen y asegura que mañana viene la caravana.

–El presidente Salinas nunca había tenido una pena. Parece que ahora se llevó un susto.

Pregunta luego por la visita del mandatario mexicano a Tuxtla Gutiérrez, por el número de soldados del ejército mexicano asentado en Las Margaritas y la opinión prevaleciente en todo el país acerca del EZLN.

–Yo no conozco el país; yo era trabajador. Todo lo que sé lo he aprendido así. Los demás saben que el PRI existe porque venía siendo la fuerza de todo el país. Pero la gente no se da cuenta bien por qué las cosas son así. Casi la mayor parte de nosotros no sabemos. Yo sé sólo un poco más porque he estudiado y entré al ejército zapatista cuando era muy joven.

El oficial rebelde abunda en la realidad indígena: "Aquí mucha gente se está pelando, son pequeños ranchitos que tienen miedo. Aquí crecen algunas cosas, en la tierra en que yo vivía no crecía nada. Era muy cabrona la tierra.

Matilde interviene; en su lugar de origen "ya no hay nada de tierra para los demás, el maíz y frijol que hay es comprado". Mientras habla limpia el rifle con su paliacate.

–Para empezar una lucha uno tiene que saber. Tiene que estudiar, si no, no se puede hacer. Nosotros ya aprendinos que con parchaditas esto ya no puede seguir. Hasta ahorita se está viendo que el gobierno ofrece pero que es sólo porque ha sido a lo cabrón.

Matilde y el capitán se retiran. Aseguran que mañana –hoy– viene la caravana. Luego se acaba el agua, la comida.

Amado, Mario, Elisa y Héctor

29 de enero

Jean Francois Royer, corresponsal del diario francés *Libération*, San Cristóbal de las Casas, Chis.. La primera vez que los zapatistas llegaron al pueblo fue hace ocho años. "Nos preguntaron sobre nuestras condiciones de vida, los problemas de la tierra, de la salud, la represión, el racismo de los grandes propietarios, de los ganaderos y de los habitantes del pueblo no indígenas, de los blancos y mestizos. Más tarde, ellos nos hicieron llegar discretamente octavillas que hablaban de las revoluciones de Nicaragua y de El Salvador. La primera vez que yo los vi con armas fue en la montaña, hace siete años".

Amado, de 35 años es hoy guía del Ejército Zapatista de Liberación Nacional (EZLN) que, en la noche de San Silvestre, desencadenó la insurrección en Chiapas. Pequeño, enjuto, de mirada penetrante, Amado es un indio tzeltal, una de las principales etnias mayas –con los tzotziles, tojolabales y choles– de este estado fronterizo con Guatemala, el más meridional y el más pobre del país.

La comandancia local del EZLN le ha confiado la misión de acompañar a los periodistas que se encuentran en este valle controlado por los rebeldes, en los linderos de la jungla tropical de la selva Lacandona. Amado vive en una miserable cabaña donde tiene un altar decorado con imágenes piadosas. Se expresa en un castellano rudimentario pero comprensible. "Mi pueblo fue fundado en los años treinta durante la reforma agraria del presidente Lázaro Cárdenas. Cada familia recibió 20 hectáreas de terreno. Parece mucho pero es muy árida porque siempre le da el sol, y además no tenemos aperos agrícolas ni créditos. No llego a cultivar más que una pequeña parte de todo el terreno; apenas saco 150 kilos de maíz en cada hectárea y tengo siete niños que alimentar".

Un centenar de cabañas como la de Amado, dispersas y cubiertas con rastrojo o tejas, se alínean a uno y otro lado de una pista sinuosa y llena de fango. No hay electricidad ni agua corriente. Los niños, con pies y nalgas al desnudo, enteramente embarrados, juegan a ver quién orina más lejos en medio de los cerdos. Es un poblado distante mil 300 kilómetros de la capital del país: a años luz del "México que gana", convertido en el socio privilegiado de Estados Unidos, que se apresta a entrar en el Primer Mundo.

El mayor Mario, del EZLN, se ubica con su tropa unos kilómetros más arriba de donde nos encontramos, al abrigo de unos frondosos árboles que bordean la pista. Estamos a mediados de enero y la aviación gubernamental, pese al cese del fuego, bombardea todavía en la parte baja del valle. En lo sucesivo, las armas serán acalladas una vez que el subcomandante Marcos y el comisionado para la paz y la reconciliación en la entidad, Manuel Camacho Solís, hayan intercambiado mensajes y comunicados vía el intermediario Samuel Ruiz, obispo de San Cristóbal de las Casas.

El mayor aprovecha la tregua para organizar una parada militar con sus hombres, unos 80, a quienes hace maniobrar en un reducido espacio. Los insurgentes, como los llama el mayor, son unidades regulares y uniformadas: pantalón negro, camisa marrón y gorra del mismo color sobre un pasamontañas. El orden y la disciplina de estas unidades rurales es muy dispar. Algunos llevan rangos militares y calzado de caña alta. Los milicianos enmascarados con un simple pañuelo conservan las botas de hule utilizadas en las labores del campo.

Las armas son dispares: fusiles de asalto AK-47 (cuernos de chivo), carabinas M-l y M-2 americanas de la Segunda Guerra Mundial, pistolas–ametralladoras Sten y, para los milicianos, carabinas 22 largo y fusiles de caza. Los M-16 recuperados al ejército mexicano y a la policía en los primeros días de combates son modelos antiguos. Es evidente que los rebeldes no han recibido ayuda de otras guerrillas o de gobiernos amigos, como es el caso de la Unión Revolucionaria Nacional Guatemalteca (URNG) y del Frente Farabundo Martí para la Liberación Nacional (FMLN) salvadoreño.

Estas armas fueron, sin duda, adquiridas por el grupo de algunos amigos guerrilleros centroamericanos y en el mercado negro, floreciente en la región después del final de los conflictos armados de Nicaragua y El Salvador.

Muchas de ellas han sido reactivadas, como admite el segundo del mayor Mario, después de haber permanecido escondidas durante tres años.

Los insurgentes cuentan con numerosas mujeres jóvenes en sus filas. La capitana Elisa, de 21 años, asegura que en el EZLN "hombres y mujeres combaten en pie de igualdad". Las parejas pueden formarse "a condición de informar a la comandancia, y deben utilizar anticonceptivos". La relación entre los combatientes (hombres y mujeres) y la articulación de las unidades militares, como las descritas por el mayor Mario, evocan el modelo inventado por el FMLN en los albores de los ochenta.

La armada zapatista parece también disponer de un brazo político, el "partido revolucionario", revela Amado, en el que los cuadros, todos civiles, operan con la cara descubierta, se encargan de organizar el "poder popular" en los poblados indios donde no hay autoridad gubernamental. "Aquí, en nuestra región, existe desde hace tres años", confía en voz baja un campesino.

Para explicar la insurrección, el mayor Mario se contenta con citar los términos de la Declaración de la selva Lacandona, primer manifiesto de los insurgentes –impreso en offset sobre un excelente papel– distribuido en los siete poblados y caseríos efímeramente "liberados" a inicios de enero. En un castellano correcto pero matizado con un fuerte acento indígena, Mario retoma los diez puntos del programa del EZLN, hechos llegar a la prensa mexicana con la firma del subcomandante Marcos: "Nosotros luchamos por satisfacer los reclamos históricos de los indios de Chiapas y de México: tierra para todos, vivienda digna, trabajo, salud para todos, buena alimentación, derecho a la educación, democracia, independencia, paz y justicia".

Estas exigencias sin connotaciones ideológicas explícitas pueden ser asumidas por cualquier político mexicano de oposición.

La reivindicación de la tierra nace de una ancestral frustración en Chiapas y en los estados con fuerte población indígena donde la reforma agraria, impresa en la Constitución de 1917, jamás fue llevada a la práctica. El gobierno de Carlos Salinas de Gortari puso punto final a la distribución de tierra en 1992, pero dejó insatisfechas a cerca de mil comunidades de Chiapas, desatendidas después de años. Mientras tanto, las grandes familias blancas y mestizas de Comitán, Ocosingo, San Cristóbal de las Casas y Yajalón, poseen granjas de miles de hectáreas. La hacienda de Absalón Castellanos Domínguez, el ex gobernador de Chiapas secuestrado por el EZLN en los primeros días del conflicto, tiene más de dos mil 700 hectáreas.

El derecho a la salud no es más que una figura retórica en esta región. "¿Por qué cree usted que no tenemos miedo a morir en combate? –pregunta el mayor Mario, súbitamente, fuera de sí, y responde: –El cólera y la rubeola han provocado en 1993 más muertos entre nosotros que los últimos enfrentamientos.

¿El ejército zapatista será un simple partido reformista? ¿Será su objetivo forzar al gobierno y al PRI, en el poder después de 64 años, a cambiar profundamente las condiciones de vida de los indígenas?

La respuesta surge por azar en las conversaciones con los combatientes. "Nosotros depondremos las armas cuando logremos tumbar al gobierno de Salinas" dice un teniente de 21 años, de la etnia chol.

Pero otro joven combatiente, con dos estrellas rojas de capitán sobre su pecho, va más lejos: "Cuando nosotros tengamos el socialismo... bueno, no, cuando nosotros logremos la aceptación de los diez puntos".

Ya dueño de sí, el mayor Mario concede haber leído al Che Guevara y a otros autores marxistas antes de invocar a personajes menos comprometedores: Hidalgo, Morelos, Villa, Zapata, los héroes de la Independencia y de la Revolución mexicanas.

Los fotógrafos se van y Mario y sus hombres se quitan el pasamontañas. El mayor parece tener unos 25 años, y la gran mayoría de los combatientes son indígenas. El benjamín tiene 15 años. El comando general, contactado por radio, nos autoriza a pasar la noche en la zona "liberada" y también una escolta armada para el camino de retorno: "Los campesinos que no están de acuerdo con el EZLN pueden atacarlos de noche sobre el camino", admite Mario. El poder popular, al parecer, no ha conquistado todos los corazones.

A la luz de las candelas que alumbran tenuemente la choza, insurgentes y civiles se aprestan a pasar una larga noche lluviosa y húmeda alrededor de una magra cena: tortillas de maíz y frijoles. Sus confidencias confirman que el EZLN se ha preparado largamente –después de 10 años, dicen los comunicados firmados por el subcomandante Marcos– para un combate extenso que no tendrá fin hasta que comience el diálogo con el gobierno.

–¿De qué fuerzas dispone el ejército zapatista? –pregunta el reportero. Mario intenta eludir la cuestión.

–Un chingo, un chingo –responde antes de lanzar una cifra: él comanda habitualmente a mil 600 hombres pero, en ausencia de su superior, que marchó a una renuión de la comandancia general "en algun lugar de la selva", tiene la responsabilidad sobre 3 mil combatientes.

Dos días después, el jefe de una unidad de blindados del ejército mexicano estimó en 12 mil 800 el número de rebeldes sobre la base de un reporte de la inteligencia militar. "El EZLN nos dispara desde la selva Lacandona y a nosotros nos es muy difícil combatirlos", dijo inquieto.

No todos los insurgentes son originarios de Chiapas. El teniente Héctor, un indio chol de 21 años, viene del vecino estado de Tabasco, donde él se organizó hace siete años. Él jura que controla las montañas alrededor de su pueblo y que hay combatientes en el estado limítrofe de Oaxaca.

La dirección rebelde está aparentemente integrada por indios y por no indios. El más famoso, el subcomandante Marcos, que dirigió la ocupación de San Cristóbal de las Casas el 1 de enero, es un blanco de unos 35 años, con manos de intelectual. Los miembros del Comité Clandestino Revolucionario Indígena –la instancia suprema– serían sólo indígenas. Se ha reconocido entre ellos a un catequista del vecino pueblo de Larráinzar. Una misteriosa capitana Alejandra sería igualmente parte del "Estado mayor". Mestiza y doctora de profesión, Amado la encontró muchas veces en el pueblo donde ella enseñaba nociones básicas de medicina a los campesinos. Un enfermero de San Cristóbal de las Casas que trabajaba con ella habla sobre su nacionalidad: "Salvadoreña o mexicana, que vivió y combatió en El Salvador", dice.

El movimiento armado nace del encuentro de hombres y mujeres venidos de tres rumbos diferentes: líderes campesinos indígenas que lucharon en Chiapas por el derecho a la tierra después de los setenta; maoístas de la Linea Proletaria y de la Organización Ideológica Dirigente, grupúsculos implantados en las comunidades campesinas después de esa década, y catequistas –hay como siete mil en el estado– de la Iglesia Indígena de Samuel Ruiz, próximos a la teología de la liberación. En fin viejos combatientes mexicanos –numerosos en la década de los ochenta– de las guerrillas centroamericanas. Son estos últimos quienes habrían llegado de último al EZLN para impulsarlo luego de manera espectacular.

SEGUNDO PAQUETE DE COMUNICADOS

¿De qué nos van a perdonar?

18 de enero de 1994

Señores:

Debo empezar por unas disculpas ("mal comienzo", decía mi abuela). Por un error en nuestro Departamento de Prensa y Propaganda, la carta anterior (de fecha 13 de enero de 1994) omitió al semanario nacional *Proceso* entre los destinatarios. Espero que este error sea comprendido por los de *Proceso* y reciban esta misiva sin rencor, resquemor y re–etcétera.

Bien, me dirijo a ustedes para solicitarles atentamente la difusión de los comunicados adjuntos del CCRI-CG del EZLN. En ellos se refieren a reiteradas violaciones al cese al fuego por parte de las tropas federales, a la iniciativa de ley de amnistía del ejecutivo federal y al desempeño del señor Camacho Solís como Comisionado para la paz y la reconciliación en Chiapas.

Creo que ya deben haber llegado a sus manos los documentos que enviamos el 13 de enero de los corrientes. Ignoro qué reacciones suscitarán estos documentos ni cuál será la respuesta del gobierno federal a nuestros planteamientos, así que no me referiré a ellos. Hasta el día de hoy, 18 de enero de 1994, sólo hemos tenido conocimiento de la formalización del "perdón" que ofrece el gobierno federal a nuestras fuerzas. ¿De qué tenemos que pedir perdón? ¿De qué nos van a perdonar? ¿De no morirnos de hambre? ¿De no callarnos en nuestra miseria? ¿De no haber aceptado humildemente la gigantesca carga histórica de desprecio y abandono? ¿De habernos levantado en armas cuando encontramos todos los otros caminos cerrados? ¿De no habernos atenido al Código Penal de Chiapas, el más absurdo y represivo del que se tenga memoria? ¿De haber demostrado al resto del país y al mundo entero que la dignidad humana vive aún y está en sus habitantes más empobrecidos? ¿De habernos preparado bien y a conciencia antes de iniciar? ¿De haber llevado fusiles al combate, en lugar de arcos y flechas? ¿De haber aprendido a pelear antes de hacerlo? ¿De ser mexicanos todos? ¿De ser mayoritariamente indígenas? ¿De llamar al pueblo mexicano todo a luchar de todas las formas posibles, por lo que les pertenece? ¿De luchar por libertad, democracia y justicia? ¿De no seguir los patrones de las guerrillas anteriores? ¿De no rendirnos? ¿De no vendernos? ¿De no traicionarnos?

¿Quién tiene que pedir perdón y quién puede otorgarlo? ¿Los que, durante años y años, se sentaron ante una mesa llena y se saciaron mientras con nosotros se sentaba la muerte, tan cotidiana, tan nuestra que acabamos por dejar de tenerle miedo? ¿Los que nos llenaron las bolsas y el alma de declaraciones y promesas? ¿Los muertos, nuestros muertos, tan mortalmente muertos de muerte "natural", es decir, de sarampión, tosferina, dengue, cólera, tifoidea, mononucleosis, tétanos, pulmonía, paludismo y otras lindezas gastrointestinales y pulmonares? ¿Nuestros muertos, tan mayoritariamente muertos, tan democráticamente muertos de pena porque nadie hacía nada, porque todos los muertos, nuestros muertos, se iban así nomás, sin que nadie llevara la cuenta, sin que nadie dijera, por fin, el "¡YA BASTA!", que devolviera a esas muertes su sentido, sin que nadie pidiera a los muertos de siempre, nuestros muertos, que regresaran a morir otra vez pero ahora para vivir? ¿Los que nos negaron el derecho y don de nuestras gentes de gobernar y gobernarnos? ¿Los que negaron el respeto a nuestra costumbre, a nuestro color, a nuestra lengua? ¿Los que nos tratan como extranjeros en nuestra propia tierra y nos piden papeles y obediencia a una ley cuya existencia y justeza ignoramos? ¿Los que nos torturaron, apresaron, asesinaron y desaparecieron por el grave "delito" de querer un pedazo de tierra, no un pedazo grande, no un pedazo chico, sólo un pedazo al que se le pudiera sacar algo para completar el estómago?

¿Quién tiene que pedir perdón y quién puede otorgarlo?

¿El presidente de la república? ¿Los secretarios de estado? ¿Los senadores? ¿Los diputados? ¿Los gobernadores? ¿Los presidentes municipales? ¿Los policías? ¿El ejército federal? ¿Los grandes señores de la banca, la industria, el comercio y la tierra? ¿Los partidos políticos? ¿Los intelectuales? ¿Galio y Nexos? ¿Los medios de comunicación? ¿Los estudiantes? ¿Los maestros? ¿Los colonos? ¿Los obreros? ¿Los campesinos? ¿Los indígenas? ¿Los muertos de muerte inútil?

¿Quién tiene que pedir perdón y quién puede otorgarlo?
Bueno, es todo por ahora.

Salud y un abrazo, y con este frío ambas cosas se agradecen (creo), aunque vengan de un "profesional de la violencia"

Subcomandante Insurgente *Marcos*

Sobre las condiciones y la agenda para el diálogo

20 de enero de 1994

Al sr. Samuel Ruiz García. Comisión Nacional de Intermediación
Al sr. Manuel Camacho Solís. Comisionado para La Paz y la Reconciliación

Señores:

Nos dirigimos nuevamente a ustedes, nosotros los miembros del Comité Clandestino Revolucionario Indígena-Comandancia General del Ejército Zapatista de Liberación Nacional, para decirles lo siguiente:

Primero. No hemos recibido aún comunicación escrita alguna sobre la mencionada "Ley de Amnistía", por lo que seguimos sin poder manifestarnos al respecto. Pero como quiera que sea queremos decirles que el contenido de la "Ley de Amnistía" no es ni será un obstáculo para nuestra disposición al diálogo que nos lleve a una solución política justa al conflicto actual. Es decir, independientemente de la dicha ley, seguiremos adelante con el proceso de diálogo, si es que no es una condición el ceñirse a esta ley para iniciar el diálogo. Si no es una condición para sentarse a discutir la salida política a nuestra lucha, entonces continuaremos con el proceso de diálogo.

Segundo. Después de la carta del señor Manuel Camacho Solís, de fecha 18 de enero de 1994, no hemos recibido ninguna otra comunicación escrita del Comisionado para la Paz y la Reconciliación en Chiapas. Les recordamos que sólo las comunicaciones escritas que nos dirijan a través del señor Samuel Ruiz García tendrán validez para nosotros.

Tercero. El Comité Clandestino Revolucionario Indígena-Comandancia General del EZLN leyó con atención la carta del señor Manuel

Camacho Solís, Comisionado para la Paz y la Reconciliación en Chiapas, de fecha del 18 de enero de 1994. Sobre esta carta, tenemos una pregunta: ¿Qué representatividad nos reconoce el gobierno federal para dialogar con nosotros? ¿Como fuerza beligerante? ¿Como fuerza política? Necesitamos conocer esto para saber qué garantías tenemos para el proceso de diálogo y para el cumplimiento de los acuerdos a los que, eventualmente, llegue el diálogo. No está claro el reconocimiento que nos da el señor Manuel Camacho Solís en la carta del 18 de enero de 1994.

Cuarto. El Comité Clandestino Revolucionario Indígena-Comandancia General del EZLN declara que no tiene rehén alguno. Sólo tiene al prisionero de guerra general de división Absalón Castellanos Domínguez, cuya liberación está ya en trámite según les comunicamos oportunamente. Liberado el señor general de división Absalón Castellanos Domínguez, no queda en nuestro poder prisionero o rehén alguno ni militares ni policías ni civiles. Todos han sido dejados en libertad.

Quinto. El Comité Clandestino Revolucionario Indígena-Comandancia General del EZLN se ha enterado por los medios de comunicación, que el ejército federal se retirará de las zonas civiles que actualmente ocupa y se agrupará en sus guarniciones.

Sexto. El Comité Clandestino Revolucionario Indígena-Comandancia General del EZLN declara que, desde el día 17 de enero de 1994 hasta la fecha de hoy, no se han registrado violaciones al cese al fuego por parte de las tropas federales.

Séptimo. El Comité Clandestino Revolucionario Indígena-Comandancia General del EZLN declara que están por cumplirse las condiciones previas para el inicio del diálogo con el Comisionado para la Paz y la Reconciliación en Chiapas, por lo que exhorta a los señores Manuel Camacho Solís y Samuel Ruiz García, para que se inicien los trabajos encaminados al inicio de un diálogo público verdadero y con plenas garantías de respeto a la vida, libertad, libre tránsito y bienes de quienes sean nombrados delegados por el CCRI-CG del EZLN, para asistir personalmente al encuentro de diálogo.

Octavo. Garantizado por los señores Manuel Camacho Solís y Samuel Ruiz García el respeto a la vida, libertad, libre tránsito y bienes de los delegados zapatistas, proponemos que el primer punto del diálogo sea el establecer, de mutuo acuerdo, la agenda de discusión y los tiempos para iniciarla.

Noveno. La agenda de discusión que propone el CCRI-CG del EZLN es la siguiente:

a) Demandas económicas. Todas ellas referentes a las graves condiciones materiales de vida que padecemos nosotros, los indígenas de Chiapas. Situación actual y caminos de solución inmediata y a largo plazo.

b) Demandas sociales. Todas ellas referentes a lo que padecemos los indígenas de Chiapas: racismo, marginación, falta de respeto, expulsiones, ataques a nuestra cultura y tradiciones, etc. Situación actual y caminos de solución definitiva.

c) Demandas políticas. Todas ellas referentes a la falta de espacios legales de participación real de nosotros, los indígenas de Chiapas y de los mexicanos todos en la vida política nacional. Situación actual y caminos de solución inmediata.

d) Cese a las hostilidades y enfrentamientos violentos. Garantías a una y otra parte en conflicto.

Esperamos su respuesta escrita a la presente.
Desde las montañas del Sureste mexicano
CCRI-CG del EZLN

A otras organizaciones indígenas

20 de enero de 1994

"Es común la tierra que nos dio vida y lucha."

A nuestros hermanos indígenas de otras organizaciones
Al pueblo de México
A los pueblos y gobiernos del mundo

Hermanos:

Nos dirigimos a ustedes, hermanos indígenas de diferentes organizaciones independientes y honestas de Chiapas y de México. Les hablamos nosotros, los indígenas del Comité Clandestino Revolucionario Indígena-Comandancia General del Ejército Zapatista de Liberación Nacional, para decirles lo siguiente:

Primero. Nosotros los zapatistas siempre hemos respetado y seguiremos respetando a las diferentes organizaciones independientes y honestas. No las hemos obligado a que se entren en nuestra lucha; cuando se han entrado es siempre por su voluntad y libremente.

Segundo. Nosotros vemos con respeto su forma de lucha de ustedes, saludamos su independencia y honestidad si éstas son verdaderas. Nosotros tomamos las armas porque no nos dejaron otro camino. Si ustedes siguen su camino, nosotros estamos de acuerdo porque luchamos por lo mismo y es común la tierra que nos dio vida y lucha.

Tercero. Nuestra forma de lucha armada es justa y es verdadera. Si nosotros no hubiéramos levantado nuestros fusiles, el gobierno nunca se hubiera preocupado de los indígenas de nuestras tierras y seguiríamos ahora en el olvido y la pobreza. Ahora el gobierno se preocupa mucho de los problemas de indígenas y campesinos y eso está bien. Pero fue necesario que hablara el fusil zapatista para que México escuchara la voz de los pobres chiapanecos.

Cuarto. Nosotros seguiremos respetándolos a ustedes y respetando sus formas de lucha. Los invitamos a que, cada quien según su organización y su forma de lucha, unamos nuestro corazón con la misma esperanza de libertad, democracia y justicia.

¡Todas las organizaciones y una sola lucha!
Desde las montañas del Sureste mexicano
CCRI-CG del EZLN

Sobre las demandas centrales y las formas de lucha

20 de enero de 1994

> "Queremos que los pasos de todos los que caminan con verdad, se unan en un solo paso."

Al pueblo de México
A todas las personas y organizaciones civiles y políticas democráticas, honestas e independientes de México
A los pueblos y gobiernos del mundo

Hermanos:

La digna lucha de los combatientes del Ejército Zapatista de Liberación Nacional ha recibido la simpatía de diversas personas, organizaciones y sectores de la sociedad civil mexicana e internacional. La acción honrada y decidida de estas fuerzas progresistas es la que, verdaderamente, ha abierto las posibilidades de una solución política justa al conflicto que cubre nuestros cielos. Ni la sola voluntad política del Ejecutivo federal ni las gloriosas acciones militares de nuestros combatientes han sido tan decisivas para este giro del conflicto, como sí lo han sido las diversas manifestaciones públicas, en las calles, las montañas y los medios de comunicación, de las más diferentes organizaciones y personas honestas e independientes que forman parte de lo que llaman la sociedad civil mexicana.

Nosotros, los últimos de los ciudadanos mexicanos y los primeros de los patriotas, hemos entendido desde un principio que nuestros problemas, y los de la patria toda, sólo pueden resolverse por medio de un movimiento nacional revolucionario en torno a 3 demandas principales: libertad, democracia y justicia.

Nuestra forma de lucha no es la única, tal vez para muchos ni siquiera sea la adecuada. Existen y tienen gran valor otras formas de lucha. Nuestra organización no es la única, tal vez para muchos ni siquiera sea la deseable. Existen y tienen gran valor otras organizaciones honestas, progresistas e independientes. El Ejército Zapatista de Liberación Nacional nunca ha pretendido que su forma de lucha sea la única legítima. De hecho, para nosotros es la única que nos han dejado. El EZLN saluda el desarrollo honesto y consecuente de todas las formas de lucha que sigan la ruta que nos lleve, a todos, a la libertad, la democracia y la justicia. El Ejército Zapatista de Liberación Nacional nunca ha pretendido que su organización sea la única verdadera, honesta y revolucionaria en México o en Chiapas.

De hecho, nosotros nos organizamos así porque es la única forma que nos dejaron. El EZLN saluda el desarrollo honesto y consecuente de todas las organizaciones independientes y progresistas que luchan por la libertad, la democracia y la justicia para la patria toda. Hay y habrá otras organizaciones revolucionarias. Hay y habrá otros ejércitos populares. Nosotros no pretendemos ser la vanguardia histórica, una, única y verdadera. Nosotros no pretendemos aglutinar bajo nuestra bandera zapatista a todos los mexicanos honestos. Nosotros ofrecemos nuestra bandera. Pero hay una bandera más grande y poderosa bajo la cual podemos cobijarnos todos. La bandera de un movimiento nacional revolucionario donde cupieran las más diversas tendencias, los más diferentes pensamientos, las distintas formas de lucha, pero sólo existiera un anhelo y una meta: la libertad, la democracia y la justicia.

El EZLN llama a los mexicanos todos a enarbolar esta bandera, no la bandera del EZLN, no la bandera de la lucha armada, sino la bandera de lo que es derecho de todo ser pensante, razón de nuestro pueblo y entender de nuestra gente: la libertad, la democracia y la justicia. Bajo esta gran bandera ondeará también nuestra bandera zapatista, bajo esta gran bandera marcharán también nuestros fusiles.

La lucha por la libertad, la democracia y la justicia no es sólo tarea del EZLN, es trabajo de todos los mexicanos y organizaciones honestas, independientes y progresistas. Cada quien en su terreno, cada quien con su forma de lucha, cada quien con su organización y su idea.

Los pasos de todos los que caminan con verdad deberán unirse en un sólo paso: el que lleve a la libertad, la democracia y la justicia.

No termina nuestra lucha ni se acalla nuestro grito después del "¡Ya basta!" que dijimos el primero de enero de 1994. Falta mucho por andar son distintos los pasos pero uno el anhelo: ¡libertad!, ¡democracia!, ¡justicia!

¡Seguiremos luchando hasta alcanzar la libertad que es nuestro derecho, la democracia que es nuestra razón, y la justicia que es nuestra vida!

Desde las montañas del Sureste mexicano
CCRI-CG del EZLN

Carta de Marcos sobre su posición en el EZLN y sobre las demandas y formas de lucha de éste

20 de enero de 1994

Al semanario nacional *Proceso*
Al periódico nacional *La Jornada*
Al periódico nacional *El Financiero*
Al periódico local de SCLC, Chiapas, *Tiempo*

Señores:

Tratamos de acercarnos un poco, buscando la posibilidad de un contacto personal con el señor Camacho Solís, pero hubo que replegarse por la presión de los federales. Así que volverán a tardar nuestros envíos. Aquí les mando otra serie de comunicados: uno dirigido a otras organizaciones indígenas de Chiapas, otro dirigido al pueblo de México, uno más sobre el juicio seguido al general de división Absalón Castellanos Domínguez que me acaba de llegar del Tribunal de Justicia Zapatista y el último dirigido a los señores Samuel Ruiz García y Manuel Camacho Solís. Agradezco de antemano que vean la forma de que sean del dominio público.

Los tiempos se acortan, los cercos se cierran. Cada vez es más difícil mandarles algo para que nos vayan conociendo más allá de pasamontañas, fusiles de madera, lanzas y "temibles cuernos de chivo". Amparados en el supuesto "cese al fuego" los federales siguen tejiendo el aparato de inteligencia militar y represión que les permita dar el golpe espectacular que opaque, al fin, su torpeza en los combates y sus atropellos a la población civil. Con acciones militares de las que llaman "de comando", el ejército federal toca la tentadora posibilidad de dar con el grupo de mando central y aniquilarlo. Todo estaba ya, años hace dentro de lo previsible para nosotros. En caso de que tengan éxito nada cambiará en lo fundamental, la sucesión de mandos y la omnipresencia de los Comités Clandestinos Revolucionarios Indígenas acabarán por levantarse de golpe cualquiera, por espectacular y contundente que parezca. Bien, por fin he tenido oportunidad de unas horas para leer algunas publicaciones que alguien tuvo a bien enviarme (la llegada de voceadores o suscripciones a las montañas del sureste es tan improbable como un asiento vacío en el metro capitalino en horas pico). Por acá me doy cuenta de la angustia que provocan los pasamontañas y las "oscuras" intenciones de la "dirigencia" zapatista. He abusado, concientemente, de ustedes al tomarlos como interlocutores. Sin embargo creo que a todos ha servido esta correspondencia inoportuna y retrasada. Ahora el horizonte se empieza a oscurecer y cada línea puede ser la última. Así que, reiterando el abuso, aprovecho ésta para tocar algunos puntos aunque sólo queden señalados. Gracias si los leen, muchas más si los publican. Por acá pintan mal los tiempos y pueden ser los últimos.

Tengo el honor de tener como mis superiores a los mejores hombres y mujeres de las etnias tzeltal, tzotzil, chol, tojolabal, mam y zoque. Con ellos he vivido por más de 10 años y me enorgullece obedecerlos y servirlos con mis armas y mi alma. Me han enseñado más de lo que ahora enseñan al país y al mundo entero. Ellos son mis comandantes y los seguiré por las rutas que elijan. Ellos son la dirección colectiva y democrática del EZLN, su aceptación al diálogo es verdadera como verdadero su corazón de lucha y verdadera su desconfianza a ser engañados de nuevo.

El EZLN no tiene ni el deseo ni la capacidad de aglutinar en torno a su proyecto y su camino a los mexicanos todos. Pero tiene la capacidad y el deseo de sumar su fuerza a la fuerza nacional que anime a nuestro país por el camino de justicia, democracia y libertad que nosotros queremos.

Si tenemos que escoger entre caminos, siempre escogeremos el de la dignidad. Si encontramos una paz digna, seguiremos el camino de la paz digna. Si encontramos la guerra digna, empuñaremos nuestras armas para encontrarla. Si encontramos una vida digna seguiremos viviendo. Si, por el contrario, la dignidad significa muerte entonces iremos, sin dudarlo, a encontrarla.

Lo que el EZLN busca para los indígenas en Chiapas lo debe buscar toda organización honesta en todo el país para todos los mexicanos. Lo que el EZLN busca con las armas lo debe buscar toda organización honesta con diferentes formas de lucha.

No tomaremos al país como rehén. No queremos ni podemos imponerle a la sociedad civil mexicana nuestra idea por la fuerza de nuestras armas, como sí hace el actual gobierno que impone con la fuerza de sus armas su proyecto de país. No impediremos el proceso electoral venidero.

Cuando una fuerza político-militar (como la del gobierno federal mexicano) pide a otra fuerza político-militar (como la del EZLN) que entregue sus armas eso significa, en términos políticos y militares, que se pide una rendición incondicional. A cambio de esa rendición incondicional, el gobierno federal ofrece lo de siempre: un ajuste de cuentas interno, un paquete de declaraciones, promesas y más dependencias burocráticas.

En concreto, el pedido de "deponer las armas" es el que más suspicacias provoca. La lección histórica nacional y latinoamericana es que quien entrega sus armas confiando en el "olvido" de quien lo persigue termina sus días acribillado en cualquier lugar por las armas de cualquier escuadrón de la muerte de cualquier fracción política o gobernante. ¿Por qué habríamos de pensar nosotros que no ocurrirá así aquí en nuestro país?

Nosotros pensamos que el cambio revolucionario en México no será producto de la acción en un solo sentido. Es decir, no será, en sentido estricto, una revolución armada o una revolución pacífica. Será, primordialmente, una revolución que resulte de la lucha en variados frentes sociales, con muchos métodos, bajo diferentes formas sociales, con grados diversos de compromiso y participación. Y su resultado será, no el de un partido, organización o alianza de organizaciones triunfante con su propuesta social específica, sino una suerte de espacio democrático de resolución de la confrontación entre diversas propuestas políticas. Este espacio democrático de resolución tendrá tres premisas fundamentales que son inseparables ya, históricamente: la democracia para decidir la propuesta social dominante, la libertad para suscribir una u otra propuesta y la justicia a la que todas las propuestas deberán ceñirse. El cambio revolucionario en México no seguirá un calendario estricto, podrá ser una huracán que estalla después de tiempo de acumulación, o una serie de batallas sociales que, paulatinamente, vayan derrotando las fuerzas que se le contraponen. El cambio revolucionario en México no será bajo una dirección única con una sola agrupación homogénea y un caudillo que la guíe, sino una pluralidad con dominantes que cambian pero giran sobre un punto común: el tríptico de democracia, libertad y justicia sobre el que será el nuevo México o no será.

La paz social sólo será si es justa y digna para todos.

El proceso de diálogo para la paz viene de una determinante fundamental, no de la voluntad política del gobierno federal, no de nuestra supuesta fuerza político-militar (que para la mayoría sigue siendo un misterio), sino de la acción firme de lo que llaman la sociedad civil mexicana. De esta misma acción de la sociedad civil mexicana, y no de la voluntad del gobierno o de la fuerza de nuestros fusiles, saldrá la posibilidad real de un cambio democrático en México.

Epílogo.- "De pasamontañas y otras máscaras"

¿A qué tanto escándalo por el pasamontañas? ¿No es la cultura política mexicana una "cultura de tapados"? Pero, en bien de frenar la creciente angustia de algunos que temen (o desean) que algún "kamarrada" o "boggie el aceitoso" sea el que termine por aparecer tras el pasamontañas y la "nariz pronunciada" (como dice *La Jornada*) del "sup" (como dicen los compañeros), propongo lo siguiente: yo estoy dispuesto a quitarme el pasamontañas si la sociedad mexicana se quita la máscara que ansias con vocación extranjera le han colocado años ha. ¿Qué pasará? Lo previsible: la sociedad civil mexicana (excluyendo a los zapatistas porque ellos lo conocen perfectamente en imagen, pensamiento, palabra y obra) se dará cuenta, no sin desilusión, que el "sub Marcos" no es extranjero y que no es tan guapo como lo promovía la "media filiación" de la PGR. Pero no sólo eso, al quitarse su propia máscara, la sociedad civil mexicana se dará cuenta, con un impacto mayor, que la imagen que le habían vendido de sí misma es falsa y la realidad es bastante más aterradora de lo que suponía. Uno y otra mostraríamos la cara, pero la gran diferencia estará en que el "sub Marcos" siempre supo cómo era su cara realmente, y la sociedad civil apenas despertará del largo y perezoso sueño que la "modernidad" le impuso a costa de todo y de todos. El "sub Marcos" está listo a quitarse el pasamontañas, ¿está la sociedad civil mexicana lista a quitarse su máscara? No se pierda el próximo episodio de esta historia de máscaras y rostros que se afirman y niegan (si los aviones, helicópteros y máscaras verde olivo lo permiten).

Es todo... pero falta mucho. Bueno, éste puede ser el final de un muy corto intercambio epistolar entre un pasamontañas de nariz pronunciada y algo de lo mejor de la prensa honesta de México.

Salud y ya no un abrazo porque puede despertar celos y suspicacias.

Subcomandante Insurgente *Marcos*.

Carta de *Marcos* sobre la vida cotidiana en el EZLN

26 de enero

Para el periódico nacional La Jornada
Para el periódico local de San Cristóbal de las Casas, Chiapas, Tiempo
Señor Alvaro Cepeda Neri
Columna *Conjeturas*
Periódico nacional *La Jornada*. México, D. F.

Señor Cepeda Neri y familia:

Acuso recibo de su carta publicada en *La Jornada* con fecha de 24 de enero de 1994. Agradecemos su pensamiento. Nosotros acá estamos bien. Helicópteros y aviones van y vienen, se acercan, nos ven, los vemos, se alejan, regresan, y así día y noche. La montaña nos protege, la montaña es compañera desde hace muchos años.

Quisiera platicarle a usted algunas cosas que ocurren por estas tierras y que, es seguro, no saldrán nunca en diarios y revistas pues lo cotidiano no les interesa. Y hay, créame usted, un heroísmo cotidiano que es el que hace posible que existan los destellos que, de tanto en tanto, iluminan la aparente mediocridad de nuestra historia patria. Acabo de reunirme hace unas horas con algunos miembros del Comité Clandestino Revolucionario Indígena. Discutieron la forma en que nombrarán delegados para el diálogo con el Comisionado para la Paz y la Reconciliación en Chiapas. Después estuvieron revisando algunos periódicos que llegaron (retrasados, por supuesto). Las notas y comentarios periodísticos provocan reacciones diversas en todos nosotros.

Javier, un tzotzil de hablar pausado que busca la palabra que diga la verdad, ha leído ahora lo ocurrido en Tlalmanalco, estado de México. Indignado viene hacia mí y me dice que "hay que invitar a esas gentes que se vengan acá con nosotros". Le empiezo a explicar por qué no los podemos invitar, porque son de un partido político y nosotros no podemos intervenir en el pensamiento de otras organizaciones políticas, porque ese lugar está muy lejos, porque no los van a dejar pasar en los retenes, porque no nos va a alcanzar el frijol para tantos, porque etcétera. Javier espera pacientemente a que yo termine de hablar. Me dice ahora, serio: "Yo no te digo los del PRD". Y agrega: "Yo te digo los policías que los golpearon". En cuclillas decreta, sentencia, ordena: "Invita a esos policías a que vengan acá. Diles que si son hombres de veras que se vengan a pelear contra nosotros. A ver si es lo mismo golpear gente inocente y pacífica que pelear contra nosotros. Diles, escribe que nosotros les vamos a enseñar a respetar al pueblo humilde".

Javier sigue en cuclillas frente a mí, espera a que empiece a escribir la carta dirigida a los granaderos del estado de México. Yo dudo... En ese momento la guardia avisa que están entrando unos periodistas y que piden hablar con alguien. Me disculpo con Javier, veo quién ha de ir a hablar con los periodistas. La carta de invitación a los granaderos queda pendiente.

Ahora es Ángel, tzeltal cuyo orgullo es haber leído completo el libro de Womack sobre Zapata ("Tardé tres años. Sufrí, pero lo terminé", dice cada que alguien se atreve a dudar de su proeza). Se viene encima mío blandiendo en la mano izquierda un periódico (en la derecha porta una carabina M-l). "No entiendo su palabra de este señor", me reclama. "Usa palabras duras y no se conoce su camino. Parece que entiende nuestra lucha y parece que no la entiende". Yo reviso el periódico y Ángel me señala la columna de un editorialista "X". Le explico a Ángel lo que ese señor dice: que sí es cierto que hay pobreza en Chiapas, pero que no es posible que los indígenas se hayan preparado tan bien y que se hayan alzado con un plan, que los indígenas siempre se alzan sin plan, así nomás, de pronto; que eso quiere decir que hay gente extraña y extranjera que se está aprovechando de la pobreza indígena para hablar mal de México y de su presidente, que el EZLN está entre los indígenas pero no los representa. Ángel empieza a dar vuelta y vuelta; enfurecido, no alcanza a hablar con orden, mezcla atropelladamente palabras en dialecto y en "castilla". "¿Por qué siempre nos piensan como niños chiquitos?", me avienta en la cara la pregunta. Yo casi tiro el arroz semicrudo que algún cocinero novato me ha dedicado "especialmente para el sub". Sigue más calmado cuando le dan su plato: "¿Por qué para ellos nosotros no podemos pensar solos y tener buen pensamiento con buen plan y buena lucha?" Yo entiendo que no es a mí a quien pregunta; Ángel entiende que no es para mí esa pregunta; sabe bien Ángel que esa pregunta va para el improbable señor del "artículo de fondo". Sabemos los dos, Ángel y yo, que ésa y otras preguntas quedarán sin respuesta. "¿Acaso la inteligencia sólo llega en su cabeza del ladino? ¿Acaso nuestros abuelos no tuvieron bueno su pensamiento cuando ellos eran?" Ángel pregunta y pregunta, nadie responde, nadie lo hará...

Susana, tzotzil, está enojada. Hace rato la burlaban porque, dicen los demás del CCRI, ella tuvo la culpa del primer alzamiento del EZLN, en marzo de 1993. "Estoy brava", me dice. Yo, mientras averiguo de qué se trata, me protejo tras una roca. "Los compañeros dicen que por mi culpa se alzaron los zapatistas el año pasado". Yo me empiezo a acercar cauteloso. Después de un rato descubro de qué se trata: en marzo de 1993 los compañeros discutían lo que después serían las "Leyes Revolucionarias". A Susana le tocó recorrer decenas dc comunidades para hablar con los grupos de mujeres y sacar así de su pensamiento, la "Ley de Mujeres". Cuando se reunió el CCRI a votar las leyes, fueron pasando una a una las comisiones de justicia, ley agraria, impuestos de guerra, derechos y obligaciones de los pueblos en lucha, y la de mujeres. A Susana le tocó leer las propuestas que había juntado del pensamiento de miles de mujeres indígenas. Empezó a leer y, conforme avanzaba en la lectura, la asamblea del CCRI se notaba más y más inquieta. Se escuchaban rumores y comentarios. En chol, tzeltal, tzotzil, tojolabal, mam, zoque y "castilla", los comentarios saltaban en un lado y otro. Susana no se arredró y siguió embistiendo contra todo y contra todos: "Queremos que no nos obliguen a casarnos con el que no queremos. Queremos tener los hijos que queramos y podamos cuidar. Queremos derecho a tener cargo en la comunidad. Queremos derecho a decir nuestra palabra y que se respete. Queremos derecho a estudiar y hasta de ser choferes". Así siguió hasta que terminó. Al final dejó un silencio pesado. Las "leyes de mujeres" que acababa de leer Susana significaban, para las comunidades indígenas, una verdadera revolución. Las responsables mujeres estaban todavía recibiendo la traducción, en sus dialectos, de lo dicho por Susana. Los varones se miraban unos a otros, nerviosos, inquietos. De pronto casi simultáneamente, las traductoras acabaron y, en un movimiento que se fue agregando, las compañeras responsables empezaron a aplaudir y hablar entre ellas. Ni qué decir que las leyes "de mujeres" fueron aprobadas por unanimidad. Algún responsable tzeltal comentó: "Lo bueno es que mi mujer no entiende español, que si no..." Una oficial insurgente, tzotzil y con grado de mayor de infantería, se le va encima: "Te chingaste porque lo vamos a traducir en todos los dialectos". El compañero baja la mirada. Las responsables mujeres están cantando, los varones se rascan la cabeza. Yo, prudentemente, declaro un receso. Ésa es la historia que, según me dice Susana ahora, salió cuando alguien del CCRI leyó una nota periodística que señalaba que la prueba de que el EZLN no era auténticamente indígena es que no podía ser que los indígenas se hubieran puesto de acuerdo en iniciar su alzamiento el primero de enero. Alguno, en broma, dijo que no era el primer alzamiento, que el primero había sido en marzo de 1993. Bromearon a Susana y ésta se retiró con un contundente "váyanse a la chingada" y algo más en tzotzil que nadie se atrevió a traducir. Ésa es la verdad: el primer alzamiento del EZLN fue en marzo de 1993 y lo encabezaron las mujeres zapatistas. No hubo bajas y ganaron. Cosas de estas tierras.

A media noche Pedro, chol y bigotón, se me acerca con un ocote encendido en la diestra. Se sienta a mi lado. Nada dice, se queda mirando fijamente la luz del ocote, brillan sus ojos negros. "Tenemos que ir a México", me dice y se dice. Yo me empiezo a rascar la cabeza pensando ya en las órdenes que habrá que dar para iniciar la marcha, las rutas que seguiremos, las bajas que tendremos, la salida otra vez a la luz de las ciudades, al asfalto de las carreteras.

Pedro me interrumpe: "Los mexicanos dicen que Chiapas es diferente a otras partes, que aquí estamos mal pero lo demás de México está bien". Ahora yo lo miro; él no voltea a verme pero me alcanza el periódico que trae en la mano. Busco mi lámpara de mano y empiezo a leer el artículo que Pedro me señala con la mano: dice el artículo que nuestra lucha está destinada al fracaso porque no es nacional, y no es nacional porque nuestras demandas son locales, indígenas. "Es pobre su pensamiento", dice Pedro. "Más pobre que nosotros porque nosotros queremos justicia pero también libertad y democracia. Y este señor piensa que no es pobre aunque no pueda elegir a su gobierno con verdad. Nos tienen lástima. Pobrecitos". El ocote flamea entre los dos. Pedro entiende, yo entiendo, la noche entiende... "Los mexicanos no entienden. Tenemos que ir a México", dice Pedro mientras se aleja con la luz de un ocote iluminando su diestra. El frío aprieta duro esta madrugada. La posta grita: "Alto! ¿Quién vive?" "La Patria!", responde otra voz y algo tibio se llega hasta nosotros.

Bueno, señor Cepeda Neri, quería aprovechar esta carta para platicarle ésta y otras cosas. Por ahora es todo. Esperamos que usted y su familia estén bien de salud. Será hasta la próxima, cosa más bien improbable.

Salud y respetos a usted y a los que lo acompañan. Vale.

Desde las montañas del Sureste mexicano

Subcomandante Insurgente Marcos

P.S.: Javier se me acaba de acercar entusiasmado, a preguntar si ésta es la carta para invitar a los granaderos del estado de México. Le respondo que no, que es para un periodista. "Ah", dice desilusionado. Pero agrega contundente: "Dile que no nos olviden, que nuestra verdad también es para ellos". Vale.

CARTAS DEL CCRI A VARIAS ORGANIZACIONES

Al consejo 500 años de resistencia indígena

1 de febrero

Zapatistas: la valentía vino de nuestros mayores muertos

Al Consejo Guerrerense 500 Años de Resistencia Indígena, A.C.
Chilpancingo, Guerrero, México

Hermanos:

Queremos decirles que recibimos su carta que nos mandaron el 24 de enero de 1994. Nosotros estamos muy contentos al saber que nuestros hermanos indígenas amuzgos, mixtecos, náhuatls y tlapanecos están conocedores de nuestra justa lucha por la dignidad y la libertad para los indígenas y para los mexicanos todos.

Nuestro corazón se hace fuerte con sus palabras de ustedes que vienen de tan lejos, que vienen de toda la historia de opresión, muerte y miseria que los malos gobernantes han dictado para nuestros pueblos y nuestras gentes. Nuestro corazón se hace grande con su mensaje que llega hasta nosotros brincando montes y ríos, ciudades y carreteras, desconfianzas y discriminaciones.

En nuestro nombre, en el nombre de ustedes, en el nombre de todos los indígenas de México, en nombre de todos los indígenas y no indígenas mexicanos, en nombre de todos los hombres buenos y de buen camino, recibimos nosotros sus palabras de ustedes, hermanos, hermanos ayer en la explotación y miseria, hermanos hoy y mañana en la lucha digna y verdadera.

Hoy se cumple un mes desde la primera vez que la luz zapatista se dio en alumbrar la noche de nuestras gentes.

En nuestro corazón había tanto dolor, tanta era nuestra muerte y pena, que no cabía ya, hermanos, en este mundo que nuestros abuelos nos dieron para seguir viviendo y luchando. Tan grande era el dolor y la pena que no cabía ya en el corazón de unos cuantos, y se fue desbordando y se fueron llenando otros corazones de dolor y de pena, y se llenaron los corazones de los más viejos y sabios de nuestros pueblos, y se llenaron los corazones de hombres y mujeres jóvenes, valientes todos ellos, y se llenaron los corazones de los niños, hasta de los más pequeños, y se llenaron de pena y dolor los corazones de animales y plantas, se llenó el corazón de las piedras, y todo nuestro mundo se llenó de pena y dolor, y tenían pena y dolor el viento y el sol, y la tierra tenía pena y dolor. Todo era pena y dolor, todo era silencio.

Entonces ese dolor que nos unía nos hizo hablar, y reconocimos que en nuestras palabras había verdad, supimos que no sólo pena y dolor habitaban nuestra lengua, conocimos que hay esperanza todavía en nuestros pechos. Hablamos con nosotros, miramos hacia dentro nuestro y miramos nuestra historia: vimos a nuestros más grandes padres sufrir y luchar, vimos a nuestros abuelos luchar, vimos a nuestros padres con la furia en las manos, vimos que no todo nos había sido quitado, que teníamos lo más valioso, lo que nos hacía vivir, lo que hacía que nuestro paso se levantara sobre plantas y animales, lo que hacía que la piedra estuviera bajo nuestros pies, y vimos, hermanos, que era DIGNIDAD todo lo que teníamos, y vimos que era grande la vergüenza de haberla olvidado, y vimos que era buena la DIGNIDAD para que los hombres fueran otra vez hombres, y volvió la dignidad a habitar en nuestro corazón, y fuimos nuevos todavía, y los muertos, nuestros muertos, vieron que éramos nuevos todavía y nos llamaron otra vez, a la dignidad, a la lucha.

Y entonces nuestro corazón no era ya sólo pena y dolor, llegó el coraje, la valentía vino a nosotros por boca de nuestros mayores ya muertos, pero vivos otra vez en nuestra dignidad que ellos nos daban. Y vimos así que es malo morir de pena y dolor, vimos que es malo morir sin haber luchado, vimos que teníamos que ganar una muerte digna para que todos vivieran, un día, con bien y razón. Entonces nuestras manos buscaron la libertad y la justicia, entonces nuestras manos vacías de esperanzas se llenaron de fuego para pedir y gritar nuestras ansias, nuestra lucha, entonces nos levantamos a caminar de nuevo, nuestro paso se hizo firme otra vez, nuestras manos y corazón estaban armados. "¡Por todos!", dice nuestro corazón, no para unos solamente, no para los menos., "¡Por todos!", dice nuestro paso. "¡Por todos!", grita nuestra sangre derramada, floreciendo en las calles de las ciudades donde gobiernan la mentira y el despojo.

Mujer zapatista. Selva Lacandona, Chiapas, México. Marzo 1994.

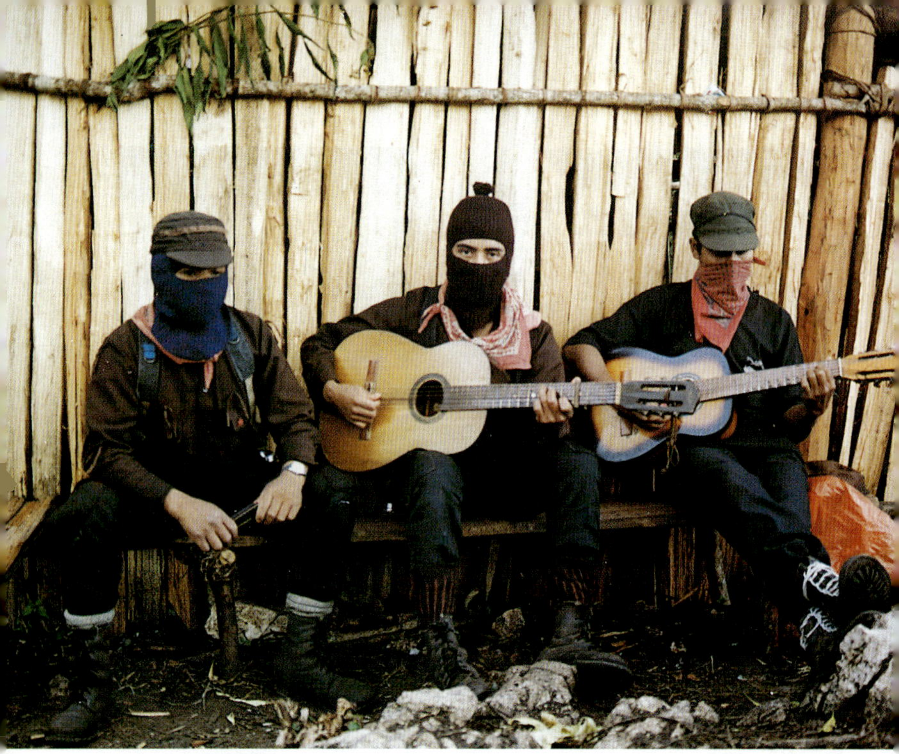

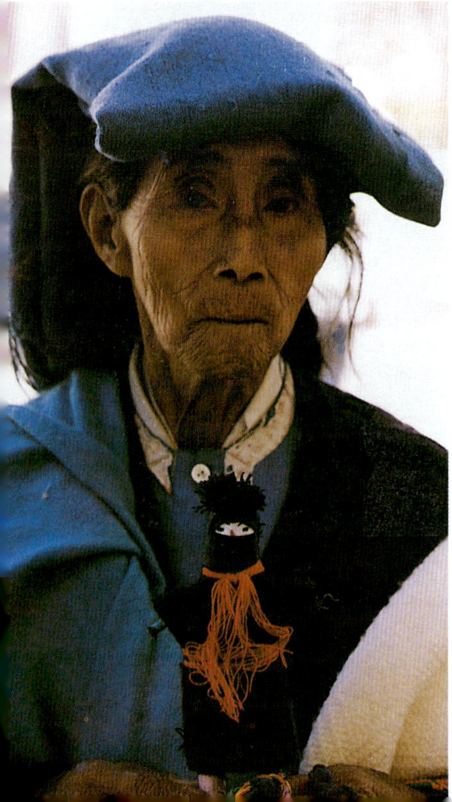

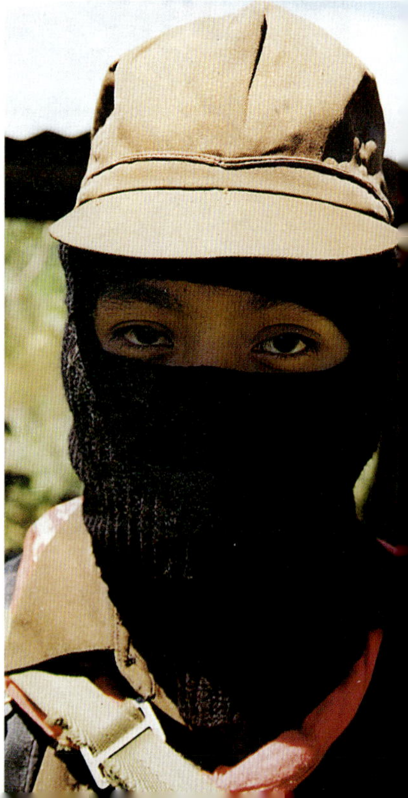

El Subcomandante *Marcos* con combatientes zapatistas. Selva Lacandona, Chiapas, México. Marzo 1994.

Tienda en San Cristóbal de las Casas, Chiapas, México. Marzo 1994.

◄ Jóvenes zapatistas. Selva Lacandona, Chiapas, México. Marzo 1994.

◄ Mujer indígena sosteniendo un muñeco con la figura del Subcomandante *Marcos*. Chiapas, México. Marzo 1994.

◄ Mujer joven zapatista. Selva Lacandona, Chiapas, México. Marzo 1994.

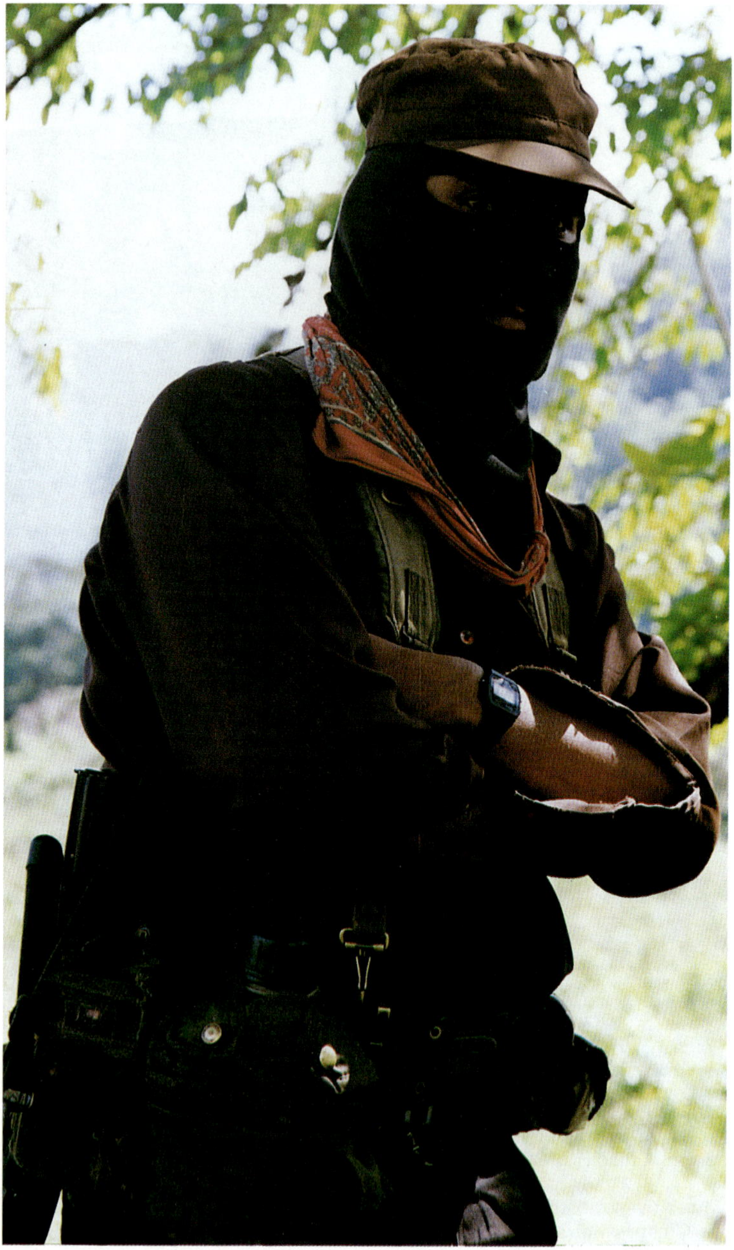

El Subcomandante *Marcos*. Selva Lacandona, Chiapas, México. Julio 1994.

El Subcomandante *Marcos*. Selva Lacandona, Chiapas, México. Marzo 1994.

El Subcomandante *Marcos*. Selva Lacandona, Chiapas, México. Marzo 1994.

◀ El Mayor *Rolando*. Selva Lacandona, Chiapas, México. Julio 1994.

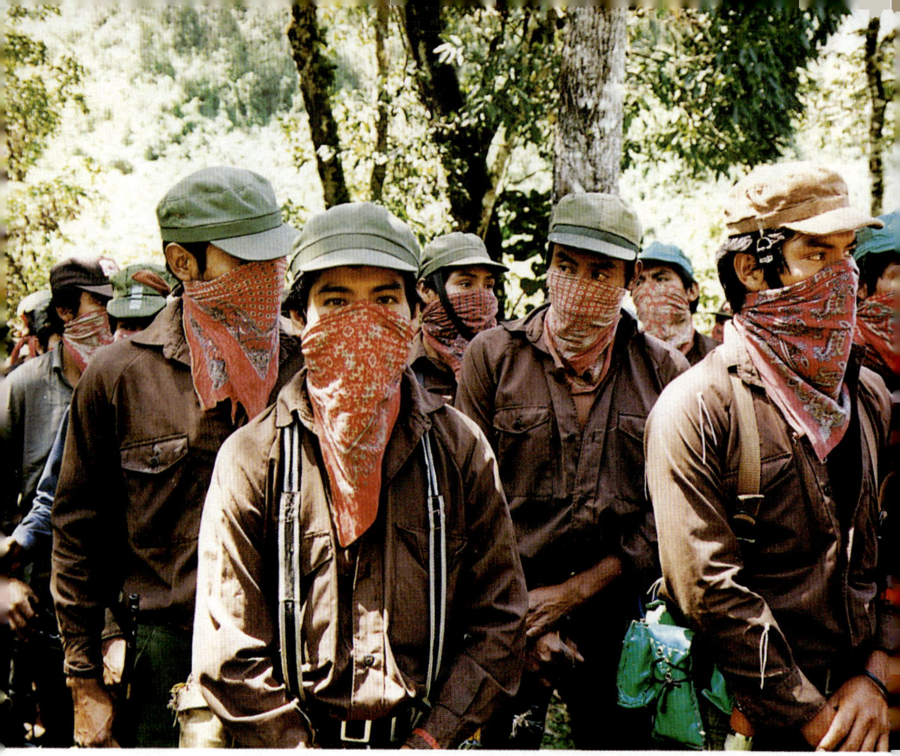

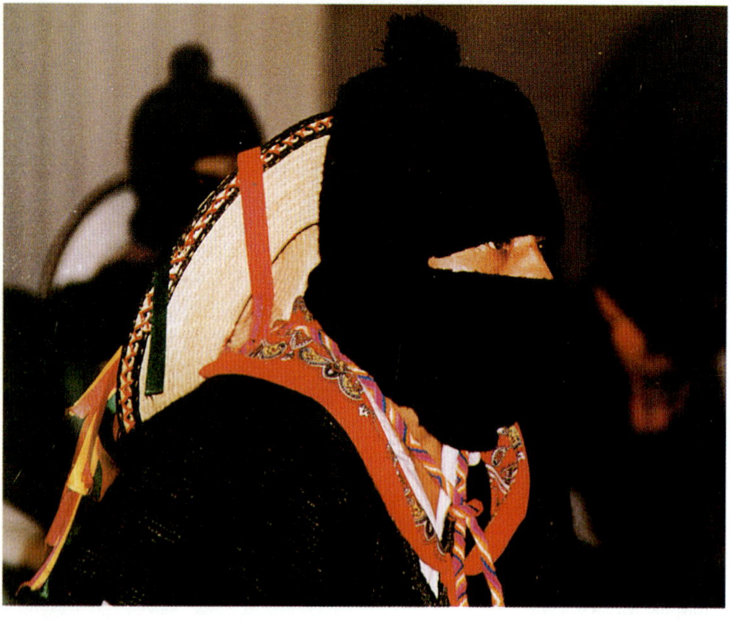

El Subcomandante *Marcos*. Selva Lacandona, Chiapas, México. Marzo 1994.

La Comandante *Ramona*. San Cristóbal de las Casas, Chiapas, México. Marzo 1994.

◄ Combatientes zapatistas. Selva Lacandona, Chiapas, México. Marzo 1994.

◄ Comandante zapatista. San Cristóbal de las Casas, Chiapas, México. Marzo 1994.

El Subcomandante *Marcos*. Selva Lacandona, Chiapas, México. Marzo 1994.

Dejamos atrás nuestras tierras, nuestras casas están lejos, dejamos todo todos, nos quitamos la piel para vestirnos de guerra y muerte, para vivir morimos. Nada para nosotros, para todos todo, lo que es nuestro de por sí y de nuestros hijos. Todo dejamos todos nosotros.

Ahora nos quieren dejar solos, hermanos, quieren que nuestra muerte sea inútil, quieren que nuestra sangre sea olvidada entre las piedras y el estiércol, quieren que nuestra voz se apague, quieren que nuestro paso se vuelva otra vez lejano.

No nos abandonen hermanos, tomen nuestra sangre de alimento, llenen su corazón de ustedes y de todos los hombres buenos de estas tierras, indígenas y no indígenas, hombres y mujeres, ancianos y niños. No nos dejen solos. Que no todo sea en vano.

Que la voz de la sangre que nos unió cuando la tierra y los cielos no eran propiedad de grandes señores nos llame otra vez, que nuestros corazones junten sus pasos, que los poderosos tiemblen, que se alegre su corazón del pequeño y miserable, que tengan vida los muertos de siempre.

No nos abandonen, no nos dejen morir solos, no dejen nuestra lucha en el vacío de los grandes señores.

Hermanos, que nuestro camino sea el mismo para todos: libertad, democracia, justicia.

Respetuosamente,
Desde las montañas del Sureste mexicano
CCRI-CG del EZLN

A las ONG

1 de febrero

A todas las Organizaciones No Gubernamentales de México

Señores:

El Comité Clandestino Revolucionario Indígena-Comandancia General del Ejército Zapatista de Liberación Nacional se dirige respetuosamente a todos ustedes para hacerles una atenta súplica.

Como es del dominio público, es inminente el inicio del Diálogo para la Paz entre el señor Manuel Camacho Solís y el EZLN. El hecho de que este diálogo se realice dentro de una zona en conflicto implica riesgos de provocaciones que pueden impedir el diálogo o empantanarlo. Con el fin de reducir al mínimo los roces indeseados entre las partes en conflicto, es necesario que en torno al lugar del diálogo se forme un "cinturón de seguridad" o "cinturón de paz" que evite, con su presencia, la presión, intimidación o hasta la agresión de una de las partes en conflicto hacia la otra.

Nosotros sabemos que las llamadas Organizaciones No Gubernamentales han permanecido neutrales en el presente conflicto y se han preocupado en todo momento de aliviar las graves condiciones de la población civil, así como de impulsar los esfuerzos hacia la paz con dignidad que desean nuestras fuerzas y los mexicanos honestos todos.

Por lo anterior queremos pedirles respetuosamente que se aboquen ustedes a formar ese cinturón de paz que evite que tanto las tropas federales como las del EZLN se inmiscuyan en el espacio físico de la mesa de diálogo. Esto en el entendido que no significa para ustedes compromiso alguno o simpatía para la justa causa que anima nuestra lucha, y que nosotros seguiremos respetando y saludando su neutralidad y labor humanitaria.

Esperamos su respuesta.
Respetuosamente,
Desde las montañas del Sureste mexicano
CCRI-CG del EZLN

Al CEOIC

2 de febrero

A la Comisión Coordinadora Ejecutiva del Consejo Estatal de
Organizaciones Indígenas y Campesinas
San Cristóbal de las Casas, Chiapas, México

Hermanos:

Grande alegría llegó a nuestro corazón cuando recibimos su carta de ustedes de fecha del 31 de enero de 1994. Queremos contestarles con la atención y el respeto total que nos merecen ustedes, indígenas como nosotros, explotados como nosotros, rebeldes como nosotros.

Nuestro corazón pensaba que estaba solo en las tierras de Chiapas. Pensaba con error nuestro corazón creyendo que nuestros hermanos de miseria y lucha habían vendido su dignidad a las fuerzas oscuras y divisionistas del mal gobierno. Nuestra muerte caminaba sola, sin que otros oídos indígenas escucharan su clamor de justicia, libertad y democracia. Vuelve a cantar nuestra palabra: NO ESTAMOS SOLOS, nuestra sangre y nuestra raza se hermana por encima de las bayonetas y los tanques de guerra.

Nosotros los más humildes de sus hermanos de ustedes, sentimos grande el honor de recibir su palabra de unidad y apoyo. Nosotros nos hacemos grandes con el honor que nos dan al darnos su apoyo para nuestras exigencias y demandas.

La lucha del EZLN no es sólo para los zapatistas, no es sólo para los chiapanecos,. ni sólo para los indígenas. Es para los mexicanos todos, para los que nada tienen, para los desposeídos, para los mayoritarios en pobreza, ignorancia y muerte. Con humildad y agradecimiento recibimos su saludo al trueno de nuestros fusiles. Con honor y respeto les agradecemos su apoyo para que se detuviera el baño de sangre que el supremo gobierno hacía en nuestro pueblo, su participación honesta y decidida para que fuera posible que se abriera el diálogo justo y verdadero.

Nuestras voces se hermanan, el supremo gobierno tendrá que reconocer el derecho de nuestras gentes a gobernar y gobernarse pues hay en nosotros razón y justicia para que haya igualdad y paz en nuestras tierras indias. No necesitamos las policías y los ejércitos del mal gobierno para que haya justicia en nuestras casas, podemos gobernar con razón y prudencia como nuestros antepasados.

Hermanos, queremos decirles que será un gran honor y alegría para nosotros que nos envíen los resolutivos que acordaron ustedes los días 22, 23 y 24 de enero en el II Encuentro de Organizaciones Indígenas y Campesinas que se realizó en San Cristóbal de las Casas, Chiapas, México. Los analizaremos con atención y respeto, y, si la muerte no llega antes a nosotros, les diremos nuestros comentarios.

Hermanos del CEOIC, con la misma franqueza con la que nos dicen su preocupación por las faltas de respeto a los derechos humanos de campesinos que no simpatizan con nuestra justa causa en las zonas bajo control del EZLN, con la verdad les hablamos: este Comité Clandestino Revolucionario Indígena-Comandancia General del EZLN ha tomado con toda seriedad su denuncia. Miembros de nuestro CCRI-CG del EZLN se trasladaron a los lugares mencionados por ustedes y sancionaron a aquellos zapatistas que han estado hostigando VERBALMENTE a pobladores ajenos a nuestra lucha. Ni amenazas físicas ni verbales para obligar a nadie a unirse a nuestra lucha le serán permitidas a nuestras tropas y simpatizantes. Nuestras leyes de guerra son muy claras al respecto y actuamos ya para remediar lo mal hecho y prevenir que el problema se agrave. Pero hermanos, es de justicia que nosotros les hablemos a ustedes con la misma franqueza: hay grandes mentiras que se están tejiendo en contra nuestra con el patrocinio del Ejército Federal y el mal gobierno, en estas mentiras son cómplices algunas autoridades y asesores de la ARlC-Unión de Uniones, que se venden al supremo gobierno y a sus fuerzas armadas y ofrecen dispensas y dinero a pobladores que llegan a Ocosingo a conseguir su necesidad y son usados para que hagan declaraciones que les dictan los del mal gobierno. Hay testimonios de gente ajena a nosotros, pero con dignidad y verguenza, que llorando nos platican que tuvieron que mentir por hambre y bajo amenazas, que los obligaron a aprenderse de memoria lo que tenían que decir a los periodistas y a los obispos, que era la única forma de conseguir alimento para sus grandes necesidades. Algunas, no todas, autoridades de la ARIC-Unión de Uniones y sus asesores se han vendido y son cómplices, ¿por qué?, ¿no son indígenas pobres también? La respuesta, hermanos, es que estas personas temen la justicia zapatista, pues es sabido de todos que gran parte de la ayuda del gobierno federal destinada a aliviar, desde hace años, las graves condiciones de vida de nuestros pueblos se quedó en sus manos. Tienen miedo estos señores de que se descubra el gran robo en el que participaron en complicidad con las autoridades estatales y municipales en contra de sus hermanos de raza y sangre. Hermanos, alejen de su presencia a esos traidores, no escuchen sus palabras, vienen de una política de "dos caras" para engañar a unos y a otros y obtener beneficios personales.

Nosotros les ofrecemos a ustedes, a México y al mundo, nuestro mejor esfuerzo para que no se agraven las ya difíciles condiciones de la población civil en el territorio en conflicto. Por favor, no se presten ustedes a la campaña de mentiras cuyo fin único es darle razón legal local al inicio de una campaña militar masiva en contra de nuestras posiciones en los municipios de Las Margaritas, Altamirano y Ocosingo. No manchen sus manos de sangre nuestra apoyando las mentiras del mal gobierno y de sus cómplices traidores. Nosotros estamos dispuestos a permitirles que una comisión de ustedes (en la que no se incluyan los traidores) entre a nuestro territorio y constate personalmente lo que nuestras tropas hacen con la población civil que, como todos saben, es mayoritariamente zapatista y con los que no son zapatistas pero no se venden a cambio de una despensa. La gran ofensiva militar del ejército federal en contra de las posiciones zapatistas llenará de sangre indígena la Selva Lacandona. Los líderes y asesores corruptos de la ARlC-Unión de Uniones tendrán el dudoso honor de contarle a sus nietos que vendieron la sangre de sus hermanos a cambio de unas cuantas monedas. Ellos vivirán con vergüenza, nosotros moriremos con dignidad.

Nuestra lucha es verdadera, si cometemos errores y excesos estamos dispuestos a enmendarlos, de esto tengan la seguridad, hermanos.

Como ustedes lo señalan al final de su carta, está por iniciarse el diálogo con el señor comisionado para la Paz y la Reconciliación en Chiapas, Manuel Camacho Solís. Haremos todo el esfuerzo para llegar a una PAZ CON DlGNIDAD y, cualquiera que sea el desenlace del diálogo, seguiremos adelante luchando por lo que ustedes señalan en el lema de su organización: "Por la dignidad, la paz y el desarrollo de nuestros pueblos".

Respetuosa y fraternalmente
Desde las montañas del Sureste mexicano
CCRI-CG del EZLN

Carta de *Marcos* presentando las cartas del CCRI-CG del EZLN

2 de febrero de 1994

Al semanario nacional *Proceso*.
Al periódico nacional *El Financiero*.
Al periódico nacional *La Jornada*.
Al periódico SCLC, Chis., *Tiempo*.

Señores:

Aquí les mando una serie de cartas que envía el CCRI-CG del EZLN a destinatarios diversos. Espero que tengan espacio, si no para publicarlas cuando menos para comentarlas o ver que lleguen a sus destinatarios.

Por ahora es todo. Nosotros esperamos pacientemente a que a ese avión que sobrevuela encima nuestro se le acabe la gasolina y se caiga. Las opiniones se dividen en cuanto a si, cuando caiga, nos lo comemos asado o después del primer hervor. Los más detallistas recomiendan en escabeche. El servicio de sanidad nos advierte del riesgo de indigestión por exceso de aluminio. De todas formas, sal es lo único que nos sobra. ¿Gustarían una probadita en dado el caso? (Dicen que el aluminio se conserva bien.)

Indigestamente (lo que quiere decir que ahora no mando salud, obviamente)

Desde las montañas de Sureste mexicano.
Subcomandante Insurgente *Marcos*.

P.D.- ¿Y cómo les va de anónimos? Lindos, ¿no?

Carta de *Marcos* a Gaspar Morquecho

2 de febrero de 1994

Al señor Gaspar Morquecho Escamilla.
Periódico *Tiempo*.
San Cristóbal de las Casas, Chiapas.

Señor:

Recibí su carta, sin fecha por supuesto, recién ahora. Al mismo tiempo leo en un periódico que lo acusan a usted y a otras nobles gentes de ser "voceros del EZLN" o "zapatistas". Problemas. Si quiere usted saber de dónde provienen esas denuncias y amenazas, busque en los directorios de las asociaciones ganaderas y encontrará mucha tela de donde cortar.

Bien, pasando a otra cosa y ya que de recuerdos se trata, espero que por fin se le haya pasado a usted la mezcla de borrachera-cruda con la que pretendió entrevistarnos ese hermoso día primero de enero. Tal vez usted no lo recuerde bien, pero esa vez el entrevistado era usted mismo pues me hacía usted una pregunta y usted mismo la contestaba. Ignoro si habrá podido usted sacar algo coherente para el periódico después de ese monólogo de preguntas y respuestas con el que enfrentó gallardamente la sorpresa y el temor que se apoderó de la antigua capital del estado de Chiapas el primer día del año.

Fuimos muchos los que quemamos nuestras naves esa madrugada del primero de enero y asumimos este pesado andar con un pasamontañas amordazando nuestro rostro. Fuimos muchos los que dimos este paso sin retorno, sabiendo ya que al final nos espera la muerte probable o el improbable ver el triunfo. ¿La toma del poder? No, apenas algo más difícil: un mundo nuevo. Nada nos queda ya, dejamos todo atrás. Y no nos arrepentimos. Nuestro paso sigue siendo firme aunque ahora lo busquen, para aniquilarlo, decenas de miles de grotescas máscaras verde olivo. Pero, señor Morquecho, resulta que nosotros lo sabíamos desde hace tiempo y, no sin dolor, tuvimos que hacernos fuertes con la muerte de los que a nuestro lado fueron cayendo, muriendo de bala y de honor, eso sí, pero muriendo siempre. Y hubo que blindarse el corazón, señor Morquecho, para poder ver a compañeros de muchos años en las montañas con el cuerpo cosido a balazos y a esquirlas de granadas, morteros y cohetes, para ver sus cuerpos con las manos atadas y el tiro de gracia en la cabeza, para poder ver y tocar su sangre, la nuestra, señor Morquecho, haciéndose color marrón en las calles de Ocosingo, de Las Margaritas, en la tierra de Rancho Nuevo, en las montañas de San Cristóbal, en los altos ocotales de Altamirano. Y entender nosotros, señor Morquecho, en medio de esa sangre, de esos tiros, de esas granadas, de esos tanques, de esos helicópteros ametrallando y esos aviones picando para lanzar sus dardos explosivos, la sencilla verdad: somos invencibles, no podemos perder... no merecemos perder.

Pero como decimos acá, nuestro trabajo es ése: pelear y morir para que otros vivan pero una vida mejor, mucho mejor que la que nos tocó morir a nosotros. Es nuestro trabajo sí, pero no el de ustedes. Así que por favor cuídense, la bestia fascista acecha y dirige sus ataques a los más indefensos.

De las acusaciones que le hacen a usted y a todo ese equipo de personas nobles y honestas que dan a luz, porque con esas condiciones técnicas hacer un periódico debe ser un auténtico parto, ese impreso de imparcialidad y verdad que lleva el nombre de *Tiempo,* le quiero decir algunas cosas:

El heroísmo auténtico de *Tiempo* no viene tanto de sacar un periódico con esa maquinaria de Pedro Picapiedra. Viene de, en un ambiente cultural tan cerrado y absurdo como el coleto, darle voz a los que nada tenían (ahora tenemos armas). Viene de desafiar, con cuatro páginas cuatro (a veces seis) llenas de verdades, a los poderosos señores del comercio y la tierra que sientan sus reales en la ciudad idem. Viene de no ceder a chantajes e intimidaciones para obligarlos a publicar una mentira o para dejar de publicar una verdad. Viene de, en medio de esa atmósfera cultural asfixiante que teje en torno suyo la mediocridad coleta, buscar aires nuevos y vivificantes, democráticos pues, para limpiar las calles y las mentes de Jovel. Viene de que, cuando bajaban los indios de la montaña (ojo: antes del 1 de enero) a la ciudad, no a vender, no a comprar, sino a pedir que alguien los escuchara encontrando oídos y puertas cerrados, una puerta había siempre abierta, la que abrieron un grupo de no indígenas desde hace tiempo y pusieron un letrero que decía lo mismo: *Tiempo*. Y de que, al traspasar esa puerta, esos indios que hoy hacen rabiar al mundo por su osadía de negarse a morir indignamente, encontraban a alguien que los escuchaba, lo que ya era bastante, y encontraban a quien ponía esas voces indias en tinta y papel y cabeceaba *Tiempo*, lo que ya era antes, y más ahora, heroico. Porque resulta, señor Morquecho, que el heroísmo y la valentía no se encuentran sólo detrás de un fusil y un pasamontañas, también están frente a una máquina de escribir cuando el afán de verdad es el que anima a las manos que teclean.

Me entero ahora que los acusan a todos ustedes de "zapatistas". Si decir la verdad y buscar la justicia es ser "zapatista", entonces somos millones. Traigan más soldados.

Pero, cuando vengan los policías e inquisidores a amedrentarlo, dígales usted la verdad señor Morquecho. Dígales que ustedes siempre levantaron la voz para advertir a todos que, si no cambiaban esas injustas relaciones de opresión cotidiana, los indígenas iban a reventar. Dígales que ustedes siempre recomendaron buscar otros caminos, legales y pacíficos, por los cuales andar esa desesperación que rodeaba las ciudades todas de Chiapas (y de México, no le crea usted a Salinas que dice que el problema es local). Dígales usted que, junto a otros profesionales honestos (una verdadera rareza), doctores, periodistas y abogados buscaron apoyos en donde fuera para impulsar proyectos económicos, educativos, culturales que aliviaran la muerte que se iba tejiendo en las comunidades indígenas. Dígales usted la verdad, señor Morquecho. Dígales que ustedes siempre buscaron un camino pacífico y justo, digno y verdadero. Dígales usted la verdad, señor Morquecho.

Pero, por favor señor Morquecho, no les diga lo que usted y yo sabemos que a usted le ocurre, no les diga lo que su corazón le susurra al oído en los desvelos y revuelos de día y de noche, no les diga lo que le quiere salir de los labios cuando habla y de las manos cuando escribe, no les diga ese pensamiento que le va creciendo primero en el pecho y va subiendo paulatinamente a la cabeza conforme corre el año y avanza su paso por montañas y cañadas, no les diga lo que ahora quiere gritar: "¡Yo no soy zapatista! Pero después de ese primero de enero... quisiera serlo!"

Salude usted, si le es posible, a ese señor que se llama Amado Avendaño. Dígale que no olvido su sangre fría cuando, esa alegre mañana (cuando menos para nosotros) del primer día de nuestro ingreso triunfal "al primer mundo", le advertí que no le convenía que se acercara a hablar conmigo y me respondió: "Estoy haciendo mi trabajo". Aprovechando el viaje salude usted a Concepción Villafuerte, cuya entereza y valentía al escribir saludamos con regocijo cuando el improbable enlace llega y trae el diario. Salude usted a todos los de ese periódico que no sólo merece mejor maquinaria sino el saludo de todos los periodistas honestos del mundo. Salude usted a esos profesionistas de *Chiltak* que sacrifican el ansia de dinero y comodidades para trabajar con y para los que nada tienen. Dígales a todos ellos (los de *Tiempo y los* de *Chiltak*) que si los que hoy gobiernan tuvieran la mitad de estatura moral que ustedes tienen, no hubieran sido necesarios ni los fusiles ni los pasamontañas ni la sangre en las montañas del sur de San Cristóbal, ni en Rancho Nuevo ni en Ocosingo ni en Las Margaritas ni en Altamirano. Y tal vez, en lugar de estarle yo escribiendo bajo el acoso de aviones y helicópteros, con el frío entumiéndome las manos que no el corazón, estaríamos hablando usted y yo sin más barrera que un par de cervezas de por medio. El mundo ya no sería el mundo sino algo mejor, y mejor para todos. Por cierto, si se llegara a dar el caso (Dios no lo quiera, pero puede ser), no tomo bebidas alcohólicas así que mejor sea: "sin más barrera que una cerveza (la suya, sin ofender) y un refresco (el mío) de por medio".

Salud y un gran tierno abrazo. Y, por favor, aprenda usted a poner la fecha en sus cartas, aunque la historia corre ya tan rápido que, creo, sería bueno incluir la hora.

Desde las montañas del Sureste mexicano
Del subcomandante insurgente *Marcos*

Son las 22:00 horas, hace frío y el ruido del avión que sobrevuela amenazante hasta parece que arrulla.

ENTREVISTA AL CCRI-CG

por los enviados de *La Jornada*

3 y 4 de febrero

Blanche Petrich y Elio Henríquez, I. Selva Lacandona, Chis. [*LJ*, 4 Y 5/ii]. En medio de la niebla, en algún punto de esta geografía selvática, las voces indígenas nos dicen:
—Fue el mismo pueblo que dijo "ya, ya empecemos". No queremos aguantar más porque ya nos estamos muriendo de hambre.

La dirigencia política del Ejército Zapatista de Liberación Nacional, el Comité Clandestino Revolucionario Indígena, explica las razones del alzamiento popular, en la primera entrevista que concede a la prensa.

Son seis comandantes indígenas —*Ramona, David, Felipe, Javier, Isaac y Moisés*— quienes narran cómo se decidió el alzamiento con el voto de cada uno de los habitantes de su territorio, aldea por aldea, paraje por paraje, familia por familia.

Y cómo ven desde ese ángulo del mundo donde viven la propuesta de negociación del gobierno: "Desconfiamos en ese diálogo que propone el señor comisionado Camacho porque vemos que eso no va a solucionar nuestro problema. Porque son grandísimas nuestras demandas que no se han podido solucionar en 20, 30 años, menos en 20, 30 días, pues".

Cuestionan: "¿Cómo que el señor Camacho piensa que nuestra lucha no tiene trascendencia, no tiene pues proceso a largo plazo?"

Pertenecen a una misma etnia. Pero de cada uno de los pueblos mayas que habitan el estado, en cada región zapatista, hay otros comités. Ellos mandan en el EZLN. Hablan:

De la tierra: "Queremos leyes nuevas para repartir la tierra, tal vez diferente de como Emiliano Zapata decía de que a cada campesino se le dé un pedazo de tierra. Ahora entendemos de otra manera. Vemos que repartiendo un pedazo de tierra tal vez se va a acabar. Se necesita otra forma de trabajar, de organizarse. Pero que las tierras que pasen en manos del pueblo, pues. Para eso tenemos que valernos de algunas leyes revolucionarias que el mismo pueblo haya hecho".

De revolución: "Queremos que haya un cambio. Queremos que haya una revolución, una vida nueva, una sociedad sin tanta injusticia".

De autonomía indígena: "Como gente madura y consciente, nuestro pueblo es capaz de gobernar a su propio pueblo porque nuestra gente sabe, piensa".

Su tiempo es distinto del occidental. Y el ritmo de la negociación, desde su visión es otro. Acerca de las fechas y plazos precisos del Comisionado para la Paz y la Reconciliación, *Moisés* comenta:

"No podemos dialogarnos o negociar nosotros así nomás, sino primero tenemos que preguntar el pueblo. A nivel estatal donde haya compañeros tenemos que consultar si vamos a negociar o no por ahí. Si dice el pueblo, nosotros estamos cumpliendo lo que dice el pueblo. ¿Por qué? Porque estamos cumpliendo al pueblo. Porque el pueblo han vivido de esto hace tantos años, una vida tan difícil, de toda clase de injusticia. Por eso no es fácil dialogar tan rápido. Si el pueblo vuelve a dialogar, pues bueno. Si no, 'ta güeno. No. Por eso no es fácil."

La cita es en la espesura de la selva. Hace rato, la noche anterior, nos pidieron los relojes. Hemos cabalgado por su geografía con los ojos cerrados, o vendados con paliacates de esos que los zapatistas lucen en su cuello. Hay contraseñas que son poemas. Los retenes son breves ceremonias de una cortesía milenaria, fina. Hay que esperar que desminen el camino minado. Paciencia.

Luego del viaje en la oscuridad, de un amanecer sin sol, de otra caminata y otra espera, aparecen en medio de la bruma, acompañados por el subcomandante *Marcos* y una columna guerrillera, la misma que el primero de enero tomó la ciudad de San Cristóbal de las Casas.

En un paraje húmedo, las voces amortiguadas por la niebla y los pasamontañas, hablan por turnos, a la manera indígena.

Y así, según el relato de este comité indígena, empezó la lucha...

Comienza *Javier*: "Les voy a explicar un poco. Nosotros como compañeros venimos comisionados como miembros del CCRI. Cómo llegamos de ser del CCRI, pues nos organizamos desde hace tiempo, pues la base fundamental de nuestra organización es de toda la situación que ha surgido de nuestro pueblo que hace tantos años han luchado pacíficamente frente al gobierno, pero aun así pues, muchos pueblos, igual que otros pueblos que han luchado, cuestiones de las tierras, de las viviendas y todo lo que necesita cada pueblo. Pero la respuesta que nos da el gobierno en lugar de solucionar los problemas pues reciben la represión, los golpes, el asesinato, desalojo, encarcelamiento de nuestros dirigentes.

"Así, decidimos que no hay otro camino más que organizar y decidir levantar así en luchas armadas. Si empezamos a organizarnos así, clandestinamente, en una organización revolucionaria. Pero cuando se va avanzando pues cada pueblo ha elegido a sus representantes, a sus dirigentes. Pero así tomando la decisión, los mismos pueblos propusieron pues quién va a dirigir esas organizaciones. Los mismos pueblos nos han nombrado. Así, primero, se ha nombrado responsable de cada pueblo. Pues así avanzando de pueblo en pueblo, hubo tiempo, pues, de nombrar delegados. Así llegamos, pues, a ser el CCRI.

"¿Por qué son Comité Clandestino Revolucionario Indígena? Pues Comité porque estamos en colectivos, así, colectivamente. Clandestinos porque sabemos que no nos conviene en el gobierno, si se levanta así en luchas armadas sabes que no se conviene. Por eso venimos organizando así clandestinamente. Revolucionarios, porque estamos consciente y ya no nos deja otro camino más que así alzar con las armas, para luchar, para ver si así nos conviene y dan una respuesta a nuestras necesidades.

"Revolucionario porque queremos un cambio, ya no nos queremos seguir así en misma situación de tantas clases de injusticias, por eso ya queremos que haya una sociedad con otra vida nueva, por eso queremos luchar que haya una revolución."

Otra voz, la de *Isaac*, el más joven:

–Quiero agregar un poquito sobre el CCRI. Ya se ha dicho que ha sido elegido democráticamente. Si el pueblo dice que un compañero miembro del CCRI no hacemos nada ahí, que no estamos respetando al pueblo o no le estamos cumpliendo lo que el pueblo diga, pues el pueblo dice que nos quiere sacar. ¿Por qué no? Cómo va a estar uno ahí, ocupando un espacio que no hacemos nada... Lo que dijo el pueblo es lo que tratamos de cumplir. Se hace el plan de lo que quiere el pueblo.

"Así es que si algún miembro del CCRI si no cumple con su trabajo, si no respeta a la gente, pues compita, pues ahí no te conviene estar. Entonces pues discúlpanos pero tenemos que poner otro en tu lugar. Que el pueblo diga, pues. Así está constituido el comité, de una manera democrática."

—¿Cómo decidieron colectivamente alzarse en armas? ¿Cómo fue que se lanzaron a la ofensiva de enero? ¿Por qué no nos platican un poco de esas elecciones, de cómo fueron?

—Ah eso se ha venido haciendo pues meses antes. Pues se tuvo que pedir la opinión de la gente y pues la decisión del pueblo. Pues ¿por qué si solo un grupo decide lanzarse a la guerra y qué tal el pueblo no lo apoya? ¿Qué tal el pueblo todavía dice no? Entonces tampoco se puede dar una lucha así.

"Es el mismo pueblo que dijo ya, 'ya empecemos'. No queremos aguantar más porque ya nos estamos muriendo de hambre. Los dirigentes, tanto el CCRI, tanto el Ejército Zapatista como la Comandancia General, si el pueblo dice, pues ya, vamos a empezar. Respetando y cumpliendo lo que el pueblo pida. El pueblo en general. Así se empezó la lucha".

—¿Cómo se realizaron las asambleas?

—Se hacen en cada región, en cada zona. Entonces ahí se le pide la opinión de la gente. Entonces esa opinión se recoge, de diferentes comunidades. Bueno, donde pues hay zapatistas. Y zapatistas, como hay en todos lados del estado Chiapas. Se les pide su opinión para que diga lo que quiere, si ya empezamos la guerra o no.

—¿Y también se le va a preguntar a la gente si quiere negociar?

—También se le va a informar. Y si la gente dice que no, ya negocia, ya no queremos guerra, ya estamos cansado, pues ya, se tiene que analizar, se tiene que reflexionar muy bien, qué ganamos con eso, si de veras se va a cumplir sus demandas o no, si nos va a dar resultado o no. De otra manera sería fracasar en nuestra lucha que desde hace años hemos venido trabajando. Y es una lástima dejarlo todo, lo que durante años hemos venido organizando y construyendo. Por eso cada paso que queremos dar, queremos reflexionarlo.

"Y cada propuesta que nos haga el gobierno, o Camacho en persona, queremos reflexionarlo. No podemos ir a tomar lo que no conocemos."

Moisés:

—El Camacho piensa que todo vamos a negociar sin consultar. Pero todo tenemos que consultarlo al pueblo. Ellos nos han elegido para llevar los trabajos de la revolución. Pero en otros pueblos todavía se sienten así que no muy entienden. ¿Por qué? Porque nosotros estamos avanzando así en una parte de nuestro estado. Pero tenemos mucha esperanza de que vamos llevando la lucha así a nivel estatal y nacional. ¿Por qué? Porque la situación que estamos viviendo no sólo es un estado ni sólo algunos pueblos sino que sabemos y conocemos que mismos hermanos están sufriendo muchos otros pueblos en muchos otros estados, así como estamos sufriendo donde vivimos. Es por eso que vamos avanzando, tenemos esperanza de que la revolución pues se triunfa algún día.

Isaac:

–No podemos dialogarnos o negociar nosotros así nomás, sino primero tenemos que preguntar el pueblo. A nivel estatal donde haya compañeros tenemos que consultar si vamos a negociar o no por ahí. Si dice el pueblo, nosotros estamos cumpliendo lo que dice el pueblo. ¿Por qué? Porque estamos cumpliendo al pueblo. Porque el pueblo han vivido de esto hace tantos años, una vida tan difícil, de toda clase de injusticia. Por eso no es fácil dialogar tan rápido. Si el pueblo vuelve a dialogar, pues bueno. Si no, 'ta güeno. No. Por eso no es fácil.

–¿Qué les ha parecido la propuesta para el diálogo que está haciendo el Comisionado para la Paz, Manuel Camacho?

–Nosotros como estamos avanzando en la guerra todavía no hemos empezado si vamos a una negociación con el Camacho. Sabemos que si nos invita que haiga una negociación, pero mientras que apenas vamos empezando la guerra y no conocemos todavía pues cuál es la realidad de llegar a una negociación, mientras que no hay solución de los problemas, de las necesidades, mientras que no está dando pues lo que necesita el pueblo, pues no es fácil de llegar a una negociación sino que tenemos una esperanza de que nos lleguen, que nos cumpla nuestra demanda.

"No solo así queremos una limosna, levantar rápido y después negociar rápido mientras nosotros conocemos de qué tantos sufrimientos y qué tanta clase de injusticia conocemos que nos han dado como pueblos indígenas, pueblos campesinos, pueblos trabajadores.

"Sentimos que el Camacho como que va cambiando el tono, como que así nomás fácil de llegar a calmar o negociar la guerra. Pero nosotros estamos conscientes de que va a seguir más adelante. No hay otro camino más que exigir las demandas del pueblo."

–El señor Camacho les ha mandado decir con uno de sus enviados que toda la sociedad mexicana les está exigiendo a ustedes que tomen el camino de la paz. ¿Qué les parece esta petición?

–Sí, sabemos que hay muchas personas, que hay que llegar a una negociación. Pero nosotros vamos a ver todavía. Vamos a ver todavía cómo va a seguir avanzando y cómo va cumpliendo, pues. Si va cumpliendo, si va logrado del objetivo, algún día llegamos a un diálogo, para ver si cumple nuestra demanda. Es lo que estamos esperando. Porque mismo gobierno que nos pide que haiga una negociación que haiga un diálogo, pero... pero todavía vamos pensando nosotros. Porque estamos conscientes de que no se logra así con corto tiempo lo que nos pide el gobierno.

"Años y años que así han pasado. Porque donde vivimos hace tiempo, pienso desde 1974, estamos gestionando las tierras, las viviendas, la construcción de carreteras, clínicas rurales. Pero no hemos logrado nada. Lo único que nos da respuesta es el engaño, las promesas falsas, las mentiras."

–¿Ustedes, los aquí presentes, antes de tomar las armas participaron en las luchas por las tierras, en las organizaciones campesinas?

–Sí hemos, sí. Pero aun así no logramos nada.

–¿Y de qué organizaciones vienen?

–Pues algunas organizaciones independientes. Así hemos luchado pero no hemos logrado nada. Muchos de nuestros pueblos hemos luchado así, pero lo que hemos logrado encarcelamientos, asesinatos, represiones. Es las razones por las que estamos participando en una lucha armada.

"Porque nosotros, los gobernantes nos dicen que no es la razón, no es la solución para solucionar los problemas, las necesidades de nuestros pueblos alzando las armas. Pero nosotros tenemos ciertas necesidades. Si fuera no hemos podido la solución en una forma pacífica, no militarmente. Ah, bueno.

"Se puede decir que nosotros no tenemos paciencia, que no tenemos razón. Pero nosotros hemos luchado a pedir la solución de nuestras necesidades en una forma pacífica, en una forma legal. Pero los gobernantes estatales y nacional no nos ha escuchado. Por eso a nosotros ya no nos quedó otro camino. Alzarnos con nuestras armas a ver si nos escucharán. Pero nosotros, cuando levantamos con nuestras armas el día primero, nosotros tenemos un buen objetivo. No para amenazar o para chingar o para matar a la población civil. Sino que tenemos que respetar a la población. Tenemos que respetar ¿Por qué? Porque nosotros sabemos bien, conocemos bien quién es el enemigo y quién es el amigo del pueblo. Porque aunque mucha gente dice: ah, ya nos enviaron a matarnos, ya nos están matando... no, no es de eso, no es cierto. Nosotros estamos respetando la vida a la población civil. "

–Uno de los reclamos de ustedes en la Declaración de la Selva Lacandona es tierra, tierra para labrar, para vivir. ¿No tienen sus parcelas?

–Yo le voy a contestar esa pregunta. En estos parajes la gente vive de puro milagro porque ha sobrevivido en un pedazo de tierra familias de siete a doce personas, en un pedazo de tierra puede decir así de una hectárea, media hectárea de terreno no fértil, no cultivable. Así ha sobrevivido nuestra gente. Y por eso vemos y sentimos una urgencia de tener pues las tierras en la mano, como campesinos. Necesitamos esa tierra. Y sí, entendemos que no solamente es una colonia, un pueblo, un municipio, que le hace falta esa tierra. Más bien en todos los pueblos indígenas se carece de tierra. Por eso desde hace 30, 40 años, ha venido luchando por un pedazo de tierra que nunca se le ha dado. Mientras que sabemos, que conocemos, hay personas que no son campesinos, poseen miles de hectáreas de tierras donde se alimenta ganado. Quiere decir que vale más tener cientos de ganados que tener a cientos de campesinos. Entonces quiere decir que valemos menos que animales. Por esas razones la gente está reclamando tierra desde siempre, pero el gobierno nunca ha entendido, nunca ha escuchado.

–Pero, ¿cómo lograrla? Están en guerra. ¿El gobierno puede, en una negociación como la que quiere Camacho, resolver su problema de tierra?

–Por eso desconfiamos en ese diálogo que propone el señor Camacho. Porque vemos que eso no va a solucionar nuestro problema, porque realmente son grandísimas nuestras demandas. Lo que no se ha podido solucionar en 20, 30 años no se va a poder solucionar en 20, 30 días. Porque esa propuesta del Camacho solamente quiere calmarnos o que nosotros como indígenas estamos jugando nada más, como que nos quiere dar a entender eso. Como que el señor Camacho piensa que nuestra lucha no tiene trascendencia, como que no tiene proceso a largo plazo.

–¿Qué creen ustedes que se necesita para que el campesino tenga su tierra?, ¿volver al artículo 27 como estaba antes?, ¿otra reforma agraria?, ¿otra revolución?, ¿una revolución como la de Emiliano Zapata?

–Tendríamos que valernos en nuevas leyes hechas por el mismo pueblo y se tiene que hacer leyes nuevas para repartir la tierra, tal vez diferente de como Zapata decía, de que a cada campesino se le dé un pedazo de tierra. Ahora entendemos de otra manera. Vemos que repartiendo un pedazo de tierra tal vez se va a acabar. Se necesita otra forma de trabajar, de organizarse. Pero que las tierras que pasen en manos del pueblo, pues. Para eso tenemos que valernos de algunas leyes revolucionarias que el mismo pueblo haya hecho.

–¿Y sobre la realidad indígena?

—Pensamos que tenemos que tener nuestro pueblo indígena. Hay muchas maneras. Pero puede ser de una manera sencilla. Como indígenas creemos y sentimos que tenemos la capacidad para dirigir nuestro destino. No hay necesidad de que nos anden llevando de la mano, pues. Como gente madura, como gente consciente, podemos dirigir nuestro propio destino. Podemos gobernar nuestro propio destino, podemos gobernar nuestro pueblo. Creemos que nuestro pueblo somos capaz de gobernar su pueblo porque nuestra gente sabe, piensa.

"Por eso no necesitamos de un gobierno que sólo nos quiere manipular, tener bajo sus propios zapatos."

—¿Sería un gobierno por cada etnia? ¿o cómo proponen ustedes ese gobierno propio?

—Podría ser de esa manera, así que tenga su gobierno cada grupo étnico, aún falta que precisar bien, pero pudiera ser así. Cada pueblo indígena, cada etnia, tenga su propio gobierno. Pero que gobierne con propia autonomía y que no hay necesidad de que otro esté aplastando o esté manipulando. Como indígena necesitamos autonomía propia, necesitamos esa identidad, esa dignidad, pues. Dignidad de vivir y respetar.

II

El bastón de mando ceremonial está presente en este Comité Clandestino Revolucionario Indígena. Internados en la profundidad de la selva, lejos de sus parajes de origen, guían el contenido político de la lucha zapatista.

Llegan con sus armas cruzadas sobre el pecho. Pero dicen: "Somos gente de paz. De mucha paciencia. Si no, desde hace mucho nos hubiéramos levantado".

Entre sus demandas políticas mantienen la inicial, la renuncia de Carlos Salinas de Gortari. Y no aceptan la candidatura priista de Luis Donaldo Colosio: "¿Quién lo ha elegido a ése? Un grupo de personas que ocupan los grandes poderes: los legislativos, los senadores. Ni un campesino, ni un indígena, ni una mujer indígena campesina ha dicho que va a quedar esa persona".

Se les comenta que si bien los zapatistas han despertado no pocas simpatías en el país, también provocan temor: "Es que necesitan tiempo para que gente vaya tomando conciencia y comprenda quién es el bueno para sus intereses, si el gobierno o los zapatistas. Hay personas que están a favor de los zapatistas, hay personas que contradicen nuestra necesidad de guerra. Pero no hay de qué preocuparse, siempre pasa lo que pasa".

Y con mucho interés envían un mensaje a los obreros de México: "Creemos que todos los trabajadores del país tienen la misma necesidad que nosotros. Creemos que la guerra que estamos haciendo les puede servir".

Porque, afirman, la democracia de que habla el presidente de México "es una burla para nosotros".

Son la cúpula del Ejército Zapatista de Liberación Nacional. Más bien parte de una cúpula colectiva, muy numerosa, según lo que ellos dicen, dividida por etnias y regiones, y electa por la base.

Seis de ellos –la comandante *Ramona.* Los comandantes *David, Javier, Moisés, Isaac y Felipe*– hablaron con *La Jornada.*

Ante los cuatro pasamontañas azul eléctrico y dos paliacates rojos –los seis comandantes del CCRI– se cuadra el subcomandante *Marcos,* alto mando militar del EZLN. Ante ellos, que cambian el bastón por sus carabinas o rifles, la columna guerrillera presenta armas en formación. Pero ellos, a su vez, según una tradición de democracia milenaria que ha logrado sobrevivir, no dan un paso sin consulta popular.

A pesar de esa tradición democrática de las culturas indígenas, en las comunidades chiapanecas el PRI gana siempre con altísima votación. A veces con más del 100 por ciento. "Es verdad lo que tú dices", se ríe *David*, quien fue elegido para leer, el primero de enero, la *Declaración de la Selva Lacandona* en la toma de palacio municipal de San Cristóbal de las Casas. "Aunque no votamos, pero nos toman en cuenta de que sí ya votamos, así, agarrando la mano, dando nuestro cruz para que así votemos".

Llegar a uno de los CCRI-Comandancia General que integran el Ejército Zapatista de Liberación Nacional requirió un largo trámite de cortesías y mensajes intercambiados en la clandestinidad. Las fechas se cambian y el momento se posterga, según el vaivén de la guerra latente que vive Chiapas. Pero como a cada capillita le llega su fiestecita, la hora se fija.

El traslado a la profundidad del territorio zapatista, en la selva, demandó una compleja operación de seguridad ideada por el subcomandante *Marcos.* Los traslados principales se hicieron de noche. O, si aún hay luz del día, con una orden que suena a amable invitación: "Ahora va a dormir un rato, a cerrar los ojos".

Son varios los retenes que se abren silenciosamente o con una orden apenas susurrada: "¿Quién vive?", pregunta una sombra. "La patria", responde otra sombra.

Y también hay que intercambiar contraseñas en clave con sabor a poesía maya: "Hay en nosotros un solo rostro y un solo pensamiento. Nuestra palabra camina con verdad. En vida y muerte seguiremos caminando. No hay ya dolor en la muerte, esperanza hay en la vida. Escojan".

Hay un puesto de revisión y descanso a media noche, en el corazón de una aldea sin nombre. Es una ermita católica, con su pobre crucifijo, su Biblia y sus santos, su techo con guirnaldas de papel de china y su alfombra de juncia (la flor de pino que en Chiapas y Guatemala se usa en ceremoniales).

Dos guerrilleros bien armados, jovencitos –muchacha y muchacho–, custodian la puerta mientras un oficial indígena vuelve a revisar las credenciales de prensa. La cortesía es extrema. Las medidas de seguridad también. Relojes, grabadoras, mochilas y todo el equipo de trabajo del excelente fotógrafo Antonio Turok, de un grupo de televisión independiente mexicano y de estos reporteros, ya están en manos de una columna de milicianos que caminarán dos noches para llevarnos al lugar del encuentro.

Viajamos a caballo, y durante largos trayectos llevamos los ojos vendados, sintiendo las abruptas bajadas y subidas de la cabalgadura, el cruce de arroyos y sembradíos, tramos de densa vegetación. Llueve, escampa y vuelve a llover. A la luz del día nos ofrecen alojamiento en humildes chozas, descanso y café.

El lugar del encuentro, bajo enormes árboles, es custodiado por una columna que integran principalmente jóvenes, todos cubiertos con pasamontañas grises o negros. Su armamento es variado: M-16, R-15, AK-47 checas, carabinas, escopetas, fusiles.

Los muchos pares de ojos que brillan entre la cobertura de lana tejida, con el curioso y ya emblemático pompón sobre la cabeza, son muy parecidos. Ojos negros, rasgados. Ojos de la cultura maya, ojos de la selva.

Miradas escrutadoras de una cultura indígena que, según el comandante *David*, siempre fue para el gobierno mexicano, para el sistema político del país, nada más que una escalera.

"Pues es más fácil para ellos los políticos poner a nosotros los indígenas como escalera de ellos para que suban a su poder y cuando ya están en su poder, en su gabinete, pues se echan a olvidar."

La columna guerrillera, con una disciplina que se parece a la devoción, presenta armas y rinde honores cuando los seis comandantes indígenas se acercan ceremoniosos al pequeño claro elegido para la primera entrevista periodística que conceden.

Ramona, la única mujer y la única monolingüe (tzotzil) del grupo, representa a todas las indígenas de su zona en la comandancia general. Sin hijos, hace mucho que optó entre la maternidad y la vieja carabina que ahora abraza. Pequeñita, con las botas militares llenas de lodo debajo de su falda típica, es una de las más antiguas dirigentas de la guerrilla.

Al principio, los intelectuales que analizaron los primeros pronunciamientos de la guerrilla zapatista concluyeron que ésta no era netamente de origen indígena, puesto que en su agenda figuraba el tema de la democracia política.

De eso, de la visión del indígena insurgente sobre política y democracia, habla el CCRI en esta segunda parte de la entrevista:

Moisés: sí, señor Salinas y señor Camacho nos han hablado de que haya democracia, que haya justicia, pero nosotros no entendemos qué clase de democracia, porque cada elección que se hace, pues sólo hay la imposición del gobierno. No nos toman en cuenta.

Javier: Salinas dice, pues, que ahorita ya hay un candidato para la Presidencia, que es posible, pues, va a ocupar la Presidencia de la República, es Colosio. Y nosotros como campesinos, como indígenas, es allí la desconfianza. Porque este precandidato ningún campesino ni un indígena ha dicho que Colosio va a quedar como Presidente. ¿Y quién lo ha elegido a ése? Un grupo de personas que ocupan los grandes poderes: los legislativos, los senadores. Son ellos los que han elegido a esta persona, mientras cuando Colosio sale a hacer precampaña dice que ya es elegido del pueblo. Ni un campesino ni un indígena ni una mujer indígena campesina ha dicho que va a quedar esa persona.

"Por eso estamos claros de que la democracia de que habla Salinas es una burla para nosotros. Nos hace como muñecos, como títeres para que apoyemos, para ellos suban al poder, eso es lo que sentimos. Y todavía dice Salinas: Colosio ya no se puede cambiar, ya es un candidato de fuerza. Pero, ¿cuándo hemos elegido nosotros los campesinos? ¿cuándo ha venido a preguntar Salinas para nombrar como nuestro candidato a ese Colosio?

"No lo hemos elegido. Entonces, aunque dice mil veces, cien veces Salinas que hay democracia, totalmente no hay democracia en nuestro país. "

–¿Y por que siempre el PRI gana en Chiapas tantos votos? Gana 90 por ciento... muchos, a veces hasta más –se le pregunta.

–Nosotros estamos conscientes de que no es así, sino que es puro fraude. Aunque no votamos, pero nos toman en cuenta de que si ya votamos, así, agarrando la mano, dando nuestro cruz para que así votemos.

"Porque saben los gobernantes, saben los precandidatos, que los indígenas es más fácil para poner como escalera de ellos para que suban a su poder, y cuando ya están en su poder, en su gabinete, pues se echan a olvidar.

"Cuando vamos a pedir solución, la única respuesta que nos ha dado es la represión, el tortura, desaparición, asesinato a nuestros dirigentes. Ésa es la solución que hemos recibido, por eso nosotros no vamos a olvidar de nada. Tenemos que avanzar en nuestra lucha hasta ya cambiar las cosas.

"Una de las cosas también que los candidatos, los priistas, que son los únicos que han llegado a la gobernación y a la Presidencia. ¿Por qué el pueblo ha apoyado? Pues hay varias maneras: uno, aprovechando la ignorancia del campesinado indígena por el analfabetismo, porque el gobierno conoce concretamente que los campesinos indígenas no saben pensar, no conocen ni una letra, no sabe opinar, creen lo que les dicen. Por eso, el gobierno cuando hace su campaña le llevan un chicle, una galleta, le avientan al campesino, al pueblo, y por no saber pensar, por la ignorancia que no se ha sacado, por falta de educación, por falta de muchas cosas, por eso el pueblo campesino acepta, aunque una basura que le dan. ¿Por qué? Por falta de experiencia, por falta de conciencia, por falta de educación, por falta de muchas cosas.

"Por eso el gobierno ha ganado siempre su elección, pero la otra parte, para ganar la votación no es porque el pueblo ha votado, aunque por su ignorancia, por el analfabetismo. No. De por sí la mayoría de la gente no ha votado, pero desgraciadamente esos fraudes que hacen esos priistas, montones y cajas de papeles que gana una persona para dar su voto, que los llenan sus papeles para que al rato tanto el candidato dice que el pueblo ya votó, ya apoyó al priista, pero eso no es cierto, pero eso es lo que ya no queremos.

"Por eso nosotros, como ya dijimos, para gobernar al pueblo, según ellos, si nos ven, si nos reconocen con nuestro trabajo nos van a joder; cuando no, ellos van a ver.

"Por eso nosotros ahorita ya no alzamos nuestras armas para pedir un dulce como antes o que nos den dinero, que nos den una sombrero para taparnos nuestros ojos. Lo que vamos a pedir nosotros: libertad, democracia y justicia. Eso es lo que vamos a pedir. No estamos pidiendo un dulce ni un pan ni una playera que nos dé el gobierno, así como lo ha hecho siempre."

–¿Como puede acabarse el caciquismo en Chiapas? ¿Qué proponen?

–Para que se acabe el caciquismo en los pueblos es necesario que el mismo pueblo tome conciencia, que el pueblo hable, se manifieste, pero si el pueblo va seguir siempre allí, callado toda la vida, pues los caciques van a estar felices en su poder, porque van a tener el poder político, el poder económico, el poder de todos los niveles. Si el pueblo empieza a tomar conciencia tiene que reclamar sus derechos, tiene que decir que ya no me sigan dominando los caciques.

"Pero mientras el mismo pueblo también se deja manipular todavía por los caciques y esos caciques apoyados plenamente por el Estado. Pues el pueblo va a ser difícil que se salga de esa dominación. Pero desgraciadamente ahora hay mucha gente pobre, pobre realmente como nosotros, están apoyando a los caciques, al gobierno, están diciendo que los zapatistas son malos, asesinos, matones y no entienden que estamos luchando para que también ellos tengan una vida mejor. No entienden eso. Eso nos preocupa y nos da tristeza también que la gente tan pobre no entienda una lucha que tiene su causa justa, pero eso es porque están manipulados por los caciques."

–¿Cuántos comandantes integran el CCRI? ¿cómo está organizado?

–Somos un chingo, pues. Los que hemos venido aquí somos un poquito, fuimos comisionados nada más.

–¿Son cientos?

–En todas partes sí, podemos decir que somos como cientos de comité, porque hay comités por todos lados y somos muchos, pues.

–¿Y qué tiempo hace que se integró?

–El Comité, pues no hace años, más bien, pues hace unos meses todavía y cuando ya vemos que llegaba el tiempo de empezar ya nuestra lucha así más fuerte, pues sí se tuvo que organizar más, se tuvo que estructurarlo más.

–¿Y del subcomandante *Marcos* siguen ustedes para arriba? ¿La máxima autoridad son ustedes?

–La máxima autoridad es el Comité Clandestino.

–¿Y para abajo les sigue *Marcos*?

–Pues, *Marcos* es como subcomandante. *Marcos* tiene la facilidad del castilla. Nosotros todavía fallan un chingo. Por eso necesitamos que haga muchas cositas para nosotros.

–¿Quién manda en lo militar?

–La cuestión militar, sobre todo, el subcomandante *Marcos*... Nosotros, pues más la cuestión política, organizativa, pues. Sí.

–¿Por qué han participado hombres, mujeres y niños en la organización revolucionaria?

Todas las miradas se vuelven hacia *Ramona,* la pequeña comandante. "Bueno, pues..." y suelta una cascada de palabras en su lengua maya. Rápido se ordena que se presente una compañera combatiente de su misma etnia para traducir:

–Porque las mujeres también están viviendo en una situación más difícil, porque las mujeres, las mujeres son ellas que están más explotadas, oprimidas fuertemente todavía. ¿Por qué? Porque las mujeres desde hace tantos años, pos desde hace 500 años, no tienen sus derechos de hablar, de participar en una asamblea.

"No tienen derecho de tener educación ni hablar ante el público ni tener algún cargo en su pueblo. No. Las mujeres totalmente está oprimida y explotada.

"Levantamos tres de la mañana a preparar maíz y de ahí no tenemos descanso hasta que todos ya durmieron. Y si falta comida, nosotros damos nuestra tortilla al hijo, al marido.

"Nosotros exigimos que seamos respetados deveras como indígenas. Nosotros también tenemos derechos. Que se acaben todas las discriminaciones, que respeten, pues, nuestros derechos, que tengamos participación como pueblo, como estado, como país, porque nos han dejado así muchos de nuestros gobernantes cuando los ricos nos han dejado así como escalera.

"Y mi mensaje, que como las compañeras mujeres están explotadas sienten como que no están tomadas en cuenta ellas, como que sienten que están muy explotadas, que ya se decidan a levantar el arma, como zapatista."

ENTREVISTA A *MARCOS*

por los enviados de *La Jornada*,

4 al 7 de febrero

Blanche Petrich y Elio Henríquez, I. Selva Lacandona, Chis. [*LJ*, 5 A 8/ii]. Es el estratega militar y también el vocero e intérprete de los zapatistas, el subcomandante *Marcos,* sólo mirada y voz:

"Como nunca, ahora que se viene el diálogo, el Ejército Zapatista necesita de la sociedad civil. Dependemos del resto del país."

También dice que la insurgencia chiapaneca está "completa y en su cancha", que su ofensiva militar de los primeros días de enero fue tan exitosa que ahora el EZLN tiene más gente, más parque y más armas.

Paradójicamente, habla de la decisión que han tomado los dirigentes del Comité Clandestino Revolucionario Indígena de ir a la mesa de negociaciones como un gran riesgo de quedar acorralados en una maniobra política. En ese caso, como cuando la Conquista, sucederá que "si tiene éxito el gobierno en aislarnos, como dicen los compañeros, va a suceder lo que les pasó a los chiapas en el Grijalva: los van a acorralar por el río y los compañeros, antes que rendirse, van a preferir aventarse al río que entregar las armas".

Finalmente, dice, la puerta del diálogo se abrió en un momento determinante, "cuando el gobierno federal se dio cuenta de que la aniquilación total de nuestra fuerza es improbable en el mejor de los casos, o imposible en la realidad".

Sarcástico y medio poeta, con una canana de tiros de carabina cruzada sobre el poncho negro, el líder militar del EZLN irá al diálogo sólo si su mando superior así se lo ordena. Pero no deja de pensar en lo que, nos dice, son sus "fantasmas": Chinameca y la imagen de Venustiano Carranza a espaldas del presidente Carlos Salinas a la hora de anunciar su amnistía.

También está la discusión de si saldrán armados o desarmados de la selva. Lo malo, dice *El Sub*, es que la Cruz Roja Internacional "no deja que haya más armas que la que Dios nos dio".

Habíamos llegado por un lado del monte y él, después de una corta espera, apareció por el otro, acompañado por una escolta de guerrilleros y guerrilleras con pasamontañas iguales al del jefe. El rocío de una neblina que a veces hace de llovizna llena de perlas la lana de su pasamontañas. A cada rato debe acomodar el agujero de la boca para dejar pasar la voz.

El tema del diálogo es el que más le preocupa:

–Acabamos de recibir el ultimátum de Camacho. Lo están contestando los compañeros; son algunas cuestiones concretas, como si llevarán armas o no, si va a entrar la Cruz Roja Internacional para garantizar la neutralidad y esas cosas. Y bueno, la Cruz Roja Internacional no deja que haya más armas que la que Dios nos dio. Esa es la única arma que se puede llevar.

"Y está pendiente si se va a incorporar lo de la política nacional. Porque los compañeros dicen que aunque no sea resolutivo, tiene que aparecer. Y está bajo protesta lo de fuerza política en formación. A los compañeros eso les encabronó mucho. Resulta que ahora los indígenas ya no son niños sino adultos en formación.

"En realidad, lo de ahora es un monólogo. Ahorita los compañeros están diciendo que tendrán que ir a dialogar. Tendrían que hacerlo, pero con la sociedad civil, sólo que ahorita no hay muchas opciones por el cerco militar."

–El comisionado para la Paz, Manuel Camacho, habla de un diálogo en la selva.

–No, nosotros estamos pensando que el diálogo sea en la ciudad.

–¿Volver a San Cristóbal?

–No, no estamos pensando en San Cristóbal. Ahí hay problemas. Tendrá que ser en un lugar en donde ellos se obliguen a responder por la civilidad. Nosotros no queremos que sea en la selva porque si Camacho entra y le pasa algo, o sea, le hacen algo, van a decir que es por culpa nuestra. Nosotros no podemos garantizar aquí la seguridad. Ni de Camacho ni de don Samuel.

–¿En el Distrito Federal?

–Sí, si quieren aniquilarnos por asfixia, pues sí pueden llevarnos ahí. Lo que no pudieron hacer los *rockets* de Godínez lo va a hacer el *smog*.

El encuentro, casi como de viejos amigos con ese rostro desconocido, fue a las doce del día y duró hasta que, cerca de las ocho de la noche, nos despidió con un "este muñeco se pasa a otro aparador". Hubo análisis militar, discusión política, confesiones personales, reclamos a la prensa –"hay muy poca prensa honesta"– y muchas anécdotas de la toma de San Cristóbal de las Casas, con la cual el EZLN lanzó su "ya basta" el primero de enero.

Antisolemne, califica la lucha armada zapatista de antidogmática:

—Vemos en realidad a la lucha armada como parte de un proceso más amplio, más complejo que puede llegar a ser determinante, depende de cómo vaya el proceso. Tan es válida que esa repentina atención del gobierno federal a la cuestión indígena viene después del primero de enero. El culto al liberalismo social y todo lo que eso conllevaba de pronto queda a un lado, nadie habla de eso ahora, y el éxito de la economía mexicana de pronto se pone en entredicho; el mito genial de la pobreza en México vuelve a resurgir y provoca que hasta los sectores más reaccionarios del gobierno federal aparezcan estos días dándose golpes de pecho; ahora dicen "sí, pobrecitos indios, ya no lo vuelvo a hacer y déjame pues ayudarte". Nosotros estamos claros y pensamos que las organizaciones no armadas a nivel nacional se han dado cuenta de eso, de que fue producto de esto el levantamiento armado de la desesperación.

Explica por qué sus comandantes del CCRI decidieron ir a la mesa, a pesar de estar concientes del riesgo de una trampa política: "pensaron que a la sociedad civil no le haría mal escuchar al comité. En concreto, no le haría mal ver que no son narcotraficantes cubanos, *Boogie el Aceitoso* o mercenarios desempleados después de las guerras centroamericanas, como dice Godínez. Que vean que son seres humanos, indígenas además, que son los que dirigen y que dicen lo que dicen".

Su inspiración, como estratega, es "Pancho Villa, en lo del ejército regular; Emiliano Zapata, en lo de la conversión de campesino a guerrillero y guerrillero a campesino". Lo demás, dice mientras la columna hace algunos ejercicios, lo sacamos de un manual del Ejército Mexicano que cayó en nuestras manos, de un manualito del Pentágono y de unos textos de un general francés que ya no me acuerdo como se llama".

Pero sobre su visión de la guerra de guerrillas es más serio:

—Vemos la lucha armada no en el sentido clásico de las guerrillas anteriores, es decir, la lucha armada como un solo camino, como una sola verdad todopoderosa en torno a la cual se aglutinaba todo, sino que nosotros siempre vimos desde el principio a la lucha armada como parte de una serie de procesos o de formas de lucha que van cambiando; algunas veces es más importante una y a veces es más importante otra.

Lo piensa antes de sentarse en el banquito hechizo que se preparó para la entrevista: "¿Ya me prepararon mi paredón o qué?" Pero se sienta. Y la entrevista empieza.

–La chispa de su ofensiva no prendió, no se convirtió en insurrección, la gente no puso barricadas, no se levantó en la ciudad...

–Nosotros no esperábamos eso, no esperábamos que la gente de México dijera: 'Ah, miren, ya están los zapatistas, ahora nosotros también', y agarraran los cuchillos de cocina y se lanzaran en contra del primer policía que encontraran (¿de civil?). Nosotros pensábamos que la gente iba a decir lo que dijo: 'Algo está mal en este país, algo tiene que cambiar', porque si algo no se les puede cuestionar a los campañeros del Ejercito Zapatista es que realmente no nos dejaron otro camino. Nadie puede decir: "No, es que ustedes debieron probar las elecciones".

"Cómo es posible, pues, que el estado de Chiapas tuviera tal porcentaje de votos a favor del PRI y sea el mayor porcentaje de alzados en esos municipios. Allí se ve que hay un fraude electoral gigantesco.

"De los caminos legales para conseguir tierra, está la reforma al artículo 27. De la sobrevivencia con los finqueros conviviendo a un lado. Realmente, pues, no había otro camino. En cambio, había el otro peligro: que la gente dijera: 'No, son narcotraficantes. No, son agentes del imperialismo social soviético', bueno, ése ya no existe: social chino, pues ése ya está por otro lado. No se cuál. O agentes de la CIA o cualquier otra cosa, pues, o sea que la gente no viera realmente cuáles eran las causas que animaban este movimiento, y eso le daría margen al gobierno para una represión con el pretexto que ahora está de moda, que es el del narcoterrorismo o narcoguerrilla.

–¿Y por qué ese momento? La entrada del TLC, el año electoral.

–Es como el mito del pasamontañas. Nosotros nos ponemos el pasamontañas porque hacía mucho frío. De pronto a la gente le pasa mucho el pasamontañas y así queda el pasamontañas.

"Nosotros no habíamos planeado atacar el primero de enero. El Comité Clandestino, hace un año, a finales de enero, dice: 'Nos vamos a alzar en armas", y me da la orden: 'A ver, tú te encargas de eso, te damos un plazo, en ese plazo escoge'.

"Y nosotros probamos varias fechas. Pero teníamos que tomar en cuenta muchas cosas. Por ejemplo, teníamos que tomar en cuenta que tenía que ser algo que dejara claro que no era narcoguerrilla. Tenía que ser algo sobre las ciudades, no podía ser algo en el campo que finalmente dijeran: no, pos allá quedó en la selva, como hicieron cuando la sierra de la Corralchén, en ese cuartel que nos encontraron, dijeron no, que son talamontes, son mariguaneros y otras cosas que decían; que no, que son guatemaltecos. Nosotros no podíamos hablar porque estábamos pensando y esperando ver qué pasaba.

"Estaba el otro problema, de la población civil. Si nosotros atacamos las ciudades, qué va a pasar con la población civil y sobre el guerrillero, más que la causa, pesa la población civil. Para un guerrillero, pues, está morirse por su causa, pero está dispuesto a morirse antes de hacerle daño a un civil. No checa, pues, es algo que le duele más que que lo agarre el Ejército.

"A partir de entonces los compañeros empiezan a tomar en cuenta aspectos logísticos para el alzamiento, no políticos. Es decir, por ejemplo, cuándo pueden conseguir más reserva de alimentos, pensando desde un principio en una guerra larga, en que nos cercan, que nos avientan contra las montañas. Entonces, tiene que coincidir después de la cosecha, cuando se puede juntar dinero.

"En esa decisión de alzarse en armas no se toma en cuenta, la verdad, la política nacional. No es tan importante, pues, para los compañeros. A tal grado es la desesperación que ya no queremos aguantar más, que no importa si hay condiciones internacionales o nacionales."

–Y ahora que hay una propuesta de negociación, ¿qué pasa con las armas? Se prepararon diez años para la guerra...

–O sea, es un riesgo que el gobierno logre aislarnos políticamente a nivel nacional, presentarnos como ultras desesperados, intransigentes, todo lo que se ha estado manejando, y la sociedad civil diga: 'Sí, viva la paz, mueran los ultras', nos dejen solos.

"Evidentemente allí es donde la opción militar vuelve a surgir. Y créeme que los compañeros no le van a dudar, si hay que morir lo van a hacer. Pero en este caso va a ser una carnicería, no nos vamos solos ni nos vamos a otro sitio."

–¿Sienten que están siendo acorralados?

–Sí. Definitivamente. Nos están diciendo: nos arreglamos aquí o no nos arreglamos. O endurecimiento, como dicen. Ahí hay un cambio raro en Camacho y al Comité (CCRI) le extraña el cambio de tono. No sé si se le ocurrió a *monsieur* Córdoba esa idea absurda de fuerza política en formación, pero si hay una aberración jurídica es ésa que está diciendo.

"Los compañeros dicen: no, pues que fuerza política en formación, en realidad es fuerza militar en aniquilación. O sea, es lo mismo, pues. Los compañeros son más duros todavía porque dicen: es que seguimos siendo niños chiquitos, nomás que ahora no nos van a decir niños chiquitos, sino que van a decir adultos en formación, pero nos van a seguir tratando como niños."

–¿Y aun así se van a sentar a platicar?

–Nosotros pensamos que en esa situación le debemos una respuesta no al gobierno ni a Camacho, sino a la sociedad civil. O sea, nosotros queremos sentarnos a hablar con la sociedad civil.

"Sí sabemos que Camacho va a decir sí o no a lo que le digan desde arriba. Pero nosotros tenemos esa deuda con la nación, con la patria tal vez, pero no la de ellos. Tenemos que responder si se da ese proceso acelerado de 'extermínenlos, perdónenlos'.

"No es por nuestro éxito militar ni por la sapiencia de Córdoba de que entiende que hay que negociar y le aconseja así a Salinas, sino es que algo pasa en la sociedad que nos dice: no puedes hacer eso, tienes que buscar otra forma."

–En la última posición de Camacho se reduce el problema del Ejército Zapatista de negociar con ustedes, a la dimensión chiapaneca o indígena. Ustedes reclaman que tienen una dimensión nacional. ¿Cómo debe ser abordado lo nacional, lo mexicano, no sólo lo chiapaneco, en una negociación con el Estado, y hasta dónde el Estado puede ofrecerles a ustedes propuestas o respuestas a lo que ustedes piden?

–Bueno, los compañeros son muy claros: es una mentira pensar que nuestros problemas se van a solucionar a nivel estatal. Estoy hablando de gente muy política, que puede no manejar muy bien el español, pero muy clara y que tiene una jerarquía sobre la gente de que los siguen a donde sea, por eso llegaron miles a las ciudades, porque los están siguiendo a ellos, y dicen: nosotros tenemos una serie de problemas y nosotros creemos que esto se va resolver con el cambio de Setzer o de Patrocinio, nos estamos engañando nosotros mismos y estamos engañando a nuestras gentes.

"Nosotros sabemos que esto sólo se puede arreglar si más arriba hay otro cambio. Dicen: es que nos están cambiando las hojas del árbol y las raíces están malas. Lo que nosotros decimos es: levantemos la raíz y volvamos a sembrarlo. Los compañeros dicen claramente: nosotros tenemos una propuesta, y hemos dicho claro que no se las vamos a imponer a nadie. No vamos a decir: bueno, aquí nosotros pensamos que la sociedad mexicana va a ser así y al que no, lo fusilamos, mientras nos dejen y tengamos la fuerza bruta.

"Entonces, decimos: hagamos un trato, pues, un espacio democrático, y el que convenza a la gente, ése que gane. Si ganamos nosotros, pues ganamos nosotros; si gana otro, pues... Pero no hay ese espacio, y ese espacio es nacional, es absurdo que alguien piense todavía que es posible resolver eso, ni siquiera a nivel estatal, ni siquiera a nivel regional. Tendrían que cambiar muchas cosas para que fuera posible eso.

"No puede ser que la nación no nos quiera escuchar en esta propuesta política nacional.

"No se vale que Camacho diga que no va a negociar con un grupo armado la política nacional. Los compañeros piensan que en realidad el gobierno está lavándose las manos antes de llegar a un acuerdo, y si se llega a un acuerdo, pues sería para no cumplirlo. Los compañeros dicen que nos quieren aislar, que nos quieren poner de rodillas; el dilema es falso, no es paz con democracia, para nosotros es paz con dignidad o guerra con dignidad, pero sentimos que tenemos esa deuda con la sociedad civil."

–Sobre la negativa de Camacho a incluir en la mesa la cuestión electoral...

–Ellos no quieren que se toquen temas sobre los que hay consenso. Ellos van a decir: bueno, los pobres indígenas están muy pobres, sí, están muy pobres y por eso los vamos a ayudar, y luego dirán que primero les entreguemos las armas. Esa maniobra está muy clara y parece que la sociedad no lo quiere ver. En el último comunicado los compañeros interpelan a la sociedad civil y le preguntan por qué no dicen nada, como si no se dieran cuenta de lo que está pasando. Cómo es posible que haya un pacto de civilidad... y unas horas después viene el "no se hagan bolas" y nadie diga nada. Es como si no hubiera habido un primero de enero, como si nada hubiera pasado.

–¿Piensan que el Estado tiene capacidad, tal y como está ahora, de democratizarse?

–No, si no los obligan no. Si hay alguna reforma política que encamine realmente la democracia, tendrá que ser resultado de la presión de la sociedad civil; nosotros dejamos eso claro, ese espacio político no va a salir de nuestras oficinas.

II

El subcomandante *Marcos* es un enigma que goza siéndolo. "*Marcos*, no sé quién es... un pasamontañas de nariz pronunciada". Puede ser cualquiera.

Ronda los cuarenta, calculamos. Ojos castaños claros, no verdes. Sangre fría y buen humor. Según cuenta, cierto día tuvo que elegir un camino "Yo me imagino que todos tienen que elegir alguna vez: o seguíamos una vida cómoda, materialmente cómoda, o éramos consecuentes con un tipo de ideas. Nosotros tuvimos que escoger y ser consecuentes y pues...: aquí estamos". Considera que acertó.

Como ladino, cierto día llegó a la selva chiapaneca. Lo que sucedió despues lo relata en esta entrevista:

–Cuando nosotros llegamos empezó la cuestion militar. Cuando yo llegué no había nada. Llegamos y empezamos. Veníamos, a nivel nacional, de un proceso parecido al que ahora se vive en el estado: se cierran las salidas políticas, se abre una división extra en los dos Méxicos que en realidad son tres: el México de los poderosos, el México que aspira a ser de los poderosos y el México al que nadie toma en cuenta. En Chiapas son los indígenas, pero en otros lados tienen otros nombres.

"De ahí venimos, de que algo había de hacer."

–¿Generacionalmente vienes del 68?

–¿No que tengo 25 años? Esa es mi media filiación. Como dice Krauze, no puede ser que agotaron las vías políticas porque si tiene 25 años tenía seis cuando el 68. Ya en serio, sí, definitivamente después del 68, pero no mero el 68. Porque según supe después –aquí en la montaña no se saben muchas cosas– se puso muy de moda que todo mundo había estado en 68. No, yo no. Yo estaba chavito. Pero sí vengo de todo lo que vino después, principalmente los fraudes electorales, el más escandaloso el de 1988, pero otros también.

–No ha de haber sido fácil...

–La Selva Lacandona, para un ladino, es lo peor que te puede pasar. Peor que un programa de *24 horas*. Nosotros entramos aquí en un proceso de enseñanza-aprendizaje. Los compañeros me enseñaban lo que saben de las montañas y yo lo que yo sabía. Y así fue como empecé a agarrar grado: subteniente, teniente, capitán primero, capitán segundo y subcomandante. Allí me hicieron el examen de prensa y me reprobaron, me quedé como subcomandante.

–Se nota que no te hemos caído muy bien los periodistas...

–Me preguntaron el día primero por qué era subcomandante. Les dije que para ser comandante me falta aprender a tenerle paciencia a los periodistas. Nunca lo he aprendido. Pérame: los hay buenos y hay malos. Es que por aquí se ha metido Juan de la Fregada. Hace poco llegó uno que ofreció leche y chamarras a cambio de una entrevista. Eso ofende mucho a los compañeros. Chamarras tenemos y leche es lo que nos sobra.

–Bueno, llegaste a la selva, ¿y luego?, ¿cómo surgió la guerrilla?

—Pensamos, por supuesto, en la lucha armada. Pero no como único camino, no como la única posibilidad aglutinadora de todo esto, sino como parte de algo más amplio que había que preparar, asimilar. Y yo creo que acertamos porque seguimos el camino correcto. No nos aventamos a asaltar bancos, a matar policías, a secuestrar, sino que nos dimos a aprender sin que nadie nos enseñara porque, ya te digo, que alguien llegara de México y dijera: yo voy a hacer guerrilla, ayúdenme, pues no, estábamos clamando en el desierto. Y hasta el 3 de enero seguíamos solos.

—¿Son muchos ladinos en el EZLN?

—Somos la inmensa cantidad de tres.

—Asociemos algunas ideas. ¿Amor?

—No sé tú qué generación seas, pero a nosotros nos educaron con algo que se llamaba amor para la patria y así crecimos. Decimos amor a la patria y decimos muchas cosas, y eso es lo que pusimos encima de todo. Hay una anécdota: cuando estaban votando la guerra, porque el otro escándalo es que esta guerra la votaron democráticamente, no fue decisión del Comité sino que los Comités pasaron a preguntar a cada hombre, a cada mujer, a cada niño si ya era tiempo de empezar la guerra o no. Hicieron actas y firmas que deben estar por ahí o ya las quemaron, no sé dónde quedaron esas actas de centenares de comunidades. Entonces en una de ellas argumentaban los indígenas que estaban allí reunidos: 'Porque nosotros, lo que no estamos de acuerdo es que nuestro país se venda al extranjero. Como quiera, morir de hambre pasa, pero lo que no pasa es que en este país mande otro que no sea mexicano'.

"Claro, en la concepción de algunos intelectuales, esta conciencia de patria o nacional no es posible en un indígena, pero es que no conocen a estos indígenas."

—¿Indígena?

—Ahorita es el máximo ejemplar de lo que debe ser un mexicano digno y honesto, no sólo en Chiapas sino en todo el país. Ellos son ahorita la vanguardia de este país, sin querer decir eso implicación política; la vanguardia humana, pues. Todo lo que han dado y lo que están dispuestos a dar, sabiendo que no van a cosechar nada, porque a estos no les pueden ofrecer embajadas, son analfabetas, ni modo que les digan: no, pos si te calmas te doy una embajada en tal lado.

"No les pueden dar nada más que plomo en todo caso, y como quiera están haciendo lo que están haciendo y con esa dignidad y esa democracia dentro de lo absurdo que es lo militar en una guerra, es una lección que este país tiene que aprender si quiere seguir siendo país."

–¿Muerte?

–Para nosotros es vida, en esa lógica tan absurda de una muerte cotidiana que se hizo tan normal en estas situaciones. Es vivir, pues, es una alegría. Cuando cumplimos un mes de que empezara la guerra, se hizo fiesta para recordar a los compañeros que murieron. Decían: es que su muerte la vemos con alegría porque es vida para otros, en ese lenguaje tan crítico, pero tan rico al mismo tiempo.

–¿Victoria?

–Victoria... a veces tan lejos! Nosotros pensamos en que el fruto de la victoria le va a tocar cosecharla a otros. Ahorita para nosotros victoria quiere decir sacrificio y a otro le va a tocar realmente recibir esa "V".

Definitivamente, es un chocarrero este *subcomanche*. Lector atento de Monsiváis, Aguilar Camín, Krauze. Cuidadoso de la imagen que proyecta.

"Mira lo que cargo, y dicen que los jefes vamos mejor armados que los combatientes", y saca de su funda la carabina 22. Viejita pero bien cuidada. Los cartuchos rojos como pilas *Eveready* que lleva en la canana son sus proyectiles. Cualquiera de su escolta va mejor armado que él. Por ejemplo, el mayor *Pedro*, responsable de la armería del EZLN. Y la mayor *Ana María*, comandante de la operación para tomar el palacio municipal de San Cristóbal. Y el teniente *Romeo*, responsable de nuestra seguridad en esta incursión en territorio zapatista.

Sólo que no menciona el otro pistolón que lleva al cinto, ese sí amenazador. Otro detalle: fuma pipa.

Es un apasionado de la estrategia militar, de la cual presume:

–Qué caray, ustedes no preguntan nada de la guerra. Pregunten, órale. La toma de San Cristóbal es todo un poema... (Por eso, lector, no se pierda la tercera parte).

Y es, desde luego, lector de *La Jornada*. Manda recados: al cartonista *Magú*, "una mentada de madre". Al fotógrafo Pedro Valtierra, de *Cuartoscuro,* en respuesta a su petición de un destape en exclusiva en *El Correo Ilustrado,* le manda decir que "ya mero le da fecha".

Calculador también: "¿En cuánto podré cotizar mi pasamontañas? ¿Tres mil, siete mil dólares?"

Rápido para las respuestas:

–En toda esta historia de la guerrilla zapatista aparece el sello de la Teología de la Liberación. Incluso se ha responsabilizado al obispo Samuel Ruiz del levantamiento...

–Eso de ligar a la Iglesia con nosotros es un recurso, como pasó con lo de los extranjeros, y con aquella frase de profesionales de la violencia. Ya pasará de moda. A muchos sectores les molesta el papel protagónico de la Iglesia, no de don Samuel. No hubo ningún apoyo, ni siquiera beneplácito, aprobación de nadie de la Iglesia. Al contrario: algunos pues que se daban cuenta de que estaba preparándose algo, insistían mucho en que era una locura, que era absurdo.

–¿No crees que los actuales zapatistas llegaron a la conciencia de la necesidad de rebelarse a través de la prédica de la Teología de la Liberación?

–No, creo que no. Porque más bien el trabajo de la Iglesia o de la diócesis –en este caso de San Cristóbal– de don Samuel, que abarca toda la selva y todos los municipios de Los Altos, fue al revés, pues, fue que tenían que buscar una opción de vida, por la participación de la vía política, por buscar medios de subsistencia autónoma. Ellos insistían mucho en los proyectos de autosuficiencia, de salud comunitaria, todo eso. En realidad, todo el proyecto de la Iglesia que se les presentaba a los compañeros era lo que ellos llamaban el proyecto de vida, mientras que el nuestro era el proyecto de muerte.

"Lo que pasa es que fracasó y los compañeros se dan cuenta de que no hay tampoco opción por ese lado. Si se organizan en cooperativas, se las truenan. Si se organizan para pedir tierra, los rechazan. Se organizan para tomar la tierra y los matan. No tienen salud, se mueren. Yo pienso que allí es donde se da el *boom* zapatista de miles.

"No le crean al Pentágono eso de que mil 500. Son muchos miles, producto de esa política arbitraria, injusta, autoritaria, llevada a su máxima irracionalidad, tan irracional que nosotros para ustedes no existíamos.

"O sea, la muerte nuestra no existía. Nuestra, hablo pues por los compañeros. Tienen razón los neopositivistas cuando dicen que las cosas existen en tanto que son nombradas. La muerte chiapaneca no existe hasta que alguien la nombró, pero ya existe."

–La nombraron muriendo..

–Sí. La nombraron muriendo de esta forma, porque como quiera nos moríamos. Fue hasta que ustedes voltearon a ver, o sea la prensa, que la nombraron.

–Don Samuel dice que ustedes han llegado a la conclusión, errónea dice él, de que todas las puertas están ya cerradas. Él opina que no, que algunas están aún abiertas...

–Sí, sabemos que él opina que había posibilidades dentro de la democratización de la sociedad, participación política, había otras formas de organización económica, que superaran los límites de la reforma al artículo 27. Pero los compañeros tienen mucha experiencia en eso, pues se probaron realmente todos los caminos. Ellos son finalmente los que deciden esto, dicen ya basta. Lo dijeron primero y nadie oyó. Entonces a mí me dicen: 'Ya, no vamos a esperar más, te vienes con nosotros o te quedas, nosotros pensamos que ya'. Y yo les digo: 'Pero no, es que miren, que la correlación de fuerzas internacionales, que la situación nacional, que reforma política, que el Tratado de Libre Comercio, que la opción política, no va a haber consenso'.

"Y ellos dijeron: 'No, como quiera la muerte es nuestra y ahora vamos a decidir cómo la tomamos. Entonces, tú búscale a ver cómo, que salga bien, si se puede, y si no pues ni modo, pero escoge' y me dieron a escoger: 'Te vas con nosotros o te quedas', y yo escogí."

–Mucho se especula si ustedes son un grupo bien armado o no, si son financiados desde fuera o no. ¿Qué armamento tienen?, ¿de dónde viene?

–Son tres fuentes principales de aprovisionamiento: una pequeña parte viene de un acopio de hormiga, de comprar aquí y allá; otra fuente importante es la de la policía mexicana y el Ejército, en su parte de lucha antinarcóticos. Cuando ellos apresan a los narcotraficantes y les quitan las armas, sólo una pequeña parte de éstas es entregada a las autoridades, porque el resto va al *mercado negro*.

"Nosotros les comprábamos luego a ellos AK-47, M-16, y otras armas. Ellos pensaban que estaban vendiendo armas a otro grupo de narcotraficantes al que posteriormente le caerían para arrestarlo, quitarle las armas y volverlas a vender, un buen negocio, claro. Y la tercera fuente son las guardias blancas de los finqueros, que son entrenadas por oficiales de la seguridad pública y del Ejército. Tienen buenas armas, a finales del año pasado recibieron ametralladoras UZI. Y hay una cuarta fuente de aprovisionamiento que son las armas que tienen los campesinos en la mayor parte de México, escopetas de caza y otras cosas más rudimentarias. No tenemos la cantidad de armas que quisiéramos, ni las municiones. No hay apoyo extranjero."

–Y el grueso de los combatientes, ¿quiénes son, de dónde vienen?

–De la montaña, de la selva, pues. El EZLN pasó de una etapa a otra de un modo muy ordenado. Digamos que para los compañeros campesinos, el EZLN nació como un grupo de autodefensa, es decir, hay un grupo armado muy prepotente que es la guardia blanca de los finqueros que les quitan la tierra y los maltratan, y limita el desarrollo social y político de los indígenas.

Luego los compañeros vieron que el problema no era el de la autodefensa de una comunidad, o de un ejido, si no que era necesario establecer alianzas con otros ejidos, con otras comunidades y comenzaron a hacer contingentes militares y paramilitares más grandes, pero todavía con la idea de la autodefensa. Hubo un estancamiento hasta que el supremo gobierno tuvo la brillante idea de reformar el 27 y ese fue un poderoso catalizador en las comunidades. Esas reformas cancelaron toda posibilidad legal de tener tierra, que era lo que finalmente los mantenía como grupo paramilitar de autodefensa.

"Luego llegó el fraude electoral del 88 y ahí los compañeros vieron que tampoco el voto servía porque no se respetaba lo que era evidente. Estos dos fueron los detonantes, pero a mí se me hace que lo que más radicalizó a los compañeros fue la reforma al artículo 27, eso fue la puerta que se les cerró a los indígenas para sobrevivir de manera legal y pacífica. Por eso se alzaron en armas, para que se les oyera, porque ya estaban cansados de pagar una cuota de sangre tan alta.

"Aquí, cuando alguien se enferma y los familiares lo llevan al médico y éste les receta algo, entonces los familiares sacan cuentas sobre qué les sale más barato, si comprar las medicinas o comprar la caja. Así, de la manera más fría que uno pueda imaginar."

–Y la idea de la lucha armada, concretamente la de formar esta guerrilla tan singular, ¿cómo se implantó?

–Nosotros llegamos ya con campesinos, no llegamos los ladinos a meternos en la selva para luego organizarnos. Desde antes, buscándole caminos a la situación, encontramos algunos sectores campesinos indígenas aquí en el sureste y con ellos hablamos y con ellos entramos, nos entrelazamos y luego empezaron a formarse y tener trabajo de dirección. Ellos fueron los que dijeron bueno, hay que meterse aquí, con un grupo guerrillero que era mayoritariamente indígena.

"Los indígenas nos enseñaron a caminar por aquí, nos enseñaron a vivir de la montaña, a cazar, y ahí comenzamos a estudiar sobre armas. Así comenzó el EZLN, pero la primera fase fue de pura sobrevivencia, había que aprender a vivir de la montaña, hacer que la montaña nos aceptara. Siempre desde el principio fueron los jefes políticos indígenas los que hablaban con las comunidades, porque es imposible que acepten a un ladino."

–¿Ustedes se plantean tomar el poder a través de las armas?
–No. No pensamos a la manera maoísta de que el ejército campesino, desde las montañas, cerca a las ciudades. No pensamos eso, si no hay obreros no hay ninguna posibilidad política ni militar de nada.
–¿Ustedes son una fuerza nacional?
–En el sentido de que nuestras demandas fundamentales son nacionales y cuentan con simpatía, sí..
–En cuanto a los obreros, ¿hay alguna posibilidad de alianza, de interesar en su causa a los obreros de las zonas urbanas?
–Bueno, tendría que pasar que el EZLN incorpore entre sus demandas las demandas del movimiento obrero, no al modo de Fidel *Schwarzenegger,* claro. Yo lo que quiero que me entiendan es que cuando uno habla de muerte y de miseria en Chiapas, cuando uno habla de desesperación, pues es algo que acalambra. Por eso los compañeros dicen que ya basta, no hay eso de si hay o no consenso sobre la lucha armada: o nos morimos así o nos morimos de todos modos. Es mejor morir con dignidad, como lo han dicho muy claramente.
–¿Quiere decir que el EZLN no puede llegar a tener algunos puntos de coincidencia con el movimiento popular en otras entidades?
–Tendría que ser un espacio más amplio, en una bandera más grande. No sería dentro del EZLN; esa coincidencia con otros sectores tendría que ser algo más grande y amplio. Por eso hablamos de un movimiento nacional revolucionario. Ese punto de coincidencia tiene que ir sobre un punto más grande que el EZLN. Si alguien alza esa bandera, nosotros iríamos ahí...
–En cuanto a los diez puntos que ustedes plantean en su declaración, ¿tienen propuestas concretas para resolverlos?
–Sí. Los compañeros que van a ir al diálogo tienen claramente definido eso, lo que queremos.
–¿Eso implicaría crear autoridades regionales en las zonas donde están?
–Autonomía, dicen los compañeros, como la de los vascos, o la catalana, que es una autonomía relativa, porque ellos tienen mucha, mucha desconfianza de los gobiernos estatales. Por ejemplo, en el caso de los compañeros no es tanto el Ejército federal el que concentra sus odios; es la seguridad, es la policía estatal, la judicial, que si nos ven nos comen a pedazos. Pues entonces ellos dicen que hay que negociar un estatuto de autonomía donde nuestro gobierno, nuestra estructura administrativa, sea reconocida por el gobierno y podamos convivir así, sin que se metan con nosotros.

–¿Han analizado hasta dónde puede llegar a intervenir Estados Unidos?

–¿En contra de quién?, ¿de nosotros o de Salinas?

–Oh, pues de ustedes, claro...

–Pensamos que una intervención militar generalizada contra nosotros es poco probable. Pensamos que puede haber intervención, pero contra el proyecto del PRI. Los que están preocupados por la reunión del Congreso no somos los zapatistas. A nosotros eso nos deja inamovibles, la montaña para nosotros es el nacimiento y ha de ser también la muerte. El que está preocupado es el gobierno federal, creemos que es prematuro hablar de una intervención norteamericana.

–Dices que la falta de tierra fue el detonante de esta guerra. En este capítulo, ¿qué quieren? Reforma agraria, artículo 27, ¿qué?

–Estamos pensando que se tiene que plantear otra vez el tema agrario, pero un paso importante sería anular las reformas salinistas al 27; estoy hablando de gente que tiene tierra mala o que no tiene tierra. Lo que dicen los compañeros es que la tierra es la vida, que si no tienes tierras estás muerto en vida y entonces para qué vives, mejor peleas y mueres peleando, pues.

"Anular esas reformas salinistas no bastaría, pero sería un inicio para abrir un proceso más amplio de discusión donde se tomara en cuenta al campo y no el compromiso gubernamental en cuanto al TLC, que es el que en realidad orienta esas reformas al 27."

–¿Y sobre la democratización?

–Respeto a la demanda política. La Declaración de la Selva Lacandona sostiene que no puede haber un cambio democrático vigilado por un gobierno ilegítimo, o antidemocrático, si a ustedes no les gusta el término. Esto viene a demostrarse de una manera absurda después de que los ocho partidos políticos dicen: 'Ahora sí, democracia', el otro viene y dice: 'No se hagan bolas'. Nos preguntamos qué garantías puede haber hacia ese documento, qué esperanza puede haber. Por eso nosotros insistimos en que ese tiene que salir para que entre otro que diga: 'Ahora sí, peléense sin armas para ver quién gana.'.

Oscurece y arrecia el frío. El subcomandante ordena una parada militar y la columna presenta armas a los periodistas porque, les dice el jefe, "son buenas gentes". Y entonan para nosotros sus himnos, el *Insurgente* y *El Himno del EZLN*. Se canta con la tonada de *Carabina 30-30*

Vamos, vamos, vamos, vamos adelante
para que salgamos en la lucha avante

*porque nuestra patria grita y necesita
de todo el esfuerzo de los zapatistas*

De regreso al campamento se desata contando chistes y anécdotas. Como ésta, del primero de enero:

En la comandancia de la Policía Municipal de San Cristóbal de las Casas suena el teléfono durante la madrugada:

–¿Comandancia de la Policía? Oiga, queremos avisarles que mucha gente armada está entrando por acá, por la Diagonal Centenario.

–Está bueno. Ya estamos informados. No se preocupe. Todo está bajo control.

Quien contesta es *Marcos,* quien coordina la ocupación de las instalaciones policíacas. Atacado de risa, claro.

Poco a poco van subiendo la cuesta las compañeras de la cocina con grandes ollas de guisado y cubetas de café. Saludan militarmente: "Compañero miliciano".

Cuando está todo a punto, la mayor *Ana María* se cuadra. "Subcomandante, estamos listos para servir". Y *Marcos* da la orden: "Agarren".

Pero él no come. Claro, el pasamontañas. Y aún están ahí los periodistas.

III

Fue la inspiración de Pancho Villa en la sierra de Corralchén, con alguna que otra adaptación. Un *set* cinematográfico tipo Hollywood. Con piedras se formaron cuatro calles con sus letreros. Con bambú y adobe se realizaron fachadas de casas y de un hipotético palacio municipal. De madera se hizo un pequeño autobús al que le pusieron de letrero "82" regimiento y a lomo de ser humano se llevó hasta esta distancia una motocicleta de verdad, sólo con el fin de dar el toque realista al escenario. En ese set se ensayó la ofensiva de enero de 1994. Cuando el Ejército cayó en ese campamento medio año antes, en mayo de 1993, los generales de la fuerza armada dedujeron: "Este es el plan de un ataque contra Ocosingo". En realidad, era mucho más.

"Si te fijas –nos dice ahora, sobre los hechos consumados, el subcomandante *Marcos*– las fachadas de los palacios municipales de San Cristóbal, Margaritas, Ocosingo y varios más son idénticos". Así se entrenó el EZLN para las tomas de esas localidades.

Sólo una cosa reclama el autor de la estrategia: reconocimiento a su originalidad: "Yo no me copié la ofensiva del FMLN a San Salvador en 1989, yo me copié el ataque de Pancho Villa a Ciudad Juárez".

En los doce días de combate no siempre sucedieron las cosas conforme al plan del estratega del EZLN. Ocosingo fue un caso en el que no hubo un combate propuesto. El Ejército los rodeó por dos lados y la población civil quedó enmedio. En ese caso, cuenta *Marcos*, "nuestra tropa hizo lo que tenía que hacer, morirse por la población".

A pesar de su entusiasmo por el éxito logrado en ese su golpe maestro, la toma simultánea de cinco cabeceras municipales, admite con realismo:

"Ni podemos derrotar ahora al Ejército federal, ni el Ejército federal nos puede derrotar militarmente a nosotros. Lo decisivo en una guerra no es el enfrentamiento militar, sino la política que se pone en juego en ese enfrentamiento."

Mientras el subcomandante ladino habla, los comandantes indígenas –de uno de los Comités Clandestinos Revolucionarios del Ejército Zapatista de Liberación Nacional– presentes en la entrevista, asienten con la mirada:

"Asumimos que hemos tenido muertos. Nunca mentiremos sobre el número de nuestras bajas. Morir así, para nosotros, es un honor. Ahorita ya estamos viviendo de prestado."

Entre las armas y la negociación, entre la guerra y la paz, en la profundidad de su territorio, los zapatistas una cosa tienen clara: "Definitivamente, aún no es hora de entregar las armas".

Y sobre la influencia de las guerras de Centroamérica en la década de los ochenta en esta experiencia chiapaneca, señala: de los sandinistas, los zapatistas aprendieron la desconfianza a la opción puramente electoral. De los farabundistas, la desconfianza al desarme. Y de los guatemaltecos, sus vecinos más cercanos... esa es, tal vez, la única pregunta que quedó flotando en el aire.

Fuera de eso, la influencia es "puro Villa y Zapata, y los errores, lo que no debe hacerse, de las guerrillas mexicanas de los años setenta".

Ahora, en esta etapa de espera defensiva en su territorio, los zapatistas han empezado a minar carreteras, para evitar el avance de los blindados del Ejército por sus carreteras. El subcomandante *Marcos* pide que se informe de esto, sobre todo como advertencia a algunos periodistas que imprudentemente se cruzan los retenes del EZLN. "Ya nos pasó una vez. Un loco no obedeció la orden de detenerse y se siguió. Sudamos para desactivar las minas."

Mayo del 93: Corralchén

En mayo de 1993 el Ejército mexicano descubrió un campamento guerrillero en una localidad llamada Corralchén, municipio de Ocosingo. En él había, se dijo en ese momento, propaganda insurgente, restos de parque y una maqueta que revelaba ataques contra la cabecera municipal de Ocosingo. Pero la versión oficial se quedó corta. Había mucho más.

–El general Miguel Angel Godínez, comandante de la zona sureste dice que lo que ustedes hicieron los primeros días de enero fue una acción propagandística y que fue un completo fracaso...

–Sí fue una acción propagandística y fue un completo éxito. Lo que sea de cada quien, fue una maravilla militar que es de la que nadie quiere darse cuenta, porque ahorita todos dicen que el que hable de las cosas militares es un guerrerista, un irreflexivo que no se ha dado cuenta de que la vía violenta no es un camino para México. Por eso yo creo que entre la prensa y los intelectuales, le han sacado la vuelta a la cuestión militar. Nosotros íbamos a empezar a las cero horas del día 31 de diciembre con los cohetes del Año Nuevo. Habíamos tomado en cuenta que no había población civil, porque eran vacaciones. La mayoría de la gente estaba en sus casas, no iba a andar en las calles si hubiera un tiroteo. Los oficiales del Ejército federal iban a estar de vacaciones o si no que explique Godinez dónde estaba su cuerpo de oficiales. Yo si sé dónde estaba cada uno. Y el país entero estaba relajado.

"Y te voy a decir de una vez cómo lo hicimos, porque si no van a decir que copié la ofensiva del 89 en El Salvador. Nosotros agarramos lo que hizo un señor que se llamaba Francisco Villa cuando atacó Ciudad Juárez, Chihuahua. Si se acuerdan ustedes fingió el ataque a Chihuahua y luego le cayó a Juárez.

"Nosotros amagamos el ataque a Ocosingo, y si revisas la prensa, tres días antes se supo en todo el país que un grupo de guerrilleros estaban en San Miguel (cercano a Ocosingo) y todo mundo se hizo pato.

"Entonces allí fue donde el enemigo pensó que íbamos sobre Ocosingo y nosotros empezamos a mover tropa y media hacia San Cristóbal. Cuando ellos se dan cuenta, pues esperan el ataque a Ocosingo, la sorpresa en San Cristóbal de las Casas, allí se espantaron."

–¿Qué pasó en mayo pasado realmente en la sierra de Corralchén, cuando les cayó el Ejército? ¿Fue una acción que ustedes buscaron o fue fortuita? (En esa ocasión este enviado, Elio Enríquez, reportó el operativo militar que cercó Corralchén y descubrió un campamento guerrillero cuando ya los zapatistas estaban lejos de ahí).

–No, fue un accidente. Nosotros pensamos que, o fue un chivatazo o fue un accidente que esa columna de soldados llegara a nuestro cuartel. Lo que es cierto es que esa misma noche ni un zapatista estaba en esa sierra. O sea, nosotros salimos del cerco inmediatamente y todos los combates posteriores eran entre ellos, nosotros ya estábamos replegados en la selva.

"Lo que pasa es que el Ejército atascó de soldados la sierra, entonces empezaron a avanzar las columnas, chocaron unos con otros y se mataron, nosotros contamos doce soldados muertos y seis heridos, pero así de morteros. Y es que en cuestión táctica si te falla la comunicación es difícil. Pero lo que nosotros suponemos es que el mando no dice me equivoqué y le pegué a los míos, sino que el mando dice son guerrilleros. Entonces Godínez empieza a aventar más y más soldados y se cierra el cerco.

"Nosotros en ese momento nos calmamos porque el CCRI dijo: si tocan los pueblos empezamos, si no, no.

"Pero ya estábamos esperando. El ejército cometió un error al retirarse, si ya estaba allí. Nosotros estábamos a punto de activar la ofensiva que estaba planeada para fin de año. De pronto, el asesinato del obispo Juan Jesús Posadas en Guadalajara. Luego el problema saltó a la prensa nacional y allí se paró, si no en mayo hubiera tronado y entonces me estarían preguntando en mayo".

–Dices que en la información que ha circulado casi no se toca lo militar. ¿Crees que hay un propósito deliberado de bajarle énfasis a lo militar, de reducir el fenómeno?

–Sí, a mí me parece claro que hay consenso en el gobierno, en ustedes y en la sociedad civil, que hay que mostrarle a todo el mundo que la vía militar no tiene ninguna opción.

–¿Por qué?

–No sé por qué. Nosotros demostramos en la ofensiva de enero que son posibles acciones militares de envergadura si se reúnen una serie de condiciones, y que esa sapiencia militar no tiene por qué buscarse en las guerrillas tradicionales o centroamericanas sino en la historia misma de nuestro país. Yo pienso que nadie le quiere meter a eso.

–¿Por que pudiera cundir el ejemplo, dirías tú?

–Sí, el ejemplo de intentarlo o de planearlo bien y de llevarlo a cabo alguna vez, no el ejemplo de agarrar de pronto las armas y atacar el palacio municipal. Se dice: éstos sí son indígenas desesperados, hambrientos, analfabetas, pero hicieron un plan militar, lo llevaron bien, lo concluyeron bien.

–A pesar de los aciertos militares del EZLN hay un cierto fatalismo cuando ustedes hablan de sus perspectivas, como que asumieron que no hay mucho futuro desde el punto de vista estrictamente militar.

–Como dijimos desde el principio, estamos viviendo de prestado. Yo tengo que ser sincero con la gente y decirle: esta vez que les escribo a lo mejor es la última, ésa es la verdad. No es cáncer ni sida, es que nos quieren matar. O nos matan los federales a balazos o los periodistas por una imprudencia.

–¿Cómo esperan lograr algo contra un ejército bien armado y con gran apoyo logístico?

–Bueno, lo decisivo en una guerra no es el enfrentamiento militar, sino la política que se pone en juego en ese enfrentamiento. Nosotros sabemos que esta guerra no se va a definir en términos militares, ni aunque nosotros tuviéramos las mejores armas. Lo que cuenta es la política que anima a unos y a otros. No pensamos nosotros que ahorita haya una derrota militar de cualquiera de las dos partes, sabemos que no podemos derrotar ahora al Ejército federal, pero sabemos también que el Ejército federal no nos puede derrotar militarmente.

"No salimos a la guerra el primero de enero para matar o para que nos maten, nosotros salimos a la guerra para hacernos escuchar, en ese sentido es claro el pensamiento de los compañeros del Comité cuando dicen en su declaración el ya basta. No fue suicida ni aventurero porque tuvimos pocas bajas y nuestra capacidad militar está intacta, y creció. Nosotros salimos de la montaña con varios miles de hombres y cuando nos replegamos lo hicimos con más hombres.

"Nosotros no mentimos respecto del número de bajas, no es necesario. No vamos a ocultar que morimos, para los compañeros morir en estas circunstancias es un honor, es de dignidad. Si el ejército dice que ha matado a tantos guerrilleros pues nosotros decimos que no es verdad, quién sabe a quién mataron, por eso no es gratuito cuando decimos que el Ejército mata civiles y luego dice que son zapatistas. Tenemos más gente, más parque y más armas, ¿dónde está el suicidio?"

–Hay testimonios fotográficos abundantes de que muchos combatientes zapatistas fueron enviados a la guerra con fusiles de palo. ¿Eso no es suicidio?

–No, cuando el combatiente no tiene aún un arma debe aprender a moverse como si la tuviera, es parte de la formación de un combatiente, llevar algo en las manos para que aprenda a moverse. Y el cuento de que llevábamos a los inditos con fusiles de palo y que detrás iban los extranjeros con armamento ultramoderno es una mentira.

Ocosingo, una ratonera

–¿Qué pasó en Rancho Nuevo y Ocosingo? ¿Cómo fueron esos operativos?
–El ataque a Rancho Nuevo fue porque un ejército hambriento de armas y de balas tiene que ir a donde están las armas y las balas. Después fingimos otro ataque a Rancho Nuevo, el día 2. No sé quien estaba al mando de Rancho Nuevo, o si había mando o no, pero el que estuvo hizo bien, se defendió bien. Nosotros fingimos atacar por el flanco derecho para atacar por los dos lados, pero ellos se defendieron por los dos lados, también. Entonces cuando mandamos a una patrulla a chocar se da el choque, hay muertos de los dos lados y nosotros lo que hacemos es lo que todo ejército perfectamente bien entrenado, alimentado y disciplinado hace, que es correr. Nos desbarataron la ofensiva, pues. Estábamos todavía aprendiendo. Estamos aprendiendo.

"Nosotros teníamos el plan de que cada cabecera municipal tenía que irse desalojando sin choque, pero estábamos pensando en Rancho Nuevo. Rancho Nuevo está fijo, porque lo acabamos de chocar para permitir una retirada ordenada, política, decimos nosotros, de Ocosingo, Chanal, Margaritas, Oxchuc y Huistán.

"Pero el Ejército manda una fuerza por Palenque, cuando no la esperábamos, por errores tácticos, y cuando se da el repliegue entra el Ejército y choca contra nuestra barrera de contención y les pasa a ellos lo que a nosotros en Rancho Nuevo, los desbaratamos y dispersamos, aunque no lo diga Godínez. Nosotros estamos dando como bajas del enemigo las mismas que el Ejército reconoce, pero para nuestros servicios de inteligencia hasta el 15 de enero había 180 cadáveres de federales en la séptima región militar de Tuxtla Gutiérrez. Pero lo que no tenemos confirmado no lo estamos dando por un hecho. De por sí el plan es replegarse la tropa que toma Ocosingo, que es una fuerza muy grande. Se va retirando en etapas y aparece el problema de los civiles. Los que estuvieron en San Cristobal se dieron cuenta de eso. Los civiles se mezclan con nuestra tropa, por simpatía, por curiosidad o lo que sea. Y entonces los agarran en esa ratonera que fue el mercado. Nuestra tropa estaba posicionada pero no podía dejar a los civiles ahí.

"Para sacar a los civiles nuestros francotiradores empiezan a hacer fuego y a causar bajas en el Ejército y ahí el enemigo ubica a los que teníamos y nos empieza a morterear. Los heridos que tenemos en nuestro hospital de campaña no son por heridas de bala, sino por esquirlas de *rockets* y de mortero.

"Nuestros combatientes tiraron desde una posición fija, cosa que es suicida para cualquier francotirador, que tiene que cambiar de posiciones, pero lo hicieron por sacar a los civiles, porque un combatiente tiene que proteger a los civiles. Ahí tenían que mantener trenes largos de tiro y entregaban las posiciones. Perdimos en el peor de los casos 40 compañeros."

–Es mucho.

–Es serio porque son compañeros, aunque fueran cuatro. Pero los muertos están confirmados nueve, los demás no sabemos si están presos o están desaparecidos porque días después empezaron a aparecer por otros lados, por grupitos. Porque esa fuerza se conoce muy bien esa sierra.

"Así, lo de Ocosingo no fue un combate propuesto pero la tropa hizo lo que tenía que hacer, morirse por la población. Ahí es donde un guerrillero no puede optar. Si tiene que morirse por un civil lo va a hacer. Eso no lo entiende cualquiera.

–¿Los cinco muertos del mercado son zapatistas?

–No sabemos. Compañeros nos han contado de un combatiente herido que es capturado, un soldado lo amarra por atrás y luego llega otro y lo rocía con una ráfaga de arriba para abajo. Y otro que vio que llevaban a cuatro con las manos atadas, pero que eran civiles. Según lo que nos dicen nuestros orejas, que los tenemos en todos lados, lo de la exhumación del ministerio público se hizo de noche y lo dejaron para el otro día. En la noche llegó el Ejército y vistió a los cadáveres de guerrilleros. Pero no me atrevería a asegurar que todos son zapatistas.

–Esta semana empiezan las negociaciones. Para ustedes, ¿llegó la hora de entregar las armas?

–Definitivamente no. Yo he hablado con los compañeros del Comité, además de con la tropa, pero como aquí los que mandan son los del Comité, pues nosotros tenemos que hacer lo que ellos digan, y ellos dicen que no pueden entregar las armas porque hasta ahora lo único que ha habido son promesas del gobierno de que las cosas van a cambiar y es lo que ha habido siempre en procesos electorales, haya o no haya movimiento armado; en procesos electorales siempre hay declaraciones y promesas. Los compañeros dicen que la entrega o no entrega de las armas tiene que ser en un proceso posterior a la negociación y a que se vea que estan cumpliéndose los acuerdos.

—¿Miran ustedes conservar las armas como garantía de los acuerdos?

—Nosotros pensamos que sí. En este caso hay una doble garantía, primero para que el gobierno cumpla con lo que promete y luego hay una garantía de sobrevivencia. Porque hay algo en lo que no han puesto atención los medios de información, que es la existencia de *guardias blancas* (especie de escuadrones de la muerte), por cierto uno de nuestros principales provedores de armas, ya que tanto les preocupa lo de las armas.

"En tiempos del gobierno de Patrocinio González se organizó la Unión para la Defensa de Ocosingo, al servicio de los ganaderos, que tenía 400 hombres armados. Nosotros pasamos a quitarles esas armas y encontramos de todo, fusiles M-16, R-15, escopetas, entonces, cómo vamos a entregar las armas si hay otras fuerzas militares, independientemente de que el Ejército esté de acuerdo con la paz. Las *guardias blancas* llevan aquí la voz cantante, sobre todo en la Selva Lacandona. Tiene que desarmarse a esa tercera fuerza, en este caso, a las *guardias blancas* de los finqueros.

—¿Y cómo se mantuvo en secreto una operación tan vasta, con tanta gente en movimiento?

—Porque el pueblo está con nosotros. Prácticamente cuando el Ejército Zapatista y el Comité Clandestino hablan de territorio bajo control, es todo lo que no sea ciudad y carretera en Chiapas, o sea todo el territorio rural controlado por los zapatistas. Si no, ¿como es posible que nosotros podamos mover a miles de gentes desde la selva a una ciudad que está a doce kilómetros del cuartel militar más grande que hay en el sureste, el de Rancho Nuevo, y acampar días antes en los alrededores? Tiene que haber una complicidad, un apoyo no sólo del lugar de allí sino de toda la ruta de salida y entrada, que es la que nos permite replegarnos sin baja.

—¿Quieres decir que mucha gente cubrió la operación con silencio?

—Con silencio y con apoyo, porque hay que mover a la gente, alimentarla, esconderla, pero la mayoría callando. La mayoría podría no ser zapatista, pero se decía: pues esto va en contra del que me está molestando, está bien no voy a decirle al que me está molestando; al revés, ojalá se pasen y que les vaya bien. Así nos decían.

—¿Y cómo está el EZLN ahora, en estos territorios? ¿En campamentos, en los poblados, dónde?

—Que bueno que me preguntas eso, porque dicen que estamos saqueando los ranchos y no es cierto. Estamos esperando un ataque, atrincherados a lo largo de todas las entradas, no podemos darnos el lujo de ir a robar vacas o cochinos. Ahorita estamos, en términos militares, dentro de nuestro terreno en una situación y un dispositivo defensivo que es de por sí el que ya teníamos planeado desde hace mucho tiempo y no tiene problemas para nosotros.

"El ataque es el que fue un dolor de cabeza, porque todo lo que es ventaja en la defensa es desventaja en el ataque. Por ejemplo, me refiero a la dispersión de fuerza. Ahorita nosotros tenemos fuerza en muchas partes, armada, ubicada y con conocimiento del terreno. Pero para la ofensiva, tú tienes que juntar toda esa fuerza y llevarla a un lugar que no es su terreno y ponerla a pelear allí, ésa fue la gran dificultad de enero, cómo poder resolver esa movilización y concentración de fuerza sin ser detectado por el enemigo.

"Inicialmente había pensado hacerlo el 28 de diciembre, pero luego pensé: cualquiera que hable y diga que estamos moviendo gente, nadie va a creer pues es el Día de los Inocentes. Por eso se canceló el 28 de diciembre y se dejó el 31 de diciembre.

—Si todo estaba tan bien planeado, ¿entonces, por qué detener el avance? ¿Por el alto al fuego gubernamental?

—Mira, te voy a decir qué pasó. Nosotros empezamos, nos dieron una correteriza, nos metimos en un lugar, combatimos bien, nos replegamos, y de pronto estamos poniendo explosivos en una carretera donde iban a pasar los tanques, ya sabíamos que así iban a entrar. Y de pronto me dicen alto al fuego. Chin. Pérate, algo pasó. Se supone que esto debe pasar cuando ya tengamos meses peleando.

"Fui con el Comité y les digo: escuché las noticias de alto al fuego. Algo tiene que estar pasando porque no es con nosotros. Saquemos el cese el fuego también para saber qué estaba pasando. Nosotros estábamos corriendo. No estábamos afrontando con nuestros heroicos pechos las balas del enemigo. Pero empezamos a calar que algo estaba pasando que no sabíamos. Y luego ya descubrimos qué era esto: tenemos que reconocer, con honor, que la sociedad civil provocó ese cese al fuego, y yo pienso que ahí tuvieron un papel protagónico, por lo menos al principio, la poca prensa honesta que hay en este país, pero valiosa.

IV

La actividad política en los territorios zapatistas es intensa estos días. Los Comités Clandestinos Indígenas Revolucionarios de cada zona han seleccionado ya a dos delegados para la mesa del diálogo y están en proceso de consulta con las bases para definir el mandato que esos líderes llevarán: a qué le pueden decir que sí, y a qué, que no.

Frente a Manuel Camacho Solís se sentarán 15 zapatistas, entre comités y fuerza combatiente.

Admiten, nos confiesa el subcomandante *Marcos,* que se saltó tan rápido de la fase militar a la fase política que "no estamos preparados para el diálogo".

Según su definición del momento, el conflicto se encuentra, dice, entre un "monólogo disfrazado de diálogo" y un "conflicto bélico latente".

Aun así, afirma que se pueden esperar grandes resultados de esta negociación. "Políticos, sí".

Pero por otra parte, la dirigencia política del Ejército Zapatista de Liberación Nacional se prepara para un diálogo más amplio, más de fondo.

Por un lado, con los partidos políticos.

Según nos adelanta el subcomandante *Marcos,* algún día, tal vez pronto, todos los candidatos a la presideneia recibirán una invitación del Comité CCRI-CG para que vayan a visitarlos a sus territorios, "que se sienten con nosotros y a ver qué nos dicen de nuestro problema".

Para ellos, los zapatistas tienen un mensaje: "El mensaje es que hay un movimiento más grande, que va más allá de lo armado, en el que cada quien tiene algo que hacer para lograr la transformación de este país en algo más justo".

Porque si no se hace, advierte, "se puede negociar la paz en Chiapas en febrero y en junio otra vez el país está levantado; si el sistema no se revoluciona para las elecciones, existan o no existan los zapatistas, nos aniquilen o no nos aniquilen, el país se va a levantar".

En su agenda político-electoral, que nace de una cultura política distinta a la que conocemos en la grilla nacional, pretenden que, si no renuncia el presidente de la República, al menos tienen que haber reformas para que no sea el gobierno federal el que sancione el proceso electoral, y que sea un colegio electoral independiente el que diga: "Éste ganó y aquél perdió".

Las piedras cubiertas de musgo húmedo se vuelven más duras y más incómodas después de varias horas de entrevista. Aun así, continúa la sucesión de preguntas y respuestas, de la misma forma como continúa la sucesión de sol, neblina y llovizna. Al fondo, la caída de un arroyo. Un combatiente de catorce años se pone feliz de que las grabadoras registren ese ruido: "Que bueno, va a salir el habla del río".

–El tablero electoral está bastante movido a raíz de lo que se ha vivido a partir del primero de enero. Ustedes no son un partido político pero, ¿qué posición tienen ante las elecciones de agosto? ¿Piensan ustedes participar políticamente más adelante en el terreno electoral?

–Desde la montaña eso es difícil. Si no renuncia el presidente de la República, entonces tiene que haber reformas que digan que ya no es el gobierno federal el que sancione el proceso electoral, porque ya vemos que favorece a un solo partido; que sea otra instancia la que sancione eso. Es un principio que el secretario de Gobernación no tenga partido; que el Colegio Electoral sea el que diga: "Este ganó y aquél perdió", pues que no tenga vínculo con el gobierno federal.

"Tan es así, que el gobierno federal ya se definió con su máximo líder por un candidato; "no se hagan bolas", dijo. No va a haber elecciones democráticas a menos que haya un cambio en otro sentido en la ley electoral.

"Si hubiera una reforma en el proceso electoral que permitiera que no fuera el gobierno el que sancione las elecciones, es como si se cortara la cabeza porque finalmente es lo que está pasando."

–¿A ustedes les es indiferente que sea Colosio quien vaya por el PRI o sea otro candidato?

–Sí, la verdad sí. Incluso nos es indiferente quién gane las elecciones, si es que las ganan, o sea, su pensamiento de los compañeros es que si hay realmente democracia en México, cualquiera que salga tiene que responder a lo que la gente le diga, porque si no lo quitan, porque así es la democracia de los compañeros. Ellos, por ejemplo, son elegidos democráticamente, si no cumplen su trabajo su base los quita, los remueve. Por eso dicen: así debería ser el país. Si gana el PRI tiene que ganar a la buena, pero de tal forma que si no cumple lo que promete tenemos que quitarlo y tiene que entrar otro partido.

"Y por eso es que cuando el santo varón éste, Aguilar Talamantes, sale diciendo que él puede ser el brazo político del EZLN, los compañeros dicen no, pues hay que decirle que no, pero además hay que decirle que no a todos. Peléense, ganen, pero tiene que haber algo que diga que el que gane tiene que cumplir si no, no. Porque si apoyamos un partido y si va a ser lo mismo, lo que necesitamos es un espacio que presione a ese candidato o a ese presidente a que cumpla.

"En eso son muy claros y muy radicales. Ahora dicen: no, pues no hay que apoyar a tal o cual partido. Si va a ganar Colosio, tiene que ganar a la buena y ganar a la buena quiere decir que tiene que cumplir lo que diga. Lo mismo si gana Cárdenas o si gana Diego Fernández de Cevallos.

"Ellos están pensando invitar a los candidatos a que hablen con ellos o que los escuchen. Si no quieren venir, pues mandarles carta y decirles, porque finalmente lo que ellos hablen con el gobierno lo va a decidir el próximo presidente y ese próximo presidente para bien o para mal sale de entre los nueve o ya no sé cuántos sean los candidatos a la Presidencia."

–Los zapatistas ¿están dispuestos a constituirse en fuerza política?

–Eso tendrían que verlo los compañeros, porque hay mucha desconfianza respecto a lo de partido político. Tienen que ver ellos qué garantía se les da, qué reconocimiento, y luego finalmente dicen, bueno, pues es que nosotros no nos alzamos para tomar el poder. Si un partido político eso es lo que quiere, tomar el poder, entonces qué nos va a pasar a nosotros como jefes.

–Decías que las reformas al 27 fue detonante. ¿Y qué tal el gobierno de Patrocinio González?

–Sí. Ese Patrocinio era completamente absurdo, pero más que Patrocinio fue lo que él apadrinó: la Unión para la Defensa de Ocosingo, las Asociaciones ganaderas de Altamirano, de Margaritas, asociaciones muy retrógradas. Son la burguesía más reaccionaria de las burguesías, muy agresiva, déspota, racista. A diferencia de otros gobernadores que la paliaban o se hacían pato, ese Patrocinio la aplaudia. Sí, tuvo mucho que ver él con ese proceso de radicalización.

–¿Cuál es su mensaje? ¿Sienten ustedes que están siendo escuchados?

–El mensaje es que hay un movimiento más grande, que va más allá de lo armado y que cada quien tiene algo que hacer como agrupación política, o como individuo que se mueve tiene que hacer algo por la transformación de este país en algo más justo. Más justo para todos, no sólo para un sector. Algunos lo entienden. Yo pienso que los que menos lo entienden son los partidos políticos. Debían ser más agresivos, no en el sentido de que agarren las armas sino de empujar más para ganar más espacios políticos de participación. Parece que la declaración de que están a favor de la paz obedece más a que en algún momento todos se sintieron en la necesidad de decir algo sobre Chiapas. Desde extermínenlos, como Fidel *Schwarzenegger,* hasta no, violencia no, cálmate, paz, paz, paz.

"Pero el único argumento que se puede dar a la sociedad civil de que las armas no, es que tiene que haber un espacio realmente democrático. Pero, ¿qué se está haciendo para empujar este espacio democrático aparte de hacer declaraciones y artículos en los periódicos? Yo pienso que si los partidos políticos –de todo el espectro, no me estoy refiriendo a ninguno en especial– en el pacto de civilidad ese, que Salinas anuló inmediatamente con aquel "no se hagan bolas", se quedan sólo en eso, pues no.

"Pueden negociar la paz en Chiapas en febrero, y en junio otra vez el país está levantado. Si el sistema no se revoluciona para las elecciones, existan o no existan los zapatistas, nos aniquilen o no nos aniquilen, el país se va a levantar. Y entonces no va a ser de que sólo son los indígenas o sólo los guerrilleros, sino que va a haber muchas formas de lucha y ahí sí los partidos políticos se van a ver rebasados como se vieron rebasados aquí."

–¿Los sientes rebasados aquí?

–Pues el hecho de que los compañeros hayan dicho que no hay opción electoral, está claro.

–¿Qué pasa si después de todo, el estado vuelve a la normalidad, a lo de antes? ¿Darían otro golpe militar?

–Decisiones de ese tipo dependen de una dirección colectiva, no dependen de que si a *Marcos* se le ocurre atacar mañana, o que se enojó por el editorial de *Payán* del 2 de enero. No puedo decidir eso. Tengo que consultarlo al Comité y el Comité tiene que consultarlo en un proceso más o menos complejo, que si conviene o no conviene. Decisiones de ese tamaño no corresponden a un individuo.

¿Rumbo a Chinameca?

–¿Te vas a sentar en la mesa de negociaciones?

–No sé. Falta que decida el Comité. Si decide, pues tendré que hacerlo. Ya te digo, en todos los compañeros del Comité y en nosotros está el fantasma de Chinameca y de la imagen de Carranza detrás de Salinas de Gortari cuando anunció la Ley de Amnistía. No descartamos un golpe en ese sentido, está contemplado. Se supone que está la sucesión de mandos a nivel militar y están los relevos del compañero del Comité. Ya en concreto quiénes van, hasta el día de hoy –2 de febrero– no está definido. Pero ya están definidos los pliegos petitorios que se van a presentar, que prácticamente retoman lo de la *Declaración de la Selva Lacandona* y los comunicados del EZLN. No hay cambios en ese sentido. No hay de que antes decíamos que renuncie Salinas y que ahora decimos, no, que siga, no. No hay cambio. En todo caso, se concretizan ya algunas demandas que antes aparecían más generales. ¿Por qué preguntas? ¿Quieres verme ahí?

–En otros procesos la cuestión militar fue un acelerador del diálogo. ¿No faltan más tiros en México para que las partes se convenzan de que hay que hablar?

–Nosotros lo hemos pensado, pero no podemos tomar iniciativas en ese sentido como están las cosas ahorita. No podemos decir que rompemos el juego porque ni siquiera hemos empezado a hablar. Ésta es la situación ahora, no digo que eso vaya a pasar una vez que el diálogo no funcione, si es que eso sucede.

–Entonces, ¿van a hablar con las armas en la mano?

–Claro, definitivamente, los compañeros han sido muy claros en eso. En el primer punto de la negociación no puede estar la entrega de las armas; en el primer punto de negociación están nuestras condiciones de vida.

–Podrá ser este un diálogo de sordos...

–Para nosotros está claro que el gobierno está preparando las condiciones políticas para una operación militar de gran envergadura. El proceso de diálogo o, como dice el señor Camacho, las jornadas de la paz y la reconciliación, tienen un ultimátum, o negociamos o...

–¿Cuántos delegados irán al diálogo, todo el CCRI?

–No, el Comité Clandestino son decenas de compañeros. Cada comité, que controla un territorio, está nombrando dos delegados y a esos dos delegados les están diciendo: tú puedes decir que sí a esto, a esto tienes que decir que no y esto ni lo toques, y esto es lo que vas a pedirle. Los que van a ir tienen capacidad decisoria. Cuando digan "sí, esto sí lo acepto", es que vale y cuando digan que no lo aceptan quiere decir que vale, que no lo va a aceptar nadie.

–¿Cuántas personas serían las que asistirían?

–Nosotros calculamos unos 15, entre fuerza combatiente regular y los comités, porque nosotros pensamos que tiene que ir también representación de la fuerza combatiente, que es la que se mueve, pues, y tiene que escucharse también su voz. Pero no sabemos, porque apenas acabamos de recibir la carta, apenas la estamos mandando a Camacho, falta ver qué contesta.

—¿Y la presencia de la prensa cómo será, la condicionarán o...?

—Nosotros dijimos que entrará todo mundo, sólo vetamos a Televisa por obvias razones. Nosotros queremos que la lucha se conozca, no les vamos a cobrar a nadie; al revés, nos hacen un favor tratando como los antiguos trataban a nuestros abuelos.

—¿Y cuál es el balance a un mes del inicio del conflicto?

—Nosotros hemos pasado muy rápido una fase para la cual no estábamos preparados: el diálogo. Estábamos preparados para un proceso largo de guerra de desgaste, de choques militares, de disputa política por los poblados, de lucha ideológica, y ya después si el gobierno los coptaba, se iba a dar el diálogo, pero ya en esas condiciones

—¿No se preveía que fuera tan rápido?

—La verdad, no. Por eso te digo que cuando nosotros estábamos preparando la defensa, las minas y los explosivos, y pasa lo del cese al fuego, es donde descubrimos que algo había pasado y yo pienso que fue la prensa la que provocó todo.

—En algunas partes tienen apoyo de la población, pero en muchas otras partes no. O hay miedo y desconocimiento o franco rechazo...

—Es que en esto se entrelazan en esta estrategia, vieja ya, desde Vietnam, lo que está haciendo el Ejército federal, de ofrecer dispensas y dinero a gente que llega a Ocosingo y Altamirano para que diga que los zapatistas los sacaron de sus comunidades, que les robaron las cosas, que los golpearon. Todo lo que está saliendo ahorita en la prensa. Que los comités estuvieron revisando los casos y resulta que es gente que dijo voy a comprar sal y de pronto aparece haciendo declaraciones y según nos dijo uno que regresó, es que personal del Ejército les dice: dí que te están molestando y te doy tus dispensas. El Ejército federal pasaría de ser el agresor de la población civil a ser el salvador de la población civil en contra de nosotros, los transgresores de la ley, o sea, el Ejército Zapatista de Liberación Nacional.

"Pero eso se tiene que completar con lo que se está haciendo a nivel nacional con esta estrategia del monólogo disfrazado de diálogo o diálogo en formación. Así como nosotros somos fuerza política en formación, el monólogo del gobierno es diálogo en formación."

—¿O sea que como están las cosas no se pueden esperar grandes resultados de esta negociación?

—Políticos, sí.

–Por lo que dice, está claro que no van a entregar las armas. Pero, ¿de qué sirven las armas si estás políticamente incapacitado para usarlas, como ahora?

–Bueno, ahorita las armas no pueden actuar políticamente a la ofensiva, pero materialmente son capaces de actuar a la defensiva. Estamos en nuestro terreno. Para sacarnos tienen que venir por nosotros. Ése es el hecho de que el gobierno federal le piense para ir a acabar de una vez con nosotros.

–Parecería que parte de la estrategia gubernamental, que actuó con mucha prisa para desmontar la guerra, les complica a ustedes la acción militar. ¿Cierto?

–No, te digo, porque el conflicto bélico está latente, no está actuando pero está ahí y puede brincar en cualquier momento y por lo mismo no podemos entregar las armas. Son nuestra defensa. El primero de enero fue nuestra forma de hacernos oír. Ahora son nuestra forma de sobrevivir para que no nos aniquilen. O que nos aniquilen a un costo muy alto para el país. No le damos a las armas un valor que no tienen. No tenemos el culto a las armas sino a lo que ellas representan en uno u otro momento político. Pensamos que en este momento las armas son nuestra garantía de sobrevivencia, una garantía que estamos dispuestos a defender con dignidad.

–De la experiencia de las revoluciones y luchas centroamericanas, ¿qué lecciones aprenden? ¿Qué conclusiones sacan?

–Bueno, nosotros lo que hemos aprendido de la revolución centroamericana es mirar con mucha desconfianza la entrega de las armas, como el caso de El Salvador, o la confianza sólo en los procesos electorales, que es el caso sandinista. Pero nuestra tutoría militar viene de Villa, principalmente, de Zapata y de lo que no debió hacerse de las guerrillas de los setenta, es decir, empezar con un movimiento militar localizado y esperar a que las bases se fueran sumando paulatinamente o iluminadas por ese foco guerrillero, o dirigirse a sectores que nunca los iban a apoyar. Nosotros pensamos que esos fueron errores de interpretación de las guerrillas de los setenta que nosotros los hemos asimilado bien. No creo que en términos militares se nos pueda cuestionar mucho hasta ahora. Claro que no hemos enfrentado el poderío militar del Ejército federal en su totalidad, pero realmente en cuestiones de táctica o de estrategia no hay vinculación con extranjeros.

"Hay un intelectual que dirige una revista que dice que la prueba de que en el EZLN hay influencia centroamericana es que: uno, retirábamos a nuestros heridos y a nuestros muertos; que eso lo habíamos copiado del FMLN. Y dos, el ataque a las ciudades, que eso lo habíamos tomado del FSLN. Y las dos cosas nosotros las tomamos de Francisco Villa; él tenía trenes para evacuar a sus heridos, nosotros lo que hicimos fue secuestrar camiones para ir sacando a nuestros heridos y a nuestros muertos hacia nuestros poblados y hospitales de campaña."

Llegó la hora de las despedidas. Las compañeras de la cocina, adelitas mayas, nos rozaron apenas las palmas con sus palmas. Otra vez a entregar los relojes y el equipo, a desandar lo andado.

Tal vez a los reporteros se nos quedaron muchas preguntas en la punta de la lengua o en la mochila. Ya de regreso, durante el trayecto nocturno y en la cómoda oscuridad de los ojos vendados, muchas de estas interrogantes salieron a la superficie, pero ni modo, era demasiado tarde. El subcomandante *Marcos*, el personaje que capturó la imaginación de muchos mexicanos el primero de enero, había quedado atrás. Los milicianos que nos acompañaron de salida del territorio zapatista caminaban silenciosos, ensimismados.

Ibamos pensando en una pregunta, la única, que el *sub* nos hizo a nosotros:

¿Y ustedes, qué van a hacer?

MÁS CARTAS A OTRAS ORGANIZACIONES

Su presentación por *Marcos*

8 de febrero

Al semanario nacional *Proceso*.
Al periódico nacional *La Jornada*.
Al periódico nacional *El Financiero*.
Al periódico local de SCLC, Chiapas, *Tiempo*.

Señores:

Aquí les mando otra serie de cartas que envía el CCRI-CG del EZLN a destinatarios diversos. Espero que tengan tiempo de ver que lleguen a sus destinatarios.
    Comprendo su desesperación (y la de sus jefes de redacción por las altas cuentas de hoteles, restaurantes y gasolineras) por el retraso en el inicio del diálogo. No es culpa nuestra (ni del Comisionado) o vedetismo que se hace desear. Tampoco es por desacuerdos en la agenda o algo por el estilo. Es porque faltan detalles de seguridad para nuestros delegados. Detalles que debemos cuidar para evitar "sorpresas" y tragos amargos. En fin, "serenidad y paciencia, mucha paciencia".
    Como consuelo les digo que no será, el diálogo, en la selva. Entre otras cosas porque ahí sólo sacarían ventaja los que puedan comunicarse por satélite, porque teléfono o fax, *forget it*. Y, si "el tiempo está a favor de los pequeños", nosotros preferimos que la democracia y la igualdad de oportunidades sea también para los medios de comunicación y las "primicias" no sean sólo para los poderosos.
    Salud y paciencia.
    Desde las montañas del Sureste mexicano
    Subcomandante Insurgente *Marcos*

Al CEU

6 de febrero

Al Consejo Estudiantil Universitario,
Universidad Nacional Autónoma de México, México D.F.

Compañeros y compañeras:

Recibimos su carta del 29 de enero de 1994, a cuyo calce aparece la firma de "Ángel Gómez C." Agradecemos su pensamiento que nos dirigen.

Nosotros somos mayoritariamente indígenas, mayoritariamente analfabetos y mayoritariamente discriminados. No tuvimos oportunidad alguna de terminar siquiera la primaria. Hubiéramos querido no sólo terminar la primaria y la secundaria sino llegar hasta la universidad.

Con gusto recibimos el saludo y apoyo de ustedes, hombres y mujeres, que luchan en otras tierras y por caminos diversos para lograr las mismas libertades, democracia y justicia que ansiamos todos. Sabemos que en tiempos distintos la valiente voz de los estudiantes mexicanos ha puesto a temblar al mal gobierno y en verdad que, si unieran su voz a la nuestra y a la de los desposeídos todos, nada quedaría en pie de esa gigantesca mentira que nos hacen tragar todos los días, las noches todas, en muerte y en vida, siempre. Por eso nosotros queremos dirigirnos a ustedes, hombres y mujeres estudiantes de México, para pedirles algo respetuosamente:

Si fuera posible que ustedes se organizaran y, cuando las cosas se hayan calmado un poco, vinieran a nuestras montañas a visitarnos y a platicar con nosotros y a ayudarnos con lo que ustedes saben de la técnica y las letras y todo eso que viene en los libros que a nosotros no vienen. No queremos que vengan a "grillarnos" o a "jalarnos" a una u otra corriente política. Creo que en eso más bien ustedes aprenderían de nosotros lo que es, en verdad, una organización democrática y participativa. Pero ustedes pueden ayudarnos a cortar café, a preparar la milpa, a los trabajos comunitarios de nuestros pueblos. Ustedes pueden ayudarnos a aprender a leer y escribir, a mejorar nuestra salud y alimentación, a usar técnicas para sacarle más frutos a la tierra. Pueden venir y enseñarnos y aprender, pueden venir aunque sea unos pocos días para que conozcan esta parte de México que ya existía antes del primero de enero y sin embargo...

Si es que aceptan esta invitación entonces se necesita que manden unos delegados para que, a través del intermediario, nos pongamos de acuerdo en los detalles porque se necesita organizar bien todo para que no entren espías del mal gobierno. Si es que no pueden, hermanos estudiantes, pues no importa, pero sigan luchando ahí en sus tierras para que haya justicia para los mexicanos.

Es todo, hombres y mujeres estudiantes de México, esperamos su respuesta por escrito.

Respetuosamente,
Desde las montañas del Sureste mexicano
CCRI-CG del EZLN

P.D.: Sección del *sub:* "La Posdata Recurrente".

P.D. a la P.D. del CEU que decía: "Para el *Sub Marcos:* No te preocupes, nosotros tomaremos el Zócalo por ustedes": Yo de por sí le he dicho al CCRI-CG que el D.F. está en el otro lado del mundo y los cayucos no nos dan abasto y además, como dijo no-me-acuerdo-quién, los guerrilleros que toman zócalos tarde o temprano se hamburguesan. (Por cierto y aprovechando el viaje, reviren dos sin cebolla y sin salsa de tomate. Gracias.)

P.D. a la P.D. anterior: Ya que en posdatas estamos, ¿cuál de todos los CEU's es el que nos escribe? Porque cuando yo era un apuesto joven de 25 años (¡órales! ¡Avísale a la computadora de la PGR para que saque cuentas!) había, cuando menos, 3 CEU's. ¿Por fin se unieron?

P.D. a la P.D. de la P.D.: En dado el caso de que, ¡uf!, tomaran el Zócalo, no sean ojeras y aparten un pedacito para siquiera vender artesanías, porque pronto puedo convertirme en un "profesional de la violencia" desempleado y siempre es mejor ser un "profesional de la violencia" subempleado (por aquello del TLC, *you know).*

P.D. a la "n" potencia: En realidad estas posdatas son una carta que se disfraza de posdata (por aquello de la PGR y etcéteras de lentes oscuros y fornidos) y, *but of course,* no requiere respuesta, ni remitente, ni destinatario (ventajas inobjetables de las cartas disfrazadas de posdatas).

P.D. nostálgica: Cuando yo era joven (¿Bueno? ¿PGR? Ahí le van más datos) había un espacio ligeramente arbolado ubicado, aproximadamente, entre la Biblioteca Central, la Facultad de Filosofía y Letras, la Torre de Humanidades, la avenida Insurgentes y el circuito interior (?) de CU. A ese espacio le llamábamos, por razones comprendidas por los (as) iniciados (as), el "valle de pasiones", y era visitado asiduamente por elementos diversos de la fauna que poblaba la CU a partir de las 7 pm (hora en que las buenas conciencias toman chocolate y las malas se ponen como agua para *idem*) procedentes de las áreas de humanidades, ciencias y otras (¿hay otras?). En ese tiempo un cubano (¿Bueno? ¿Embajador Jones? Anote usted más pruebas de procastrismo) que dictaba conferencias frente al teclado de un piano del color de su piel y se hacía llamar *Bola de nieve* repetía:

"No se puede tener conciencia y corazón..."

P.D. de *finale fortissimo:* ¿Notaron el aire exquisitamente culto y delicado de estas posdatas? ¿No son dignas de nuestro ingreso al primer mundo? ¿No llama la atención que estos "transgresores" se preparan también para ser competitivos en el TLC?

P.D. *of happy end:* Ya, ya, ya me voy... pero es que ese avión ya me tiene de 7 meses, y la guardia, para variar, se quedó dormida y alguien se cansa de repetir "¿Quién vive?", y yo me digo que la patria... ¿y ustedes?

Al Frente Cívico de Mapastepec

8 de febrero

Al Frente Cívico de Mapastepec, Mapastepec, Chiapas

Hermanos:

Queremos decirles nuestra palabra a ustedes. Recibimos su carta de fecha 6 de febrero de 1994.

La inmensa mayoría de los presidentes de los municipios chiapanecos son producto del fraude electoral, del pisoteo a la voluntad popular. Todos los presidentes municipales del estado de Chiapas deben renunciar o ser depuestos. En su lugar deberían formarse concejos municipales elegidos democráticamente por los gobernados. El gobierno colectivo es mejor que el gobierno unipersonal, pero debe ser democrático. Si el gobierno estatal suple al presidente impuesto por un concejo municipal igualmente impuesto, entonces el concejo antidemocrático debe caer también. Así debe ser hasta que la justa voluntad de la mayoría sea respetada.

El EZLN apoya, sin condición alguna, la justa demanda del pueblo de Mapastepec que lucha por una auténtica democracia y a todas las fuerzas populares que, ahora y en el futuro, luchan en contra de las arbitrariedades de presidentes municipales impuestos, y la demanda de democracia municipal forma parte ya de su pliego de demandas zapatistas

¡Fuera presidentes municipales impuestos!
¡Vivan los Concejos Municipales democráticos !
Respetuosamente,
Desde las montañas del Sureste mexicano
CCRI-CG del EZLN

Al Presidente municipal de Sixto Verduzco

8 de Febrero de 1994

Al Ciudadano Licenciado Mario Robledo, Presidente Municipal
Municipio J. Sixto Verduzco, Michoacán, México

Hermano:

Recibimos su carta de fecha de 5 de febrero de 1994. Grande es nuestra alegría al saber que, desde tierras michoacanas, nos llega este saludo. Pero más grande es todavía al saber que hay, en algunas presidencias municipales de este país, gente valiente y digna, gente que camina con verdad y prudencia. Y estas gentes existen y es bueno que sean gobierno, si sus pueblos se los mandan. Porque lo que viene del respeto a la voluntad de los más, buen camino es para todos.

Nosotros, hombres y mujeres pequeños, nos dimos la tarea de ser grandes para así vivir aunque muriendo. Y vimos que para ser grande hay que mirar a todos los sufridos de estas tierras y echar a andar con ellos. Y vimos que no podíamos, y vimos que no nos dejaban ser hermanos en verdad y justicia. Y vimos que es el mal gobierno el que aparta nuestros pasos. Y vimos que es de hombres buenos y verdaderos luchar para que el gobierno cambie. Y vimos que a la buena no cambiaba. Y vimos de agarrar las armas. Y todo esto vimos y así hicimos.

Pero vimos también que no sólo la boca de fuego logra la libertad. Vimos que otras bocas necesitan abrirse y gritar para que el poderoso tiemble. Vimos que son muchas las luchas y muchos los colores y lenguas de los que en ellas caminan. Y vimos que no estábamos solos. Y vimos que no solos moriremos.

¡Salud hermanos michoacanos!
¡Que la lucha no acabe! ¡Que no muera la esperanza!
Respetuosamente,
Desde las montañas del Sureste mexicano
CCRI-CG del EZLN

A la CNPI

8 de febrero

Al Consejo Supremo de Pueblos Indios
Coordinadora Nacional de Pueblos Indios
Tenochtitlan, México, D.F.

Hermanos:

Queremos decirles nuestra palabra a ustedes. Recibimos su carta de fecha de 5 de febrero. Nuestras cabezas se inclinan por el honor de recibir su palabra con verdad que nos mandan a nosotros. Nuestras armas se guardan para escuchar la palabra de nuestros hermanos indígenas y mexicanos de todo el país. Porque grande es la sabiduría de su pensamiento de ustedes que le recuerdan a todo el mundo que "México es de los mexicanos, la esencia nuestra es la comunidad, es la ayuda mutua, es la justicia, es la libertad y la dignidad".

Nosotros, como pueblos indios mayas y mexicanos, unimos nuestra fuerza y nuestro pensamiento a la gran palabra de verdad que enarbola la Coordinadora Nacional de Pueblos Indios. ¡No dejemos que nuestra dignidad sea ofertada en el gran mercado de los poderosos! Si perdemos la dignidad todo perdemos. Que la lucha sea alegría para los hermanos todos, que se unan nuestras manos y nuestros pasos en el camino de la verdad y la justicia.

¡Que vivan siempre el águila mexicana y el Zapata de su escudo, hermanos de la CNPI!

¡Que viva siempre la unidad de los que por justicia luchan!
¡ Libertad ! ¡ Justicia ! ¡ Democracia !
Respetuosamente,
Desde las montañas del Sureste mexicano
CCRI-CG del EZLN

A la CNPA

8 de febrero

A la Coordinadora Nacional Plan de Ayala

Hermanos:

Recibimos su carta de fecha de 5 de febrero de 1994 y sobre ella queremos decirles algunas cosas y pensamientos nuestros.
    Nosotros saludamos la lucha independiente y verdadera de la Coordinadora Nacional Plan de Ayala. Agradecemos mucho el apoyo incondicional a nuestra justa lucha que su pronunciamiento valiente y decidido declara. Unidos los indígenas, los campesinos pobres y los obreros agrícolas habremos de cambiar completamente el sistema agrario de explotación y desprecio que existe en nuestro país. De la unidad de nuestras fuerzas saldrá un campo mexicano nuevo, más justo y equitativo, donde la mirada severa del general Emiliano Zapata vigile que la opresión no se repita ahora con otro nombre.
    Hermanos campesinos de la CNPA, será para nosotros un honor muy grande el poder hablar con ustedes y escuchar sus palabras de verdad y justicia. Con humildad y atención estaremos frente a ustedes que tanto tiempo llevan ya en la lucha por tierra y libertad. Nosotros, pequeños hombres de la tierra, escucharemos la palabra de su grande organización independiente.
    ¡Salud hermanos de la CNPA!
    ¡Vivan Emiliano Zapata y las organizaciones que hacen honor a su nombre!
    ¡Fuera las reformas salinistas al artículo 27 constitucional!
    Respetuosamente,
    Desde las montañas del Sureste mexicano
    CCRI-CG del EZLN

A la ARELIDH

8 de febrero

A la Asociación Regional Liberación en Pro de los Derechos Humanos, Económicos, Sociales y Políticos AC, Arelidh.
Lardizábal No. 7-A, Col. Centro.   Tel. (91-246) 2-35-57.
Tlaxcala, Tlax., CP 90000.

C. Lucrecia Ortega Sánchez.
Directora administrativa:

El Comité Clandestino Revolucionario Indígena-Comandancia General del Ejército Zapatista de Liberación Nacional, se dirige respetuosamente a ustedes para agradecerles su carta del 7 de febrero de 1994, en donde nos comunican su aceptación para formar el *Cinturón de paz* en torno a la mesa de diálogo entre nuestro EZLN y el gobierno federal.

Nosotros sabemos que su organización de ustedes ha permanecido neutral en el presente conflicto y se ha preocupado en todo momento de prestar su ayuda para aliviar las graves condiciones de la población civil, así como de impulsar los esfuerzos hacia la paz. Esto lo saludamos con respeto pues la honestidad va, invariablemente, acompañando la neutralidad y el afán de paz con justicia. Agradecemos de antemano que la invitación que aceptaron la hagan extensiva a otras ONG pues, hasta ahora, los únicos que han contestado aceptando son ustedes.

Le estamos pidiendo al señor Samuel Ruiz García, obispo de San Cristóbal de las Casas y Comisionado Nacional de Intermediación, que, cuando se hayan precisado fecha y lugar del diálogo, se dirija prontamente a ustedes para hacérseles saber con oportunidad.

Respetuosamente,
Desde las montañas del Sureste mexicano
CCRI-CG del EZLN

A niños internos de Guadalajara

8 de febrero

Al Comité de Solidaridad del Internado
de Educación Primaria Núm. 4 "Beatriz Hernández"
Guadalajara, Jalisco.

Niños y niñas:

Recibimos su carta de fecha de 19 enero de 1994, y el poema *Plegaria de paz*, que viene junto a la carta. Nosotros tenemos alegría de que niños y niñas, que viven tan lejos de nuestras montañas y nuestra miseria, se preocupen porque la paz llegue a la tierra chiapaneca. Les agradecemos mucho su pequeña carta.

Queremos que sepan ustedes, y las nobles personas que son sus maestros, que nosotros no nos levantamos en armas por el gusto de matar y morir, que nosotros no buscamos la guerra porque no queramos la paz. Nosotros vivíamos sin paz, nuestros hijos son niños y niñas como ustedes, pero infinitamente más pobres. Para nuestros niños y niñas no hay escuelas ni medicinas, no hay ropa ni alimentos, no hay un techo digno en donde guardar nuestra pobreza. Para nuestros niños y niñas sólo hay trabajo, ignorancia y muerte. La tierra que tenemos no sirve para nada; con tal de conseguir algo para nuestros hijos salimos a buscar la paga en la tierra de otros, los poderosos, y nos dan muy barato nuestro trabajo. Nuestros hijos tienen que entrar a trabajar desde muy pequeños para poder conseguir algo de alimento, ropa y medicinas. Los juguetes de nuestros hijos son el machete, el hacha y el azadón, jugando y sufriendo trabajando salen a buscar leña, a tumbar monte, a sembrar desde que apenas aprenden a caminar. Comen lo mismo que nosotros: maíz, frijol y chile. No pueden ir a la escuela y aprender la castilla porque el trabajo mata todo el día y la enfermedad la noche mata. Así viven y mueren nuestros niños y niñas desde hace 501 años. Nosotros, sus padres, sus madres, sus hermanos y hermanas, no quisimos más cargar con la culpa de nada hacer por nuestros niños y niñas. Buscamos caminos de paz para tener justicia y encontramos burla, y encontramos cárcel, y encontramos golpes, y encontramos muerte; encontramos siempre dolor y pena. Ya no pudimos más, niños y niñas de Jalisco, era tanto el dolor y la pena. Y entonces tuvimos que llegar a encontrar el camino de guerra, porque lo que pedimos con voz no fue escuchado. Y nosotros, niños y niñas de Jalisco, no pedimos limosnas o caridades, nosotros pedimos justicia: un salario justo, un pedazo de buena tierra, una casa digna, una escuela de verdades, medicina que cure, pan en nuestras mesas, respeto a lo nuestro, libertad de decir lo que llega en nuestro pensamiento y abre las puertas de la boca para que las palabras nos unan a otros en paz y sin muerte. Eso pedimos siempre, niños y niñas de Jalisco, y no escucharon lo que nuestra voz clamaba. Y entonces tomamos un arma en las manos, entonces hicimos que la herramienta de trabajo se hiciera herramienta de lucha, y entonces la guerra que nos hacían, la guerra que nos mataba a nosotros sin que ustedes supieran nada, niños y niñas de Jalisco, la volvimos contra de ellos, los grandes, los poderosos, los que todo tienen y merecen nada.

Por eso, niños y niñas de Jalisco, empezamos nuestra guerra. Por eso la paz que queremos no es la misma que teníamos antes, porque no era paz, era muerte y desprecio, era pena y dolor, era vergüenza. Por eso les decimos, con respeto y cariño, niños y niñas de Jalisco, que levanten ustedes la bandera de la paz con dignidad y hagan poemas de *Plegaria a una vida digna,* y que busquen, por encima de todo, la justicia que es para todos igual o para nadie es.

Saludos niños y niñas de Jalisco.
Desde las montañas del Sureste mexicano
CCRI-CG del EZLN

Carta de *Marcos* sobre la prensa

11 de febrero

Al Periódico *El Sur*, Periodismo Siglo XXI.
Emilio Carranza 820 esquina Naranjos, Colonia Reforma, Oaxaca de Juárez, Oaxaca, México. Tel. (91-951) 3-47-77, 3-4547, 3-45-41, 5-04-69 y 3-45-29. Fax: (91951) 5-26-88.
Atención:
Jesús García y Claudia Martínez Sánchez. Pablo Gómez Santiago.

Señores:

Recibí su carta de fecha 9 de febrero de 1994. ¡Puf! Si hacen reportajes con la mitad de la agresividad de la carta que me mandan, cuando este país sea en verdad libre y justo van a ganar un Premio Nacional de Periodismo. Yo acepto el llamado de atención que me hacen (en realidad es un regaño pero hoy amanecí diplomático). Quisiera que, en medio de la indignación que les llena, tuvieran un espacio para escucharme.

Nosotros estamos en guerra. Nos alzamos en armas en contra del supremo gobierno. Nos buscan para matarnos, no sólo para entrevistarnos. Confesamos que no conocemos *El Sur,* Periodismo Siglo XXI, pero confiesen ustedes que es algo difícil de reprocharnos, cercados como estamos, sin alimentos y con la constante amenaza de aeronaves artilladas. Bien, ya nos confesamos mutuamente. A la selva han entrado muchos periodistas honestos, unos que no son tan honestos y otros que ni siquiera son periodistas pero que se presentan como tales. Nosotros tenemos que desconfiar de todo lo que no conozcanos directamente porque, repito, el gobierno nos quiere tomar una fotografía... muertos. Ya sé que para los "profesionales de la violencia" la muerte es casi una consecuencia natural, pero de saber esto a facilitarle las cosas al enemigo hay un buen trecho. No pretendo conmoverlos, sólo quiero que entiendan la situación en la que estuvimos y estamos. Tenemos muy poco margen de maniobra y, paradójicamente, estamos más necesitados que nunca de contactar a medios de información que digan la verdad. La entrada y salida de reporteros a nuestras líneas significan un golpe duro a nuestro sistema de seguridad, amén de que existe un riesgo de que en la entrada o en la salida, los trabajadores de los medios de comunicación sufran un atentado y sea achacado a nuestras fuerzas. No me considero suficientemente entrevistado, de hecho la entrevista que publica *La Jornada* es la única que he dado en mi vida, y creo que hay muchos vacíos que dejaron los reporteros de ese medio y que hubieran podido llenar con preguntas que no se hicieron. Así que no me estoy portando como una *vedette* que "escoge" a quién sí y a quién no dirige su "honorable" palabra, simplemente estoy tomando en cuenta que, en el lugar en que me presente, pongo en riesgo extra a los que ahí están y a los que llegan. En fin, nos estamos portando como lo que somos, gente perseguida por el gobierno, no por los periodistas.

Bueno, como quiera que sea si hubieran empezado por el respaldo que de ustedes hace el periódico coleto *Tiempo* se hubieran ahorrado la justa indignación que llena las 3 hojas de fax que me llegaron. Para mí basta la palabra de *Tiempo* para aceptar la honestidad de alguien, así que estoy mandando una carta al Comisionado Nacional de Intermediación, Obispo Samuel Ruiz García, para darles un salvoconducto que les permita entrar a nuestras líneas y tomar las fotografías que deseen y hagan las entrevistas que se puedan (recuerden, por favor, que estamos en guerra). Prometo solemnemente que, en cuanto sea posible, tendré el honor de recibirlos personalmente y de contestar lo que me pregunten, si es contestable.

Mientras ese improbable día llega, les mando un escrito. Sale pues, ahí les va, sin anestesia previa, el escrito titulado...

Razones y sinrazones de porqué unos medios sí

Cuando las bombas caían sobre las montañas del sur de San Cristóbal de las Casas, cuando nuestros combatientes resistían en Ocosingo los ataques de los federales, cuando nuestras tropas se reagrupaban después del ataque al cuartel de Rancho Nuevo, cuando nos fortificábamos en Altamirano y Las Margaritas, cuando el aire olía a pólvora y sangre, el Comité Clandestino Revolucionario Indígena-Comandancia General del EZLN me llamó y me dijo, palabras más, palabras menos: "Tenemos que decir nuestra palabra y que otros la escuchen. Si no lo hacemos ahora, otros tomarán nuestra voz y la mentira saldrá de nuestra boca sin nosotros quererlo. Busca por dónde puede llegar nuestra verdad a otros que quieren escucharla". Así fue como el CCRI-CG me encargó de buscar medios de comunicación que pudieran informar lo que pasaba realmente y lo que pensábamos. A la montaña no llegan los diarios, ya lo he dicho en otra ocasión. Llega, sí, la señal de algunas estaciones de radio (la mayoría gubernamentales). Así las cosas tuvimos que decidir a quién dirigirnos según antecedentes que teníamos. Había que considerar varias cosas: la publicación de nuestros comunicados le traía, primero, una pregunta lógica a los medios que los recibieran: ¿eran auténticos dichos comunicados? Es decir, ¿eran realmente de los alzados en armas, o apócrifos? Después de que, suponiendo, se contestaran que sí (nadie podía darles la certeza de que eran auténticos), sigue la pregunta clave: ¿los publicamos? El asumir la autenticidad de los comunicados era ya un riesgo para los comités editoriales de esos medios, pero la responsabilidad de publicarlos implicaba muchas cosas más, tantas que tal vez sólo ellos puedan contar la historia de la decisión de esa apertura a un movimiento que nadie, salvo nosotros mismos, conocía bien, un movimiento cuya procedencia era un enigma en el mejor de los casos y una provocación en el peor de ellos. El EZLN se había alzado contra el supremo gobierno, había tomado 7 cabeceras municipales, combatía contra el ejército federal y estaba formado, cuando menos, por algunos indígenas, esto era un hecho. Pero, ¿quién estaba detrás del EZLN? ¿Qué querían realmente? ¿Por qué por ese medio (el armado)? ¿Quién lo financiaba? En resumen, ¿qué pasaba realmente? Deben haber existido mil y una pregunta más. Esos medios contarán algún día esa historia (importante por cierto). Nosotros pensábamos todo esto y nos preguntamos: ¿Quién asumirá todos estos riesgos? La respuesta que nos dimos fue, más o menos, ésta: lo harán aquellos medios cuyo afán de saber la verdad de lo que pasa sea mayor al temor a los riesgos de encontrarla (la verdad). Bueno, la respuesta era correcta (creo) pero no solucionaba nada. Faltaba lo más importante: decidir el destinatario de esas primeras epístolas y comunicados. Narraré, brevemente, cómo y por qué fueron apareciendo los destinatarios que aparecen hasta ahora, es claro que hay que ampliarlos, al inicio de cartas y comunicados.

Tiempo. La decisión de dirigirse a este medio fue unánime en el CCRI-CG del EZLN y, se puede decir, por aclamación. Recuerden ustedes que nuestros compañeros no llegan a la lucha armada así nada más, por afán de aventuras. Han recorrido ya un largo trecho de luchas políticas, legales, pacíficas, económicas. Conocen varias cárceles y centros de tortura locales y estatales. También saben quién los escuchó ayer y quién les cerró puertas y oídos. Ya expliqué en una carta a un periodista de ese medio lo que *Tiempo* significa para los indígenas chiapanecos, así que no insistiré. Sin embargo, decidirse a poner el nombre de *Tiempo* entre los destinatarios no era sencillo. Nosotros teníamos la seguridad de la honestidad e imparcialidad de estas personas, pero estaba el problema de que hay una guerra, y en una guerra es fácil confundir las líneas que separan una fuerza de la otra. No me refiero sólo a las líneas de fuego, también a las líneas políticas e ideológicas que separan y enfrentan a uno y otro bando. ¿Qué quiero decir? Simplemente que el hecho de publicar un comunicado nuestro podría ganarle a *Tiempo* la acusación, gratuita por cierto, de ser "portavoz" de los "transgresores de la ley". Para un periódico grande eso puede significar problemas, para un periódico pequeño eso puede significar su desaparición definitiva. Como quiera los compañeros dicen: "Mándalo a *Tiempo,* si no lo publican cuando menos ellos merecen saber la verdad de lo que pasa". Esa fue la parte de la historia de por qué *Tiempo.* Falta, por supuesto, la parte que cuente cómo esas nobles personas de *Tiempo* deciden correr todos los riesgos, a tal grado de poner en juego su existencia como medio informativo, y publicar lo que les enviamos. Cualquiera que haya sido esa historia, nosotros no podemos menos que saludar la valentía de ese medio informativo que, entre todos, era el que más tenía que perder, si no es que todo. Por eso el CCRI-CG del EZLN siempre me ha insistido en que de todo lo que enviamos se haga llegar una copia a *Tiempo*.

Después de decidir un medio informativo local al cual dirigirse venía el problema de la decisión sobre el medio informativo nacional. La televisión estaba descartada por razones obvias. La radio representaba para nosotros el problema de cómo hacerles llegar el material sin riesgos extras. Entonces estaba el problema de la prensa nacional. Recuerden que nosotros no sabíamos qué se estaba diciendo en la prensa de lo que pasaba, nosotros estábamos peleando en las montañas y en las ciudades. Así que, como dije antes, teníamos que decidir en base a los antecedentes que teníamos.

La Jornada. Entonces valoramos lo que había hecho *La Jornada* anteriormente. Su política editorial era, como se dice ahora, plural. Es decir, ahí tenían espacio diversas corrientes ideológicas y políticas, en ese periódico se apreciaba, se aprecia todavía, un amplio abanico de interpretaciones de la realidad nacional e internacional. Es decir, ese periódico presenta, con calidad, un mosaico ideológico de lo más representativo de la llamada sociedad civil mexicana. Creo que esto se demuestra en el paulatino paso de la condena lapidaria contra el EZLN (*remember* el editorial del 2 de enero de 1994) al análisis crítico de lo que ocurría. *Mutatis mutando*, creo así ocurrió con la llamada sociedad civil: de condenarnos pasó al esfuerzo por entendernos. Hay en *La Jornada* lo que antes se llamaba izquierda, centro y derecha, así como las múltiples subdivisiones que la historia crea y deshace. Hay polémica sana y de nivel. En fin, creo que es un buen periódico. Es difícil tacharlo de izquierdista o de derechista o centrista (aunque el Frente Anticomunista Mexicano lo catalogue entre los primeros). Creo que este mosaico de corrientes editoriales es parte importante del éxito de ese diario (y "éxito editorial de un periódico" en mis tiempos de periodista significaba poder sacar el siguiente número). Sin embargo, no fue la existencia de este mosaico ideológico lo que nos decide a incluir a *La Jornada* entre los destinatarios. Lo decisivo fue la valentía y honestidad de sus reporteros. Nosotros hemos visto brillantes páginas de periodismo ("de campo", le decían antes) en notas y reportajes en este diario. Por alguna extraña razón, estos reporteros (y muchos otros, estoy de acuerdo, pero ahora hablo de *La Jornada*) no se conforman con los boletines oficiales. Son enfadosos (para los reporteados) hasta el cansancio en su afán de saber qué ocurre. Además, cuando algo importante (a su entender) pasa, no se conforman con mandar un reportero, sino que forman una verdadera unidad de asalto que empieza a develar caras diversas del hecho que están cubriendo. Tienen lo que en mis tiempos se llamaba "periodismo total", como si fuera una película con varias cámaras con distintos enfoques y ángulos de un mismo hecho. Lo que en el cine hipnotiza, en la prensa mueve a reflexión y análisis. Peleando todavía con fuego y plomo, pensábamos nosotros que, tal vez, quisieran conocer la cara detrás del pasamontañas. No digo que otros no lo quisieran (incluido el gobierno federal), pero ahora hablo de este medio informativo. Así las cosas, lo que nos hace a nosotros optar por agregar el nombre de *La Jornada* a los destinatarios es, sobre todo, su equipo de reporteros. Hay otras razones menos determinantes como las secciones eventuales (¿o regulares?) de "La Doble Jornada", "La Jornada Laboral", "Perfil" y, *last but not least,* "Histerietas".

El Financiero. Alguien me ha preguntado por qué escogemos como interlocutor a un periódico especializado en cuestiones económicas. Decir que *El Financiero* es un periódico de finanzas es faltar a la verdad en el mejor de los casos, y en el peor significa que no lo han leído. Tiene *El Financiero,* a nuestro entender, un equipo de columnistas serios y responsables en su quehacer periodístico. Sus análisis son objetivos y, sobre todo, muy críticos. La pluralidad ideológica de las columnas que lo conforman es también una riqueza que es difícil encontrar en otros diarios nacionales. Quiero decir, es una pluralidad equilibrada. Su política editorial no se conforma con salpicar alguna pluma crítica entre las que se alínean con el poder, abre espacios reales de análisis incisivos de uno y otro bando (yo dudo que haya dos bandos solamente, pero la figura literaria ayuda, creo). Su equipo de reporteros tiene el instinto de "diseccionar" la realidad, que es lo que finalmente distingue a un reportero de un observador. *El Financiero* parece decirnos y mostrarnos que un hecho social se refleja (¿"se refleja"?, creo que debo decir: "condiciona y se condiciona") en diversos aspectos económicos, políticos, culturales. Como leer un libro de historia, pues, pero de historia presente y cotidiana que, por cierto, es la historia más difícil de leer. Cuando yo era joven y bello, los intelectuales tendían a agruparse en torno a una publicación, atrincherarse, y desde ahí lanzar verdades al ignorante mundo de los mortales. En aquellos tiempos les decían "las élites de la inteligencia" y había tantas como revistas y corrientes ideológicas estuvieran de moda. Publicaciones para que las leyeran los mismos que las publicaban. "Una masturbación editorial", dice Lucha. Si tú, inocente terrícola, querías llegar a rozar esas torres de marfil tenías que seguir un proceso más bien escabroso. Si algún medio editorial parece alejarse de este "periodismo de élite" que decanta, selecciona y elimina, es *El Financiero*. Este diario nacional no reaccionó con la condena inmediata a un movimiento que nadie entendía, no se precipitó en las elucubraciones intelectuales que afectaron, y afectan, a otros medios. Esperó, que en el arte de la guerra es la virtud más difícil de aprender, investigó, reporteó y, sobre una base más firme, empezó a tejer ese análisis interdisciplinario que ahora pueden apreciar sus lectores. Nosotros no supimos esto hasta que, tiempo después, llegó un ejemplar a nuestras manos. Nos felicitamos por haber escogido bien aunque, justo es reconocerlo, no teníamos nada que perder. Si para *La Jornada* fue el equipo de reporteros el que nos decidió, en *El Financiero* fue el equipo de editorialistas (no obstante el señor Pazos).

Proceso. De este semanario vale reiterar las disculpas por su tardía aparición entre los destinatarios. La razón de esto ya la expliqué en otro lado. Quisiera recordar una anécdota, de las muchas que andan sueltas en nuestras mentes y pláticas, del día primero de enero de 1994: al anochecer, la mayoría de la gente civil que había estado entre curiosa y escandalizada por lo que veía, con nosotros en el palacio municipal de San Cristóbal de las Casas, se había retirado a sus casas y hoteles asustada por los insistentes rumores de que el ejército federal intentaría asaltar nuestras posiciones en la oscuridad. Llegaban, sin embargo, uno que otro borracho para el que la fiesta de fin de año se había alargado 24 horas. Manteniendo con dificultad el equilibrio se dirigían a nosotros preguntándonos de qué procesión religiosa se trataba porque veían muchos "indios" en el parque central. Después de informarles de qué se trataba nos invitaban un inútil trago de una botella ya vacía y se iban, tambaleándose y discutiendo si la procesión era por la Virgen de Guadalupe o por la fiesta de Santa Lucía. Pero también se nos acercó gente en su juicio, o eso aparentaban. Y entonces ocurrió lo que ocurrió: surgieron estrategas bélicos y asesores militares espontáneos que nos hacían señalamientos rotundos de cómo correr y evitar muchas bajas cuando nos atacaran los federales, porque respecto a que seríamos aplastados había unanimidad en todos ellos.

Alguno, ya más entrada la noche y cuando nuestras tropas se alistaban para trasladarse a sus nuevas posiciones previas al asalto a Rancho Nuevo, se acercó a mí y con un tono más paternal que doctoral me dijo: "Marcos, cometiste un error estratégico iniciando la guerra en sábado". Yo me acomodé el pasamontañas que, junto con mis párpados, empezaba ya a caerme sobre los ojos, y aventuré, temeroso, "¿Por qué?"

"Mira, dice mi improvisado asesor de estrategia militar, el error está en que los sábados cierra su edición *Proceso* y entonces los análisis y reportajes verdaderos sobre su lucha no van a salir sino hasta la próxima semana". Yo sigo acomodándome el pasamontañas más por darme tiempo que porque estuviera fuera de lugar. Mi asesor militar coleto agrega implacable: "Debiste haber atacado el viernes". Yo trato, tímidamente, de argumentar en mi defensa que la cena de año nuevo, los cohetes, los festejos, los etcéteras que ahora no recuerdo pero que seguro dije porque el personaje que tenía enfrente no me dejó continuar y me interrumpió con un "Y ahora quién sabe si ustedes van a durar hasta la próxima semana". No había lástima en su tono, había una lúgubre sentencia de muerte. Se fue dándome una palmada comprensiva de mi torpeza estratégica al atacar en sábado. No he leído el *Proceso* de esa semana posterior al 1 de enero, pero si en algo tenía razón el estratega de esa noche era en que en *Proceso* salen análisis y reportajes verdaderos. Poco puedo yo agregar a las virtudes que todos señalan en la labor periodística de este semanario reconocido mundialmente. Baste llamar la atención sobre la profundidad siempre presente en los artículos de *Proceso*, de los diversos enfoques de una problemática, sea nacional o internacional.

Otros. Coincido con ustedes en que hay algunos medios más, de igual o mayor valía que los arriba mencionados. Veremos de ampliar el número de destinatarios o, de plano, dirigirnos a la prensa en general. Creo que, finalmente, será lo más prudente, pues en verdad son muchos y buenos los medios informativos que hacen eso; informar.

El Sur (Oaxaca). Repito que no lo conocíamos, contrarrepito que no tenemos las ventajas del ejército federal para dar entrevistas o conferencias de prensa, archirrepito que estamos cercados y en guerra. Pero les propongo un trato: mientras se hace posible la entrevista personal podíamos avanzar algo por correspondencia. Ya sé que una entrevista epistolar no es el ideal de un reportero, pero algo podríamos avanzar. Además me comprometo a "cazarles" una entrevista con otros oficiales del EZLN y ésta sí sin más requisitos que venirse a Chiapas y recoger, en la oficina del Comisionado Nacional de Intermediación, la acreditación que como corresponsales de guerra les da el EZLN.

Como ya sabrán, el diálogo no ha empezado. Tal vez los estamos esperando a ustedes.

Bueno, señores periodistas de *El Sur* de Oaxaca, creo ya debo haberlos aburrido bastante. Como quiera que sea, la gran ventaja de esta larga carta es que ningún medio se va a atrever a publicarla. Vale.

Salud y un abrazo cierto y sin rencores... ¿estamos?

Desde las montañas del Sureste mexicano
Subcomandante Insurgente *Marcos*

P.D. ¿Podrían mandarnos un ejemplar de su periódico? Prometemos solemnemente pagarlo en el improbable caso de que algún día tengamos dinero. (¿Aceptarían cartas en lugar de efectivo?)

Otra P.D. Ese avión no termina de caerse y el agua de la olla ya se evaporó en la espera. ¿Qué tal y cuando se vengan se traen un poco de ese queso oaxaqueño que, dicen, es tan sabroso? Nosotros ponemos las tortillas y el hambre. De nada.

c.c.p *Tiempo*, San Cristóbal de las Casas, Chiapas.
c c.p. *La Jornada*, México, D.F.
c.c.p. *El Financiero*, México, D.F.
c.c.p. *Proceso*, México, D.F.

COMUNICADOS SOBRE LAS CONDICIONES PARA EL DIÁLOGO

A los candidatos aspirantes a la Presidencia

13 de febrero

A la prensa nacional e internacional
A los partidos políticos nacionales con registro
A los candidatos aspirantes a la Presidencia de la República Mexicana

Atención: PAN, PRI, PRD, PFCRN, PT, PARM, PVEM, PPS

Señores:

Por este medio les hablamos a ustedes, nosotros el Comité Clandestino Revolucionario Indígena-Comandancia General del Ejército Zapatista de Liberación Nacional para decirles lo siguiente:

Primero. Es de todos conocido que en unos pocos días darán inicio las *Jornadas para la paz y la reconciliación en Chiapas* entre el gobierno federal y el EZLN, con la intermediación del señor obispo Samuel Ruiz García.

Segundo. El inicio del diálogo es parte importante del proceso de pacificación si se encamina, desde un principio, en la dirección de una paz con dignidad, justicia, libertad y democracia. Sin embargo, nosotros pensamos que los acuerdos a los que sea posible llegar con el representante del gobierno federal pueden verse limitados en su concreción por el futuro proceso electoral y por el cambio de poderes federales que se avecina.

Tercero. Por eso pensamos nosotros en invitarlos a ustedes a enviar delegados de las direcciones nacionales de sus partidos políticos para que se mantengan informados de los avances del diálogo para la paz y nos den su opinión sobre el rumbo que toma la concreción de los acuerdos en el caso de que sean posibles. Nosotros estamos claros que de entre sus candidatos a la Presidencia saldrá el próximo titular del Ejecutivo federal de nuestro país y al señor presidente de la República siguiente le tocará también el cumplimiento de los mencionados acuerdos.

Cuarto. Esperamos que nuestra invitación a participar en el diálogo sea aceptada por las direcciones de sus partidos y por los equipos de campaña de los distintos aspirantes a la primera magistratura del país. Será un gran honor para nosotros el hablar, en su oportunidad, con los delegados que envíen.

Respetuosamente,
Desde las montañas del Sureste mexicano
CCRI-CG del EZLN

A la CONAC-LN

14 de febrero

A las organizaciones que forman la Coordinación Nacional de Acción Cívica para la Liberación Nacional (ConacLN)

Hermanos:

Recibimos su carta del 9 de febrero de 1994. Grande es nuestro honor y nuestras frentes se inclinan al reconocer las palabras de nuestro General Emiliano Zapata en la boca de obreros, campesinos, estudiantes, maestros e intelectuales, hombres y mujeres honestos que forman la Coordinación Nacional de Acción Cívica para la Liberación Nacional (ConacLN).

Siguiendo las palabras del jefe Zapata nosotros llamamos al pueblo de México a que apoyara la justa causa que anima el canto de nuestros fusiles. Saludamos con respeto el retorno de este llamado a la unidad que viene de otras partes de nuestro país.

Hermanos:

Durante años y años cosechamos la muerte de los nuestros en los campos chiapanecos, nuestros hijos morían por una fuerza que desconocíamos, nuestros hombres y mujeres caminaban en la larga noche de la ignorancia que una sombra tendía sobre nuestros pasos, nuestros pueblos caminaban sin verdad ni entendimiemo. Iban nuestros pasos sin destino, solos vivíamos y moríamos.

Los más viejos de los viejos de nuestros pueblos nos hablaron palabras que venían de muy lejos, de cuando nuestras vidas no eran, de cuando nuestra voz era callada. Y caminaba la verdad en las palabras de los más viejos de los viejos de nuestros pueblos. Y aprendimos en su palabra de los más viejos de los viejos que la larga noche de dolor de nuestras gentes venía de las manos y palabras de los poderosos, que nuestra miseria era riqueza para unos cuantos, que sobre los huesos y el polvo de nuestros antepasados y de nuestros hijos se construyó una casa para los poderosos, y que a esa casa no podía entrar nuestro paso, y que la luz que la iluminaba se alimentaba de la oscuridad de los nuestros, y que la abundancia de su mesa se llenaba con el vacío de nuestros estómagos, y que sus lujos eran paridos por nuestra miseria, y que la fuerza de sus techos y paredes se levantaba sobre la fragilidad de nuestros cuerpos, y que la salud que llenaba sus espacios venía de la muerte nuestra, y que la sabiduría que ahí vivía de nuestra ignorancia se nutría, que la paz que la cobijaba era guerra para nuestras gentes, que vocaciones extranjeras la llevaban lejos de nuestra tierra y nuestra historia.

Pero la verdad que seguía los pasos de la palabra de los más viejos de los viejos de nuestros pueblos no era sólo de dolor y muerte. En la palabra de los más viejos de los viejos venía también la esperanza para nuestra historia. Y apareció en su palabra de ellos la imagen de uno como nosotros: Emiliano Zapata. Y en ella vimos el lugar a donde nuestros pasos debían caminar para ser verdaderos, y a nuestra sangre volvió nuestra historia de lucha, y nuestras manos se llenaron de los gritos de las gentes nuestras, y a nuestras bocas llegó otra vez la dignidad, y en nuestros ojos vimos un mundo nuevo.

Y entonces nos hicimos soldados, nuestro suelo se cubrió de guerra, nuestros pasos echaron a andar de nuevo armados con plomo y fuego, el temor fue enterrado junto a nuestros muertos de antes, y vimos de llevar nuestra voz a la tierra de los poderosos, y cargamos nuestra verdad para sembrarla en medio de la tierra donde gobierna la mentira, a la ciudad llegamos cargando nuestros muertos para mostrarlos a los ojos ciegos de nuestros compatriotas, de los buenos y los malos, de los sabios y de los ignorantes, de los poderosos y los humildes, de los gobiernos y los gobernados. Nuestros gritos de guerra abrieron los sordos oídos del supremo gobierno y sus cómplices. Antes, por años y años, nuestra voz de paz digna no pudo bajar de las montañas, los gobiernos levantaron altas y fuertes paredes para esconderse de nuestra muerte y nuestra miseria. Nuestra fuerza debió romper esas paredes para entrar otra vez a nuestra historia, a la que nos habían arrebatado junto a la dignidad y la razón de nuestros pueblos.

En ese primer golpe a los muros sordos de los que todo tienen, la sangre de los nuestros, nuestra sangre, corrió generosa para lavar la injusticia que vivíamos. Para vivir morimos. Volvieron nuestros muertos a andar pasos de verdad. Con lodo y sangre se abonó nuestra esperanza.

Pero la palabra de los más viejos de los viejos de nuestros pueblos no se detuvo. Habló la verdad diciendo que nuestros pasos no podían caminar solos, que en la carne y sangre de hermanos de otras tierras y cielos, nuestra historia de dolor y pena se repetía y multiplicaba.

"Lleven su voz a otros oídos desposeídos, lleven su lucha a otras luchas. Hay otro techo de injusticia sobre el que cubre nuestro dolor", dijeron así los más viejos de los viejos de nuestros pueblos. Vimos en estas palabras que si nuestra lucha era sola, otra vez, de nuevo sería inútil. Por eso encauzamos nuestra sangre y el paso de nuestros muertos a encontrar el camino de los otros pasos que con verdad caminan. Nada somos si solos caminamos, todo seremos si nuestros pasos caminan junto a otros pasos dignos.

Hermanos, así llegó nuestro pensamiento a nuestras manos y a nuestros labios. Y así empezamos a caminar. Que vengan sus pasos hacia nosotros, hermanos de la Coordinadora Nacional de Acción Cívica para la Liberación Nacional, nuestro corazón está ya abierto a su palabra y a su verdad. Poco tenemos que ofrecerles nosotros a ustedes pues sigue siendo muy grande la pobreza de nuestras tierras y muy pequeño nuestro lugar en la historia de México. Pero junto a su paso de ustedes y de todas las personas buenas de este mundo habremos de crecer y encontrar al fin el lugar que nuestra dignidad y nuestra historia merecen.

Salud hermanos de la ConacLN.

¡ Libertad ! ¡ Justicia ! ¡ Democracia !

Respetuosamente,

Desde las montañas del Sureste mexicano
CCRI-CG del EZLN

Al PDM y a la UNO

15 de febrero

A los partidos políticos nacionales con registro:
Partido Demócrata Mexicano (PDM),
Unión Nacional Opositora (UNO).

A sus candidatos aspirantes a la Presidencia.

Señores:

Por este medio les hablamos a ustedes nosotros el Comité Clandestino Revolucionario Indígena-Comandancia General del Ejército Zapatista de liberación Nacional para decirles lo siguiente:

Primero. Por un lamentable error producto de las prisas y la falta de atención fue omitida la aparición de los nombres de sus organizaciones políticas entre los destinatarios de la invitación a enviar delegados a las *Jornadas para la paz y la reconciliación* en Chiapas. Realmente estamos muy apenados y esperamos sinceramente que nos disculpen y nos honren con la presencia de sus delegados a tan importante evento.

Segundo. El inicio del diálogo es parte importante del proceso de pacificación si se encamina, desde un principio, en la dirección de una paz con dignidad, justicia, libertad y democracia. Sin embargo, nosotros pensamos que los acuerdos a los que se pueda llegar con el representante del gobierno federal pueden verse limitados en su concreción por el futuro proceso electoral y por el cambio de poderes federales que se avecina.

Tercero. Por eso pensamos nosotros en invitarlos a ustedes a enviar delegados de las direcciones nacionales de sus partidos políticos para que se mantengan informados de los avances del diálogo para la paz y nos den su opinión sobre el rumbo que toma la concreción de los acuerdos en el caso de que sean posibles. Nosotros estamos claros que de entre sus candidatos a la Presidencia saldrá el próximo titular del Ejecutivo Federal de nuestro país y al señor presidente de la República siguiente le tocará también el cumplimiento de los mencionados acuerdos.

Cuarto. Esperamos que nuestra invitación a participar en el diálogo sea aceptada por las direcciones de sus partidos políticos y por los equipos de campaña de los distintos aspirantes a la primera ma-

gistratura del país. Será un gran honor para nosotros el hablar, en su oportunidad, con los delegados que envíen.
Respetuosamente,
Desde las montañas del Sureste mexicano
CCRI-CG del EZLN

Sobre la liberación de Absalón Castellanos

15 de febrero

A la prensa nacional e internacional
Al señor Samuel Ruiz García, Comisionado Nacional de Intermediación:
Al señor Manuel Camacho Solís, Comisionado para la Paz y la Reconciliación

Señores:

Nos dirigimos nuevamente a ustedes nosotros, el Comité Clandestino Revolucionario Indígena-Comandancia General del EZLN, para decirles lo siguiente:

Primero. Con el fin de favorecer el pronto inicio del diálogo para la paz con dignidad que deseamos los mexicanos todos y como señal de la disposición sincera de nuestro EZLN, les comunicamos que el día miércoles 16 de febrero de 1994 será puesto en libertad el señor general de división Absalón Castellanos Domínguez.

Segundo. El señor general de división Absalón Castellanos Domínguez será entregado a los comisionados para la paz, Manuel Camacho Solís, y de Intermediación, Samuel Ruiz García, en la comunidad Guadalupe Tepeyac, municipio de Las Margaritas, Chiapas. El estado de salud del general de división Absalón Castellanos Domínguez en el momento de su liberación deberá ser constatado por personal médico del Comité Internacional de la Cruz Roja.

Tercero. Con el fin de favorecer la distensión en la zona en conflicto durante la realización del diálogo para la paz con dignidad el CCRI-CG del EZLN anuncia también su decisión de suspender el cobro de impuestos de guerra en los territorios bajo control de nuestras tropas a partir del día 17 de febrero de 1994.

Respetuosamente,
Desde las montañas del Sureste mexicano
CCRI-CG del EZLN

NUEVOS TESTIMONIOS

Del miliciano *Apolina*r y el mayor *Sergio*

16 de febrero

Roberto Garduño, enviado, Selva Lacandona, Chis. "Nosotros no nos andamos con pendejaditas... porque tomar las armas es la última decisión de la vida, por eso no las vamos a dejar tan fácilmente", asegura un hombre de 33 años que dice ser "poco estudiado", pero que rechaza que sus hijos vuelvan a ganar cinco pesos diarios trabajando para los finqueros, como antes hacían sus abuelos por falta de tierra.

En una región de la extensa franja donde inicia la Selva Lacandona, la vida no se alteró después del levantamiento del 31 de diciembre; los habitantes de los ejidos ya vivían de forma distinta a las demás comunidades de la zona. Ellos tenían su propia forma de comerciar, de elegir a sus líderes y de pensar.

Pronto se les autoriza hablar, porque el nombre de los solicitantes figura en la lista de reporteros que posee el Ejército Zapatista de Liberación Nacional (EZLN) y que han logrado entrar en otras ocasiones a la zona controlada por ellos.

Apolinar dice: "Nosotros sabemos que somos un ejemplo para todo el pueblo de Méxlco, porque tomar las armas es la última decisión de la vida".

Recuerda que siendo niño su padre le contaba que 10 años antes sálió de una finca rumbo a la selva para encontrar tierras que fueran de la familia. Pero que mientras más avanzaba el tiempo, más tardó el gobierno en firmarle esos papeles; nunca lo hizo. "Desde entonces estamos muy jodidos", cuenta.

Por eso las comunidades empezaron, casa por casa, a reunirse para conocer la forma de pensar de todos y sus "grandes necesidades". Desde entonces, hace 20 años, los zapatistas empezaron a organizarse, pero el aprendizaje militar comenzó hace 13.

—¿Quién inició todo esto?
—El que organizó fue un gran científico. Tomó la enseñanza de Lucio Cabañas, dio a conocer sus errores, y el pueblo aprendió de todo eso. Él ya murió combatiendo valientemente.
—¿Y el Comité Clandestino cómo queda entonces?
—Aquí el comité somos todos los que luchamos en esta guerra, hombres y mujeres, y hasta niños que siguen la enseñanza de sus padres.

La voz de *Apolinar* es la de un miliciano zapatista que asegura que el EZLN no va a dejar las armas tan fácilmente. "Aunque se llegara a un acuerdo —afirma— cuando nos cumplan los 10 puntos expuestos en la declaración de guerra veremos qué hacemos. Pero entregarlas no, mejor las resguardamos en algún lugar que el pueblo conozca para defendernos. Si el gobierno ahora nos da, qué bueno, si no, seguiremos respondiendo", puntualiza.

Conocedor de la historia y la organización del EZLN, *Apolinar* explica que desde hace años varias organizaciones campesinas en el país sabían de la existencia de los zapatistas, pero que no lo creían. "Lo que pasa —insiste— es que de nosotros hay mucha gente por todos lados desde hace mucho tiempo; hay algunos que no estudiamos bien, pero otros que sí son muy preparados, y los zapatistas estamos en todo México".

Los pasamontañas

Alberto, 19 años y cara de niño e incipiente bigote, arrea tres caballos al potrero, siempre acompañado de su pistola Magnum.

Paliacate en la cintura, platica que el pasamontañas negro aún no lo usan en estos sitios porque no había estambre para hacerlos, "pero ahora las mujeres los están tejiendo en sus casas".

Al tiempo que Alberto simula taparse el rostro, un grupo de jóvenes mujeres cruza la plaza de la comunidad. Bien peinaditas, vestidos adornados y huaraches de plástico se acercan a la toma de agua: platican y ríen; así han pasado la mañana del domingo, llevando y llevando agua para sus tambos.

Son cinco de las muchas esposas de los zapatistas, quienes antes ya se habían levantado a las 6 de la mañana para preparar a sus hijas y estar "puestas" para ir a la iglesia, pero no para escuchar sermones —en el templo no hay párroco—, sino para orar por una respuesta a sus demandas.

De regreso a sus casas de guamo, madera y caña, las mujeres tzeltales preparan el café, los frijoles y las tortillas para los milicianos, además de que cosen y arreglan la ropa de los guerrilleros.

Para los habitantes de los ejidos y ranchos de la Selva Lacandona, la vida no ha cambiado mucho desde que se inició el levantamiento armado, hace 45 días.

Desde 1972, año en que se expidió el decreto presidencial para dar carácter de reserva natural a la Selva Lacandona, los habitantes de la región vieron amenazadas sus posesiones por el gobierno.

El *mayor Sergio*, o el *Representante*, como lo conocen por acá, hombre de complexión atlética, se encarga de explicar por qué los indígenas decidieron tomar los fusiles, pero no desde hace unos meses, sino desde años atrás.

"Con el decreto de 1972 el gobierno empezó a decir que nosotros nos íbamos a salir por las buenas o por las malas de este lugar y que nos iba a reservar en una zona no muy lejos de aquí, pero no quisimos salir porque nuestros padres y abuelos buscaron este lugar para vivir y trabajar", dice.

Los zapatistas "empezamos a trabajar en nuestras comunidades casa por casa y barrio por barrio. Mucho tiempo luchamos de manera pacífica, pero nos ignoraban, por eso empezamos".

Joven indígena, nativo del lugar, respetado por los lugareños, el *mayor Sergio* relata que sin tener instrucción militar, los zapatistas aprendieron de libros y de lo que sabían otros que llegaban de la selva hasta sus poblados.

Ocurría –abunda– que la primera reacción de los zapatistas era la de aprender a manejar el fusil para defenderse de las *guardias blancas*, y que después comprendieron que el origen de sus problemas era el abandono en que estaban sumidos.

Aparejada vino entonces –prosigue– la educación política e ideológica. Así aprendieron otras cosas, "como fortalecer la organización comunal".

Recuerda que el caso de la venta del café y el frijol son síntomas de la injusticia, porque los "coyotes" engañan y pagan precios de risa por el producto: "Imagínese, el año pasado estaban pagando a los de las otras comunidades un peso por kilo".

Desde hace años, asegura *Sergio*, se organizaron y por eso esto que se vive ahora ya lo conocen: "Lo hemos aprendido y no lo vamos a dejar. Aquí en la selva los indígenas sabemos cómo vivir y cómo organizarnos, pero no nos han dejado, nos han reprimido, por eso hemos tomado el fusil".

De la Comunidad Guadalupe-Tepeyac

16 de febrero

Lectura del escrito intitulado *Amor popular de la selva chiapaneca*, tras la entrega de Absalón Castellanos.

Ciudadano licenciado Manuel Camacho Solís, enviado de la paz. Presente:

Por medio de la presente nos dirigimos a usted con la finalidad de mostrarle la realidad de la zona de la selva de Chiapas. Queremos plantearle, en lo que respecta a salud, que la clínica entre en funcionamiento normal y que se surta de medicamentos lo más pronto posible, además de doctores especializados en las diferentes ramas.

Por otra parte, que se completen los materiales que aún todavía nos faltan porque el señor Salinas de Gortari vino a entregar una clínica incompleta, según el director de la misma, señor Wilfrido Mendoza. Él manifestó ante los habitantes de las diferentes comunidades que la sala de operación está incompleta y por este motivo no se lleva a cabo ningún tipo de cirugía, tampoco hay personal encargado de los rayos X.

Durante el período que entró en funcionamiento, ninguno ha sido atendido por este servicio, sino que han sido llevados a la ciudad de Comitán o a Tuxtla Gutiérrez. Además, la mayoría del personal carece de experiencia en lo que respecta a enfermedades curables. Para nuestra zona se requieren doctores expertos en las diferentes enfermedades curables, ya que la marginación, la miseria y la pobreza de las comunidades no nos deja salir a la ciudad para ser atendidos y por ello pedimos que entre en funcionamiento lo más pronto posible.

En educación no se cuenta con ningún apoyo desde hace muchos años, ya que se tienen maestros divididos en dos sectores, que son los democráticos y los llamados *charro*. Queremos que exista sólo una clase de estos maestros y que sea permanente en el lugar de trabajo que les corresponde y no como la han hecho, que nada más una semana o tres días vienen a trabajar por mes. Además necesitamos materiales didácticos y de construcción para el buen desarrollo y formación de nuestro hijos como futuros profesionales. Necesitamos becas para algunos que desean continuar sus estudios en algunas escuelas secundarias, preparatorias y universidades.

Otro punto es la tenencia de la tierra. Los campesinos no cuentan con tierras en buenas condiciones ni maquinaria agrícola y todos los insumos que se necesitan para la producción, ya que como se ve las mejores tierras están en manos de latifundistas, además de maquinaria, fertilizantes, créditos y préstamos.

Son ellos los que más atención les ha dado el gobierno, y a los pueblos pobres de todo México que a ellos les merece no cuentan con apoyo del mismo. Sin embargo, nos piden la reserva ecológica y montañas, aparte de la reforestación en la misma zona. ¿Cómo el gobierno no se fija dónde explotar la cuestión maderable y otros recursos naturales que se explotan? Los que de plano no cuentan con tierra para poder sobrevivir, ¿qué esperanza hay de que se puedan cultivar, si no cuentan con nada?

Otro punto importante es la vivienda. El gobierno mexicano ha desatendido la cuestión de vivienda como en todos los demás casos. Él ha dicho que ha dado apoyo a algunos, pero no es cierto, ya que la misma gente campesina lo construye desde materiales de la región y con mano de obra no calificada. Sin embargo, en sus informes valora precios de construcción para seguir engañando a los pueblos. Otra cosa es que cuando se quieren hacer casas con materiales de la región no se da permiso a los campesinos para sacar la madera que creemos que nos va a durar, ello porque el mismo gobierno ha implantado leyes que prohíben esta realización.

Si no contamos con materiales de la región, qué se diría de la situación de la luz, agua potable y una vivienda digna que es lo que realmente nuestro pueblo necesita, porque de ellos sale la mayor parte de los ingresos de nuestro país tan rico, que en todos los recursos naturales tiene.

También necesitamos pan y alimentación. No contamos ni siquiera con lo básico, ni siquiera con otro tipo de alimentos como carne, huevo, pescado, etcétera, que sirven de complemento en la dieta alimenticia diaria que tanto mencionan los jefes de salud enviados por el gobierno. Todo esto debido a lo antes mencionado: las malas tierras, falta de maquinaria, asesoría técnica que nos permita una buena producción. Como consecuencia de todo esto no hay una buena educación para nuestros hijos, mucho menos para tener una buena salud.

Democracia. El gobierno mexicano habla de democracia pero sólo para un grupo de personas que están a su favor, de la oligarquía, monopolios, tanto mexicanos como extranjeros. Este grupo de personas son los que deciden quién va a gobernar; entre los senadores y diputados eligen quién va a gobernar para cubrir sus intereses sin tomar en cuenta a la población o el pueblo mexicano.

Los senadores nunca vienen a proponer quién va a ser el que va a gobernar; no, nosotros no los elegimos, mucho menos los conocemos. Sólo ellos se eligen porque se conocen y se publican en otros países que el gobierno de México es legítimo para que les den prestaciones y ayudas, pero sólo para ellos.

Nosotros sabemos que el licenciado Salinas de Gortari es ilegítimo porque sus puestos los han ganado con trampas, fraudes, violaciones y amenazas. Nosotros creemos que la democracia es como la que planteamos dentro de nuestros programas de lucha, que el pueblo sea quien elija libre y democráticamente su gobierno, que tenga los intereses que el pueblo necesita. Para eso se necesita que sea honesto en todos los derechos que pertenecen al pueblo mexicano.

Trabajo. ¿Cómo es posible que a estas alturas de los años se siga trabajando con los instrumentos primitivos como es el machete, hachas, azadones, etcétera, en estas zonas y en las más pobres de todo México, cuando se cuenta con grandes industrias de todo tipo que pueden elaborar las mejores maquinarias para el campo mexicano y que pueden tener un buen desarrollo agrícola como lo hacen los grandes empresarios?

Esto demuestra que el gobierno no tiene interés por los campesinos, los obreros y la clase trabajadora, quienes producen para que ellos puedan vivir. Los salarios de los obreros son muy bajos que no alcanza ni siquiera para sobrevivir, porque les descuentan mucho en prestaciones y otros impuestos muy altos que le son aplicados.

Libertad. El gobierno de México habla de la libertad. Todos los mexicanos no sabemos de qué libertad habla, porque cuando tenemos que viajar tan sólo a la capital mexicana se cuenta por ciento de migración para identificarse, de dónde somos y de dónde vinimos. Creemos que no es cierto que tenemos libertad, porque ni siquiera somos libres para transitar al lugar donde queremos llegar porque los de la Judicial nos persiguen como perros. Tampoco se tiene libertad de expresión porque cuando un campesino, un maestro, obrero o estudiante expresa sus sentimientos, el gobierno de inmediato los manda matar, a torturar, a detener, a amenazar y a acusarlos de agitadores.

No se preocupa por quitar a los malos funcionarios porque son de la misma clase y familia. Por eso decimos que en México no hay democracia ni libertad. Esto es notable porque todos los gobierno lo han puesto en práctica desde hace muchos años. En el sistema capitalista no contamos con medios de difusión de nuestras ideas y pensamientos como la televisión, radio o prensa, porque al gobierno no le conviene que la demás gente conozca los pensamientos que podrían en un momento dado ayudar a defender nuestros derechos como trabajadores explotados.

Independencia. No somos independientes porque se ve claramente que el gobierno mexicano es ordenado y manejado por gobiernos extranjeros que tienen interés por nuestras riquezas naturales, además porque las empresas extranjeras es aquí en México donde consiguen mucha mano de obra barata.

Los cambios que se han hecho son planes e ideas extranjeras que nos van a conducir nuevamente a la esclavitud como antes se hacía. El Tratado de Libre Comercio no beneficiará a nosotros los campesinos de México, porque se carece de mucha maquinaria capaz de poder competir por ellos mismos. El gobierno mexicano se deja enajenar fácilmente por gobiernos extranjeros. Por eso decimos que el gobierno no... (interrupción con una voz en *off* que dice: "la trasmisión directa que se hace por medio de un *pool*, es decir, una sola imagen."Regresa el sonido original)... de miseria, desigualdad e injusticia.

El Ejército maltrata a las poblaciones, las maltrata, los amenaza, les quema sus casas y muchas otras cosas más, que ni siquiera los trata como humanos, sino como verdaderos animales, como hasta ahora se están presentando bombardeos, ametrallamientos y otros medios que el Ejército federal usa para la represión hacia la población civil. La paz que busca el pueblo es alcanzar como el que tiene la oligarquía mexicana; si el pueblo no alcanza eso que mencionamos, no dejará de luchar.

Tenemos otro apartado. Queremos pedirle directamente que no nos vengan a espantar con helicópteros en los caminos donde trabajamos. Nos preguntamos qué tipo de paz es la que proponen si ni siquiera podemos trabajar en nuestras milpas, cafetales o lugares de trabajo. Luego nos siguen y nos ametrallan, por eso creemos que este tipo de paz que nos propone el gobierno no es cierto que sea paz.

Que se retiren los retenes federales que aún permanecen en las orillas de la cabecera municipal y otros caminos por donde transitamos para que la población civil pueda transitar libremente, porque ahora detienen a todos los que pasan por donde están estos retenes, porque por causa de ellos no pueden llegar ayudas humanitarias destinadas a nuestros pueblos indígenas como la Casa de las Imágenes y otras organizaciones que prestan ayuda humanitaria

Que se respete y reconozca al EZLN ante las diferentes posiciones que plantea. Pues todo esto, señor licenciado Camacho, se lo damos a conocer.

De 45 organizaciones campesinas e indígenas

17 de febrero

Ricardo Alemán Alemán, enviado, San Cristóbal de las Casas, Chis. Alrededor de 45 de las más importantes agrupaciones que integran el Consejo Estatal de Organizaciones Indígenas y Campesinas (CEOIC) acordaron otorgar "apoyo incondicional" al Ejército Zapatista de Liberación Nacional "y exigir al gobierno federal el reconocimiento de los rebeldes como fuerza beligerante".

En el texto, las agrupaciones campesinas detallan su plan de acción en el mediano y largo plazos, en donde consideran acciones como: "tomas de tierra, alcaldías y edificios públicos, así como la realización de marchas y mítines. Se anuncia una movilización en el DF, el 10 de abril, un encuentro estatal y nacional de organizaciones indígenas, el 13 y 14 de marzo, y movilizaciones regionales en Tapachula, San Cristóbal y Tuxtla, el 6 de marzo".

El CEOIC, surgido a raíz de la aparición del EZLN el primero de enero, congregó originalmente a 42 organizaciones campesinas e indígenas de tres regiones del estado, pero a la fecha aglutina a 280 agrupaciones. Del 22 al 24 de enero llevó a cabo su congreso constitutivo, donde se acordó un resolutivo unánime que demanda el reconocimiento del EZLN como fuerza beligerante.

Los días 15 y 16 de febrero, se efectuó la segunda reunión del CEOIC, a fin de incorporar las demandas políticas, económicas y sociales de todos los grupos. Sin embargo, el apoyo expresado por la mayoría de las agrupaciones al EZLN, puso en peligro de ruptura al recién creado consejo, ya que organizaciones como la Asociación Rural de Interés Colectivo (ARIC) y Solidaridad Campesina Magisterial (Socama), siempre se opusieron al acercamiento.

En los resolutivos adoptados el 16 de febrero, el CEOIC acordó que el apoyo a los zapatistas es responsabilidad de cada una de las organizaciones. Así, anoche dio a conocer un comunicado en el que 45 de ellas exigen al gobierno reconozca al EZLN como fuerza beligerante, "toda vez que cumple con los requisitos considerados en la Convención de Ginebra".

Las organizaciones firmantes son: UCD, UCOPI, 10 de Abril, UGOCP, OPEZ, MOCRI, OCEZ-Norte, CNPI, OCEZ-CNPA, Hi'Nich, CNOCIR- CRIACH, Unión de Cafetaleros del Centro, CNC estatal, CAM, COCECH, ISSMAN, COCARET, OTEZ, OPC, CLJD, Pueblo Nuevo, Solistahuacan, CIOAC-Pueblo Nuevo, Sociedad Cooperativa Agrícola Muktavin, Organización de Médicos Indígenas del Estado de Chiapas, Comunidades Campesinas de la Región Tzicao, Federación Regional de Productores de Hortalizas del Centro, Organización Triples Tzijiombij, Organización Indígena de Los Altos Chiapas, Organización Independiente Mujeres Indígenas, CNOC, Unión de Crédito Norte de Chiapas, Unión de Cooperativas Tzotzilutik, Cholombola y Joteamkti, Grupo Operativo Región Frailezca de Angel Albino Corzo, Tsublej Yuun Jwocoltic, Centro de Derechos Indígenas, Indígenas de la Sierra Madre de Motozintla San Isidro Labrador, Alianza Nacional Campesina Alfredo V. Bonfil-Guadalupe Mejía Martínez, ORIACH, Unión de Crédito Pajal Yacaltic, CU-CARET, Grupo Operativo Región Zoque, Confederación de Pueblos Indígenas, y Vanguardia Juvenil Agrarista Sócrates Rivera.

De la toma de tierras en varios municipios

18 de febrero

Elio Henríquez, corresponsal, y Matilde Pérez U., enviada, San Cristóbal de las Casas, Chis. [*LJ*, 19/ii]. La Asociación Ganadera de Chilón informó que ya son 38 las pequeñas propiedades tomadas en ese municipio durante la última semana por indígenas miembros de la Coordinadora Nacional de Pueblos Indios (CNPI), por lo que demandaron la intervención de las autoridades estatales para que se solucione el problema, pues temen que la situación "se generalice en todo el estado", a raíz del conflicto armado iniciado el primero de enero pasado.

Por su parte, Santiago Domínguez Martínez, vocero de la CNPI, reiteró que respecto a las tierras tomadas por sus compañeros en Chilón "no habrá negociación porque les pertenecen, y si los desalojan habrá movilizaciones que no le convendrían a las autoridades".

La Asociación Ganadera aseveró que los "invasores" les han dado una semana de plazo para que retiren de las tierras las dos mil cabezas de ganado que suman en total y los demás bienes. Dijo que en los 38 ranchos –algunos de los cuales tienen cinco hectáreas– son mil 880 las hectáreas tomadas por los indígenas tzeltales.

Añadió que además han sido tomadas otras tierras en los municipios de Yajalón, Sabanilla, Salto de Agua y Pantelho, y se teme que en los próximos días ocurra lo mismo en Ocosingo.

Según el indígena tzotzil, los 800 integrantes de la CNPI han tomado cerca de cuatro mil hectáreas en Chilón, aunque según ellos les pertenecen 14 mil.

Comentó que por el momento su organización no ha pensado tomar ranchos en Ocosingo, pero no descartó que el 10 de abril lo hagan porque el planteamiento es que ese día todos los campesinos se posesionen de sus tierras en todo el país.

COMUNICADOS PREVIOS AL DIÁLOGO

Su presentación por *Marcos*

16 de febrero

Al semanario nacional *Proceso*
Al periódico nacional *La Jornada*
Al periódico nacional *El Financiero*
Al periódico local de SCLC, Chiapas, *Tiempo*
A la prensa nacional e internacional

Señores:

Bueno, aquí les mando el comunicado del CCRI-CG del EZLN donde define en lo general, la posición que llevará al diálogo con el comisionado para la Paz el próximo 21 de febrero.

Nosotros, atareados por ver que los delegados lleguen a tiempo a los lugares donde los van a recoger.

Ignoro si la noble ciudad de los coletos los reciba bien, pero en fin, son riesgos que hay que correr.

Mientras el CCRI-CG del EZLN decide si me manda o no al diálogo, yo estoy muy preocupado porque no sé que ropa llevar (si es que voy). Reviso con escepticismo el gigantesco guardarropa que llevo en la mochila y me pregunto angustiado si la moda actual es todavía de invierno o debo llevar algo más coqueto por la primavera. Finalmente me decido por una camisa café (la única), un pantalón negro (el único), un alegre paliacate rojo (el único), un par de botas sucias (las únicas), y el pasamontañas de discreto color negro (el único). Como quiera que sea, vaya o no, el CCRI-CG me ha ordenado silencio escrito, así que mi poderosa máquina de "hacer comunicados" (una pluma) la guardo al terminar ésta.

Salud y suerte en el *canibalismo* periodístico (ojo: dejen algo para los más péqueños. Tomen la iniciativa política e inauguren el *Pronasol* de la comunicación, un *pool* pues).

Desde las montañas del Sureste mexicano
Subcomandante Insurgente *Marcos*

Sección "La Posdata Mercantilista"

P.D.: ¿A cómo se cotiza, en dólares, un pasamontanas sucio y apestoso? ¿Cuántos más de la PGR?

P.D. de la P.D.: ¿Cuánto se puede obtener si alguna marca de refrescos embotellados aparece en la mesa del diálogo?

P.D. con tasa de interés al alza: ¿Qué tal un *streap tease* (¿así se escribe?) de pasamontañas? *¿How much for this show?* o sea, ¿cuánta marmaja por eso?

P.D. a la baja en la Bolsa de valores: ¿Cuánto por un minuto diciendo tonterías? ¿Cuánto por medio minuto de verdades? (Recuerden que las verdades siempre son más parcas que las mentiras y, por tanto, se venden menos.)

P.D. machista pero cotizada en el Mercado de Valores: ¿Cuánto por la media filiación de la cintura para abajo?

P.D. de *crack* en la Bolsa: ¿Cuánto por una exclusiva, en *close up*, de la nariz pronunciada?

P.D. devaluada por presiones "externas": Y la "máquina de hacer comunicados", ¿cuánto porque siga? ¿Cuánto porque calle?

P.D. sin valor monetario: Y por nuestros muertos, ¿con cuánto dolor se pagan? ¿Con cuánta luz se llenan sus bolsillos? ¿Cuánta sangre más para que no sea inútil su silencio? ¿Quién quiere la exclusiva de su pena? ¿Nadie? Sea...

P.D. que se retira del mercado accionario: Adiós... Gracias a los que se dijeron la verdad. Mi más sentido pésame a los que siguieron el camino de la mentira.

Vale.
El sub en el ostracismo
(*Yo* merengues)

Sobre el inicio del diálogo

16 de febrero

"Los que con honor pelean, hablan con honor."

Al pueblo de México
A los pueblos y gobiernos del mundo
A la prensa nacional e internacional

Hermanos:

El Comité Clandestino Revolucionario Indígena-Comandancia General del EZLN se dirige con respeto y honor a todos ustedes para decir su palabra, lo que hay en su corazón y en su pensamiento:
    El día lunes 21 de febrero de 1994 se dará inicio al diálogo entre el gobierno federal y el EZLN, con el fin de encontrar una salida política justa y digna al conflicto actual. Haciendo honor a su palabra comprometida, este CCRI-CG del EZLN ha liberado al general Absalón Castellanos Domínguez y ha nombrado ya a los delegados que lo representarán en la mesa de diálogo con el comisionado nacional de intermediación, señor Samuel Ruiz García, y el comisionado para la Paz y la Reconciliación en Chiapas, señor Manuel Camacho Solís. Nuestros delegados, sin importar el riesgo que corren sus vidas, asistirán al lugar señalado y representarán con honor y verdad el pensamiento y el corazón de los hombres que caminan con verdad.
    La palabra de verdad que viene desde lo más hondo de nuestra historia, de nuestro dolor, de los muertos que con nosotros viven, luchará con dignidad en los labios de nuestros jefes. La boca de nuestros fusiles callará para que nuestra verdad hable con palabras para todos, los que con honor pelean, hablan con honor, no habrá mentira en el corazón de nosotros los hombres verdaderos.
    En nuestra voz irá la voz de los más, de los que nada tienen, de los condenados al silencio y la ignorancia, de los arrojados de su tierra y su historia por la soberanía de los poderosos, de todos los hombres y mujeres buenos que caminan estos mundos de dolor y rabia, de los niños y los ancianos muertos de soledad y abandono, de las mujeres humilladas, de los hombres pequeños. Por nuestra voz hablarán los muertos, nuestros muertos, tan solos y olvidados, tan muertos y sin embargo tan vivos en nuestra voz y nuestros pasos.
    No iremos a pedir perdón ni a suplicar, no iremos a mendigar li-

mosnas o a recoger las sobras que caen de las mesas llenas de los poderosos. Iremos a exigir lo que es derecho y razón de las gentes todas: libertad, justicia, democracia, para todos todo, nada para nosotros.

Para los indígenas todos, para los campesinos todos, para los trabajadores todos, para los maestros y estudiantes todos, para los niños todos, para los ancianos todos, para las mujeres todas, para los hombres todos, para todos todo: libertad, justicia, democracia.

Para nosotros, los más pequeños de estas tierras, los sin rostro y sin historia, los armados de verdad y fuego, los que venimos de la noche y la montaña, los hombres y mujeres verdaderos, los muertos de ayer, hoy y siempre... para nosotros nada. Para todos todo.

Si la mentira vuelve a la boca de los poderosos, nuestra voz de fuego hablará de nuevo, para todos todo.

Reciban nuestra sangre hermanos, que tanta muerte no sea inútil, que vuelva la verdad a nuestras tierras. Para todos todo.

¡ Libertad ! ¡ Justicia ! ¡ Democracia !
Respetuosamente,
Desde las montañas del Sureste mexicano
CCRI-CG del EZLN

Sobre los indígenas expulsados

17 de febrero

A los expulsados de San Juan Chamula
A todos los indígenas expulsados de su tierra y de su historia
San Cristóbal de las Casas, Chiapas.

Hermanos:

Recibimos su carta del 15 de febrero de 1994. Con honor grande recibimos su palabra de ustedes. Reciban ustedes nuestra humilde palabra que habla con verdad.

Desde hace varios días el Comité Clandestino Revolucionario Indígena-Comandancia General del Ejército Zapatista de Liberación Nacional se reunió para hacer el pliego de exigencias que hará al supremo gobierno. Desde entonces, los compañeros del CCRI-CG del EZLN analizaron que es grande la injusticia que vive en los corazones de los caciques y que es verdad que los hombres y mujeres todos merecen libertad y respeto a su pensamiento y creencias.

Por esto, la exigencia del retorno incondicional de *todos* los expulsados a sus legítimas tierras y el castigo a los que oprimen a su misma raza y desangran a sus hermanos aparece en lugar importante en nuestras demandas, y en el camino del mundo de justicia y verdad que habrá de nacer de nuestra muerte.

Su voz de ustedes, hermanos, *y la de todos los expulsados* hablará en nuestra voz. Los hombres y mujeres todos tienen derecho a la libertad, a la justicia y a la democracia. Cuando logremos esto, el mundo será mundo y no esta larga cadena de injusticias que ata y oprime nuestra historia.

¡Salud hermanos expulsados!
¡Su exigencia de justicia y respeto es nuestra exigencia!
Respetuosamente,
Desde las montañas del Sureste mexicano
CCRI-CG del EZLN

Entrevista a *Marcos* previa al diálogo

por los enviados de *Proceso*, *El Financiero* y *The New York Times* Vicente Leñero [*P*, 21/ii].

–¿Patrocinio se hizo guaje? ¿Informó mal al Presidente?
–La primera acción militar es en mayo del 93, cuando el ejército descubre accidentalmente el campamento donde se estaba planeando el ataque que se hizo en enero. Entonces el ejército procede como debe proceder un ejército: descubre un enemigo, empieza a desplegarse y a cortar, trata de acabar con los guerrilleros. Pero de pronto, a los pocos días, se sale. Eso no es una decisión militar, es una decisión política. En términos militares ellos pensaban que el nuestro era un grupo aniquilable. Pero el hecho de aniquilarlo, o sea, de empezar a poner efectivos, significaba para el gobierno federal reconocer que había guerrilla. Y pensamos nosotros (aquí estoy lucubrando) que en vísperas del TLC ese repliegue no pudo ser un error del ejército

federal. Estoy seguro de que fue una decisión política de muy arriba. Que no pudo ser más que del Presidente de la República.
Está hablando el subcomandante *Marcos*.
Son las tres o cuatro de la madrugada del jueves 17 de febrero. Hace frío y cansancio. Llovizna afuera.
El salón, amplio pero muy humilde, pertenece a una construcción campesina montada sobre una loma de quién sabe dónde: en los vericuetos de "las montañas del Sureste mexicano", como dan de remitente los comunicados del Ejército Zapatista. Un foco colgado de los palos del techo es la única luz, pero suficiente. En las tablas adosadas a un muro se desordenan libros y cuadernos que se están deshaciendo de tanto uso. Más de una docena de combatientes con pasamontañas e indígenas varones y mujeres sin uniforme se agrupan en el suelo adormilados, luchando contra el sueño para escuchar al *Sub*. Algunos duermen ya, cubiertos hasta la cabeza por la cobija a cuadros. Están al fondo todos, contra los muros.
–El movimiento zapatista es un llamado de atención. Cuando en el mundo todo estaba diciendo que no a la lucha armada porque había desaparecido la opción del comunismo, nosotros pensamos que la gente de aquí iba a decir que ya no al cambio y mucho menos a la lucha armada. Era lógico, el bombardeo ideológico era fuerte. Pero en las comunidades sucedió al revés. En ese momento es cuando más gente entra con nosotros, cuando más gente se incorpora a las milicias del Ejército Zapatista, cuando más poblados declaran: 'No nos están dejando otro camino'. Cuando a nivel internacional todo está diciendo que no a la lucha armada, el campesino indígena de Chiapas está diciendo que sí, que sí, que sí.
Sentado sobre una viga muy bajita que unas patas verticales convierten en banca sin respaldo, *Marcos* responde a las preguntas de los tres reporteros que aceptó ver en su segundo encuentro público con periodistas: *The New York Times*, *El Financiero* y *Proceso*. Sólo una cámara, la de *Proceso*, autorizada ahí por el *Sub* para tomarle fotos desde cualquier ángulo:
–Nada más espérese tantito a que esos compañeros que están atrás se pongan su pasamontañas.
Y explica:
–Tienen familiares en las comunidades de aquí que pueden salir perjudicados si los identifican a ellos.
La plática sobre el EZ –como lo simplifica Camacho–, sobre los diálogos de paz anunciados para este lunes, sobre la problemática de Chiapas, sobre las elecciones de agosto, sobre el futuro del país... se

había prolongado con algunas cosas ya muy dichas en comunicados del Comité Clandestino y del propio *Sub*, y en la entrevista aquella para *La Jornada* y *Multivisión*.

Machacón, *Marcos* insistía en sus temas de interés para aclarar puntos, detallar hechos, precisar conceptos. De pronto, las preguntas abandonan su lentitud y se convierten en un metralleo encaminado a averiguar un poco más sobre la personalidad de *Marcos*.

—Ya, subcomandante, dígalo de una vez, ¿quién es *Marcos*?

Como en la retirada de Rancho Nuevo, él se defiende y contrataca con silencios, chascarrillos escurridizos y risas de un "je je" suavecito, un poco a veces para dentro. Pero cae más de una vez.

Por supuesto, *Marcos* no se llama Marcos. Se niega a decir su verdadero nombre y apellido escondiéndose en un hilito de risa, pero admite que es un seudónimo; mejor dicho: un símbolo.

—Por San Marcos, el primer evangelista que...

—Dios me libre, no. Contra lo que dice Carlos Ramírez —y se vuelve para mirar a Oscar Hinojosa—, que me tomaron unas fotos en los servicios religiosos, quiero decir que el último servicio religioso en el que estuve fue cuando hice la primera comunión. Tenía ocho años. No he estudiado ni para Padre, ni para Papa, ni para Nuncio Apostólico. —Y ríe socarrón.

—Quiere decir que no es religioso en el sentido...

—Pérame. No soy catequista, ni párroco, ni nada. Ponlo así, porque luego dicen que soy Joel Padrón.

El nombre de Marcos lo tomó en realidad de un compañero llamado Marcos que murió hace años, en esta lucha de su grupo. Un amigo muy querido que había estudiado con ahínco la guerrilla de Arturo Gámiz,—fundador de la Liga 23 de Septiembre—, mientras él hacía lo mismo con la de Pancho Villa. Platicaban mucho, intercambiaban ideas, discutían. Pero luego murió... Y al subcomandante *Marcos* se le ablanda su voz, de por sí suave. Mira hacia arriba mientras se levanta el borde resbaloso del pasamontañas sobre su nariz de lanza.

—Un nombre simbólico entonces, ¿como el pasamontañas?

—Por el trabajo de *Marcos* no se puede saber quién es *Marcos*, o sea: si queda plenamente identificado *Marcos*, y desaparece, va a traer problemas al ejército.

—No entiendo.

—Si desaparece *Marcos* con pasamontañas, cualquiera de nosotros se pone un pasamontanas y ése es *Marcos*.

Lo usa sólo ante desconocidos, por supuesto. Lo usaban varios, desde antes, para protegerse del frío a la intemperie, y como el día en que atacaron San Cristóbal "hacía un frío de todos los diablos", muchos se lo pusieron. Entonces llegó la prensa y un reportero de Televisa le preguntó: "¿Usted cómo se llama: comandante Tigre, comandante León o comandante Perro?", y vio que era útil y se lo dejó.

Marcos sólo tiene un pasamontañas. "Para qué quiero dos", y se ríe porque se le pregunta cuántos. Son de lana, tejidos en Chiapas, por supuesto, y comprados en los mercados de San Cristobal y Ocosingo. Pero ya no hay en estos días. Vuelve a reír obligado a que se le formen unas patas de gallo prematuras. "¿A mis 63 años?", bromea.

–Cuántos tiene, ya en serio.

–Blanche Petrich dice que 39, pero no es mas que su alucinación femenina. ¿Cuántos dice la PGR? ¿25?

–El ocultar la cara es algo insólito en los movimientos guerrilleros. No se ocultaban Fidel Castro, ni el Che, ni Tomás Borge.

–Superbarrio –acota Tim Golden, bromeando.

–Da la impresión de clandestinaje, para ocultar delitos.

–No tengo ni siquiera multas de tránsito.

–O para estar aquí hoy con pasamontañas y mañana en otra parte sin pasamontañas y nadie lo reconoce, *Marcos*.

–No, es más bien...–y se pone serio mientras se oprime la nariz con las dos manos juntas en un gesto muy suyo– Es más bien respecto al protagonismo o a la corrupción que va a sobrevenir y a ese mensaje de que cualquiera puede ser *Marcos*. Cualquiera, no sólo del EZLN, sino de este país.

–Se relaciona también con terrorismo, y ustedes no son terroristas, supongo.

–Definitivamente no.

–O con Sendero Luminoso. Eran los únicos que habían usado pasamontañas.

–También por el frío, imagino. Los Andes deben ser fríos.

Marcos deja el tono socarrón y da una palmada al periodista. La posición bajita de la viga-banca lo obliga con frecuencia a apoyar los brazos sobre los muslos para sostener la espalda que se encorva mientras la mirada cae al piso. Trenza los dedos de ambas manos.

–Por fin en las pláticas qué. ¿Se va a quitar el pasamontañas?

–Tendrá que llegar un momento en que tenga que quitármelo. Quiero decir, en concreto: en las pláticas no nos lo vamos a quitar. Íbamos a hablar sin el pasamontañas con el comisionado, aunque luego ante la prensa, o ante la policía –acota chistoso– nos lo pusiéramos. Pero como se da el reconocimiento ese balín de "fuerza política en formación", entonces decimos: no nos reconoces, no nos ves. Ni siquiera a ese nivel de Camacho.

–¿Cuál es su balance hasta ahora de la actuación de Camacho?

–Hay cambios en Camacho. Agarra una actitud, y luego como que algo lo está presionando, no precisamente nuestra fuerza armada. Creo que la federal, el gobierno...

–¿El Presidente?

–En concreto, sí. O algunos de los grupos de poder. Él hace una propuesta y luego se tiene que desdecir. No por iniciativa propia, sino porque alguien lo presiona. Se ve que está sujeto a muchas presiones.

Un momento. Moción de orden. Los periodistas se arrebatan la palabra entre sí y la conversación se bandea de uno a otro tema. Hay que volver al *Marcos* del pasamontañas. Al del origen, ¿chilango?

–No, soy provinciano.

–¿Nuevoleonés? –pregunta Golden.

–Si vas a recorrer los 32 estados hasta atinarle, no se vale.

–¿Norteño? –insiste Golden.

–No.

Marcos dice haber sido periodista profesional, no estudiantil, que nunca recibió chayote. Hizo estudios profesionales, universitarios; terminó una licenciatura y alcanzó un posgrado. "No se puede decir", dice, en qué materia, ni si fue a la UNAM. Pero niega enfáticamente, con un "nooo" prolongado, como de repulsa, ser el antropólogo que la pregunta de Oscar Hinojosa le dispara.

Se amplía en cambio al contar su experiencia en el 83, cuando un grupo de doce muchachos congregados como grupo político decide ir a Chiapas a eso, a politizar.

–Nos sentíamos invencibles. Sentíamos que con nuestra pura convicción podíamos derrotar a cualquier ejército. Empezamos entonces a hablar con las comunidades, de donde vino una lección muy grande de ellos para nosotros. La organización democrática o de vida social indígena es muy honesta, muy clara. Es muy difícil hacerse pato o corromperse Además, vimos morir a mucha gente, a muchos niños. Se nos morían en las manos mientras nos dedicábamos a campañas de salud que el gobierno no hacía y las tuvimos que hacer nosotros. No por asistencialismo, sino porque era nuestra gente. Campañas de vacunación, de hacer registros. Durante mucho tiempo nuestra tropa combatiente estuvo haciendo eso. Y se nos moría la gente. Había niños así, de cuatro o cinco años, que jugaban a ser zapatistas y decían: 'Cuando sea grande voy a ir a vacunar'. Pero cuando los veíamos al otro día ya estaban muertos de diarrea, entre calenturas... Las niñas jugaban antes de la guerra, y ahora más, a que cuando fueran grandes, en lugar de casarse, se iban a ir a las montañas a hacer sus vidas, a aprender español, que para una mujer indígena es casi imposible. De ahí a aprender a manejar un arma es un salto muy grande. Entonces, cuando ellos se deciden a ponerle un plazo a la guerra nos dan ese argumento: '¿Cuál es el problema si la muerte es nuestra? Nomás que ahora vamos a decir cómo nos vamos a morir. Te vienes o te quedas', nos decían. Y nosotros no podíamos contestarles: 'No, espérate otros cinco años a ver si el nuevo gobierno que va a entrar en el 95 va a cambiar'. No teníamos derecho, porque cada año que pasaba pues nomás contábamos muertos y muertos. Entonces, con esa lógica de muerte, nos decidimos por la lucha. Los compañeros nos enseñaron la montaña: nos enseñaron a caminar, a cargar. Y la única forma en que te aceptan es cuando cargues igual que ellos, cuando camines igual que ellos, cuando te chingas igual que ellos. Entonces sí te aceptan.

–¿Y eso lo comprometió para siempre, *Marcos*? ¿Pensaba en un principio ir y regresar?

–Le aposté todo a la montaña. De una vez que lo sepa el gobierno: si van a ofrecer una gubernatura, o algo: no.

Marcos no es casado, ni tiene compañera.

–Tampoco soy homosexual.

No puede decir si es ateo o religioso.

–Los compañeros me prohibieron usar esas palabras. Porque si dices que eres religioso, van a decir que el movimiento es religioso. Si dices que eres católico, van a decir que es católico. Si dices musulmán, lo mismo. Lo que digas.

–Pero la fe de los indígenas debe ser muy contagiosa.

–Son dos. Hay la que está en los libros y hay la que está en la montaña. Cuando los compañeros entran en la montaña aprenden historias que vienen de muy lejos y que oyen durante la guardia, o en la fogata. Historias de aparecidos, de mundos mágicos que coinciden entre una etnia y otra; historias del mucho miedo que produce la montaña. Qué triste es la montaña, ¿verdad? Pues sí, sí es. Hay historias que bailan en la montaña... No sé si me doy a entender y si entiendo lo que me preguntan.

El tema de la magia y de la fe invoca al de la muerte.

Marcos ya dijo que está preparado para la muerte.

–Sí, estoy viviendo de prestado, porque nosotros pensábamos que el primero de enero se nos iba a caer el mundo encima. Cuando llega el día dos, y pasa, todo es extra. Por eso ahorita estoy escribiendo como loco todo lo que no escribí. Y si Petrita le escribe una carta al subcomandante *Marcos*, yo le tiro todo lo que quise decir algún día y no dije. Le mando seis, siete, ocho cuartillas a Petrita. Nada tengo que perder. Así que si me van a criticar mi estilo literario, me tiene sin cuidado. Si les gustan las cartas o no les gustan, también me vale madre.

Marcos escribía literatura en sus tiempos literarios y publicó algo con su nombre, "pero no lo vuelvo a hacer". Dice que es una literatura para dársela a las mujeres, no para publicar.

–Poesía. Eres poeta.

–Leí una entrevista de Heberto Padilla que dice: "Pos a ese *Marcos* dénle una gubernatura o publíquenle un libro y lo calman. Se ve que es poeta. Todos los guerrilleros son poetas".

De chavo, *Marcos* leyó a Neruda, a León Felipe, a Antonio Machado, a Vallejo. A Ernesto Cardenal y a Borges los leyó después. Y a los mexicanos Efraín Huerta, Rosario Castellanos, Sabines, Montes de Oca. De Paz sólo le gustan los ensayos de poesía, dice.

Aunque es buen lector de Carlos Monsiváis y recuerda entre sus primeras lecturas *Días de guardar,* no confiesa si el estilo chacotero de sus mensajes desde la montaña tiene influencia de Monsi, ¿o de Ibargüengoitia? Nomás se ríe.

No escribe esos mensajes en computadora o en máquina eléctrica, como pudiera suponer quien lee esos originales firmados con la palabra *Marcos* manuscrita en cada hoja. Los escribe a mano, o los dicta, y luego alguien los pasa a máquina y los imprime en hojas que tienen previamente la firma trazada por él. Antes tenía una máquina portátil, mecánica Olivetti, para las órdenes operativas, pero fue lo primero que botó cuando salieron corriendo de Rancho Nuevo.

–Pregúntenle a Godínez si la tiene. Creo que no.

También fue deshaciéndose de los muchos libros que leía.

–En la montaña cargaba libros, y luego me regañaban: que por qué los cargaba. Era un suicidio, la verdad. Cuando uno llega quiere traer la biblioteca completa, ¿no? Pero como te dan la carga pareja de balas, alimentos y todo, y además llevas libros, pues terminas botándolos porque nadie te dice: 'Bueno, tú ya llevas tantos libros, entonces te voy a quitar balas'. No, cargas lo mismo... Y los fui botando en los distintos campamentos.

Eran muchos, dice. De buen lector. De Monsiváis; de la Poniatowska, de *La noche de Tlatelolco.* De todo Cortázar, Fuentes, Vargas

Llosa "cuando todavía era digerible", y García Márquez, "que es aparte; o sea especial, pues".

–Cuando llegamos a la montaña estábamos muy solos, y luego iba algún oficial y decía, como en la obra de García Márquez: '*Marcos* no tiene quién le escriba', porque andaba yo tristeando.

Desde luego, carga muchas lecturas políticas, que no detalla, a excepción de sus primerísimas de *Los agachados* y *Los supermachos*, de Rius.

–En la provincia, la política llegaba por Rius, o no llegaba. Y aprendí el inglés –se pone a reír porque la pregunta viene de Tim Golden– leyendo el *Playboy* y el *Penthouse*. Hablo inglés como el Caltzontzin Inspector: 'Esta table es green'. "The pencil is okey". Más bien lo leo porque tuve que traducir los manuales del Pentágono norteamericano. No hablo ruso. No hablo chino, ya párenle.

De la frivolidad de este hombre que hace bromas y se ríe a cada rato como un muchacho preparatoriano sencillo, natural, travieso, se pasa de golpe, en otros momentos de la conversación, al radicalismo y a las visiones de una política utópica, que por momentos se antoja ingenua, idílica, del subcomandante *Marcos* del Ejercito Zapatista que desde principios de año puso patas para arriba la política nacional.

No se mueve del incómodo asiento de la viga con patas. La abertura de su pasamontañas parece el gajo de una mandarina chisgueteando miradas.

Detrás de él dormitan, cada vez en mayor número, los miembros del ejército, que de sentados en el piso se han ido resbalando hasta quedar tendidos. Se arropan con la cobija, se acomodan para el sueño. Las armas han quedado apoyadas contra la pared, como palos de escoba, o de labranza. Se diría que está contento de platicar con extraños de la ciudad, porque aunque *Marcos* ya tiene quién le escriba montonales de cartas, vive atrapado y lejos de lo que llamamos la civilización.

Se pone nostálgico cuando recuerda el grupo de doce compañeros que llegaron a Chiapas en el 83. De doce se volvieron diez al poco tiempo; dos murieron; cinco están en otro lado –dice escuetamente pero podría pensarse que siguen radicales en algún sitio, o a lo mejor renunciaron de plano– y quedan tres. Él y los otros dos que deben ocupar puestos importantes de los zapatistas en zonas clave de Chiapas, pero a los que *Marcos* no alude, quizá por cuestiones estratégicas.

Se pone emocional cuando habla del miedo. Temor a que las operaciones fracasen o a que los combatientes no sobrevivan en los ataques; como sucedió en las tomas de los municipios de Oxchuc e Ixtán. Y él era el responsable del operativo.

–Pero el miedo personal, *Marcos*. Ese miedo que se encaja en el estómago.

–Ah sí, cuando te están disparando y se siente que todo se afloja. A mí se me quita el hambre. A otros, como ese compa –y se vuelve de lado para señalar a uno de los despiertos todavía en el salón–, les da más hambre. Pero luego se centra uno en el mecanismo de la respuesta, y ya no se da cuenta ni siente miedo. Hasta después, cuando te acuerdas: '¡Puta madre!, cómo hice esa pendejada de aventarme solo, adelante, sin tener flancos que me protegieran'. Sientes que todo se afloja con el miedo, ésa es la verdad.

Se pone racional cuando habla del mito en que se ha ido ya convirtiendo el subcomandante *Marcos*.

–¿Te molesta?

–Me es inverosímil.

–Lo ves prudente.

–No lo veo. Yo no tengo ningún beneficio ni sabemos si a la organización le conviene. Yo no sé nada, pues. Qué está pasando. Nomás me entero cuando el periodista se enoja porque no le doy una entrevista. Y digo: 'De cuándo acá soy tan famoso que me regañan porque soy exclusivista, y que los reflectores y que no se qué'. Eso es pura ideología como dicen allá arriba, ¿no? Nosotros no tenemos ningún caudillismo.

–¿No?

–En el interior nuestro no produce ningún efecto.

–¿No genera envidias, celos entre sus combatientes?

–La autoridad moral de *Marcos* –el subcomandante se pone enfático y agita los dos dedos mayores como resorte– no vino el primero de enero. Se la ganó desde antes, entre la tropa. Si ahora dicen allá afuera que qué bonito escribe lo que sea, a los de aquí les vale madres. Como quiera, siguen respetando a *Marcos* por lo que pasó antes, no por lo que se dé ahora.

Ya empieza a clarear. Por la puerta que se abre de momento, hacia el espacio libre de la montaña, ya no se asoma la noche oscura de los viajeros ciegos que llegaron por brechas imposibles hasta la guarida ésta del guerrillero.

Se ve la lloviznita y se siente el sopetón del aire colado hasta el salón. Se anuncian ramitas verdes que cuelgan de la techumbre, y las claridades de un lento amanecer.

Marcos no parece tener frío. Sobre la mucha ropa que se presiente sobre el tronco del guerrillero, cae el grueso jorongo negro de lana que en Chiapas se llama chuj. Y encima todavía, en equis, como amarrándole el alma, las dos carrilleras repletas de balas; unas rojas, grandísimas, de escopeta, y las otras quién sabe.

Se rasca el pasamontañas, abajo, a la altura del maxilar, en lo que parece un tic o una insistente comezón.

—¿Le pica la barba, *Marcos*?

Marcos mira a Tim Golden como diciéndole: "Ah canijo", y bromea:

—No tengo barba. Soy lampiño.

Miente, desde luego. A la distancia de un metro, de ladito, se puede ver a veces asomar delatores, por el hoyo bucal del pasamontañas, los pelos de una barba que tropieza en el labio inferior. Es una barba gris, pero parece tupida y sólida.

También del óvalo abierto de la cara, por el borde superior donde remata el tejido, asoma un mechoncito de cabello negro, no castaño, que escapa hacia la sien.

—No le ayuden a la PGR —protesta *Marcos* cuando Tim le insiste con lo de la barba.

Es casi su última sonrisa de la plática —es un decir—, porque de los misterios de un personaje que para Castillo Peraza recuerda el mito endeble de *Robin Hood,* y para otros es galán inalcanzable al estilo Kevin Costner, o un *Rambo* haciéndola de villano izquierdista, o simplemente un ídolo de moda... de los misterios estrictamente personales, se pasa o se regresa, en esta plática, a los problemas serios que generó y sigue generando el estallido zapatista.

—Nosotros dijimos, desde el principio, que no queríamos el poder. Dijimos: 'Tiene que caer Salinas de Gortari y hacerse un gobierno provisional'. Lo que yo señalé es que no le íbamos a imponer a la sociedad civil —usa el término acuñado, aunque le choca, dice— nuestra voluntad por las armas. No la íbamos a tomar de rehén. Al gobierno sí, pero a la sociedad civil no.

—El punto fundamental para usted —pregunta Golden—, ¿sería la composicion del Instituto Federal Electoral, del Tribunal Electoral, de autoridades electorales?

—Hay otra opción. Que renuncie Salinas y se forme un gobierno de transicion, y ése sí organice, según las actuales leyes electorales. Lo que decimos nosotros es que el árbitro tiene que ser realmente imparcial. Entonces hay dos opciones: reforma a la Ley Electoral para darle imparcialidad a alguien, o renuncia el gobierno federal y se forma un gobierno de transición, y ése califica.

—¿Y si eso no se da?
—Seguiríamos alzados. Tal vez peleando, tal vez no.
—¿Cuál es su análisis crítico de los candidatos, *Marcos*? De Colosio, de Cuauhtémoc, de Fernández de Cevallos.

Marcos baja la vista y se queda pensando un rato más largo que de costumbre. En lo general ha respondido aprisa, como quien regresa la pelota en un frontón. Ahora lo piensa y mira de frente, como disculpándose:

—Precisamente es de las cosas de las que no puedo hablar todavía. No me lo permite el Comité. El Comité me dice que en el caso de los partidos políticos debo ser muy cuidadoso. Los del Comité están muy orgullosos de mantenerse independientes, cuando menos hasta ahora. Y si nosotros empezamos a opinar de uno o de otro, va a parecer que el EZLN está con un partido. O que se dijo algo para molestar a otro partido. Mientras no tengamos claro qué dicen uno u otro, piensan los del Comité, qué ofrecen uno u otro, no debemos decir nada. En lo concreto: me lo prohibieron a mí.

Tim Golden distrae el tema porque ha advertido las armas apoyadas en la pared, y la carabina de un vigia que ha permanecido hasta la madrugada con los ojos abiertos sin pestañear.

—¿Qué son esos que parecen como *Stoper* de AK-47? —Tim es un experto—. ¿Son carabinas o son...?

—Son carabinas AK: donativos de la PGR y del ejército federal.

—¿Y son Uzis las que llevaban los compañeros de antes, o Mac 10?

—Mac 10. Nomás que les hicimos una adaptación.

—¿Cómo las consiguieron?

—En Estados Unidos. Creo que nomás compramos dos. Valían en ese entonces como 200 dólares. Pero es muy poco lo que pudimos conseguir ahí, porque la legislacion norteamericana es muy estricta.

—Pero si los policías mexicanos van a Arizona a comprar sus armas...

—Nosotros las comprábamos a los mexicanos, era mas fácil. Lo que nunca pudimos encontrar es un traficante de armas. Si lo hubiéramos encontrado, ahorita estaríamos hablando en el Cerro del Ajusco.

Y *Marcos* se ríe. Ahora sí muy abierta, sonoramente, asombrado de su propia exageración. Tal vez lo sueña, pero ni él se lo cree.

El tema de las armas se asocia con la guerra. Y el tema de la guerra se instala cuando los malos augurios de los pesimistas hacen temer el fracaso del diálogo que ya mero empieza. Parece que ahora sí.

—¿A quién le ha servido la tregua?

–Al gobierno le ha servido ese *impasse* para acabar de acomodar sus fuerzas, completar su información de inteligencia, delinear dónde estamos para golpear sin tocar a la población civil. Todo este tiempo le ha servido al gobierno para eso.

–¿Ustedes consideran la posibilidad o el riesgo de que se emprenda una ofensiva de aniquilamiento? –pregunta Hinojosa, siempre formal.

–Definitivamente. Cualquier oficial de los cuadros medios dice que en ocho días. Y eso lo dijeron hace cuatro. Entonces me quedan cuatro días –papalotea las cejas–. El ejército federal ya nos tiene cercados para chocar con nosotros y aniquilarnos. No creo que la situación pueda variar. Ya nada más hace falta que empiecen a avanzar los tanques, a menos que suceda algo que deteriore ese impulso. La presencia de las *guardias blancas*, podría ser. Los finqueros que se están armando; mejor dicho: que se tienen que rearmar, porque nosotros los habíamos desarmado ya. Se pueden rearmar y empezar a dar golpes.

Marcos parece estar preparado para repelerlos. Con sus carrilleras cruzadas, con la escopeta que dejó por ahí y una pistola que se antoja extraña para el ignaro, atada a su cinturón en el flanco derecho, se ve en situación de alerta. Tiene las botas puestas, como dicen. Enlodadas, por cierto, de tanto chapalear por las veredas de cuántos territorios en la montaña y en la mítica Selva Lacandona.

–Se le ve pesimista respecto al diálogo, *Marcos*.

–La agenda no nos importa tanto, porque finalmente será también producto de un proceso de negociación. Nosotros queremos hablar con todos los que se pueda. Que sepan qué es lo que queremos nosotros y qué es lo que quieren ellos, y que cada quién jale por su lado sobre un punto en común. Pero finalmente, digo: ¿A qué se va a comprometer el gobierno si se firma el acuerdo de qué cosa, con quién si no existes?

–El comisionado tampoco existe como figura jurídica. ¿Quién garantizaría entonces los acuerdos que surjan del diálogo?

–Si el gobierno federal tiene realmente voluntad, tendría que darle figura juríidica al papel del comisionado. O formar una comisión que precisamente se encargue de eso.

–¿Eso lo plantearían ustedes durante el diálogo?

–Nosotros diríamos: Bueno, de estos acuerdos que vamos a tomar, ¿qué? ¿De veras quieres llegar a acuerdos, o nomás nos encerraste aquí para hacer lo que de todos modos vas hacer? Si realmente tienes voluntad, cuál estructura va a realizar eso. Porque sí, este comisionado no existe.

–Se ve muy a largo plazo el proyecto de desarme del Ejército Zapatista.
–Llevamos esperando 500 años, dicen los compañeros. Podemos esperar otros 500.
–¿Qué verá y qué no verá la prensa durante las negociaciones?
–La cuestión es operativa –dice *Marcos*–. Por ejemplo, si nosotros vamos a plantear, como de veras lo van a plantear los compañeros del Comité, los estatutos de autonomía, nosotros necesitamos asesoría jurídica. Qué reformas es necesario hacer a la Constitución, qué leyes tomar en cuenta para formular la propuesta concreta. Todo eso. En ese estira y afloja de que si se reforma o no la Constitución, o cómo se puede hacer, no va a estar la prensa metida. Pero lo que sí debe ser público, abierto es cuando nosotros declaremos: nosotros dijimos esto, el comisionado dijo esto, el intermediario dijo esto, y acordamos esto o no lo acordamos; y aquí nos peleamos, y aquí nos mentamos la madre, lo que haya pasado. Nosotros lo vamos a decir claramente.
–Al término de una reunión, ¿habrá una lectura de la minuta?
–Nosotros le estamos proponiendo al comisionado una conferencia de prensa diaria. Pero parece que ustedes los periodistas lo han puesto hasta la madre, y no está muy convencido.
–¿Usted ha hablado con Camacho personalmente?
–Personalmente no. Por cartas. Por cartas más serias que las otras, claro.
–Y ríe por el hoyito del pasamontañas, que no alcanza a mostrar la amplitud de su boca sonriente.
–¿Y el comisionado qué dice? ¿Que no se puede logísticamente?
–Dice que habría que ver. Nosotros proponíamos una conferencia diaria, y él no: mejor hasta que agotemos un punto.
Marcos no parece cansado de tanto hablar y pensar en lo que va diciendo. Ha permanecido quieto, sin remover las nalgas como los tres periodistas que ya no encuentran manera de acomodarse en el asiento duro, y se tiene la impresión de que podría seguir conversando todo el día que ya empieza, hasta la noche siguiente. Se han apachurrado un poco sus párpados, eso sí, porque él ha compartido la desveladota, pero sigue girito: fortachón que parece, aunque la cara, con todo y pasamontañas, se adivine afilada.
–¿Qué es lo más importante para usted en las negociaciones? –pregunta Golden.
–La autonomía administrativa y política de las regiones indígenas.

–Explíquenos eso.

–Los compañeros dicen que en las comunidades en donde la mayoría es indígena, existe de por sí su forma de gobierno particular, que subyace abajo de la gubernamental. Y dicen: 'Lo que tiene que hacer el gobierno es reconocer que nuestra forma es la que opera, y la tienen que respetar y no meterse con nosotros'.

–¿A nivel de comunidades?

–De regiones enteras. Lo que están diciendo los compañeros es que donde hay tzotziles, tzeltales, choles, tojolobales, opere la forma que tienen los ejidos para organizarse. Por ejemplo: ellos eligen su autoridad y la quitan y la ponen cada.vez que quieren. Pues que sea así. Y si alguien comete un delito, lo tratan de resolver ahí, en la comunidad, no lo mandan a otro lugar. Pero entonces el gobierno manda judiciales y eso les molesta. Dicen: '¿Por qué, si ya lo sancionamos nosotros, lo quieren llevar a la cárcel? Si yo ya le puse una multa, por qué intervienen ustedes. Se están metiendo en mi estructura de mando'.

–Eso quiere decir: desconocer a la autoridad policiaca, en este caso.

–Sí, eso significa desconocer. Que la policía estatal no se meta.

–¿En nada?

–Nada más cuando se apele. Cuando la misma comunidad diga: bueno, esto ya está muy grande y yo no puedo. Llévenselo.

–Para estos cambios se necesitarían reformas a la Constitución.

–Se reformaría el artículo cuarto de la Constitución para reconocer la existencia de regiones de varias etnias que tienen su propia estructura... Lo que están planteando al fin de cuentas los compañeros es un gobierno colectivo a todo nivel. La necesidad de que el gobernador del estado cogobierne con un grupo de gobernadores indígenas, por cada etnia.

–¿Es una propuesta que se va a hacer?

–Si, se va a hacer.

–¿Para elegir paralelamente un gobernador del estado y gobernadores tzotzil, tzeltal, chol, tojolobal...?

–Sí. El gobernador del estado sería el gobernador, y en todo lo referente a las cuestiones indígenas tiene que ponerse de acuerdo con el cogobernador, o como se llame ese puesto. Y en todo lo que es el estado, tiene que ponerse de acuerdo todo el pueblo.

–Tengo entendido que la democracia en las comunidades indígenas es muy diferente a nuestro concepto de democracia.

–La comunidad hace un acuerdo y a eso tienen que estar sujetos todos. El que no cumple el acuerdo es quitado. No es que se diga: va a ganar *Marcos* o va a ganar Felipe. Se dice: éste es el acuerdo de la comunidad, ¿quién lo va a cumplir? Pues éste, y si no cumple, va pa' fuera. Cada tanto se reúnen y evalúan: ¿Ese acuerdo se cumplió? No cambian los acuerdos. Se ve si los cumplen o no los cumplen. Ésa misma forma de democracia es la que luego se impone en el EZLN. El Ejército Zapatista no nace democrático, nace como una organización político-militar. Pero conforme va creciendo, la forma de organizarse de las comunidades indígenas permea y domina a nuestro movimiento, a tal grado que la dirección del EZLN se tiene que democratizar al modo indígena. Ellos dicen: Hay acuerdos fundamentales sobre los que no puedes negociar, no tienes margen. Fuera de esos acuerdos fundamentales, tú tienes chance de hacer otras cosas. Un acuerdo fundamental de nosotros era empezar la guerra, a más tardar a las cero horas del primero de enero. Tienes que cumplir eso. Puedes empezar el primero de enero del 94 o el 31 de diciembre del 93, pero a fuerzas tienes que empezar.

–¿Ese mismo sistema se siguió para elegir a los delegados zapatistas a las jornadas de diálogo?

–¿Usted va a ir, *Marcos*?

Marcos duda de que vaya a tomar parte en los diálogos, y confía a los reporteros, confidencialmente durante la entrevista, lo que Camacho anuncio públicamente un poco después: que las jornadas se van a iniciar este lunes en San Cristóbal de las Casas. Responde luego a la pregunta que se quedó colgando.

–Para elegir a los delegados, los comités, porque son varios los comités clandestinos revolucionarios indígenas, se reúnen y dicen: Esto es lo que se va a pedir, esto lo puedes decir tú. Esto me lo tienes que preguntar, esto de plano no. Una de las cosas que de plano no, es la entrega de nuestras armas como inicio del proceso del diálogo. Entonces ellos dicen: ¿A quién mandamos? ¿Con quién vamos a negociar? Pues con el gobierno. Entonces se ponen a escoger a los que saben hablar y argumentar mejor, y a los que más o menos manejan el español. Ésos son los que están mandando. Pero ya les dijeron cómo tienen que hacerlo. Tampoco quieren pichones. Cada comité esta mandando sus gallitos.

Golden se distrae un momento observando las manos que *Marcos* tiene entrelazadas al frente.

–¿Te comes las uñas, *Marcos*?

–No. Así me las corto.

–¿Cuantos delegados indígenas irán a las pláticas?

–Quince.

—¿Dónde está el fantasma de Chinameca al que usted aludió alguna vez, subcomandante? —pregunta Hinojosa.
—En todo el proceso del diálogo. En el momento en que el gobierno decida que es posible dar un golpe de ese tipo. Que deba meditarlo, lo va a hacer, nadie lo dude. Que llegue y diga: Bueno, ahorita sí lo puedo hacer y voy a salir a mano, lo va a hacer. O sea: va a aniquilar a los que estén ahí, porque él sabe que va la dirección, no va un comisionado. Él manda un comisionado, pero por nosotros va la dirección de nuestro movimiento. Lo puede hacer en el momento en que le reditúe y pueda torear las protestas que surjan. Sea en San Cristóbal o en la selva o dondequiera, lo va a hacer.

Sigue el desorden de preguntas porque los reporteros están cansados, pero muy ansiosos de que no se acabe el tiempo sin preguntar lo que planearon mucho antes de salir a las montañas.

—No nos vaya a regañar como a los de *La Jornada*, por no hacer las preguntas que debían.

Menea la cabeza el Sub. Se rie y se esconde el mechoncito que sale del pasamontanas. Tiene manos finas, como de pianista: dedos largos y delgados terminados en punta chata, se coma o no las uñas.

—¿Y la gente de los derechos humanos no les da guerra a ustedes?
—Cómo no. Aunque sí, ha habido violaciones por parte de nuestros compañeros. Sobre todo hostigamiento verbal en algunas partes. Eso fue lo que denunció el Consejo de Derechos Humanos, y era cierto. Lo mandó investigar nuestro Comité. Y sí. Algunos estaban amenazando a la gente para que se unieran al Ejército Zapatista. Porque si no, cuando llegaran los soldados iban a matar a todos. Entonces les cayó nuestro Comité y arrestó a cuatro compañeros culpables. Lo que sí es mentira es eso de que rompíamos y entrábamos que nos achacan.

De pronto, un súbito salto al tema de la teología de la liberación:
—Usted ha soslayado, intencionalmente o tácticamente, la posible influencia de la teología de la liberación en el Ejército Zapatista.
—No hay elementos religiosos, o de la estructura religiosa, o de la jerarquía religiosa, ni en la dirección ni en la orientación ideológica del Ejército Zapatista. Ésta es la verdad. Lo que pasa es que en este estado, en concreto, ha habido un trabajo social muy profundo por parte de la Iglesia. Y los compañeros saben bien eso: que ese trabajo iba precisamente en sentido contrario a la lucha armada, no obstante que estaban de moda El Salvador, Nicaragua y todo eso. Se decía que allá sí, pero en México no es posible; debe haber un cambio pacífico, con movilizaciones democráticas abiertas. Todo el esfuerzo de la Iglesia que trabaja aquí iba en ese sentido.

—De algún modo la Iglesia concientizaba de su situación a las comunidades indígenas.

—No. Desde que nosotros llegamos se produce un choque. Nosotros decimos: Se va a necesitar la lucha armada y hay que prepararse para ella. Y ellos decían: no. Hay que dirigir el esfuerzo en proyectos económicos, de salud, que resuelvan las necesidades indígenas.

—¿Eso crea pugnas?

—Sí, pero nosotros dejamos que la realidad se impusiera. Los compañeros hacen el proyecto, hacen el esfuerzo, pero el Estado los ahorca otra vez y la cota de muertes se va incrementado, incrementando. Cuando nosotros llegamos, encontramos que la gente está clara de sus condiciones de vida. No está pensando que vive bien o que está pobre porque Dios así lo quiso. Políticamente, la Iglesia plantea un encaminarse a esta participación política abierta. Nosotros llegamos y decimos: hay que prepararse en el otro sentido. Pero tratamos de no chocar, sino de que el tiempo nos fuera dando la razón. Y mientras, necesitábamos prepararnos, aprender, porque nadie nos daba asesoría militar ni armas, ni nada. Teníamos que aprender desde cómo prepararnos, firmes, cómo saludar y todo eso.

—A don Samuel se le acusó de que la Iglesia creaba un caldo de cultivo favorable a la lucha armada.

—Nosotros, que estuvimos allí, sabemos que el esfuerzo de la diócesis iba precisamente en el sentido contrario. Si no hubo un choque directo, es porque lo evitamos. Nosotros pensamos que la realidad también educa. Y que el Estado mexicano estaba de nuestro lado en el sentido de que iba a demostrar que no bastaba con esa lucha, sino que se necesitaba otra.

—El carácter mediador de don Samuel.

—Lo que pasa es que en el Ejército Zapatista la dirección real –no es propaganda– es indígena. Y ellos reconocen en don Samuel a alguien que no es del enemigo, y saben también que no es de nosotros. Entonces cuando ellos dicen: bueno, quién va a estar en medio para poder hablar: pues don Samuel; él ha estado en medio de por sí.

—¿Cómo evalúan en todo este proceso –tercia Tim Golden– el papel de don Samuel? El hecho de que él haya lanzado una llamada tan fuerte y tan inmediata permitió saber las causas profundas del levantamiento. ¿No tuvo un rol importante en cambiar la visión de la sociedad mexicana hacia ustedes?

—La verdad, yo te digo lo que pienso. Lo que hace que la sociedad cambie la forma de vernos, es la prensa. Ni siquiera la televisión: la prensa escrita, los fotógrafos y todo eso. Porque no es que don Samuel no vea las causas. Es que cuando los mismos periodistas dicen: ¿Ya ven?, no, pues que sí son indígenas, no son extranjeros y ya vimos que viven así y todo eso. En realidad los que despiertan ese cambio o esa desconfianza crítica, que nada tiene qué ver con lo que está diciendo el gobierno, es la prensa escrita. Fue eso. No el gobierno, ni nuestras armas; tampoco don Samuel ni Camacho. Es la prensa, que le busca y le busca y empieza a sacar cosas y más cosas, y uno dice: Espérate, a ver, algo está pasando.

–Sí tienes barba, *Marcos*.

–Lo que ocurre es que la misma prensa, en su movimiento dialéctico, se vuelve luego contra sí misma. Primero: que *Marcos*, *Marcos*, *Marcos*. Y ahora: pinche *Marcos*, pinche *Marcos*, por qué nada más *Marcos*. Y la verdad es que *Marcos* no dijo nada. La que hizo el desmadre fue la misma prensa, y ahora se están quejando de que por qué *Marcos* es protagonista. Me siento como que me están interrogando en San Cristóbal.

La mañana clarea definitivamente. Son las ocho. Es hora de poner fin.

–¿Y el país, *Marcos*? ¿Qué opinión tiene del futuro del país?

–Les voy a poner un ejemplo. Hay una ley de la guerrilla respecto a la velocidad de una columna guerrillera. Dice que la velocidad de la columna guerrillera es tan rápida como el hombre más lento. En este caso, este país debe ser igual. ¿Cuál debe ser su avance económico? Tan rápido como su estado más pobre. Entonces no puede ser que una parte del país entre en el Primer Mundo, mientras la otra, o sea la nuestra, es aniquilada.

–¿No puede haber dos Méxicos?

–En este caso son tres, porque nosotros estamos en el sótano. Tráiganos a Guatemala para ingresar al *tour*.

Se levanta el subcomandante del Ejército Zapatista por primera y única vez en el trayecto de la entrevista. Ahora sí se ve cansado como todos los demás. Están como trabadas las rodillas y un poco acalambradas las piernas. Tirita el cuerpo, pero ahora sí más por la desvelada que por el frío que ya cedió, incluso afuera.

Uno de los encapuchados se despereza en un rincón. Otros se levantan firmes, a la orden. Oscar Hinojosa revisa su grabadora, mientras Tim Golden entrega a *Marcos* recortes en fotocopias de noticias aparecidas en la prensa norteamericana. También recibe un casete con música de Federico Bonasso y su grupo de rock *El juguete rabioso*, y el gran libro sin ficción sobre la guerra sucia en Argentina, de Miguel Bonasso. *Marcos* mira con atención la portada y lee el título:

Recuerdos de la muerte. Pregunta, sonriendo:
 —¿Me estás queriendo asustar?
 Los tres periodistas abandonan el salón de la construcción campesina y emprenden el durísimo regreso al día de hoy.

DURANTE LOS DÍAS DEL DIÁLOGO

Carta del CCRI-CG a las ONG

20 de febrero

A todas las Organizaciones No Gubernamentales de México

Hermanos y hermanas:

El Comité Clandestino Revolucionario Indígena-Comandancia General del Ejército Zapatista de Liberación Nacional se dirige respetuosamente a todos ustedes para hacerles llegar su palabra que habla con verdad.

    Como es de todos conocido, el EZLN se encuentra en franca disposición a un diálogo justo y verdadero. Este diálogo se realiza dentro de una zona en conflicto, lo que implica riesgos de provocaciones que pueden impedirlo. También es posible que los delegados de una y otra parte puedan sufrir atentados contra su libertad y su vida. Con el fin de reducir los riesgos de que esto ocurra fue necesario recurrir a personas honestas y verdaderas para pedirles que nos ayudaran formando en torno al lugar del diálogo un "cinturón de seguridad" o "cinturón de paz".

    Nosotros sabemos que las llamadas Organizaciones No Gubernamentales se han convertido en parte fundamental del movimiento para una paz digna para los que nada tenemos y para los que nos vimos obligados a empuñar las armas para hacernos valer como seres humanos. Las ONG's han permanecido neutrales, sus esfuerzos por preservar los derechos humanos de todos, incluso cuando miembros de nuestro EZLN han incurrido en violaciones, es una verdad patente. Además se han preocupado en todo momento de aliviar las graves condiciones de la población civil.

    El hecho de que nosotros hayamos decidido confiar nuestra vida y libertad, tanto en los trayectos de ida y venida como en la estadía en el lugar del diálogo, a las Organizaciones No Gubernamentales es porque hemos visto en ellas el futuro al que aspiramos. Un futuro en el que la sociedad civil, con su fuerza de justicia verdadera, haga innecesarias no sólo las guerras sino también los ejércitos, y un futuro en el que los gobiernos, cualquiera que sea su tendencia política, tengan por encima de ellos la vigilancia constante y severa de una sociedad civil libre y democrática.

Nuestra llegada con bien y salud hasta este lugar de diálogo lo debemos al manto protector y vigilante de todas esas buenas personas que, sin pago alguno a cambio, nos dedican su tiempo, su esfuerzo y su trabajo, y que a riesgo de su propia vida, libertad y bienestar nos protegen a nosotros, los más pequeños de los mexicanos todos.

Por lo anterior, queremos pedirles respetuosamente que acepten el saludo que nuestro EZLN hace a su trabajo. Cualquiera que sea el resultado de este proceso, nuestra historia patria registrará, no tanto las voces de nuestros fusiles y nuestras muertes, sino la actitud valiente de las mujeres y hombres, todos ustedes, que, sin pedir nada a cambio y con la satisfacción única del deber cumplido, lo dieron todo.

Salud hermanos de las ONG's.
Respetuosamente,
Desde las montañas del Sureste mexicano
CCRI-CG del EZLN

Informe de *Marcos* el primer día

21 de febrero

Por mi boca habla el Comité Clandestino Revolucionario Indígena-Comandancia General del Ejército Zapatista de Liberación Nacional, para informar al pueblo de México, a los pueblos y gobiernos del mundo y a la prensa nacional e internacional de lo sucedido hoy en esta mesa de diálogo de las *Jornadas para la paz*.

Hoy, los representantes del EZLN explicaron al comisionado en qué calidad vienen, cómo fueron nombrados por los distintos comités, por las regiones, por los poblados, por las comunidades y los parajes.

Los compañeros fueron claros al explicarle al comisionado que no vienen a pedir perdón, que no están arrepentidos de luchar por sus derechos, pero que ven que tal vez éste es un buen momento para que en vez de que hable el fuego del fusil hable la palabra del corazón de los hombres verdaderos que forman nuestro ejército.

Escuchamos con atención la posición del comisionado, quien nos explicó en qué carácter viene a esta mesa del diálogo y cuál es su posición: de escuchar, de aprender con paciencia y dedicación lo que vienen a traerle los compañeros desde sus comunidades en todo el estado.

Una y otra parte acordamos un respeto mutuo a la hora de dirigirnos unos a otros, y le manifestamos nuestra disposición a escuchar la palabra del gobierno federal porque pensamos que también el comisionado tiene disposición para escuchar la palabra del ejército zapatista. Así preparamos todo para iniciar la discusión del pliego petitorio el día de mañana.

Prácticamente hoy estuvimos poniéndonos de acuerdo en qué rumbo o con qué agenda va a avanzar el diálogo que hoy se inicia y que esperamos que mañana continúe con el espíritu que hasta ahora se ha presentado.

(Extraído de la crónica de Víctor Ballinas y Elio Henríquez [*LJ*, 22/ii])

Informe de *Marcos* el segundo día

22 de febrero

Buenas noches. Va a tardar un poco, así que cambien los casetes; los censores que preparen las tijeras, que el Comité Clandestino Revolucionario Indígena-Comandancia General del Ejército Zapatista de Liberación Nacional quiere decir algunas cosas antes de decir en su palabra, en general, sobre lo que está ocurriendo en esta mesa de diálogo, aprovechando que aquí están presentes los principales medios de comunicación.

Primero, nos hemos enterado que hay alguien que se dice miembro de nuestro ejército que está en Estados Unidos de Norteamérica, haciéndose portavoz como combatiente de nuestro ejército. Esto es falso. No tenemos combatientes en otros países haciendo este tipo de trabajo.

El segundo punto es que el veto que había acordado nuestro ejército a los autodenominados noticiarios de una cadena televisiva se mantiene, no sabemos cómo está llegando la señal ahí. Nada más les recuerdo que digan: No, a la piratería. No podemos hacer nada, nosotros no tenemos satélites para intervenir esa señal, pero sí que quede claro que no es con aprobación nuestra.

Queremos dirigirnos otra vez a todo México y a los pueblos hermanos del mundo, aprovechando que están ustedes aquí, la prensa nacional e internacional, con estas palabras:

Por mi voz, habla la voz del Ejército Zapatista de Liberación Nacional.

Cuando bajamos de las montañas cargando a nuestras mochilas, a nuestros muertos y a nuestra historia, venimos a la ciudad a buscar la patria. La patria que nos había olvidado en el último rincón del país; el rincón más solitario, el más pobre, el más sucio, el peor.

Venimos a preguntarle a la patria, a nuestra patria, ¿por qué nos dejó ahí tantos años y años? ¿Por qué nos dejó ahí con tantas muertes? Y queremos preguntarle otra vez, a través de ustedes, ¿por qué es necesario matar y morir para que ustedes, y a través de ustedes, todo el mundo, escuchen a *Ramona* que está aquí, decir cosas tan terribles como que las mujeres indígenas quieren vivir, quieren estudiar, quieren hospitales, quieren medicinas, quieren escuelas, quieren alimento, quieren respeto, quieren justicia, quieren dignidad?

¿Por qué es necesario matar y morir para que pueda venir *Ramona* y puedan ustedes poner atención a lo que ella dice? ¿Por qué es necesario que *Laura, Ana María, Irma, Elisa, Silvia* y tantas y tantas mujeres indígenas hayan tenido que agarrar un arma, hacerse soldados, en lugar de hacerse doctoras, licenciadas, ingenieros, maestras?

¿Por qué es necesario que mueran los que murieron? ¿Por qué es necesario matar y morir? ¿Qué ocurre en este país? Y hablamos a todos: a los gobernantes y a gobernados, ¿qué ocurre en este país que es necesario matar y morir para decir unas palabras pequeñas y verdaderas sin que se pierdan en el olvido?

Venimos a la ciudad armados de verdad y fuego, para hablar con la violencia el día primero de este año. Hoy, volvemos a la ciudad para hablar otra vez pero no con fuego; quedaron en silencio nuestras armas de fuego y muerte y se abrió el camino para que la palabra volviera a reinar en el lugar donde nunca debió de irse: nuestro suelo.

Venimos a la ciudad y encontramos esta bandera, nuestra bandera.

Eso encontramos; no encontramos dinero, no encontramos riquezas, no encontramos nadie que nos escuchara otra vez. Encontramos la ciudad vacía y solo encontramos esta bandera. Venimos a la ciudad y encontramos esta bandera y vimos que bajo esta bandera vive la patria; no la patria que ha quedado olvidada en los libros y en los museos, sino la que vive, la única, la dolorosa, la de la esperanza.

Ésta es la bandera de México, nuestra bandera. Bajo esta bandera vive y muere una parte del país cuya existencia era ignorada y despreciada por los poderosos; muertes y muertes se iban sumando bajo el cielo de esta bandera, sin que otros mexicanos voltearan; ustedes.

¿Por qué tenemos que dormir con las botas puestas y el alma en un hilo cuidando esta bandera? ¿Por qué brincamos selva, montaña, valles, cañadas, caminos reales y carreteras cargando y cuidando esta bandera? ¿Por qué la traemos con nosotros como la única esperanza de democracia, libertad y justicia? ¿Por qué las armas acompañan y velan día y noche esta bandera, nuestra bandera? ¿Por qué?

Y nosotros queremos preguntarles si hay otra forma de vivir bajo esta bandera, otra forma de vivir con dignidad y justicia bajo esta bandera. Ustedes nos han dicho que sí; nos han hablado con palabras de verdad, nos hablan al corazón diciendo: Dénle una oportunidad a la paz.

Nosotros hemos recibido su mensaje y hemos venido aquí con ánimo verdadero y honesto. No traemos dos corazones, no hay fuerzas oscuras detrás nuestro ni venimos aquí buscando otra cosa que no sea hablar y escuchar sin armas.

Cuando nosotros nos sentamos a la mesa del diálogo con el mediador, el obispo don Samuel Ruiz, y el Comisionado para la Paz, el licenciado Manuel Camacho Solís, nos desarmamos, dejamos nuestras armas a un lado y entramos y hablamos de hombre a hombre sin armas de por medio, sin amenazas ni presiones.

Si traemos armas ahorita o cuando no estamos en la mesa del diálogo, son armas personales, únicamente para defendernos en caso de que haya una agresión de alguna gente que se sienta agredida y ofendida por nuestra palabra de verdad y de justicia.

Ustedes nos han dicho que le demos una oportunidad a la paz y nosotros hemos venido aquí con ánimo verdadero y honesto. Si hay otro camino al mismo sitio, al lugar donde esta bandera ondee con democracia, libertad y justicia, muéstrenlo. No jugaremos con la sangre de los nuestros. Si es posible lograr que esta bandera, nuestra bandera, su bandera de ustedes, se eleve con dignidad sin que sea necesaria la muerte que abona el suelo en que se planta, sea.

Abriremos esa puerta y seguiremos caminando con otros pasos. Si es posible que no sean ya necesarias ni las armas ni los ejércitos, sin que haya sangre y fuego para lavar la historia, sea. Pero si no, ¿y si nos vuelven a cerrar las puertas? ¿Y si la palabra no logra saltar los muros de la soberbia y de la incomprensión? ¿Y si la paz no es digna y verdadera, quién –preguntamos– nos negará el sagrado derecho de vivir y morir como hombres y mujeres dignos y verdaderos? ¿Quién nos impedirá entonces vestirnos otra vez de guerra y muerte para caminar la historia? ¿Quién?

Ustedes tienen la palabra: los que gobiernan y los gobernados, los pueblos todos de este mundo. Respondan ustedes, sabremos escuchar. Les pedimos que den un lugar en su corazón de ustedes para nuestros pensamientos; no nos dejen solos.

Con ustedes todos somos. Sin ustedes, somos otra vez ese rincón sucio y olvidado de la patria.

Nosotros, el Ejército Zapatista de Liberación Nacional, hemos venido con la misma esperanza con la que venimos el día primero de enero de este año; no la esperanza del poder, no la esperanza del beneficio para unos cuantos, sino la esperanza de una paz con justicia, dignidad, democracia y libertad.

Por eso nos hicimos soldados, para que un día no sean necesarios los soldados. Escogimos este camino suicida de una profesión cuyo objetivo es desaparecer: soldados que son soldados para que un día ya nadie tenga que ser soldado.

Y es por esta bandera que nosotros nos hicimos soldados. Pero si ahora nuestro pueblo, nuestra gente, ustedes nos dicen que es posible hacer esto sin que haya muerte y sangre, nosotros venimos a escuchar y aprender también de ustedes.

La patria, no es idea que está entre letras y libros; la patria que queremos todos, tiene que nacer otra vez. En nuestros despojos, en nuestros cuerpos rotos, en nuestros muertos y en nuestra esperanza tendrá que levantarse otra vez esta bandera.

Pase lo que pase nosotros sabemos que en este largo y doloroso parto de la historia, algo y todos pusimos. Amor y dolor no sólo riman, sino que hermanan y juntos marchan. Por eso somos soldados que quieren dejar de ser soldados, porque los muertos de antes y de mañana, los vivos de hoy y de siempre, los de todos que llamamos pueblo y patria, los sin nada, los perdedores de siempre antes de mañana, nosotros los sin nombre, los sin rostro, podamos cultivar el poderoso árbol del amor que es viento que limpia y sana; no el amor pequeño y egoísta, el gran decir, el que mejora y engrandece.

Cultivar entre nosotros el árbol del amor, el árbol del deber, en este cultivo poner la vida toda, cuerpo y alma, aliento y esperanza. Ustedes nos han dicho que es posible llegar a esto sin la guerra, que es posible que la paz abra la puerta de la esperanza para nuestros pueblos, los escuchamos a todos, los gobernantes y los gobernados.

Estamos dispuestos a ver si otra puerta se abre y si es verdadera la seguiremos. Así venimos aquí; con ése ánimo y con el ánimo de haber hablado y le hemos dicho al gobierno nuestras demandas: democracia, libertad y justicia.

Vemos en él la disposición de escuchar y la disposición de buscar un camino. Y ése es el que estamos buscando ahorita.

Queremos decirle al pueblo de México, y a los pueblos y gobiernos del mundo, a ustedes, representantes de la prensa nacional e internacional, que el diálogo va por buen camino. Hemos encontrado oídos que nos escuchen y ánimo verdadero de buscar una solución.

Quería referirme yo a la preocupación que existe por nuestros rostros y nuestras armas. No entendemos por qué se preocupan tanto de nuestros rostros si antes del primero de enero no existían para ustedes; ni *Ramona*, ni *Felipe*, ni *David*, ni *Eduardo*, ni *Ana María* ni nadie existía para este país el día primero de enero.

Pero si quieren saber qué rostro hay detrás del pasamontañas, es muy sencillo: tomen un espejo y véanlo. Nosotros queremos decirles a ustedes, a los que han dicho la verdad, no a los que han seguido el camino de la mentira, que si la muerte se detuvo el día que se detuvo, fue gracias a ustedes y a la gente que hay detrás de ustedes.

Pedimos, como hermanos, que sigan diciendo la verdad, los que dicen la verdad; y si es posible, que los que dicen la mentira, no pongan tanto énfasis en la mentira.

Queremos que apoyen este diálogo que se da, queremos que hablen claramente lo que decimos nosotros. Lo que estamos diciendo es la verdad, no es bueno buscar dobleces donde no los hay porque eso puede puede traer más problemas por otros lados.

Las armas que tenemos, ya les expliqué, ni siquiera es por desconfianza al gobierno, más bien es por otras fuerzas que se han visto tocadas en sus intereses con nuestro movimiento. Pero pensamos que en este segundo día y expuestas nuestras demandas principales, que han sido sopesadas por el Comisionado, avanzamos ya en buscar los caminos de resolución y en base a ello, llegar a acuerdos concretos, si es que éstos son posibles.

Lo que me pide el Comité que diga, que diga claro en todas estas palabras, es su disposición verdadera a buscar otro camino, si es que lo hay. Y a recibir de todos ustedes su opinión y su apoyo en esta búsqueda por la paz con dignidad que nosotros esperamos.

En mi silencio calla la voz del Ejército Zapatista de Liberación Nacional. En mi voz habla *Marcos* otra vez.

Queríamos aprovechar estos momentos porque nos han criticado mucho que por qué hablamos con unos y hablamos con otros o con unos sí y con otros no. Y queremos decirles de corazón que sí queremos hablar con todos, y lo vamos a hacer, nada más que denos "chance" pues acabamos de llegar y estamos batallando con la traducción de las propuestas, porque hay cuatro dialectos en el Comité Clandestino ahorita.

Cualquier iniciativa que se toma o se demanda, o respuesta del comisionado tarda mucho porque tenemos que estarla traduciendo. Pero nosotros les prometemos, de corazón, puesto que les debemos mucho a todos ustedes, hablar a pasamontañas quitado todo lo que quieran saber sobre nosotros.

Es todo, muchas gracias.

Informe de *Marcos* el tercer día

23 de febrero

No vengo preparado.

Por mi voz habla la voz del Comité Clandestino Revolucionario Indígena-Comandancia General del Ejército Zapatista de Liberación Nacional, para informar al pueblo de México y a los pueblos y gobiernos del mundo; a la prensa nacional e internacional, de lo ocurrido en la mesa del *Diálogo para la Paz* en nuestro estado.

El Ejército Zapatista de Liberación Nacional presentó ya el pliego petitorio o el pliego de demandas por las que el día primero de enero de 1994 se alzó en armas con la llamada *Declaración de la Selva Lacandona*.

El comisionado para la Paz y la Reconciliación en Chiapas, licenciado Manuel Camacho Solís, recibió y escuchó con atención y paciencia nuestras demandas y la explicación que le hicieron los compañeros delegados del Comité Clandestino.

Posteriormente presentó él un documento de respuesta a nuestras demandas, las que se pueden resolver en la mesa de San Cristóbal, porque estamos claros él y nosotros que hay demandas que presentamos que rebasan con mucho la mesa de San Cristóbal y tienen un nivel nacional.

El Comité Clandestino Revolucionario Indígena ha analizado parte del documento de respuesta del comisionado, y digo parte porque recuerden ustedes que nuestro Comité es pluriétnico, o sea que tenemos que traducir a los distintos dialectos que lo componen.

Podemos decir, aunque faltan todavía problemas de redacción, que nuestras demandas han recibido respuestas satisfactorias en los siguientes puntos hasta ahorita:

En lo referente a las demandas de salud, de educación, de información veraz y oportuna, de vivienda, de respeto a la cultura, a la tradición, a los derechos y a la dignidad de los pueblos indígenas en México. El resto de los puntos de nuestro pliego petitorio está todavía en estudio y en traducción para los compañeros del Comité. Pero en eso hemos llegado ya a acuerdos fundamentales con el comisionado.

El Comité me pide, me ordena que me dirija a ustedes para explicarles su posición respecto al diálogo y a la paz:

Cuando el primero de enero de 1994 llega la guerra a las cabeceras municipales de Ocosingo, Altamirano, Las Margaritas, Chanal, Oxchuc, Huixtán y San Cristóbal de las Casas, esa voz que llega a declarar la guerra en estas cabeceras municipales viene desde muchos poblados.

Lo que quieren que entiendan ustedes, lo que pide el Ejército Zapatista que entiendan ustedes, es que así como democráticamente se decidió la guerra, necesariamente la paz va a tener que seguir el mismo proceso de decisión democrática. Ellos quieren que les explique que la capacidad de decisión que tienen es la misma que les marca la estructura democrática de toma de decisiones dentro del Ejército Zapatista de Liberación Nacional.

O sea que no podemos, ni ellos ni yo, tomar ninguna iniciativa personal respecto a ninguno de los acuerdos a que se lleguen en esta mesa de Diálogo para la Paz. Con esto quiero decir que los compañeros tienen que cumplir las demandas que los compañeros les hicieron para que pudieran venir al diálogo, tienen que obtener una respuesta satisfactoria y de ninguna manera pueden decidir nada.

Tienen que regresar a sus regiones, tienen que regresar a sus comunidades, exponerles a los compañeros y a las compañeras la propuesta que han recibido en los puntos que originaron nuestro movimiento el primero de enero de 1994. Y las comunidades van a responder sí o no, y según el acuerdo de la mayoría será la respuesta, sí o no, finalmente en esta mesa de diálogo.

Quiero decirles que va a tener dos procesos: inicialmente llegaremos a una serie de acuerdos, pero no pueden ser definitivos. Ahí se va a suspender la mesa del diálogo, los compañeros van a ir a sus comunidades, van a consultar con los pueblos y regiones y van a regresar otra vez, si es que es posible o a donde se diga, si es aquí en San Cristóbal o en otro lado, ahora sí ya con la respuesta de todo el Ejército Zapatista de Liberación Nacional.

Ellos quieren que entiendan, el país, que si la guerra se decidió en esa forma democrática, la paz no puede hacer menos que seguir el mismo camino para que sea verdadera, si es que se llega a ella.

Entonces los compañeros me piden que les explique esto. Los compañeros que son nombrados delegados están nombrados por cuatro grupos de comités clandestinos revolucionarios indígenas, que controlan cuatro etnias principalmente. Son ellos los que mandan y a su vez tienen que preguntarle a las distintas regiones; las regiones tienen que preguntarle a los poblados; en los poblados se reúnen los hombres, las mujeres y los niños, y deciden, según la información que tienen, qué camino van a seguir.

Luego viene el camino inverso: los pobladores les dicen a sus encargados de comunidad que vayan a la reunión regional; éstos les dicen a los que se reúnen en regional; la regional le dice al Comité Clandestino de esa etnia y ésa le dice a su delegado cuál es la respuesta. Es un proceso algo complicado pero lógico para nosotros, lógico para el Ejército Zapatista de Liberación Nacional y es el que nos hace invencibles, en todo caso.

Mientras nosotros respetemos el acuerdo y razón de nuestras gentes, nada nos podrá destruir; si lo traicionamos o seguimos otro camino, o empezamos a tomar acuerdos sin consultarlos, igual no tendremos ninguna autoridad de ningún tipo sobre ellos. Eso es lo que nosotros queremos explicarles para que traigan más rollos para cámara, casetes o pidan un adelanto para los hoteles o lo que tengan que hacer, porque va a tardar esto. No es tan rápido como pudieran pensarlo.

Pero me piden también que les diga claramente que hasta ahora hemos recibido del pliego petitorio respuestas serias, algunas les digo que han sido ya aprobadas por estos delegados, falta que lo aprueben las comunidades, y otras falta que las estudiemos y las consultemos con un equipo de asesoría jurídica que nos ha facilitado el comisionado nacional de mediación.

Esto es lo que les queríamos decir el día de hoy. Mañana seguiremos hablando con los medios de radio, de televisión, de prensa, porque hemos recibido muchas solicitudes de hablar con nosotros. Entonces los estamos acomodando de por sí en el horario del diálogo para poder hablar con todos.

Muchas gracias.

–Pregunta: (Inaudible).

–Respuesta: Va como la cuarta parte.

–Pregunta: (Inaudible).

–Respuesta: Lo que nosotros les pedimos es que respeten el ritmo del diálogo. Los compañeros no entienden la prisa que pueden tener ustedes u otros; no digo ustedes en concreto, la que puede tener otro mundo por ver ya resultados. Ellos siguen un proceso de reflexión, de entendimiento de lo que están recibiendo, porque en ellos se está jugando algo muy importante: es su existencia como seres humanos dignos o volver a la misma historia de antes.

Entonces ellos están tomando las cosas con calma, no sé cuánto les vaya a tomar porque yo estoy subordinado a ellos, a lo que ellos me dicen. Ahorita va la cuarta parte, a lo mejor la que sigue va a tomar más días o menos días, o tal vez en horas se resuelva. Pero ellos piden que se respete el ritmo para la paz, así como se respetó el tiempo en el que ellos decidieron la guerra.

Gracias otra vez, de nuevo. No hay más preguntas.

Conferencia de prensa de *Marcos*

23 de febrero

Ricardo Alemán Alemán, enviado, San Cristóbal de las Casas, Chis. [*LJ*, 24/ii]. El de la democracia nacional es un problema "que rebasa la mesa de San Cristóbal", dijo el subcomandante *Marcos,* al explicar: "Corresponde a la sociedad civil, a los medios de comunicación y a los partidos políticos presentar proyectos sobre ese tema, ya que son quienes tienen posibilidades reales de darle a este país otro rumbo".

En México debe existir otro poder, que ahora no está reconocido en la Constitución, y que es el de la sociedad civil, dijo el jefe militar zapatista. "El nuevo proyecto de nación tiene que contar ya en su dirección, con ese otro poder que nació y que para nosotros, para el

EZLN, lleva un buen rumbo, mucho mejor que el que llevamos nosotros, e infinitamente superior al que lleva el gobierno federal, estatal y local".

Por eso, propuso la creación de una comisión de personalidades para que sean los encargados de verificar el cumplimiento de los acuerdos a que se llegue luego de las pláticas y las negociaciones entre el representante gubernamental y el EZLN.

Durante una entrevista de casi dos horas los delegados del EZLN que asisten a las *Jornadas para la Paz y la Reconciliación* y en especial el subcomandante *Marcos,* respondieron a una veintena de reporteros representantes de diversas estaciones de radio locales, nacionales e internacionales.

Ahí, *Marcos* se refirió a la democratización nacional y luego de insistir en que la mesa de San Cristóbal se queda chica, y de apelar a la sociedad civil para que presente soluciones, advirtió: "No tenemos autoridad moral ni fuerza para decirle a la nación: este México queremos. Hay otros que sí, nosotros les decimos: tómenos en cuenta, que no sea necesario otra vez matar y morir para que otra vez nos puedan escuchar".

Esa, remarcó, "es la patria nueva que nosotros decimos, a la que queremos hablarle y a la que nosotros podemos y estamos dispuestos a seguir por el rumbo que marque. Si ése es el rumbo pacífico y legal, vamos a seguir ese rumbo", precisó.

La sociedad civil, añadió, "ha demostrado madurez. No dijo: 'que gane el ejército zapatista o el federal', dijo: '¡hablen, no peleen!'. Y pienso que tiene la autoridad moral suficiente en el país para organizar unas elecciones del tamaño de las que habrá en agosto, pero tendría que haber cambios en la ley electoral".

En concreto, dijo *Marcos:*

"Lo que se refiere a democracia nacional rebasa la mesa de San Cristóbal, y lo que se refiere a la reforma al artículo 27 constitucional –que estamos pidiendo– también rebasa la mesa de San Cristóbal. A nivel estatal, hay muchas probabilidades que se resuelvan las demandas de libertad, democracia y justicia.

"Pero entiendan, nosotros no le podemos decir al país: ya negociamos la democracia de México, en San Cristóbal", casi gritó a los periodistas. "Porque entonces el país nos va a decir: '¿quién te nombró a que fueras mi vocero?' Para esto tiene que haber un movimiento más grande... Y para que se dé una democracia, la mesa tiene que ser más grande: del país entero".

Una periodista estadunidense habló del papel de Estados Unidos en conflictos como el de Nicaragua, Guatemala y El Salvador, y preguntó sobre las posibilidades de que el vecino del norte pretenda intervenir de la misma manera. "En nuestro movimiento, tanto el gobierno norteamericano como el pueblo de Estados Unidos tienen que tener claro que no hay nada que afecte sus intereses. El proyecto de nosotros es: o cambian las cosas, o nos morimos de hambre", dijo *Marcos*.

El pueblo y el gobierno norteamericanos "se van a dar cuenta que nosotros no tenemos nada contra ellos y si el pueblo estadounidense va a intervenir, será para mandar ayuda. Nosotros no queremos el poder, no queremos invadir ni tomar la Casa Blanca, ni acabar con la raza blanca ni con los gringos. Lo que queremos es que nos dejen vivir en paz".

"Es más peligroso que sigan una política económica de exterminio a los indígenas, porque es lo que está pasando, a que haya cambios que mejoren el nivel de vida de todos", dijo.

Y sobre el TLC, expuso: "Es un problema para nosotros porque no hay ningún apartado que hable de los indígenas. Entra a funcionar el tratado y se supone que la mano de obra calificada es la que va a competir en las empresas y con calidad. Y si nosotros no sabemos leer y escribir, ¿Qué posibilidades tenemos de competir en el mercado mundial, haciendo qué?"

El de la democracia fue un tema recurrente, igual que la reiterada aseveración del EZLN en torno a pedir la renuncia del presidente Salinas. "Nosotros no hicimos esto para presionar, si ni hablar español sabemos. Pero la base de todos los problemas de salud, educación, vivienda, alimentación, justicia, es que no hay democracia ni libertad".

Y en tono didáctico, el subcomandante advierte: "Entonces decimos que tiene que haber un cambio en el sistema democrático que garantice que no hay privilegios de uno y otro; que la opción que gane, la opción política que gane, tiene que ganar a la buena. Y si el gobierno federal no puede garantizar las elecciones libres y democráticas, por eso decimos que tiene que haber otro gobierno federal, un gobierno de transición, o si no, tiene que haber una modificación a la ley electoral en donde se diga que ya no va a ser el gobierno federal el que va a sancionar las elecciones".

A lo largo de las casi dos horas de interrogantes, *Marcos* también habló sobre la eventualidad de que no se cumplan los acuerdos a que se llegue luego del diálogo. "Seguirá la guerra si no cumplen", y apeló a la sociedad civil para que sea vigilante de los acuerdos de ambas partes.

Al respecto, dijo que se ha propuesto al representante gubernamental "que haya una comisión formada por personalidades de la sociedad civil, que no sea el gobierno ni los partidos políticos ni el ejército zapatista, para que verifique esos acuerdos".

También intervino la comandante *Ramona*, quien dijo: "Son las mujeres las que son las más explotadas, oprimidas en toda la historia". Al respecto, el subcomandante *Marcos* expuso: "El punto más largo del pliego de demandas es el que se refiere a la mujer indígena".

Informe de *Marcos* el cuarto día

24 de febrero

Lo anterior es el saludo a la bandera porque es el "Día de la Bandera"; es el saludo del Ejército Zapatista a la bandera mexicana.

Por mi voz habla la voz del Ejército Zapatista de Liberación Nacional para informar al pueblo de México, a los pueblos y gobiernos del mundo y a la prensa nacional e internacional, de lo acontecido el día de hoy en la mesa del diálogo con el comisionado nacional de intermediación el señor obispo Samuel Ruiz García, y el comisionado nacional para la Paz y la Reconciliación en Chiapas, el licenciado Manuel Camacho Solís.

Hemos ya resuelto el 50 por ciento del pliego de demandas y hemos recibido ya respuesta a los siguientes puntos del pliego de demandas que presentó el Comité Clandestino Revolucionario Indígena-Comandancia General del Ejército Zapatista de Liberación Nacional.

Uno sobre la demanda de electrificación de las comunidades indígenas y redistribución de la inversión federal en el estado; el otro sobre los impactos del Tratado de Libre Comercio en las comunidades indígenas; el otro referente a las demandas de salud, de información veraz –como habíamos dicho ya el día de ayer–, de vivienda, de educación, referido a la construcción de escuelas, la dotación de material didáctico y la habilitación de maestros de la educacion bilingüe como obligatoria y oficial en las comunidades indígenas; el respeto a la tradición y a la cultura indígenas; el castigo a la discriminación y al desprecio que reciben los indígenas; el problema de alimentación, los apoyos económicos a las víctimas de la guerra y a viudas y huérfanos provocados por el confiicto; las demandas de las mujeres respecto de los caminos que hay que seguir para que los indígenas puedan vivir en paz.

La otra demanda para que se multipliquen y se fortalezcan las organizaciones no gubernamentales de derechos humanos; la necesidad de que se forme, llegado el momento, una Comisión Nacional de Paz con Justicia y Dignidad, que sería la encargada de dar seguimiento al cumplimiento de los acuerdos a los que llegue esta mesa de diálogo.

Y el último punto en el que hemos estado de acuerdo, es el de que la ayuda humanitaria a la zona en conflicto sea canalizada a través de los representantes auténticos de las comunidades indígenas.

Ésos son los acuerdos a los que hemos llegado hasta ahora. Les repito, el 50 por ciento del pliego de demandas que presentó el Comité ha sido ya contestado por el comisionado con satisfacción.

Hay otro mensaje de nuestro Comité de nuestra dirección respecto a la consulta que se va a hacer con nuestras bases, con todos nuestros dirigentes en todas las comunidades, respecto a los acuerdos a que aquí lleguemos. La decisión del Comité Clandestino Revolucionario Indígena-Comandancia General del Ejército Zapatista de Liberación Nacional, es que cuando esta mesa de diálogo haya llegado a resultados concretos más acabados, remitirá los documentos respectivos a las organizaciones no gubernamentales, a la prensa nacional e internacional y, en general, al resto de la sociedad civil, tres tipos de documentos: los que se refieren al pliego de demandas de nuestro Ejército, a las respuestas que recibe del gobierno federal y a los acuerdos a que se lleguen.

Con el fin, dicen los compañeros, también de recibir las opiniones y el consenso de toda la gente que se ha manifestado en torno a este conflicto, de un camino de paz con dignidad. Esta decisión del Comité de ampliar la consulta sobre la firma de la paz, si es que llega a darse, es para hacerse en cuanto lleguemos a puntos más acabados.

La otra cosa que les quiere decir el Comité, el otro punto que quiere señalar es que han pasado algunas cosas, o nos hemos enterado de algunas cosas que han provocado molestia en los compañeros nuestros y quieren ellos decirles, directamente por voz propia, no a través mío, su palabra.

Delegado Juan del EZLN: Queremos manifestarles a todos los medios de comunicación que están aquí presentes, los motivos que nosotros, los indígenas que nos levantamos en armas, fueron porque los indígenas vivimos en la marginación, en el olvido, en el desprecio y por qué no decirlo, en la miseria.

Nos dio esa necesidad de alzarnos en armas porque tuviéramos una vivienda digna, porque tuviéramos un buen trabajo y también porque tuviéramos tierras donde trabajar, porque también tuviéramos libertad de expresión, porque también tuviéramos la participación, lo que nosotros ponemos en nuestros puntos como democracia.

Es por eso que nosotros nos levantamos en armas, nos vimos en esa necesidad de hacerlo pero también nosotros, los indígenas, luchamos porque se nos respete nuestra dignidad, que eso es lo que no estaba ni está considerado hasta estos momentos.

Eso es principalmente lo que nosotros decidimos, a que hubiera un respeto, pero si de algo estamos ahora ofendidos, más que si nosotros nos estuviéramos muriendo de hambre o de miseria, que es la falta de poder expresar nuestros sentimientos, nuestras demandas. Queremos serles claros, de que también nosotros luchamos porque se nos respete nuestras dignidades como indígenas, pero que se nos respete a tal grado que entre nosotros no se diera ningún desprestigio por el estilo. También por eso luchamos.

Aparte de nuestras necesidades más sentidas que hoy demandamos, también por nuestra dignidad. Que se nos respete nuestra dignidad indígena.

También por eso nos levantamos en armas, precisamente porque no se nos había respetado durante muchos años, desde nuestros abuelos, nuestros padres, hijos, nietos, bisnietos, que de por sí no se nos había respetado.

También por eso nos levantamos en armas, para defender nuestra dignidad, para que realmente se nos respete como indígenas.

Lo que queremos decir con esto, es que nosotros, alzados en armas, dentro de ello, el respeto y la dignidad indígena es para que no nos sigan vendiendo como animales en un zoológico, sino que nos traten como personas y seres humanos.

También por eso nos alzamos en armas, porque de por sí no se nos respeta, pero ahora pedimos y demandamos que se nos respete.

Lo que más nos está doliendo y queremos manifestarlo, es que ha habido también malas personas que de nuestros mismos muertos, de la sangre de ellos, la han estado agarrando como si fuera una mercancía.

Queremos pedirles y decirles, declararles, que si la quieren hacer, la pueden hacer, pero nosotros no lo vamos a aplaudir en ningún momento.

Acá las personas que practican ese tipo de vender la sangre heroica de nuestros compañeros, que hoy nosotros los sentimos y de nuestros muertos, en ese combate del día primero de enero, queremos decirles que a ésos no los vamos a recibir con felicitaciones.

Nosotros, el Comité, lo va a desconocer ese tipo de prácticas y queremos pedirles que, a tal grado no sea para el uso de una mercancía o agarrarlo como cosa muy pero muy corriente.

Nosotros, el Comité, estamos claros que esos compañeros caídos, a nosotros nos duele mucho verlos en un objeto ya comercial.

Esa sangre ahorita está reclamando los derechos indígenas y los derechos del pueblo mexicano.

Muchas gracias.

Conferencia de prensa de *Marcos*

24 de febrero

Ricardo Alemán Alemán, enviado, San Cristóbal de Las Casas, Chis. [*LJ*, 25/ii]. Si las cosas no cambian en México, "el primero de enero de Chiapas se repetirá muchas veces en distintos años y no sólo en el sureste del país, sino en distintas partes", dijo el subcomandante *Marcos* durante una conferencia de prensa con representantes de radiodifusoras nacionales e internacionales, en la que advirtió: "Todos deben beneficiarse de nuestra solicitud de democracia, de libertad y de justicia, porque son las tres líneas en las que un pueblo es libre, verdadero y poderoso".

El jefe militar del Ejército Zapatista de Liberación Nacional (EZLN) criticó, en la misma reunión, a los partidos políticos que asistieron a la invitación de los rebeldes para que estuvieran enterados del diálogo con el gobierno: "Sólo queremos que estén pendientes, que no nos dejen solos, que si hay otro camino para nuestras demandas y es el camino de la paz, estamos dispuestos a seguirlo".

"Pero los que vinieron sólo empezaron a hablar, a competir, a ver quién... como si fuera la Cámara de Diputados. Esperamos a ver a qué hora terminaban de hablar, pero ya no estaban hablando con nosotros, sino entre ellos; empezaron a hacer un debate y esperamos hasta ver a qué horas se cansaban. Ya cuando vimos que no se iban a cansar nunca, dijimos: nos tenemos que ir porque se está enfriando el frijol, y nos fuimos."

En tono irónico el subcomandante *Marcos* advirtió: "Sólo les pedimos dos cosas: no nos dejen solos, y si alguna vez llegan al poder ojalá escuchen la mitad de lo que hablan. Para nosotros está claro que los partidos políticos se están acercando a nosotros sólo para la foto... si tienen otras intenciones, yo no le hago a eso, lo digo claro, o si tratan de encabezar nuestro movimiento", precisó entre risas.

Luego el propio jefe insurgente dijo que el EZLN "entiende la situación política que se vive, que alguien quiera utilizar al movimiento para otras cosas, para un partido o para otro. Por eso nosotros insistimos mucho en que no somos un partido, que no suscribimos ninguno de los planteamientos de ninguno de los partidos políticos. Nosotros les decimos: peléense en la lucha electoral, pero eso sí, que gane el que tiene que ganar. Si no se cumple esto, otra vez el primero de enero".

La conferencia de prensa comenzó con un mensaje dirigido por la comandancia general del EZLN a los pueblos y a los gobiernos del mundo: "¿Cómo podemos afectar los intereses de otros países si estamos pidiendo democracia, si estamos pidiendo el derecho a elegir a nuestros gobernantes y que esa elección sea respetada por los gobernantes y los gobernados? ¿Qué daño podemos hacer nosotros a los intereses de otros países si pedimos libertad para pensar y para hablar según nuestras ideas, sin dañar a otros?

"¿Qué daño podemos hacerle a los intereses de otros países o de otros pueblos si estamos pidiendo justicia, hospitales, escuelas para aprender a leer y escribir; viviendas dignas que no tenemos. Estamos pidiendo alimentación para los niños que mueren de hambre, respeto a nuestra dignidad, a nuestra tradición y nuestra cultura. Estamos pidiendo lo que es perfectamente normal en un pueblo europeo, de Norteamérica o de América Latina y estamos en el sureste de México, no es ni siquiera la condición mínima de existencia."

Carta de *Marcos* al PRD

25 de febrero

A los señores Mario Saucedo, Samuel del Villar y Alejandro Encinas. Representantes del CEN del PRD.

Señores:

Acabo de recibir su justa e indignada carta. Imaginen mi regocijo al poder, por primera vez en mucho tiempo, poder responder inmediatamente, sin esperar a que llegue la carta y a que regrese mi respuesta.

Entiendo su consternación. Miren, ustedes (o algunos de ustedes) estuvieron presentes cuando recibimos la visita de los representantes de los partidos políticos. Ustedes escucharon cómo, cuando menos dos de ellos, entraron en un certamen de oratoria partidaria ante el beneplácito de sus correligionarios y la sorpresa de nosotros que, ingenuamente, pensábamos que habían llegado a escucharnos y no a "discursiarnos" (¡a pa' palabrita!)

Cuando logramos zafarnos de la suave "magia" de las palabras de estos señores, nos retiramos con las siguientes palabras: "No nos dejen solos. Y ojalá aprendan a escuchar". Cualquiera que estuvo ahí presente sabe quiénes fueron los representantes de los partidos políticos que agarraron la "tribuna" de la Catedral. Por prohibición expresa del CCRI-CG del EZLN no puedo referirme ni a favor ni en contra de NINGUNO de los partidos políticos, por lo que, al comentar el incidente en una entrevista, me referí a "los partidos políticos".

Ustedes saben quiénes hicieron esto, y saben también que no fueron ustedes, así que, ¿para qué angustiarse? Acepto la justa ira de su carta, pero entiendan que no puedo desobedecer a mis superiores, así que no puedo decir públicamente cuáles fueron los partidos políticos que "rollaron" sin ton ni son. Sin embargo, creo que sí puedo decir quiénes no lo hicieron: ustedes.

Salud y ya no posdatas porque pueden traer revire y estamos, nosotros, ligeramente agotados, *c'est a dire,* hasta la madre.

Respetuosamente.

Desde las montañas del Sureste mexicano
Subcomandante Insurgente *Marcos*

Conferencia de prensa de *Marcos*

25 de febrero

Elio Henríquez, corresponsal, y Víctor Ballinas, envíado, San Cristóbal de las Casas, Chis. [*LJ*, 26/ii]. El subcomandante *Marcos* aseguró hoy que entre las demandas nacionales la "más fuerte" es la democracia; por ello, el EZLN insistirá en la renuncia del Ejecutivo Federal, en la formación de un gobierno de transición y en la elaboración de una reforma electoral profunda.

"No hemos renunciado a plantear estas demandas en la mesa de diálogo –añadió *Marcos*–, porque si va a haber paz, se tienen que resolver los asuntos de fondo. No queremos parches para que el proceso electoral siga adelante o para fingir paz. Tiene que haber cambios en las leyes electorales. Se tiene que ver el espíritu para abrir la democracia, porque la gente ya no está dispuesta a permitir otro engaño como el de hace seis años".

El vocero del EZLN apuntó que "si la sociedad civil tiene la madurez de obligarnos al gobierno federal y al ejército zapatista a sentarnos a discutir la paz, la sociedad civil y sólo ella, ni siquiera nosotros, tiene la capacidad de garantizar que haya una democracia verdadera, libre, que es lo que estamos pidiendo".

Marcos fue tajante en sus respuestas: "Que el gobierno y la sociedad civil lo tengan claro: nosotros no nos vamos a vender, no lo duden. Estamos dispuestos a darle al país la oportunidad que no nos dio a nosotros".

El líder insurgente reiteró, durante una conferencia de prensa efectuada a las siete de la mañana, que el EZLN solicitará que los acuerdos de paz los signen los representantes del gobierno y testigos; que haya un compromiso de los candidatos a la Presidencia de la República y del gobierno estatal porque son los que van a cumplirlos "cuando accedan al poder".

De entrada advirtió: "El diálogo inició su etapa más difícil: las demandas de caractér nacional". Para el EZLN, dijo, "si no hay un cambio radical de base, de raíz, que sustente esa solución, que para nosotros es la democracia y la libertad, los acuerdos de San Cristóbal van a ser vacíos, y finalmente la paz no va a ser más que una declaración, y va a seguir latiendo y va a reventar no sólo aquí, sino en todo el sureste, que es a nuestro modo de ver la región más explotada".

Si el gobierno, si todos los mexicanos "no buscamos una salida urgente, justa, democrática, va a arder quizás todo el país. Conocemos y entendemos que las inconformidades cada vez son más grandes y la desconfianza con el gobierno es también cada vez más grande".

Cuando el EZLN demanda la renuncia del Ejecutivo Federal, explicó *Marcos*, es porque "no se puede ser juez y parte. ¿Cómo va a garantizar el gobierno respeto a la elección, si ya se definió desde principios de este año por un candidato?"

Por ello, explicó, el EZLN propone la creación de un gobierno de transición que no pertenezca a partido alguno, sino que nazca de un acuerdo entre ellos, "y ése sí, que sea el que organice las elecciones".

Hay otra posibilidad para garantizar el tránsito a la democracia, agregó *Marcos* al abrir su agenda de propuestas: "Que haya una reforma electoral profunda que le entregue a la sociedad civil el poder de calificar, el poder legal, no el poder moral, de calificar las elecciones, de decir si son legítimas o no, quién ganó o quién perdió".

Los del EZLN, subrayó, "decimos que si la sociedad civil tiene la madurez de obligarnos al gobierno federal y al ejército zapatista a sentarnos a la mesa a discutir la paz, a nuestra manera de ver, la sociedad civil tiene la capacidad de garantizar que haya una democracia verdadera, libre. La sociedad civil, y sólo ella, lo puede hacer".

Marcos subrayó que el comisionado "nos ha dicho que tiene que salir de aquí un pronunciamiento o algo, porque no podemos decirle al país: 'Se acuerda en San Cristóbal que el país se democratice', pero algo tiene que salir. No puede ser que la mesa de San Cristóbal repita el error de decir que el sureste no es México".

Más adelante puntualizó: "Resolvamos la parte fundamental, y entonces sí. Sabemos que en algunos planteamientos no habrá respuesta de la mesa, pero tiene que haber un pronunciamiento de ésta.

"No vamos a resolver aquí la democracia ni la renuncia del gabinete; aquí no vamos a resolver la reforma electoral, pero sí tenemos que pronunciarnos a nivel nacional sobre esa problema, sea en forma separada o como mesa.

"Éstos son los dos tipos de solución que van a seguir esas cuestiones nacionales en la mesa de San Cristóbal, pero lo que quiero que entiendan es que no renunciamos a plantearlas, sino avanzar lo que se puede, pero si no se puede se va a seguir este camino que les explico".

El subcomandante *Marcos* explicó que el EZLN pide la renuncia del presidente de la República porque no garantiza unas elecciones limpias y democráticas, porque está a favor de un partido. "La única salida es que el gobierno federal diga: bueno, entonces que sea la sociedad la que sancione; yo me espero hasta que termine, pero yo no voy a sancionar el proceso electoral, que lo sancione la sociedad civil o representantes de ella; que sea el pueblo el que diga quién ganó".

Comunicado del CCRI–CG sobre la demanda de que renuncie Carlos Salinas Gortari

26 de febrero

Al pueblo de México
A los pueblos y gobiernos del mundo
A la prensa nacional e internacional

Hermanos:

El CCRI-CG del EZLN se dirige con respeto y honor a todos ustedes para decir su palabra, lo que hay en su corazón y en su pensamiento.

Cuando el EZLN era tan sólo una sombra arrastrándose entre la niebla y la oscuridad de la montaña, cuando las palabras justicia, libertad y democracia eran sólo eso: palabras. Apenas un sueño que los ancianos de nuestras comunidades, guardianes verdaderos de la palabra de nuestros muertos, nos habían entregado en el tiempo justo en que el día cede su paso a la noche, cuando el odio y la muerte empezaban a crecer en nuestros pechos, cuando nada había más que desesperanza. Cuando los tiempos se repetían sobre sí mismos, sin salida, sin puerta alguna, sin mañana, cuando todo era como injusto era, hablaron los hombres verdaderos, los sin rostro, los que en la noche andan, los que son montaña, y así dijeron:

"Es razón y voluntad de los hombres y mujeres buenos buscar y encontrar la manera mejor de gobernar y gobernarse, lo que es bueno para los más para todos es bueno. Pero que no se acallen las voces de los menos, sino que sigan en su lugar, esperando que el pensamiento y el corazón se hagan común en lo que es voluntad de los más y parecer de los menos, así los pueblos de los hombres y mujeres verdaderos crecen hacia dentro y se hacen grandes y no hay fuerza de fuera que los rompa o lleve sus pasos a otros caminos.

"Fue nuestro camino siempre que la voluntad de los más se hiciera común en el corazón de hombres y mujeres de mando. Era esa voluntad mayoritaria el camino en el que debía andar el paso del que mandaba. Si se apartaba su andar de lo que era razón de la gente, el corazón que mandaba debía cambiar por otro que obedeciera. Así nació nuestra fuerza en la montaña, el que manda obedece si es verdadero, el que obedece manda por el corazón común de los hombres y mujeres verdaderos. Otra palabra vino de lejos para que este gobierno se nombrara, y esa palabra nombró 'democracia' a este camino nuestro que andaba desde antes que caminaran las palabras."

Los que en la noche andan hablaron: "Y vemos que este camino de gobierno que nombramos no es ya camino para los más, vemos que son los menos los que ahora mandan, y mandan sin obedecer, mandan mandando. Y entre los menos se pasan el poder del mando, sin escuchar a los más, mandan mandando los menos, sin obedecer el mando de los más. Sin razón mandan los menos, la palabra que viene de lejos dice que mandan sin democracia, sin mando del pueblo, y vemos que esta sinrazón de los que mandan mandando es la que conduce el andar de nuestro dolor y la que alimenta la pena de nuestros muertos. Y vemos que los que mandan mandando deben irse lejos para que haya otra vez razón y verdad en nuestro suelo. Y vemos que hay que cambiar y que manden los que mandan obedeciendo, y vemos que esa palabra que viene de lejos para nombrar la razón de gobierno, de 'democracia', es buena para los más y para los menos."

Los hombres sin rostro siguieron hablando:

"Es el mundo otro mundo, no gobierna ya la razón y voluntad de los hombres verdaderos, pocos somos y olvidados, encima nuestro caminan la muerte y el desprecio, somos pequeños, nuestra palabra se apaga, el silencio lleva mucho tiempo habitando nuestra casa, llega ya la hora de hablar para nuestro corazón y para otros corazones, de la noche y la tierra deben venir nuestros muertos, los sin rostro, los que son montaña, que se vistan de guerra para que su voz se escuche, que calle después su palabra y vuelvan otra vez a la noche y a la tierra, que hablen a otros hombres y mujeres que caminan otras tierras, que lleve verdad su palabra, que no se pierda en la mentira.

"Que busquen a los hombres y mujeres que mandan obedeciendo, los que tienen fuerza en la palabra y no en el fuego, que encontrándolos les hablen y les entreguen el bastón de mando, que vuelvan otra vez a la tierra y a la noche los sin rostro, los que son montaña, que si vuelve la razón a estas tierras se calle la furia del fuego, que los que son montaña, los sin rostro, los que en la noche andan descansen por fin junto a la tierra."

Hablaron así los hombres sin rostro, no había fuego en sus manos y era su palabra clara y sin dobleces. Antes que el día venciera otra vez la noche se fueron y en la tierra quedó su palabra sola:

"¡Ya basta!"

Los hombres y mujeres del EZLN, los sin rostro, los que en la noche andan, los que son montaña, buscaron palabras que otros hombres entendieran y así dicen:

Primero. Demandamos que se convoque a una elección verdaderamente libre y democrática, con igualdad de derechos y obligaciones para las organizaciones políticas que luchan por el poder, con libertad auténtica para elegir una u otra propuesta y con el respeto a la voluntad mayoritaria. La democracia es el derecho fundamental de todos los pueblos indígenas y no indígenas, sin democracia no puede haber ni libertad ni justicia ni dignidad, y sin dignidad nada hay.

Segundo. Para que haya elecciones libres y democráticas verdaderas es necesario que renuncie el titular del Ejecutivo federal y los titulares de los ejecutivos estatales que llegaron al poder mediante fraudes electorales; no viene su legitimidad del respeto a la voluntad de las mayorías, sino de su usurpación. En consecuencia, es necesario que se forme un gobierno de transición para que haya igualdad y respeto a todas las corrientes políticas; los poderes legislativos federales y estatales, elegidos libre y democráticamente, deben asumir su verdadera función de dar leyes justas para todos y vigilar su cumplimiento.

Tercero. Otro camino para garantizar la realización de elecciones libres y democráticas verdaderas es que se haga realidad, en las grandes leyes de la nación y en las locales, la legitimidad de la existencia y trabajo de ciudadanos y grupos de ciudadanos que, sin militancia partidaria, vigilen todo el proceso electoral, sancionen su legalidad y resultados, y den garantía, como autoridad real máxima, de la legitimidad de todo el proceso electoral.

Ésta es la palabra del EZLN. Con democracia son posibles la libertad y la justicia. En el engaño nada florece, en la verdad todo es posible.

¡ Libertad ! ¡ Justicia ! ¡ Democracia !

Respetuosamente,

Desde las montañas del Sureste mexicano

CCRI-CG del EZLN

Conferencia de prensa de *Marcos*

26 de febrero

Julio Moguel, Ricardo Alemán y Víctor Ballinas, San Cristóbal de las Casas, Chis. [*LJ*, 27/ii]. La reforma del artículo 27 de la Constitución se ha planteado en la mesa del diálogo de San Cristóbal de las Casas como demanda zapatista. "Este punto parece ser uno de los más difíciles", dijo el subcomandante *Marcos* a los enviados de *La Jornada*, en una entrevista nocturna realizada en la *Catedral de la Paz*. "Una cosa es el diálogo y otra la negociación", agregó el jefe militar del EZLN, por lo que cabe aclarar, en contra de la nota ofrecida por diversos medios, "que hasta el momento el gobierno no ha resuelto ni el 1 por ciento de nuestro pliego; ha contestado al 50 por ciento pero no se ha cumplido nada. Lo único que se ha ganado es que estemos sentados aquí, discutiendo una agenda".

El subcomandante también habló de la justicia, y explicó la diferencia de su aplicación en el medio indígena y en el de los mestizos. "Si tú matas a una gente en una comunidad indígena, es casi seguro que la comunidad te aplique el castigo de trabajar para la viuda. Ésa es tu condena. La justicia de los mestizos te mete a la cárcel, con lo que deja dos viudas". La contradicción entre el EZLN y la ARIC Unión de Uniones fue otro de los temas de la conversación. En torno de ello *Marcos* precisó que se trata en lo fundamental de diferencias surgidas con sus asesores, quienes "se prestaron a la campaña de contrainsurgencia". Con las bases de la ARIC la contradicción es secundaria o "se ha ido diluyendo", pues no surgió en lo fundamental "por el problema o la discusión sobre la vía pacífica o armada". Estos y otros aspectos relativos al campo y a las propuestas zapatistas sobre el tema en la mesa de San Cristóbal, son los que se abordan en esta parte de la entrevista.

–A principios de enero declaraste a la prensa que las reformas salinistas al artículo 27 constitucional habían sido determinantes en la decisión zapatista de desatar la guerra. ¿Cómo aparece este punto en particular en la mesa de las negociaciones? La demanda de reformar el artículo 27 y su ley reglamentaria, ¿queda ahora fuera de su pliego petitorio por tratarse de un tema nacional? En cualquier caso, ¿cómo se enlazan las demandas agrarias particulares del EZLN, en la región o en el estado, con el marco legal federal que define los límites o las posibilidades de los cambios que se proponen?

–Nosotros creemos tener ascendencia moral para tratar en el nivel nacional tanto el tema de la tierra como el de los indígenas. Así lo contemplamos desde el principio y así lo consideramos ahora. A eso aspiramos: a que junto con otras fuerzas podamos dar marcha atrás a la contrarreforma salinista en el terreno agrario, volviendo al espíritu de la legislación original o remodelando completamente el artículo 27 desde un Congreso Constituyente.

"La demanda concreta de nuestro pliego petitorio dice: 'Regreso al espíritu del artículo 27 aprobado en Querétaro en 1917'", donde se contempla lo planteado por Zapata, que es tierra y libertad, no a los latifundios. Te estoy resumiendo lo que dice este punto. Partiendo de aquí tenemos una demanda mínima y una demanda máxima. La mínima es, repito, que se anulen las reformas agrarias de 1991 y 1992; la máxima es que se lleve a cabo una amplia discusión con las organizaciones campesinas, con los estudiosos del tema, con el conjunto de la sociedad, para reformar el artículo 27 según las nuevas condiciones. Pero para ello, tanto en lo mínimo como en lo máximo, necesitamos un movimiento más grande, capaz de imponer lo que a nuestro parecer es un amplio consenso entre el campesinado y los pobladores mayoritarios del campo mexicano.

"En el plano concreto de la negociación, aquí en la mesa de San Cristóbal, este punto parece ser uno de los más difíciles. Lo más seguro es que el Comisionado busque alguna fracción del artículo 27 para de allí sacar las soluciones al problema concreto del estado (porque hay que decir, por cierto, que esto ya lo hemos ganado: que se discuta y resuelva en el nivel estatal y no solamente en los municipios zapatistas). Pero nuestro pliego petitorio plantea claramente la reforma federal, no alguna enmienda que sólo resuelva lo secundario.

"Lo que yo quiero que me entiendan es que una cosa es el diálogo y otra es la negociación. Porque algunos medios están manejando que ya se cumplió el 50 por ciento del pliego petitorio. La verdad es que hasta el momento el gobierno no ha resuelto ni el 1 por ciento de nuestro pliego; ha contestado al 50 por ciento, pero no se ha cumplido nada. Lo único que se ha ganado es que estemos sentados aquí, discutiendo una agenda. Eso tiene que quedar claro. Está por ejemplo el problema de la paz y del desarme. Los compañeros han dicho que no van a entregar las armas a cambio de un montón de papeles."

–¿La reforma al artículo cuarto constitucional y la discusión y aprobación democráticas de su ley reglamentaria completaría el cuadro de sus demandas o exigencias en el terreno agrario? ¿Cuál es el sentido de sus propuestas de cambio legislativo en el tema indígena?

—Te voy a decir a qué aspiramos. Nosotros le pedimos al gobierno que haga una convocatoria muy amplia para discutir y aprobar en el Congreso el artículo cuarto, así como su ley reglamentaria. Nuestra propuesta queda pues definida en un nivel general, pero decimos que dicha reforma tiene que contemplar por lo menos algunos aspectos. Uno de ellos es que las autoridades tradicionales de las comunidades indígenas puedan existir y ejercer sus funciones en un marco de legalidad. Por ejemplo, en las comunidades de la Selva y de Los Altos la autoridad es la asamblea, pero legalmente no. Tienes el caso de las cuestiones judiciales. Cuando ellos deciden castigar un delito el problema se arregla dentro de la comunidad. Pero entonces la sociedad o el Estado le impone o sobrepone al sujeto en cuestión un nuevo castigo, basándose en sus códigos y leyes. Nosotros decimos que si la comunidad ya castigó no tiene por qué haber otro castigo. Y ello debe ser reglamentado.

"Otro punto importante: hay regiones en Chiapas que tienen la hegemonía de una etnia. Entonces allí existe una sociedad y un gobierno subterráneo al gobierno que se le pone encima. Te voy a decir por ejemplo cómo elige el PRI a los candidatos a las presidencias municipales en Los Altos. La comunidad se reúne y decide quién entre ellos es el candidato del PRI, y ése va a ser el presidente. Entonces este partido lo registra, pero no hay elecciones; no se llega a las urnas. Automáticamente se llenan las boletas y no hay mayor problema, pues ya existe un acuerdo interno, como en el caso de San Juan Chamula. Allí se ponen de acuerdo los caciques y por tanto al PRI ya no le importa quién va a ser el candidato. Nomás lo registra, a sabiendas de que en el voto para el cacique va el voto para el gobernador, para el senador, para el diputado y para el Presidente de la República. Con esto vuelvo a lo que dije antes: ello provoca que el gobierno que existe abajo, que es el que funciona, no sea reconocido, provoca a la vez la corrupción. Lo subterráneo tiene que emerger.

"Otro caso es el de la justicia. Si tú matas a una gente en una comunidad indígena, es casi seguro que la comunidad te aplique el castigo de trabajar para la viuda. Ésa es tu condena. La justicia de los mestizos te mete a la cárcel, con lo que deja dos viudas. Eso ellos no lo pueden entender. Si vas y le haces daño al puerco o a la casa del otro, la justicia mestiza te mete a la cárcel. La justicia de las comunidades te pone a reparar el daño: tienes incluso derecho a comerte el puerco, pues ya lo pagaste. Hay, pues, una lógica muy lógica, que choca con el código penal.

"Puede haber muchos aspectos más pero no están puestos en la mesa de San Cristóbal. El gobierno se debe comprometer a convocar ampliamente para que se lleven a cabo las reformas constitucionales necesarias, y entonces allí van a entrar las propuestas de los mayas, de los yaquis, de los tarahumaras, así como de la gente que ha estudiado el problema.

"En lo que respecta a la democracia también planteamos demandas que cruzan desde lo local hasta lo nacional. Queremos que la sociedad civil sea la que tenga el mayor peso en, por ejemplo, la calificación de las elecciones. Ahorita el gobierno federal y el PRI tienen una mayoría aplastante en los órganos que regulan y deciden en torno de los procesos electorales. Una parte pequeña corresponde a los partidos. Nosotros decimos que un tercer factor de poder y decisión, el de personajes de prestigio y honestos de la sociedad civil, es el que debe tener un mayor peso. Que el poder de veto lo tengan ellos, no el gobierno o los partidos políticos. Así lo entendemos.

"En el plano municipal planteamos el nombramiento democrático de consejos. Ésta es la forma de gobierno que estamos proponiendo, que es la que impera en las comunidades. Y demandamos que las autoridades puedan ser removidas en el momento mismo en que las comunidades así lo decidan y se pongan de acuerdo. Podría ser a través de un referéndum, o de otros mecanismos parecidos. Y ellos quieren transmitir esa experiencia a todos los niveles: cuando el Presidente de la República ya no sirva debe ser automáticamente removido. Así de sencillo. Ellos entienden que si nos podemos poner de acuerdo entre tzeltales, tzotziles, choles o tojolabales que hablamos diferente, tendría que ser más fácil poner de acuerdo al país entero, si hablan lo mismo, castilla, pues. Ésa es más o menos la idea a la que se aspira."

–Volviendo al artículo 27: una de las cuestiones que introdujo la reforma salinista fue la eliminación de la propiedad patrimonial en los ejidos, y también en las comunidades, en la medida en que éstas tienen posibilidades de transitar al régimen ejidal. ¿Cómo contemplan este punto en particular en las negociaciones?

–En la mesa de San Cristóbal hemos defendido y ganado que la parcela se mantenga como patrimonio familiar. Y ello, hasta ahora, en lo que se refiere al lado indígena, que lleva a la formulación de la ley reglamentaria del cuarto constitucional. Para nosotros, además, la parcela debe estar exenta de todo gravamen. Pero el gobierno no parece querer aplicar esta formulación al artículo 27 pues, como decíamos antes, implica su reforma. Los problemas más serios de la negociación están aquí y, por supuesto también en la cuestión de la democracia.

–El CCRI del EZLN envió al Consejo de Organizaciones Indígenas y Campesinas de Chiapas un comunicado donde se criticaba fuertemente a la ARIC Unión de Uniones, particularmente a algunos de sus dirigentes y asesores. ¿Cómo valoran ustedes ahora dicha contradicción? ¿Mantienen la crítica?

–Nosotros diferenciamos a la ARIC de sus asesores. Fueron estos últimos los que se prestaron a la campaña de contrainsurgencia. Usaron la radio local para hacer llamados a la delación, a hacer patria para que la gente entregara a su zapatista preferido. Fue en dicho marco en que el Comité decidió pronunciarse. Y aunque les haya parecido a ustedes muy radical, en realidad era muy mediador si lo medimos en relación con el sentimiento que había. Decíamos: está pasando esto, se nos van a echar encima y nos van a partir la madre. Pero ni modo, nosotros vamos a morir con dignidad y ellos con vergüenza.

"La contradicción no se abrió precisamente por el problema o la discusión sobre la vía pacífica o armada. Lo que realmente molestó a los compañeros fue cuando los asesores de la ARIC empezaron a tener una liga muy cercana con el gobierno. Empezaron a prestarse a campañas políticas, para candidaturas presidenciales; eso fue lo que los encabronó.

"Pero la cosa se ha ido diluyendo. Empezaron a haber acuerdos en las Cañadas. Ahorita nos llegó una carta de las autoridades de la ARIC, que quieren hablar con nosotros, pero ya no están los asesores en esa carta, ya nada más firman las autoridades. "

–Recientemente, las autoridades de la Sedeso y otros funcionarios presentaron en la ciudad de México un libro sobre el Programa Nacional de Solidaridad. Uno de los conferencistas señaló que el conflicto armado en el estado de Chiapas no ponía en tela de juicio a dicho programa; se dijo además que éste, más que eliminarse o modificarse sustancialmente, tendría que ser ampliado y mejorado. ¿Cuál es el balance de ustedes sobre el asunto?

–El Pronasol es una limosna mal dada; lo único que provocó fue corrupción. No resolvió ni un solo problema. Toda la ayuda se filtró como en un embudo, y se quedó en los líderes, así como en la estructura de mandos del gobierno federal, estatal, municipal. No llegó nada. Fíjate qué ridículo. En el gobierno de Patrocinio González, la única construcción de salud que se terminó fue el hospital Guadalupe Tepeyac, que cuenta con 40 camas para casi 25 mil personas.

"Entre las construcciones logradas de Solidaridad está el Cereso número 5, la cárcel de San Cristóbal, el cuartel de Rancho Nuevo, la otra cárcel de Yajalón, la de Tila. Son cárceles y cuarteles lo que se construyó con Solidaridad. También pintaron escuelas de blanco y les pusieron Pronasol. Pero dice el gobierno federal que sí mandó el dinero, nomás que no llegó. La verdad es que nunca se preocupó por ver si estaba llegando. Y todo mundo sabe que cuando vino Salinas a inaugurar el hospital de Guadalupe Tepeyac, cuando se fue la comitiva un camión que iba justo detrás se llevó parte de las cosas. Quedó un cascarón. Un hospital que no tiene agua.

"Nosotros vimos que desde que empezó el Pronasol estaba armado para revertir el 88. Estaba claro que los comités de Solidaridad se enfilaban como una estructura dirigida a comprar el voto. Procampo no es muy diferente: los funcionarios llegan a las comunidades y te dicen: fírmale allí, que vamos a entregarte el dinero en julio, es decir días antes de las elecciones. Los comités de Solidaridad se han convertido en comités pro-voto, en el marco de una estrategia de contrainsurgencia electoral."

–El proceso de formación del EZLN, ¿fue al mismo tiempo para ustedes un proceso de reformas o cambios sociales, económicos y culturales en las comunidades? ¿Tuvo algún efecto, por ejemplo, en la transformación de la relación entre los hombres y las mujeres?

–Sí. Por lo general los compañeros jalaban antes por separado, en los ejidos. Un ejido no se metía con el otro más que para pelearse y para poder robarse a las mujeres. Cuando entra el EZLN y se hacen las regionales, entonces varios ejidos empiezan a entrar en contacto, primero para cuidarse de las *guardias blancas* o de los judiciales, más adelante para ayudarse en cuestiones de salud y otras necesidades. Posteriormente para cuestiones organizativas, paramilitares y políticas, de estudio, o de organización económica, como cuando se juntan entre varios pueblos para conseguir una lancha, para hacer un puente colgante, o para trazar sus límites territoriales.

"Luego se da una relación entre una cañada y otra, la *zona* que decimos. Ésa también es una aportación del EZLN, consistente en el desarrollo de una unidad efectiva, no sólo de representantes sino de las comunidades. Pero ello no significa que el impulso viniera de fuera, sino de los zapatistas de allí mismo. que desde adentro fueron promoviendo la organización, que es lo que nos da cohesión territorial.

"El cambio de patrón en el comportamiento de las mujeres es muy fuerte, considerando por supuesto las grandes diferencias que existen entre la mujer de la Selva y la de Los Altos. En el proceso de lucha la mujer aprende primero el español. Y sale de su casa. Tradicionalmente, cuando una mujer sale de su casa en las comunidades es que se va con un hombre; si se va con un grupo de hombres es una cualquiera. Pero esto cambia. Decíamos que primero aprende español; luego a sumar y a restar. Un día llega con un arma, y sabe manejarla, y te enseña. Luego llega con una estrella, después con dos. Más adelante te das cuenta que participa en una tropa de puros hombres, y luego ves que la obedecen. Eso motiva a otras mujeres, que preguntan: ¿Pues quién te lava la ropa? ¿Quién te cocina? Y ellas responden: a veces yo, a veces el compañero. El EZLN está compuesto por 33 por ciento de mujeres."

Entrevista a *Marcos* por los reporteros de *La Jornada*

26 y 27 de febrero

I

Ricardo Alemán, Víctor Ballinas y Julio Moguel, San Cristóbal de las Casas [*LJ*, 27 y 28/ii]. "¡Claro que hay resistencias del gobierno federal sobre la democratización del país! Salinas no quiere renunciar", dice el subcomandante *Marcos* y suelta una carcajada sonora, que la acústica de la Catedral de San Cristóbal hace rebotar.

Ya serio, advierte: "Si no quiere, está bien que no renuncie Salinas, pero tendrán que cambiar la ley electoral actual, pero ya no como una exigencia, sino como una advertencia. El caso es que si no lo hacen, en agosto les va a reventar todo y no van a alcanzar las catedrales para negociar con todos los ejércitos zapatistas o villistas o magonistas que van a aparecer".

Junto con el de la democratización, los aspectos ante los cuales hay más resistencia gubernamental son las demandas de reforma a los artículos cuarto y 27 constitucionales, temas que en las últimas 48 horas han retrasado las *Jornadas para la Paz y Reconciliación*.

En entrevista con *La Jornada* el subcomandante *Marcos* y los 14 delegados del Ejército Zapatista de Liberación Nacional hablaron de los principales obstáculos que han encontrado en casi una semana de diálogo, y de las propuestas gubernamentales.

El asunto de la democratización a nivel nacional, que no será parte de los acuerdos pero que se ha discutido en la mesa, ha causado malestar a los representantes gubernamentales: "Lo que nos responden a cada rato es: no tienes derecho, tú, armado, tú, encapuchado, sin nombre y sin rostro, a decirle a la sociedad, al país, cómo tiene que hacer su democracia".

La respuesta del gobierno a los reclamos del EZLN de que renuncie Carlos Salinas de Gortari, se instale un gobierno de transición o se modifique la ley electoral, es que "hay que consultar a otras fuerzas sociales, esto no se puede resolver en San Cristóbal, que esto tiene sus expectativas y sus pasos. El primer paso es la paz y luego la democracia, y que no pueden negociar la democracia como rehenes de un grupo armado y en actitud beligerante".

Si bien los rebeldes zapatistas aceptaron que el de la democracia no será un punto de acuerdo, sí demandaron que se haga un pronunciamiento al respecto, y su postura es clara: "El gobierno dice: primero tendrá que venir la paz y luego la democracia. Nosotros decimos: como quiera véanlo, ahí está la profecía, no para el sureste, sino ahora sí para todo el país. No hay una solución por ese lado", dijo vehementemente, convencido, el subcomandante *Marcos*. Y explicó: "Hay muchos mitos que se empiezan a derrumbar y que a lo mejor no existieron, como el de la pobreza, mitos geniales, o torpes o estúpidos. Yo pienso que sí, que la reacción de 1985 de la sociedad civil se puede potenciar y multiplicarse en agosto, o antes de agosto. Por eso, el proceso de reforma electoral tiene que ir antes, porque si el gobierno no hace la reforma electoral para darle a la sociedad civil su lugar, ésta lo va a tomar como fue ahora, fuera de la ley".

En el centro de la Catedral de San Cristóbal, de donde se quitaron las bancas para dejar el espacio vacío, los enviados de *La Jornada* fueron recibidos por un tranquilo *Marcos*, que dijo querer conocer "al comando de asalto" de *La Jornada*. Identificó por sus nombres a varios de los enviados ninguno de los cuales lo había saludado antes, y preguntó interesado por los ausentes.

Ya en la charla, una vez traspuestas las barreras de seguridad, casi a la medianoche del viernes, el jefe militar zapatista se veía confiado acerca del futuro de las pláticas. "Los temas más complejos son los nacionales", pero se espera "que existan respuestas, si no al ciento por ciento, sí en aspectos fundamentales".

Un ejemplo: las reformas a los artículos cuarto y 27 constitucionales, relativos a los indígenas y al campo. "Hay más modo de hacer los cambios (que demanda el EZLN) en el artículo cuarto que en el 27. A mi manera de ver, en el 27 constitucional, más que estar casado con un proyecto que no dio resultados, se trata de un problema de desprestigio, de lo que le significaría a Salinas dar marcha atrás en ese artículo. ¿O acaso la reforma al artículo 27 trajo inversión al campo? No, es claro que no".

Pero se trata de la aplicación del proyecto neoliberal, "que en el campo se llama reforma al artículo 27", dijo el subcomandante *Marcos*. "A diferencia de otros rubros en los que sí se ven señales, en el campo no se ven señales y al contrario, provocó mucho descontento y es uno de los principales provocadores del primero de enero de 1994".

La resistencia gubernamental a regresar a la anterior redacción del artículo 27 constitucional, dijo el subcomandante rebelde, "más bien la idea que me da es que no es porque Salinas crea que el nuevo artículo 27 tenga viabilidad económica, sino porque es una cuestión de principio político, más bien es por el principio de autoridad".

Marcos parafrasea, gesticula, mete a sus compañeros zapatistas en la discusión. "Porque cómo va a ser que *Ramona* me obligue a mí, Presidente, que fui a Suiza, a dar marcha atrás o a reconocer que no planeé bien las reformas. Si me lo dice Clinton, pues bien, pero si me lo dice *Ramona*, pues no. Ésa es la lógica gubernamental, así lo siento yo".

En las últimas 48 horas el proceso de diálogo pareció empantanarse. La explicación de *Marcos*: "Seguimos con el 50 por ciento de avance. Ahorita estamos con asesores jurídicos viendo lo que es el artículo cuarto y el 27. La democracia estatal, la justicia y el Código Penal. Pensamos que no va a haber problema. Más bien el problema va a estar en el acuerdo de paz. A este respecto aún no hay nada, pero pensamos que va a ser la discusión más fuerte, pues finalmente el acuerdo de paz es el que van a votar los compañeros".

Acompaña las frases con insistentes ademanes. "Con este acuerdo le estaríamos dando una posibilidad al gobierno de que nos cumpla en un plazo perentorio. O ya no damos otra oportunidad. La decisión más importante estará en este punto, que es donde más radicales estarán los compañeros. Porque finalmente nosotros sólo les vamos a decir: éste es el paquete que ofrece el gobierno y se van a reír y nos van a decir: antes de que tú lo hayas dicho, ya lo dijo Patrocinio y antes Absalón, y así uno a uno los anteriores gobernantes".

Pero antes de enfrentar las resistencias gubernamentales en el proceso de diálogo, el EZLN se encontró con otro obstáculo. En el grupo rebelde se dudaba, se sigue dudando de los efectos positivos del diálogo.

"Sí, cómo no. Sí hubo resistencias al diálogo al interior del EZLN.

Por la misma confusión entre diálogo y negociación. Me preguntaban a mí: ¿por qué si dijimos que no íbamos a negociar, ahora vamos al diálogo? Yo les decía: es que no vamos a negociar todavía, y la gente nos dice que vayamos a hablar. Quieren oir quiénes somos y qué queremos. Vamos porque quien nos está pidiendo eso no es ni Salinas ni Camacho. Es mucha gente que puede ayudarnos en la lucha, a conseguir lo que queremos", precisó *Marcos*.

Lo que pasa es que la gente tiene desconfianza, teme que "se repita Nicaragua y El Salvador. Y me advirtieron: tú te pones a negociar y ahí nomás olvídate, ya no vas a vivir. Ellos son muy claros para esas cosas, no son muy diplomáticos. Y así fue como venimos al diálogo, hasta que entendieron que era diálogo, no negociación. Sólo así, entonces, dijeron: vamos. Pero al principio no querían".

A la resistencia en el EZLN por la confusión entre diálogo y negociación "se debió en mucho el retraso para que se iniciara el diálogo, pues no podíamos venir sin la autorización de ellos. Entre que se aclaró y no se aclaró, una vez aclarado, si ellos decían que no, ni madres, no queremos el diálogo, no podíamos venir. Por eso se fue alargando y alargando".

–¿Y qué los convenció de por lo menos pensar en la posibilidad del diálogo?

–Los comentarios, las movilizaciones, las cartas que a diario recibíamos, de gente que no era de partidos políticos y por supuesto que no era del gobierno. No es Camacho el que nos convence para que nos sentemos. Ni Carranza detrás de Salinas, esto más bien nos convence de que no vengamos. Pero finalmente lo que nos convence al diálogo es que vemos movilizaciones, manifestaciones y nos dicen que la paz y que nos mandan cartas y que ya estaba el mediador –Samuel Ruiz– funcionando y nos siguieron llegando muchas cartas que nos decían: está bien lo que piden, pero las armas no. Es justa su lucha, pero las armas no. Eso fue lo que nos decide. Nos decidimos y así fue como llegamos.

–¿Qué es lo que decide que sea Camacho, si fue una propuesta del gobierno que ustedes aceptaron?

–Nosotros lo calamos. No sabíamos quién era, ni lo conocíamos, ni cómo era su modo, porque estábamos en la montaña. Pero sí sabíamos que había sido regente, que había aspirado a la Presidencia y que le habían hecho la jugadota ésa, en donde Fidel (Velázquez) interpretó la decisión de Salinas y que luego lo mandaron a Relaciones Exteriores. Nunca se nos ocurrió que fuera él. Porque significaba reconocer por parte del gobierno que iba a mandar a alguien. Nosotros dijimos: va a optar el gobierno por los obispos, que son los que se propusieron primero. Lo empezamos a calar, le escribimos, nos contestó, veíamos cómo hablaba, cómo se refería a nosotros, cómo se movía. Intentó varias veces meterse a la selva, pero no lo dejaron los reporteros. Él estaba buscando un contacto personal, pero como traía la bola de reporteros detrás de él, evidentemente no lo podíamos contactar. Finalmente dijimos: parece que sí. Luego dijimos: bueno, hagámosle así, y él contestó: está bien, pero de qué vamos a hablar. Y empezamos a cartearnos en dos niveles, público y privado. El primero era nada más: dónde nos van a recoger, si va a estar la Cruz Roja, si los militares van a poner el retén en tal lado y otras cosas, pero en realidad a él no lo venimos a conocer hasta que nos sentamos acá. Y él hace algo que se gana el respeto de mis compañeros, que es que el primer día él se sienta a escuchar, no dice nada y oye todo y se le van encima mis compañeros, pues a esta gente –a los delegados– la mandan por brava, saben hablar, son como agitadores. Y que se le van encima y que el gobierno y que esto y Camacho aguantó todo. Entonces la gente dijo: Bueno, pues éste por lo menos nos escuchó, no se puso a regañarnos ni a tratar de convencernos hasta después. Bueno, pues con la propuesta, o sea que se habla de igual a igual y ellos así lo valoran mucho. En ese sentido, ellos han mantenido una buena relación, hasta ahorita, que hemos resuelto los puntos que nos preocupan, pero sigue la bronca".

–¿Y este tipo de acuerdos no es peligroso, no se corre el riesgo de que el gobierno incumpla?

–Sí. Pero nosotros estamos diciendo que se haga la convocatoria y la ley, en lugar de ser aprobada por el Congreso y consensada en las comunidades indígenas, que sea al revés: que la consense el Congreso y que la aprueben las comunidades. Por ejemplo, en el caso de la ley indígena, del artículo cuarto transitorio, quien tiene que decir si está de acuerdo con esa ley o no, no es el Congreso, sino las comunidades indígenas. Luego ya el Congreso pues que la firme. Pero los compañeros no tienen mucha angustia por eso, porque como están armados finalmente ya le están dando una oportunidad al país de que exista otro camino. Si no hay respuesta, desentierran sus armas. Todas estas armas han estado enterradas hasta antes del 31 de diciembre, habían estado bajo tierra y se desenterraron en más de un sentido alegórico. Lo más seguro es que si se decide la paz, vuelvan a enterrarse y esperen otro tiempo. ¿Cuánto plazo? El que ellos, los zapatistas, decidan darle de espera al gobierno para que cumpla sus compromisos. El gobierno está poniendo sus plazos, dice: yo te respondo esto en 90 días, esto en 180 días, porque eso es lo que están diciendo los compañeros. Le dicen: no me digas que sí, dime cuándo. Entonces todas las respuestas tienen que tener plazos.

–Si jurídicamente ni Camacho tiene respaldo ni el ejército zapatista es reconocido, ¿quién va a cumplir esos acuerdos, quién los va a reconocer?

–En realidad no existimos ni él ni nosotros. Porque jurídicamente no hay un EZLN, porque no está reconocido como nada, ni un MCS (Manuel Camacho Solís), pero él se compromete a consultar y a sacar firmas reales del gobierno. Lo que yo creo es que con Camacho se la están jugando, diciendo: si sale mal, falló Camacho y si sale bien, yo siempre lo apoyé. Que es lo que dijo ayer Salinas. En el momento en que está avanzando el diálogo, sale la cara, y cuando no se veía nada claro nadie dio la cara. Yo pienso que eso fue una jugada. Si fracasa, acabemos de crucificarlo y sacrificarlo, y si sale bien, ya llegará el momento de deshacernos de él. Por el lado nuestro, no hay problema. Él sabe y creo que los servicios de Inteligencia también, que la palabra de *Marcos,* en términos reales, vale más que la de Diego Fernández de Cevallos. Y la firma que va en los comunicados vale para todos los compañeros. Porque saben que si aparece ahí, es que ellos estuvieron de acuerdo. Lo van a respetar, y los acuerdos que son de este comité, si ya están aprobados, los va a respetar el EZLN. Hay más seguridad de que cumpla el EZLN que de que cumpla el gobierno federal.

–Camacho no se ha descartado como presidenciable. ¿No han considerado que pueden ser utilizados por algún sector del PRI o del gobierno?

–Sí. Me lo han preguntado directamente. Que si vamos a apoyar a Camacho. Pero no, ahorita el Comité tiene problemas muy grandes como para estar considerando si es usado o no para este tipo de cosas. Esto rebasa nuestra capacidad. Ahorita la bronca que tenemos encima es cómo sacar un acuerdo que no radicalice a nuestra gente, sino que la haga racionalizar su decisión. Pero si estamos siendo usados o no, no alcanzamos ahorita a detenernos a pensar en eso. O a lo mejor no queremos, porque tenemos esa bronca tan grande de que nos arriesgamos a haber llegado al diálogo y que sea inútil. Finalmente que no sepamos explicarle a nuestra gente cuál es la propuesta y que su respuesta sea un no y se rompan las pláticas. O sea un sí muy endeble. Ahorita los compañeros están preocupados y concentrados en eso. En cómo van a explicarle las propuestas a la gente. A estas alturas del diálogo, ya no estamos preocupados porque las entienda Camacho, sino cómo las va a entender nuestra gente, para ver qué van a decidir. En ese sentido, ahorita nos sentimos muy alejados de la problemática nacional. Por eso los comunicados son prácticamente nulos respecto a pronunciamientos de la vida nacional. Yo sí puedo darme tiempo para leer periódicos, pero el Comité no está ahorita como para eso, si yo les digo vamos a tomar en cuenta esto, simplemente me mandan a la fregada. Y es un riesgo, pero no podemos hacer nada, tenemos que jerarquizar nuestro compromiso, y el primer compromiso es con nuestra gente, porque nosotros sí nos jugamos la vida si rompemos las pláticas, pudiendo haber otro camino.

II

"Estamos aterrados", atajó el subcomandante Marcos, antes que concluyera la pregunta sobre si dentro del EZLN "se ha medido el impacto que ha provocado" en México su movimiento.

"De pronto nos encontramos con que hay mucha gente que espera mucho de nosotros y nosotros apenas nos acabamos de quitar el lodo de las botas para darnos cuenta de todo esto. No lo hemos digerido", reconoció.

Y cuestionó: "Nosotros empezamos con la etiqueta de suicidas, locos, desesperados, y ahora resulta que somos héroes. Eso ya es ganancia, pero nunca lo pusimos como un objetivo y no podemos condicionar nuestro proyecto de paz o de guerra a que nos consideren héroes".

En entrevista con *La Jornada*, el jefe militar del EZLN se dijo "desconfiado y escéptico" por la respuesta de la sociedad civil a su movimiento, pese a que apuesta "a la sociedad civil y a los medios de comunicación para entregarles la bandera y que, si pueden, la lleven adelante", porque "no esperen de nosotros que vamos a conducir un proceso que no podemos".

A lo largo de la charla también reconoció que hubo "intentos de coptación" del gobierno; dijo que los intelectuales "fueron rebasados por la sociedad civil, igual que los partidos políticos"; expuso que hasta el momento el EZLN "no ha ganado nada" y criticó a los periodistas que "no me preguntan cosas por miedo a lesionar la imagen del EZLN". Enfático, precisó: "Tenemos las manos limpias; en el ejército zapatista no hemos ejecutado a ningún desertor, y el número de desertores es muy alto, pero son más los que se han quedado".

En tono pausado, con una voz apenas audible, arrellanado en una silla instalada en el centro de la catedral de San Cristóbal, el líder rebelde reconoció sin embargo: "Hemos estado mucho tiempo en la montaña y no sabemos si por fin habrá un cambio en este país. A lo mejor se pueden hacer las cosas de otra forma, pero finalmente no tenemos nada que perder y a la mejor sí hay otro camino, pero lo veo con mucho escepticismo".

Marcos actúa sus pensamientos. Parece desolado cuando advierte: "Veo las cosas como tú las ves: que una vez que venga la paz todo mundo se va a olvidar de todo y vamos a tener que alzarnos otra vez. Yo así lo veo. Lo veo como muy probable, pero como no mando yo, como mandan ellos –y señala a sus compañeros– tengo que hacer como ellos dicen. Si no nos van a cumplir nada, y van a estar volteando para otro lado y que todo se haya olvidado, tendremos que alzarnos de nuevo".

–¿Entonces no es tanta la confianza en la sociedad civil?

–Nosotros no confiamos en nadie más que en el fusil que tenemos. Pero pensamos que si hay otro camino no es el de los partidos políticos, es el de la sociedad civil. Entonces decimos: probemos, no tenemos nada que perder, morirnos en enero, en febrero o en diciembre. Si es posible otro camino, tenemos que seguirlo y si nos equivocamos, morimos de balde".

Efectivamente, aún con el lodo en las botas, rodeado de sus compañeros que calzan guaraches de tres correas, botas de hule o gastados zapatos, el jefe insurgente sigue en el tema.

"Nosotros somos un heroísmo cómodo para mucha gente. Finalmente los muertos los pusimos nosotros, o los seguiremos poniendo en caso de que se decida seguir la guerra, y es hasta cierto punto fácil reconocer el heroísmo de otros si no tiene implicaciones. Pero ahorita hay muchos heroísmos. No es tan fácil poner en el radio o en el papel lo que está pasando y sobre todo si es contra el gobierno. A mí no se me hace tan frívolo. A mí se me hace que hay que tener muchos güevos para hacerlo, o para estar allá afuera, parado con frío y con calor, en los círculos de seguridad, para ver si llega no quizá el ejército, sino los ganaderos, un loco... Nosotros estamos aquí adentro y estamos armados, pero esa gente nada más tiene una banderita blanca. Finalmente, si esos heroísmos conducen a este país, qué bueno, así no se muere nadie. Finalmente parece que ésa es la perspectiva".

–¿Por qué se oponen a la vía de los partidos politicos?

–Nosotros creemos que los partidos políticos tienen mucho que correr para alcanzar a la sociedad civil. En 88 hubo una confluencia de un frente amplio, pero sobre todo ocurrió por el rechazo al sistema, más que por una alternativa política. Pero pensamos que hoy sí es posible, no sólo rechazar al sistema, sino suscribir una opción política. Pero para esto tendrán que pasar muchas cosas dentro de los partidos.

–¿Como cuáles?

–Como adecuar su discurso. No pueden seguir hablando como si no pasara nada, como si la sociedad a la que se dirigen fuera la misma. Ni el discurso de Colosio ni el de Cárdenas ni el de Diego Fernández de Cevallos puede ser lo mismo porque la sociedad a la que se dirigen no es la misma, no sólo porque haya surgido el EZLN, sino porque las cosas han cambiado. Me dicen que Colosio se ha vuelto más populista, que Cárdenas más agresivo y que Cevallos no da pie con bola, porque está más preocupado por el calcetín de *Marcos* que en ofrecerle a la sociedad una alternativa.

Mientras el líder habla sus compañeros escuchan atentos, en ocasiones se levantan, platican en su idioma, dan pasos por la catedral vacía, bostezan otros.

–¿Han dimensionado la repercusión de su movimiento en México...?

–Sí, estamos aterrados... Nosotros recibimos muchas cartas, hay mucha gente que nos ve como su voz, hay quienes nos piden ayuda para ingresar en la universidad, niños que nos piden interceder con Camacho para que pongan un tope en su calle. Pero también vienen cartas de indígenas, obreros, lisiados, jubilados... De gente de la sociedad civil que nos dice: díganos qué vamos a hacer y eso hacemos. Lo que nosotros hemos dejado claro, y lo explicaremos siempre, es que no podemos conducir un proceso que resuelva todos los problemas de México. Como que se ha enfocado demasiado la lente en el *close–up y* se ha perdido lo de atrás, el *back-ground*, y si se alcanza a echar la cámara para atrás y ver todo lo que hay, y se ve que el EZLN y Chiapas son parte de un proceso más amplio, entonces se romperán muchos mitos, como el de que los mexicanos aguantamos todo, como el de que la opción armada, aunque ustedes no lo quieran reconocer, es viable.

–¿Y eso no se puede hacer a través de los partidos, o éstos deben desaparecer?

–Entiendan ustedes la situación. Es que ningún partido político tiene ahorita poder de convocatoria. Ahora a cualquiera que gane las elecciones nadie le va a creer, ni al PRI ni al PAN ni al PRD. A nadie le van a creer. Ese gobierno que va a salir en agosto va a salir débil si no hay alguien que lo legitime, y precisamente nosotros estamos hablando de que valoramos esto, y decimos que ningún partido va a legitimar. Y entonces hay que tomar las armas y agarrar la fuerza. Y que el que quede tenga que cumplir con la presión de las armas. Pero sale este otro elemento, el del diálogo, que ya estaba, pero para nosotros no estaba. Y es ahí donde vemos que el EZLN es el único que tiene autoridad moral. Nosotros pensamos que tiene mayor autoridad moral, lo digo honestamente, el ejército zapatista. Pero aún más calidad moral, como las ONG, organismos campesinos que no son partidistas, la sociedad civil, tiene más calidad moral que todos.

"Si no se resuelve esto, agosto es algo que le va a tronar en las manos no sólo al Estado mexicano, sino a los partidos políticos también. Si ellos, el Estado mexicano y los partidos políticos, no le dan ese lugar a la sociedad civil, ninguno de ellos tiene nada, nigún respaldo moral para hacer nada."

–¿Y qué parte le corresponde al EZLN?

–No, nosotros tenemos que regresar.

–Y si desaparecen, ¿qué va a pasar, no se desalienta la sociedad?

–Nosotros somos un ejército que surge primero como un ejército reivindicador, y en todo caso pasaría a ser un ejército garante del cumplimiento de esas reivindicaciones, y luego desaparecería en el caso de que las condiciones demandadas se cumplieran. Como hasta ahorita el ejército zapatista es un ejército indígena muy localizado, para convertirse en una organización política tendrían que entrar campesinos de otras partes, otros obreros. Así como el proceso que nos llevó a la guerra, esa entrada de otras expectativas, de otras clases sociales, de otras aspiraciones, eventualrnente nos llevaría a otros rumbos. Ahorita, como está el EZLN, no. Porque su proceso de decisión es ése, el de la guerra. Tendría que entrar toda esa gente y participar en el proceso de decisión y decir, bueno, ahora nos vamos a hacer partido político y ahora organización civil. Tendría que ocurrir antes y ya no sería el ejército zapatista del primero de enero de 1994, sería otra cosa. Sabemos cuáles son nuestros límites.

–¿Y es posible de que como Ejército reciban a otras fuerzas?

–Sí, pero si nosotros llegáramos a un acuerdo de esperar un tiempo para que el gobierno cumpla, tenemos que ser honestos con esa gente, tenemos que ser verdaderos y decirles que dijimos que vamos a esperar, pues vamos a esperar. No podemos decir vamos a esperar y por abajo: "Vente, ahora ya somos tantos y vamos a romper los acuerdos". En todo caso, le diríamos a esa gente: "Prepárate y espérate, si es que vas a estar con nosotros; espérate a ver qué pasa, a ver si hay soluciones".

–Con la solución negociada y la desaparición del EZLN, ¿no se pierde el entusiasmo que despertó el zapatismo?
–Si el entusiasmo es sincero, ¿con qué derecho le van a pedir a la gente que se siga muriendo, si es posible que no se muera? Y hablo de los que son sinceros, no de los que quieren así nomás que caigan las bombas. No podemos condicionar nuestro proyecto de paz o de guerra porque nos consideren héroes, porque no empezamos así. Nosotros empezamos con la etiqueta de suicidas, locos, desesperados y ahora resulta que somos héroes. Eso ya es ganancia, pero nunca lo pusimos como un objetivo y podemos hacer lo mismo. No podemos decir: "Sigan siendo héroes y muriendo heroicamente sin obtener nada por lo que luchamos", porque entonces sí sería un proyecto suicida. Yo veo esto con desconfianza, con escepticismo, pero hemos estado mucho tiempo en la montaña y no sabemos si por fin cambiará este país y a la mejor se pueden hacer las cosas de otra forma, pero finalmente no tenemos nada que perder y a la mejor sí hay otro camino, pero sí lo veo con mucho escepticismo; lo veo más como lo ves tú: una vez que venga la paz, todo mundo se va a olvidar y vamos a tener que alzarnos otra vez.

–¿Ha habido triunfos, ganancias, lecciones en su lucha?
–No tenemos una valoración porque nosotros no hemos ganado nada. Nuestra gente no ha ganado nada, ni siquiera la ayuda humanitaria le llega; se la quedan los ganaderos u otros. Los refugiados, los desplazados, pero las comunidades zapatistas no reciben nada o muy poco. En todo caso la ganancia más grande que ha tenido es el respeto de la opinion pública, pero no se ha calado todavía en el comité porque están revisando periódicos atrasados. Y apenas se están dando cuenta, pero falta que cuando informen los comités, la verdadera dirección de la que ellos son delegados, valoren y finalmente eso se va a tener que tomar en cuenta para decidir si hay paz o guerra. Las lecciones que hemos recibido son que tal vez haya otro camino. El 31 de diciembre no había nada, la lección era esa, la lucha armada.

–¿Y han dando lecciones al país?
–Pues no tenemos ni idea. Nos escriben y nos dicen que cuando parecía, como yo dije al principio, que este pueblo aguantaba todo, por fin alguien dijo: "Pues no, no es cierto que aguantamos todo". Sí hay limites, pero sólo eso. Pero nuestra manera es ver correr más las lecciones por parte de la sociedad civil. Nosotros... ¿cómo te diré? Somos un heroismo cómodo para mucha gente. Finalmente los muertos los pusimos nosotros o los seguiremos poniendo, si se decide se-

guir la guerra, y es hasta cierto punto fácil reconocer el heroísmo de otros si no tiene implicaciones.

—¿Ha habido cambios en la prensa?

—Otro de los resultados de la guerra, según veíamos nosotros, es que el balance de fuerzas que hay en los medios cambió también el nivel de credibilidad, digo yo. El que tenía más credibilidad, como era la televisión, de pronto cae, y el que era más elitista, que era la prensa escrita, sube, y el radio también de pronto abre más horizontes y más posibilidades con programas de ésos de llame y diga lo que quiera. Creemos que esa modificación en el equilibrio va a continuar, porque el desprestigio fue muy grande y fue tan evidente el manejo chueco que hizo la televisión que sería como el caso de las elecciones. Finalmente si gana uno de los partidos, ¿quién va a creer que haya ganado a la buena? Así, la televisión, aunque ahorita diga la verdad, ¿quién le va a creer? La sociedad ya provocó esa vacuna y la prensa provocó un efecto contrario. Ahora la prensa puede mentir cínicamente si quiere y tendrá más credibilidad aunque Televisa esté diciendo la verdad.

—¿Hay voluntad de Camacho Solís para avanzar en las demandas del EZLN, en las demandas del país?

—Sí, lo que no sé todavía es a cambio de qué. Yo creo que sí le sirvió a él hablar con el Comité, tal vez entendió que la especulación ésa de que el EZLN era una fuerza oscura no tiene fundamento. Tal vez entendió que si no intentaba hablar con esa fuerza oscura se iba a equivocar y no lograría nada. Y si se acerca a ellos y lo que representan sí va a obtener los resultados. Parece que sí, ya entendió eso, porque se ha dirigido a los compañeros y ha obtenido resultados en el diálogo; se pueden lograr las cosas.

—¿Qué movió a Salinas al diálogo, en opinión del EZLN?

—La prensa, el costo político de lo que estaba pasando, las imágenes, los reportajes de todo lo que se veía, que derrumbaban cada vez más un mito. El mito ese genial de su ingreso al primer mundo. Eso era una barrabasada. Ese mito se acaba de derrumbar y con él se fue todo. Los militares le decían: "En unos días los acabamos", y tal vez sí nos hubieran acabado en unos días, pero, ¿a qué costo? Ni siquiera la sociedad civil lo hace sentarse a la mesa, pero lo del cese al fuego en el plano militar fue por la prensa nacional; la internacional, tengo entendido, le estaba pegando muy duro y dijo: "No, pues vamos a ver qué quieren, a ver si los compramos, los coptamos".

—¿Ha habido intentos de coptación en la mesa de negociaciones?

—Todavía no. Al principio sí parecía que estaban hablando con otros. Más bien parecía que estaban hablando con *Marcos* y no con el comité. Pensaban: "No, pues en realidad es *Marcos* el que manda. Que diga qué quiere, que diga cuánto quiere".

–¿Por qué el diálogo secreto? ¿No beneficia más al gobierno? ¿Por qué se canceló la participación de los medios si ustedes la habían pedido?

–Es que no se puede, porque cada una de las propuestas la tenemos que traducir en cuatro dialectos. Ahí le decimos a Camacho: "A ver, espérate, ahorita regresamos". Y a eso échale encima la presencia de 21 medios; eso se hace imposible. En el aspecto de lo público, de cada tanto les informamos. En ese sentido no habrá acuerdos secretos, ni para la prensa, pero sobre todo para nuestra gente, que es a la que le tenemos que rendir cuentas.

–¿Durante el diálogo siguen con pasamontañas?

–Sí, fue por protesta. Inicialmente íbamos a quitarnos el pasamontañas ante el comisionado, pero salió lo del ejército en formación y la madre, y si están jugando, pues vamos a jugar también. Sólo íbamos a mantener el pasamontañas con la prensa y eso porque nos dimos cuenta de que le estaban pasando imágenes a la PGR. Las usaban para identificar, y como todos son gente de aquí, pues le caen a las familias. Ya le cayeron a varias familias de ellos que identificaron en las fotografías y en las imágenes. Nosotros nomás con la prensa. Pero ni siquiera así vamos a permanecer en el halo del misterio, porque ya estaban en actitudes policíacas. Y a Camacho le dijimos: "Como somos fuerza política en formación, entonces con los pasamontañas en proceso de destape", pero desde el principio le dijimos: "No se va a destapar, aunque sí nos vamos a quitar las armas cuando hablemos contigo, porque vamos a hablar de paz, pero el pasamontañas no, porque tu gobierno que te manda no nos reconoce como nada y si no nos reconoce no existimos".

–¿Qué papel han tenido los intelectuales en el alzamiento del EZLN, en opinión de ustedes?

–Lo que nosotros vemos primero es que la mayoría de ellos se precipita en el análisis y eso es lo peor que puede hacer un intelectual. Es un estudioso a *priori,* pero siempre tiene la tentación de teorizar lo inmediato. Ésa es la tentación que ahorita les vemos. Algunos le atinan y se la juegan en su análisis y dicen que este movimiento es así por esto, pero otros dicen tonterías, como esa de que hay influencias centroamericanas. Y lo dice gente que ha escrito de historia de México. ¿Cómo pueden ser tan torpes para decir que este nexo lo encuentran en Nicaragua, El Salvador o Perú? Es ahí donde muchos patinan. Pero es su misma tentación. Yo entiendo su desconcierto porque es algo nuevo para ellos y se preguntan qué pasó, y se les quedan los ojos como ahorita a mí con el flash del fotógrafo, y en lo que me acostumbro, los intelectuales empiezan a escribir y es ahí donde se caen. Después, los que le atinaron dicen: "Bueno, pues le atiné", pero no fue un análisis serio, sino que se aventaron un volado.

–¿En este cambio les corresponde algún mérito?

–No, porque los rebasó la sociedad civil, la que agarró vuelo y pasó por encima de todos, hasta por encima de nosotros, que nos hizo sentarnos en la mesa del diálogo. Los partidos políticos y los intelectuales todavía están diciendo: "Pues entre que si son fuerzas puras y auténticas, tal vez sería bueno..." Y mientras, la sociedad civil ya está gritando: "¡Alto al fuego, alto al fuego, paz, paz!" Ya está muy adelante. Cuando la sociedad civil ya está en el segundo piso, el intelectual todavía titubea si conviene o no subir las escaleras. Eso les pasó. Si no se ponen más truchas, les va a volver a ocurrir lo mismo con el proceso de la democracia, porque la parte que viene ahora para el país no es siquiera el proceso de paz, sino el electoral.

–¿Y quién va a encabezar a la sociedad civil, no serán los intelectuales?

–En ese desmadre que pasa después del primero de enero, el reportaje empieza a agarrar su lugar. Te dice: pasa esto y te entrega la primera historia. Luego le aventamos la estafeta a la sociedad. En ese caso los reportajes que le presentan al lector son como un cine: ahí se ven las imágenes en diversas perspectivas, en varias cámaras. Se entrega la reflexión, la decisión y la valoración finalmente moral que está detrás de cada análisis. La reacción de la sociedad civil no viene de los editoriales, sino de la fuerza de una imagen escrita o de una foto. Tal vez nos equivocamos, pero pensamos que esta reacción tiene que ver con esto, porque finalmente lo que es crudo de una guerra es lo que presenta una imagen, escrita o visual.

–¿Durante el proceso de formación del EZLN se dio algún cambio cultural?

–Uno y muy fuerte. La selva es diferente a Los Altos. La mujer de la selva es más sociable y la de Los Altos más cerrada. Fue difícil para las mujeres porque, primero, tenían que salir de sus casas, y en el medio indígena, cuando salen, es porque se van con un hombre, con uno en especial. Veían mal que se fueran con un grupo; les decían que eran unas cualquiera. Empezaban saliéndose de su casa, luego aprendiendo español, a hacer cuentas, a manejar un arma. Luego enseñaban a los que no las sabían usar. Posteriormente llegan a su casa con una estrella, luego con una tropa de puros hombres. Eso fue lo que provocó que se fueran las otras mujeres del pueblo. Querían ser como las primeras. Es por esto que el 33 por ciento de nuestro ejército es femenino. Yo bromeaba con los oficiales: ya hay más mujeres que hombres; esto no va a ser ejército, sino...

–¿Cuál es el índice de deserciones?

(La pegunta parece darle gusto a *Marcos,* quien critica que no le pregunten sobre ciertos temas en las entrevistas porque parecería "que se lesiona la imagen del EZLN").

–Nadie pregunta esto, y es una tradición que en las guerrillas las haya. A quien deserta se lo *quiebran,* le dicen: "Eres desertor, te desmoralizaste", y lo fusilan. Pero la nuestra nunca lo hizo, simplemente decíamos que había niveles de participación. Si uno decía: "Ya no aguanto en la montaña, ya me quiero ir", o una mujer en edad casadera decía: "Yo me voy con mi marido porque ya no aguanto la montaña", se iban y se quedaban en otro nivel de participación en el poblado, pero nunca ejecutamos a nadie que se fuera, y nunca nos delataron. Creo que ahí acertamos. Nos la jugamos, porque la gente que se iba sabía dónde estabamos y ahorita sabe dónde estamos, pero nunca ejecutamos a nadie, tenemos las manos limpias. Yo siento que nunca me lo preguntan porque tienen miedo de que les diga: "Sí, los *quebrábamos y* todo eso" y que se rompa un poco la imagen del EZLN, pero se llevan una sorpresa los que lo preguntan. El nivel de deserción fue alto, pero siempre se quedaron más de los que se iban.

Conferencia de prensa de *Marcos* a la prensa nacional

28 de febrero

Ricardo Alemán Alemán, Víctor Ballinas y David Aponte, San Cristóbal de las Casas, Chis. [*LJ,* 1/iii]. El proceso de paz en Chiapas "aún es largo; hay mucho tramo que recorrer, y en este momento se ve amenazado por otras sombras que se ciernen sobre este proceso", aseguró el subcomandante insurgente *Marcos.*

Por ejemplo, dijo, "la de los ganaderos es una sombra regional que obstaculiza la paz, y si el Ejército Zapatista de Liberación Nacional llega a un acuerdo de paz con el comisionado Manuel Camacho Solís, pero no lo respetan los ganaderos, entonces vamos a tener que rompernos la madre con los ganaderos. El comisionado nos dijo el 21 de febrero que el gobierno resolvería ese problema, y ya estamos a 28".

Luego se refirió nuevamente a la fuerza de la sociedad civil: "Lo que tiene que hacer es tomar por asalto el poder, pues es la única opción, y de esa forma se puede garantizar que quien llega al poder mande no por mandar, sino mande obedeciendo".

Durante una conferencia de prensa que el subcomandante *Marcos* ofreció a los medios impresos nacionales, dijo que al EZLN no le preocupan tanto los acuerdos de esta primera ronda del diálogo, "porque no va a haber acuerdos". Ni el comisionado gubernamental ni el EZLN tienen poder de decisión, y Camacho Solís tendrá que consultar con el gobierno y los delegados zapatistas con sus comunidades, dijo el líder rebelde.

Durante casi dos horas de preguntas y respuestas, en las que ya no aparecieron los 15 delegados del EZLN sino sólo cinco zapatistas, cuatro de ellos de la guardia, el tema central del *interrogatorio* se dedicó a la beligerancia de los ganaderos chiapanecos, de sus protestas y sus amenazas hacia la prensa.

Al respecto, *Marcos* señaló que aún hay mucho tramo que recorrer para alcanzar la paz, y ese tramo está amenazado no tanto por la intolerancia de una o de otra de las partes en conflicto, sino sobre todo por "otras sombras que se ciernen sobre este proceso".

–¿Cuáles son esas sombras?– se le preguntó.

–Altamirano, por ejemplo, es una sombra previa al proceso de paz. Pero lo más grave es la sombra regional que se cierne sobre este proceso, o sea una tercera fuerza que para nosotros siempre existió y que ustedes apenas están descubriendo, que es el poder alterno al poder civil y que es el poder de los ganaderos, de los finqueros.

"Esto es, el poder militar alterno, de los guardias blancas de los ganaderos, que se opone al poder policíaco. Nosotros siempre lo conocimos y sabemos que existe y sabemos cómo atenernos a este problema en tiempos de guerra. Pero para la paz habrá que tomar en cuenta a esta sombra. Finalmente, si el poder civil no puede controlar a esa tercera fuerza que son los ganaderos, no va a haber paz. ¿Cómo le vas a pedir al ejército zapatista que se desarme si no puedes controlar o desarmar a una guardia blanca que quiere aniquilar a los zapatistas, a todos, no sólo a los zapatistas?

"A todos los que ellos ven como enemigos, incluidos los que cargan su cámara, un lapicero, un cuaderno y un letrero que dice "prensa", o a quienes dice "ONG", o "Comisión Nacional de Derechos Humanos", o que dice lo que sea. Todo lo que ellos imaginan que es un enemigo, contra ese van.

"Las de los ganaderos son las mentes más anacrónicas que puedan imaginarse, y es lo que campea por esos rumbos. Y Altamirano es un botón de muestra, pero además de Altamirano están Ocosingo, Las Margaritas, Comitán, San Cristóbal. Y todo donde el poder de la tierra se concentra va a existir problema. Lo que antes eran los comités de defensa ciudadanos o las uniones de defensa ciudadana, son las sombras que se van a tender sobre el proceso de paz y su concreción. Incluso aunque ya haya acuerdo de paz, va a estar la sombra ahí para obstaculizar lo más que se pueda. Esa situación tiene que tomarla en cuenta el gobierno para el proceso de paz."

El jefe militar rebelde habla del problema de los ganaderos como de un tema "bien conocido", incluso critica a los periodistas que apenas conocen esa arista del tema:

"Nosotros le decíamos al comisionado que los ganaderos son un elemento que habría que tomar en cuenta, porque si finalmente nosotros llegáramos a un acuerdo de paz y los ganaderos a un acuerdo de guerra, nos íbamos a engañar ellos y nosotros, porque finalmente tendríamos que partirnos la madre con los ganaderos. Pero el comisionado nos dijo el 21 que iban a ver ese problema. Nos lo dijo el 21 y estamos a 28".

El subcomandante *Marcos* insiste en el conflicto con los ganaderos, especialmente los de Altamirano:

"Ahorita puedes ir a un lugar como la cabecera municipal de Altamirano y vas a ver lo que es capaz de desatar una guerra. Tu amplía Altamirano, como amplías una foto, y la pones sobre el estado de Chiapas. Amplíala otra vez y ponla sobre el sureste mexicano. Amplíala una vez más y ponla sobre el país, y vas a ver qué horror es la desproporción de esa reacción, la de los ganaderos. Si ya la viste ahorita, para qué vamos a esperar, tú o el país. En realidad el problema no es Altamirano, Altamirano es sólo la muestra del botón, y si se puede evitar para qué dejarlo crecer.

"Más aún –continúa *Marcos*–, la injusticia, la intolerancia y la aberración es patrimonio del sureste, (pero) también lo vas a encontrar en el norte, en el centro, en la costa, en el golfo y en la península..."

La propuesta del EZLN sobre un gobierno de transición fue otro tema en la conferencia de prensa, en la que no se permitió preguntar a los enviados de *La Jornada* ante el beneplácito del resto de informadores.

—¿Cuál es el gobierno de transición que ustedes proponen?

–Bueno, tendría que ser la entrega más directa del poder a la sociedad civil, que hubiera un gobierno colectivo nombrado por el

Congreso de la Unión de entre las personas sin partidos con prestigio, que tengan la autoridad moral para conducir al país sólo lo necesario para que haya elecciones democráticas. Yo creo que el Congreso y los partidos políticos pueden ponerse de acuerdo para nombrar a alguien, un grupo de personas. Y si es que la sociedad ya no tiene personas de prestigio sin partidos, estamos más mal de lo que creíamos, pero ojalá lo haya. Me parece que no será por este lado, será por el lado de la reforma electoral.

Luego habló sobre la situación del diálogo y los avances logrados:

"Los puntos de la cuestión nacional siguen parados, no puede haber solución a nivel de la mesa. Nos dicen que la reforma al 27 constitucional es un problema nacional y tienen que tomarse en cuenta otras fuerzas (...) Ellos dicen que el problema somos nosotros, porque insistimos en una respuesta a nivel nacional. Nosotros decimos que son ellos porque no entienden que la solución local sólo es posible si tiene respaldo nacional, y ahí nos echamos la culpa unos y otros.

"El pliego de demandas se va a entregar a la prensa así como la respuesta del comisionado a aquél. Llegamos a un acuerdo para discutir, por ejemplo: que nosotros decimos queremos electrificación y el gobierno contesta: "sí se va a presentar un plan de electrificación". Bueno, nos está diciendo que sí va a electrificar las comunidades, pero lo que hay que ver es en cuánto tiempo y si vamos o no a esperar para que se cumpla eso.

"Pero en otros casos tal vez haya doble redacción, como por ejemplo en el asunto de la democracia. Ahí habrían las posiciones del ejército zapatista, la del mediador y la del comisionado."

El jefe militar zapatista dijo que en los puntos de democracia y reformas al 27 constitucional puede haber un acuerdo de pronunciamiento. "Empero –comenta– se supone que en los problemas nacionales nos pronunciamos por algo. A nosotros no nos preocupan tanto los acuerdos de esta primera ronda de negociaciones, porque no va a haber acuerdos, porque ni él (Camacho) ni nosotros tenemos poder de decisión.

"En concreto –prosigue *Marcos*– él no puede firmar nada, porque no representa nada. Si hay un acuerdo de paz y lo firma el comisionado, jurídicamente qué significa eso. No significa nada para nosotros. Y él a su vez, nos dice: 'Si firma un grupo de encapuchados, para la nación no significa nada, no hay ninguna garantía de que se va a respetar el acuerdo de paz' Entonces nosotros decimos: 'Bueno, entonces que nos reconozcan como algo, y así habrá garantías'. Pero nos dicen: 'No, eso no se puede'. Y ahí estamos.

"Si hay avances a ese nivel, pero el proceso de discusión para llegar a un acuerdo todavía es largo, porque por nuestra parte vamos a nuestras comunidades y el comunicado va a la estructura del gobierno federal."

Al ser interrogado sobre la participación de la sociedad civil, dijo: "Es un proceso y lo que tiene que hacer la sociedad civil es tomar el poder por asalto. Es la única salvación de este país, que la sociedad tome por asalto el poder y diga 'aquí mando yo' o sea todos. Y lo que yo les diga es lo que diga la sociedad civil. ¿Cómo puede tomar el poder ésta? Nosotros decimos que ella sancione quién triunfa –en los procesos electorales– y quién es el que va a mandar obedeciendo. Y quién deja de ser el que manda el triunfo y se convierte en manda mandando, para quitarlo. Se debe tener una labor de vigilancia por encima de los demás poderes, por encima del Legislativo, del Judicial, del Ejecutivo.

"Eso es lo que nosotros pensamos que si no ocurre, entonces es lógico que el ejército zapatista renazca con otros nombres, en otras tierras, con otra sangre corriendo y derramándose en todo este país. Ése es el riesgo totalmente de la balcanización, y es lo que nosotros le decimos a la sociedad civil. Nosotros ya hicimos lo que pudimos ahora le toca a otros hacerlo, pero además, si no lo hacen, va a pasar esto y ojalá y no sea necesario y luego recuerden: no, pues dijeron que iba a pasar esto y pensamos que no, y ahora que ya lo tenemos encima hubiera sido más barato cambiar de gobierno y hacer realmente los cambios que ahora lo que tenemos encima."

Comunicado de CCRI-CG. Pliego de demandas

1 de marzo

Al pueblo de México
A los pueblos y gobiernos del mundo
A la prensa nacional e internacional

Hermanos:

El Comité Clandestino Revolucionario Indígena-Comandancia General del EZLN se dirige con respeto y honor a todos ustedes para darles a conocer el pliego de demandas presentado en la mesa del diálogo de las *Jornadas por la paz y la reconciliación* en Chiapas.

"No pedimos limosnas ni regalos, pedimos el derecho a vivir con dignidad de seres humanos, con igualdad y justicia como nuestros antiguos padres y abuelos".

Al pueblo de México:

Los pueblos indígenas del estado de Chiapas, alzados en armas en el Ejército Zapatista de Liberación Nacional contra la miseria y el mal gobierno, presentan las razones de su lucha y sus demandas principales:

Las razones y las causas de nuestro movimiento armado son que el gobierno nunca ha dado ninguna solución real a los siguientes problemas:

1. El hambre, la miseria y la marginación que hemos venido padeciendo desde siempre.

2. La carencia total de tierra donde trabajar para sobrevivir.

3. La represión, desalojo, encarcelamiento, torturas y asesinatos como respuesta del gobierno a las justas demandas de nuestros pueblos.

4. Las insoportables injusticias y violación de nuestros derechos humanos como indígenas y campesinos empobrecidos.

5. La explotación brutal que sufrimos en la venta de nuestros productos, en la jornada de trabajo y en la compra de mercancías de primera necesidad.

6. La falta de todos los servicios indispensables para la gran mayoría de la población indígena.

7. Las mentiras, engaños, promesas e imposiciones de los gobiernos desde hace más de 60 años. La falta de libertad y democracia para decidir nuestros destinos.

8. Las leyes constitucionales no han sido cumplidas de parte de los que gobiernan el país; en cambio a nosotros los indígenas y campesinos nos hacen pagar hasta el más pequeño error y echan sobre nosotros todo el peso de una ley que nosotros no hicimos y que los que la hicieron son los primeros en violar.

El EZLN vino a dialogar con palabra verdadera. El EZLN vino a decir su palabra sobre las condiciones que dieron origen a su guerra justa y a pedir, al pueblo todo de México, la resolución de esas condiciones políticas, económicas y sociales que nos orillaron a empuñar las armas en defensa de nuestra existencia y de nuestros derechos.

Por lo tanto demandamos...

Primero.– Demandamos que se convoque a una elección verdaderamente libre y democrática, con igualdad de derechos y obligaciones para las organizaciones políticas que luchan por el poder, con libertad auténtica para elegir una u otra propuesta y con el respeto a la voluntad mayoritaria. La democracia es el derecho fundamental de todos los pueblos indígenas y no indígenas. Sin democracia no puede haber libertad ni justicia ni dignidad. Y sin dignidad nada hay.

Segundo.– Para que haya elecciones libres y democráticas verdaderas, es necesario que renuncie el titular del Ejecutivo federal y los titulares de los ejecutivos estatales que llegaron al poder mediante fraudes electorales. No viene su legitimidad del respeto a la voluntad de las mayorías sino de su usurpación. En consecuencia, es necesario que se forme un gobierno de transición para que haya igualdad y respeto a todas las corrientes políticas. Los poderes legislativos federales y estatales, elegidos libre y democráticamente, deben asumir su verdadera función de dar leyes justas para todos y vigilar su cumplimiento.

Otro camino para garantizar la realización de elecciones libres y democráticas verdaderas es que se haga realidad, en las grandes leyes de la nación y en las locales, la legitimidad de la existencia y trabajo de ciudadanos y grupos de ciudadanos que, sin militancia partidaria, vigilen todo el proceso electoral, sancionen su legalidad y resultados, y den garantía, como autoridad real máxima, de la legitimidad de todo el proceso electoral.

Tercero.– Reconocimiento del Ejército Zapatista de Liberación Nacional como fuerza beligerante y de sus tropas como auténticos combatientes y aplicación de todos los tratados internacionales para regular conflictos bélicos.

Cuarto.– Nuevo pacto entre los integrantes de la federación que acabe con el centralismo y permita a regiones, comunidades indígenas y municipios autogobernarse con autonomía política, económica y cultural.

Quinto.– Elecciones generales para todo el estado de Chiapas y reconocimiento legal de todas las fuerzas políticas en el estado.

Sexto.– Productor de electricidad y petróleo, el estado de Chiapas rinde tributo a la federación sin recibir nada a cambio. Nuestras comunidades no tienen energía eléctrica, el derrame económico producto de las exportaciones petroleras y las ventas internas no produce ningún beneficio al pueblo chiapaneco. Por tanto, es primordial que todas las comunidades chiapanecas reciban el beneficio de la energía eléctrica y que un porcentaje de los ingresos económicos por la comercialización del petróleo chiapaneco se aplique a obras de infraestructura industrial agrícola, comercial y social en beneficio de todos los chiapanecos.

Séptimo.– Revisión del Tratado de Libre Comercio firmado con Canadá y Estados Unidos pues en su estado actual no considera a las poblaciones indígenas y las sentencia a la muerte por no tener calificación laboral alguna.

Octavo.– El artículo 27 de la Carta Magna debe respetar el espíritu original de Emiliano Zapata: la tierra es para los indígenas y campesinos que la trabajan. No para los latifundistas. Queremos que las grandes cantidades de tierras que están en manos de finqueros y terratenientes nacionales y extranjeros y de otras personas que ocupan muchas tierras pero no son campesinos, pasen a manos de nuestros pueblos que carecen totalmente de tierras, así como está establecido en nuestra ley agraria revolucionaria. La dotación de tierras debe incluir maquinaria agrícola, fertilizantes, insecticidas, créditos, asesoría técnica, semillas mejoradas, ganado, precios justos a los productos del campo como el café, maíz y frijol. La tierra que se reparta debe ser de buena calidad y debe contar con carreteras, transporte y sistemas de riego. Los campesinos que ya tienen tierras también tienen derecho a todos los apoyos que se mencionan arriba para facilitar el trabajo en el campo y mejorar la producción. Que se formen nuevos ejidos y comunidades. La reforma salinista al 27 constitucional debe ser anulada y el derecho a la tierra debe volver a nuestra Carta Magna.

Noveno.– Queremos que se construyan hospitales en las cabeceras municipales y que cuenten con médicos especializados y con suficiente medicamento para atender a los pacientes, y clínicas de campo en los ejidos, comunidades y parajes, así como capacitación y sueldo justo para los agentes de salud. Que donde ya hay hospitales, que se rehabiliten lo más pronto posible y que cuenten con servicio de cirugía completa. Que en las comunidades grandes se construyan clínicas y que tengan también doctores y medicinas para atender más de cerca al pueblo.

Décimo.– Que se garantice el derecho de los indígenas a la información veraz de lo que ocurre a nivel local, regional, estatal, nacional e internacional con una radiodifusora indígena independiente del gobierno, dirigida por indígenas y manejada por indígenas.

Décimo primero.– Queremos que se construyan viviendas en todas las comunidades rurales de México y que cuenten con los servicios necesarios como: luz, agua potable, caminos, drenaje, teléfono, transporte, etcétera. Y también que tengan las ventajas de la ciudad como televisión, estufa, refrigerador, lavadora, etcétera. Las comunidades deben contar con centros recreativos para el sano esparcimiento de los pobladores: deporte y cultura que dignifiquen la condición humana de los indígenas.

Décimo segundo.– Queremos que se acabe con el analfabetismo en los pueblos indígenas. Para esto necesitamos mejores escuelas de primaria y secundaria en nuestras comunidades, que cuenten con material didáctico gratuito, y maestros con preparación universitaria, que estén al servicio del pueblo, no sólo para defender los intereses de los ricos. Que en las cabeceras municipales haya primaria, secundaria y preparatoria gratuitas, que el gobierno les dé a los alumnos uniformes, zapatos, alimentación y todo el material de estudio en forma gratuita. En las comunidades céntricas que se encuentran muy alejadas de las cabeceras municipales debe haber secundarias de internado. La educación debe ser totalmente gratuita, desde el prescolar hasta la universidad, y se debe otorgar a todos los mexicanos sin importar raza, credo, edad, sexo o filiación política.

Décimo tercero.– Que las lenguas de todas las etnias sean oficiales y que sea obligatoria su enseñanza en las escuelas primaria, secundaria, preparatoria y universidad.

Décimo cuarto.– Que se respeten nuestros derechos y dignidad como pueblos indígenas, tomando en cuenta nuestra cultura y tradición.

Décimo quinto.– Ya no queremos seguir siendo objeto de discriminación y desprecio que hemos venido sufriendo desde siempre los indígenas.

Décimo sexto.– Como pueblo indígena que somos, que nos dejen organizarnos y gobernarnos con autonomía propia, porque ya no queremos ser sometidos a la voluntad de los poderosos nacionales y extranjeros.

Décimo séptimo.– Que la justicia sea administrada por los propios pueblos indígenas, según sus costumbres y tradiciones, sin intervención de gobiernos ilegítimos y corruptos.

Décimo octavo.– Queremos tener siempre un trabajo digno con salario justo para todos los trabajadores del campo y de la ciudad de la República Mexicana, para que nuestros hermanos no tengan que dedicarse a cosas malas, como el narcotráfico, la delincuencia y la prostitución, para poder sobrevivir. Que se aplique la Ley Federal del

Trabajo para los trabajadores del campo y de la ciudad con aguinaldos, prestaciones, vacaciones y derecho real de huelga.

Décimo noveno.– Queremos precio justo para nuestros productos del campo. Para esto necesitamos libremente buscar o tener un mercado donde vender y comprar y no estar sujetos a *coyotes* explotadores.

Vigésimo.– Que se acabe con el saqueo de la riqueza de nuestro México y, sobre todo, de Chiapas, uno de los estados más ricos de la República, pero que es donde el hambre y la miseria cada día abundan más.

Vigésimo primero.– Queremos la anulación de todas las deudas por créditos, préstamos e impuestos con altos intereses porque ya no pueden pagarse debido a la gran pobreza del pueblo mexicano.

Vigésimo segundo.– Queremos que se acabe con el hambre y la desnutrición porque solamente han causado la muerte de miles de nuestros hermanos del campo y de la ciudad. En cada comunidad rural debe haber tiendas cooperativas, apoyadas económicamente por el gobierno federal, estatal o municipal, y que los precios sean justos. Además debe haber vehículos de transporte, propiedad de las cooperativas, para el transporte de mercancías. Además, el gobierno debe enviar alimentación gratuita para todos los niños menores de 14 años.

Vigésimo tercero.– Pedimos la libertad inmediata e incondicional de todos los presos políticos y de los pobres presos injustamente en todas las cárceles de Chiapas y de México.

Vigésimo cuarto.– Pedimos que el Ejército Federal y las policías de seguridad pública y judiciales ya no entren en las zonas rurales porque solamente van a intimidar, desalojar, robar, reprimir y bombardear a los campesinos que se organizan para defender sus derechos. Por eso nuestros pueblos están cansados de la presencia de los soldados y seguridad pública y judiciales porque son tan abusivos y represores. Que el gobierno federal regrese al gobierno suizo los aviones *Pilatus*, usados para bombardear a nuestro pueblo y que el dinero producto de la devolución sea aplicado en programas para mejorar la vida de los trabajadores del campo y de la ciudad. También pedimos que el gobierno de Estados Unidos de Norteamérica retire sus helicópteros, porque son usados para reprimir al pueblo de México.

Vigésimo quinto.– El pueblo campesino indígena se levantó en armas y es que de por sí no tiene más que sus humildes chozas, pero cuando el Ejército federal bombardea poblaciones civiles destruye estas humildes casas y todas sus pocas pertenencias. Por eso pedimos y exigimos al gobierno federal indemnizar a las familias que hayan sufrido daños materiales causados por los bombardeos y la acción de las tropas federales. Y también pedimos indemnización para las viudas y huérfanos por la guerra, tanto civiles como zapatistas.

Vigésimo sexto.– Nosotros, como campesinos indígenas, queremos vivir en paz y tranquilidad, y que nos dejen vivir según nuestros derechos a la libertad y a una vida digna.

Vigésimo séptimo.– Que se quite el Código Penal del estado de Chiapas porque no nos deja organizarnos más que con las armas, porque toda la lucha legal y pacífica la castigan y reprimen.

Vigésimo octavo.– Pedimos y exigimos el cese de las expulsiones de indígenas de sus comunidades por los caciques apoyados por el Estado. Exigimos que se garantice el retorno libre y voluntario de todos los expulsados a sus tierras de origen y la indemnización por sus bienes perdidos.

Vigésimo noveno.– Petición de las mujeres indígenas:
Nosotras, las mujeres campesinas indígenas, pedimos la solución inmediata de nuestras necesidades urgentes, a las que el gobierno nunca ha dado solución:

a).– Clínicas de partos con ginecólogos para que las mujeres campesinas reciban la atención médica necesaria.

b).– Que se construyan guarderías de niños en las comunidades.

c).– Pedimos al gobierno que mande alimentos suficientes para los niños en todas las comunidades rurales como: leche, maicena, arroz, maíz, soya, aceite frijol, queso, huevos, azúcar, sopa, avena, etcétera.

d).– Que se construyan cocinas y comedores para los niños en las comunidades, que cuenten con todos los servicios.

e).– Que se pongan molinos de nixtamal y tortillerías en las comunidades, dependiendo del número de familias que tengan.

f).– Que nos den proyectos de granjas de pollos, conejos, borregos, puercos, etcétera, y que cuenten con asesoría técnica y médicos veterinarios.

g).– Pedimos proyectos de panadería que cuenten con hornos y materiales.

h).– Queremos que se construyan talleres de artesanías que cuenten con maquinaria y materias primas.

i).– Para la artesanía, que haya mercado donde se pueda vender con precio justo.

j).– Que se construyan escuelas donde puedan recibir capacitación técnica las mujeres.

k).– Que haya escuelas de prescolar y maternal en las comunidades rurales, donde los niños puedan divertirse y crecer sanos moral y físicamente.

l).– Que como mujeres tengamos transportes suficientes para trasladarnos y para transportar nuestros productos de los diferentes proyectos que tengamos.

Trigésimo.– Exigimos juicio político a los señores Patrocinio González Garrido, Absalón Castellanos Domínguez y Elmar Setzer M.

Trigésimo primero.– Exigimos respeto a la vida de todos los miembros del EZLN y que se garantice que no habrá proceso penal alguno o acción represiva en contra de ninguno de los miembros del EZLN, combatientes, simpatizantes o colaboradores.

Trigésimo segundo.– Que todas las agrupaciones y comisiones de defensa de los derechos humanos sean independientes, o sea no gubernamentales, porque las que son del gobierno sólo esconden las arbitrariedades del gobierno.

Trigésimo tercero.– Que se forme una Comisión Nacional de Paz con Justicia y Dignidad formada mayoritariamente por gentes que no pertenezcan al gobierno ni a ningún partido político. Y que esta Comisión Nacional de Paz con Justicia y Dignidad sea la que vigile el cumplimiento de los acuerdos a los que lleguen entre el EZLN y el gobierno federal.

Trigésimo cuarto.– Que la ayuda humanitaria para las víctimas del conflicto sea canalizada a través de representantes auténticos de las comunidades indígenas.

Mientras no tengan solución estas justas demandas de nuestros pueblos estamos dispuestos y decididos a continuar nuestra lucha hasta alcanzar nuestro objetivo.

Para nosotros, los más pequeños de estas tierras, los sin rostro y sin historia, los armados de verdad y fuego, los que venimos de la noche y la montaña, los hombres y mujeres verdaderos, los muertos de ayer, hoy y siempre... para nosotros nada. Para todos todo.

¡ Libertad ! ¡ Justicia ! ¡ Democracia !

Respetuosamente,

Desde las montañas del Sureste mexicano

CCRI-CG del EZLN

LA DESPEDIDA DEL DIÁLOGO

Agradecimientos a las ONG

1 de marzo

Al pueblo de México
A los pueblos y gobiernos del mundo
A las organizaciones no gubernamentales
A la prensa nacional e internacional

Hermanos:

El Comité Clandestino Revolucionario Indígena-Comandancia General del EZLN se dirige con respeto y honor a todos ustedes para decir su palabra:
    Muchas veces hemos explicado la gran importancia que damos nosotros al trabajo desinteresado y honesto de las llamadas organizaciones no gubernamentales. Ahora queremos hablarles otra vez, para darles las gracias para haber estado todos estos días alrededor nuestro en el cinturón de paz; personas buenas y verdaderas que vinieron desde distintas partes de México y del mundo, sacrificaron su tiempo, su trabajo y su descanso para acompañarnos en esta primera etapa del camino a la paz con justicia y dignidad.
    En nuestros sueños hemos visto otro mundo. Un mundo verdadero, un mundo definitivamente más justo que en el que ahora andamos. Vimos que en este mundo no eran necesarios los ejércitos, que en él eran la paz, la justicia y la libertad tan comunes que no se hablaba de ellas como cosas lejanas, como quien nombra pan, pájaro, aire, agua, como quien dice libro y voz, así eran nombradas las cosas buenas en este mundo. Y en este mundo era razón y voluntad el gobierno de los más, y eran los que mandaban gente de bien pensar; mandaban obedeciendo, no era ese mundo verdadero un sueño del pasado, no era algo que venía de nuestros antepasados. Era de ade-

lante que venía, era del siguiente paso que dábamos. Así fue que nos echamos a andar para lograr que ese sueño se sentara a nuestra mesa, iluminara nuestra casa, creciera en nuestras milpas, llenara el corazón de nuestros hijos, limpiara nuestro sudor, sanara nuestra historia y para todos fuera.

Esto queremos. Nada más, pero nada menos.

Ahora seguimos nuestros pasos hacia nuestro verdadero corazón para preguntarle lo que habremos de hacer. Volveremos a nuestras montañas para hablar con la misma lengua y en el mismo tiempo de los nuestros. Gracias a los hermanos que nos cuidaron todos estos días, anda ya su paso en nuestro camino. Adiós

¡ Libertad ! ¡ Justicia ! ¡ Democracia !
Respetuosamente,
Desde las montañas del Sureste mexicano
CCRI-CG del EZLN

Comunicado del CCRI-CG

1 de marzo

Al pueblo de México:
A los pueblos y gobiernos del mundo:
A la prensa nacional e internacional:

Hermanos:

El Comité Clandestino Revolucionario Indígena–Comandancia General del EZLN se dirige con respeto y honor a todos ustedes para decir su palabra.

Primero.– El Ejército Zapatista de Liberación Nacional vino a esta mesa de diálogo con ánimo verdadero de hacerse escuchar y explicar todas las razones que nos obligaron a empuñar las armas para no morir indignamente. Llegamos a dialogar, es decir que llegamos a hablar y a escuchar. Dijimos nuestra palabra al supremo gobierno y a todas las personas buenas y honestas que hay en el mundo. También hablamos a las gentes malas para que escucharan la verdad. Algunos recibieron nuestra palabra, otros siguieron en el camino del desprecio a nuestra voz y a nuestra raza.

Segundo.– Encontramos oídos atentos y dispuestos a escuchar la verdad que salía de nuestros labios. El diálogo de San Cristóbal fue verdadero. No hubo dobleces ni mentiras, nada fue escondido a nuestros corazones y a la gente de razón y bondad. No hubo compra y venta de dignidades. Hubo igualdad en el hablar y en el escuchar. Hubo diálogo bueno y verdadero.

Tercero.– Ahora tenemos respuestas que reflejan el interés verdadero del señor comisionado para encontrar la paz. Tenemos ahora la obligación de reflexionar bien lo que sus palabras dicen. Debemos ahora hablar al corazón colectivo que nos manda. Debemos escuchar su voz para caminar de nuevo. De ellos, de los nuestros, de los indígenas en montañas y cañadas, vendrá la siguiente señal para dar el próximo paso en este camino cuyo destino será la paz con justicia y dignidad, o no será.

Cuarto.– Hemos encontrado en el comisionado para la Paz y la Reconciliación en Chiapas a un hombre dispuesto a escuchar nuestras razones y demandas. Él no se conformó con escucharnos y entendernos, buscó además las posibles soluciones a los problemas. Saludamos la actitud del comisionado Manuel Camacho Solís.

Quinto.– Hemos visto en el señor comisionado nacional de intermediación, el obispo Samuel Ruiz García, la preocupación verdadera y permanente de allanar todos los obstáculos que se interpongan en el camino de la paz. Junto a él, hombres y mujeres buenos trabajaron día y noche para que nada interrumpiera el desarrollo del diálogo. Sacrificando su seguridad personal, su bienestar y su salud los mediadores cumplieron su trabajo, no en medio de la paz y la guerra, sino en medio de dos voces que tratan, todavía, de encontrarse desde la paz y por la paz. Nos recibieron estos hombres y mujeres; si alguna tranquilidad florece en estas tierras se deberá, sobre todo, a su trabajo pacificador. Saludamos el sacrificio y la dedicación del grupo de la Comisión Nacional de Intermediación, y de manera especial al señor obispo Samuel Ruiz García.

Sexto.– Ahora esta etapa del diálogo se ha terminado y es bueno su rumbo. Apartemos todos los obstáculos para que sigamos andando.

¡ Libertad ! ¡ Justicia ! ¡ Democracia !
Respetuosamente,
Desde las montañas del Sureste mexicano
CCRI-CG del EZLN

Conversación de despedida de *Marcos*

3 de marzo

Julio Moguel y Hermann Bellinghausen, enviados, San Cristóbal [*LJ*, 4/iii]. "La expectativa que tenemos es que la guerra quede conjurada por la presión que haga la sociedad civil de todo el país para que se cumplan los acuerdos. No creo que ello dependa de los resultados de las políticas de San Cristóbal. El problema surgirá si la sociedad civil se agota, se cansa, se desinfla –en ese caso todo quedaría suelto y entonces sí se nos irían encima por la vía militar. Lo que trato de explicar es que el problema ya no somos nosotros, sino el país; que nuestro ciclo ya terminó, por más que sigan los flashes y las fotos".

El subcomandante *Marcos* sostiene una conversación suelta e informal, después de las últimas entrevistas que concedió en San Cristóbal de las Casas. Visiblemente cansado, pero con el habla ágil que lo caracteriza, revisa la experiencia militar del levantamiento zapatista, manifiesta sus primeras impresiones después del diálogo; reflexiona acerca del período de consulta que ahora debe realizar el EZLN en sus comunidades.

Es el fin de una etapa, sorpresiva y sorprendente, con la cual los sublevados no contaban. El subcomandante insurgente evalúa las insuficiencias de la negociación, tanto por parte del EZLN como de los negociadores del gobierno. Se muestra escéptico de los compromisos y esboza los escenarios para un futuro inmediato. ¿Paz o guerra? ¿Recrudecimiento de la represión y el autoritarismo? ¿O tránsito efectivo a la democracia?

El hombre de las mil palabras se despide del foro y antes de retornar a la montaña se acomoda en una silla para una conversación más, la del estribo.

–¿Se sienten más seguros ahora que regresan a la selva?

–Allí estamos en nuestra cancha. Cuando entramos a la ciudad es cuando empezamos a cometer errores, pero mientras estemos en las montañas y en las comunidades es muy difícil que alguien se meta con nosotros, incluso la fuerza regular del Ejército federal".

–Estás invitando a los periodistas a que se vayan con ustedes a la selva. ¿En qué consiste dicha invitación? ¿Significa acaso que sus campamentos ya no serán clandestinos?

–La idea no es llevarlos a lugares donde la situación sea delicada. Hay un sector, el civil, que es donde se van a realizar las consultas. Eso sí, se pueden arreglar algunas visitas que impliquen cierto riesgo, y éstas –como las anteriores–, las haremos con mucha seguridad, vendando los ojos de los periodistas que se decidan. Ahorita, ya para nadie es un secreto qué zonas son zapatistas.

–¿Están pensando en seguir la guerra, o creen que se negoció bien?

–Nosotros pensábamos que la guerra era lo que seguía. Lo que se detuvo el día 12 fue que el Ejército federal entrara a las comunidades y empezara a arrasar, que nosotros los fuéramos atrayendo hacia la selva, a la montaña. Eso fue lo que se detuvo. Nosotros estábamos preparados para ese tipo de combate: fue el que ensayamos durante 10 años, no los ataques de San Cristóbal y de las otras cabeceras municipales. Los nueve años anteriores nos preparamos para la defensa, sólo para la defensa.

"Pero nuestros cálculos no estaban ni están en que todo se defina por medio de las armas. Lo que nosotros pensamos y calculamos es que era más caro aniquilarnos en términos políticos que decirnos que nos resolverían todas nuestras demandas. Porque ahorita sólo eso están diciendo: que nos va a dar. Y tal vez sí haya alguna inversión fuerte, pero más que para solucionar el problema para quitarle base social al ejército zapatista, y para quitarle base social a la guerra. El gobierno tendrá que combatir contra su pasado para convencer a las comunidades de que ahora sí va a cumplir sus compromisos. ¿Por qué la gente ahora sí va a creer en sus promesas?

"La expectativa que tenemos es que la guerra queda conjurada por la presión que haga la sociedad civil de todo el país para que se cumplan los acuerdos. No creo que ello dependa de los resultados de las pláticas de San Cristóbal. El problema surgirá si la sociedad civil se agota, se cansa, se desinfla; en ese caso todo quedaría suelto y entonces sí se nos irán encima por la vía militar. Lo que trato de explicar es que el problema ya no somos nosotros, sino el país; que nuestro ciclo ya terminó, por más que sigan los flashes y las fotos."

–Pero ustedes contaban con que iba a haber guerra y que iba a ser larga. ¿Pensaban que iba a haber un choque militar fuerte, o no contaban con ello?

–Sí contábamos con un choque militar fuerte. Pensábamos que el más fuerte choque militar iba a ser en San Cristóbal. Nuestros cálculos eran que la reacción militar iba a ser inmediata, para evitar que hubiera más revuelo. Calculamos que ellos no iban a titubear. Por esa razón fue que concentramos aquí nuestras mayores fuerzas, con la idea de aguantar la entrada del Ejército, nuestro núcleo militar más grande estaba alrededor de Rancho Nuevo, sobre el camino Tuxtla.

"Con mayor razón creímos que habría un choque fuerte, cuando vemos que las cabeceras municipales no caen en forma simultánea. Nosotros tomamos San Cristóbal y nos damos cuenta de que estamos solos, de que las demás cabeceras no han caído. Los ataques en Altamirano y Ocosingo se dan hasta las siete de la mañana, y no se resuelven en términos militares hasta las cuatro de la tarde. En Las Margaritas se empieza a las tres de la mañana y en una hora cae. Nosotros empezamos a la una de la mañana y a las dos ya tenemos la ciudad. Decidimos por ello darnos el tiempo necesario en San Cristóbal para detener y empantanar al Ejército, y darnos tiempo para una retirada ordenada, mientras averiguábamos qué estaba pasando y llevábamos a cabo una acción de propaganda armada. Después vendría el ataque a Rancho Nuevo para recuperar armas y parque, y es allí donde fallamos en forma lamentable. Perdemos gente y además nos ponen en desbandada. Eso desorganiza toda una columna, la que confluía de San Cristóbal a Rancho Nuevo, pero también la que estaba bajando de Altamirano a San Cristóbal.

"Repito pues que no sabíamos bien lo que estaba pasando. La forma tan rápida en la que pasamos de la acción armada a la mesa de San Cristóbal nos tomó por sorpresa. Ya habíamos dicho antes que nuestra demora relativa en organizarnos para llegar a la mesa de la paz fue precisamente que no la esperábamos tan pronto."

–Si los tomó por sorpresa la forma en que se dieron los acontecimientos, y tuvieron que improvisar o discutir el cambio de rumbo sobre la marcha, ¿están preparados ahora para que en un plazo tan corto como el anunciado se discutan en la selva los términos de los acuerdos?

–No hay ni habrá improvisación en la discusión de dichos acuerdos, pues eso sí lo sabemos hacer. Así decidimos la guerra. Te voy a contar. Primero empezaron a emerger algunas voces que decían que ya no aguantaban; luego aparecieron núcleos que empezaron a decir que se irían a la guerra solos, por su lado. Entonces la comandancia empieza a detectar esta situación, la analiza y decide consultar. Se organiza pues la explicación de los pros y de los contras de iniciar el levantamiento, tomando en cuenta las circunstancias: las del Tratado de Libre Comercio, la caída del sistema socialista, lo que pasó en el Salvador, en Nicaragua, en Guatemala. Y del otro lado estaba la lógica de la muerte y la miseria: el aumento de la mortalidad infantil, la cancelación del reparto agrario por la reforma al artículo 27, el choque de comisiones que iban a solicitar recursos y regresaban sólo con un montón de papeles.

"Entonces la Comandancia General lo explica a los comités de etnia; estos comités a los de las regiones y cañadas; éstos a los comités locales –que están en cada poblado–, y éstos a su vez lo explican a la comunidad. Allí se argumenta en pro y en contra hasta que la misma comunidad dice que ya es tiempo de votar. Se levantan actas en las que se apunta tantos que sí, tantos que no, tantos que no saben, sin distinción de edad, hombres, mujeres y niños. Luego viene el proceso inverso: los locales pasan los resolutivos de base a las regionales, las regionales a la zona, la zona a los comités y éstos a la comandancia. Fue cuando pareció que estuviéramos viendo otro canal de televisión: mientras nosotros pensábamos que no, que parecía que todo a nivel internacional estaba en contra, que se anularía en consecuencia la acción militar resultó que la inmensa mayoría se inclinó por el sí. Sólo un puñadito de compañeros decían nomás que aún no era tiempo."

–Decías antes que para ganar los acuerdos de la mesa de San Cristóbal se requeriría algo más que la voluntad expresa de las partes. Hablabas de que sólo con el apoyo –o la suma– de la sociedad civil sería posible ganar las demandas zapatistas. ¿Podrías explicar mejor esta idea?

–El gobierno sólo cumplirá si se le obliga, y ello por la fuerza de los fusiles o por la presión de la sociedad. Apostarle a que se dé esa presión es el camino. La única posibilidad de paz que ahora vemos es que haya otras fuerzas que se comprometan a obligar al gobierno a que cumpla. Ésa es la apuesta de este proceso de consulta: no depende de lo que vaya para abajo, sino de lo que va al resto del país.

"Nosotros hemos recibido muchas cartas que sugieren un proceso de transmutación. Primero nos llegaron cartas de sorpresa, de algunos que decían que todo estaba muy bonito pero que nos iban a romper la madre; luego vinieron las cartas que decían que buscáramos el camino de la paz, de la negociación, para que no nos dejáramos matar, la tercera etapa fue cuando nos dijeron –nos dicen– que no entreguemos las armas, que no nos vayamos a vender, que no cedamos a lo que piden. Se están formando comités de solidaridad ya no con el pueblo chiapaneco sino con el EZLN. Llegan de muchos lados, sobre todo de grupos indígenas. Recordarás la carta que nos mandaron los de la marcha de Guerrero; pero también han llegado de los yaquis, mayos, tarahumaras, de los mayas de Yucatán y Campeche, de Colima, Puebla...

"Nosotros no nos asumimos al frente de este movimiento; más bien nos asumimos como la cola. Ahora cualquier otro movimiento tiene más oportunidad que nosotros, porque pueden decir: allí están los radicales, yo quiero lo mismo que ellos, y si no me cumples también me voy a radicalizar. Ahora se abre el campo para eso y nosotros decimos pues ¡órale, sí, éntrenle! Pero no nos vemos como víctimas propiciatorias, porque sí vamos a cobrar nuestros muertos, no con otras muertes, sino con beneficios para los indígenas en general y para el estado en particular. Ahorita el peligro es que el movimiento se quede conforme con lo que se dará en el nivel local y no aspire a contribuir a un movimiento nacional."

–En el documento que resultó de las discusiones entre ustedes y el comisionado en San Cristóbal, no tienen respuestas positivas algunas demandas de nivel federal que el EZLN había venido planteando, como las reformas al artículo 27, o al cuarto constitucional. Pero en una primera lectura da la impresión de que ustedes lograron cuestiones que, aunque no haya sido aceptado formalmente, presionen hacia una reforma de partes importantes de la Constitución o, si se permite la figura, ganaron cuestiones que le quedan grandes a la estrechez del marco legal e institucional actualmente vigente.

–Hay respuestas que no responden formalmente a algunas de esas demandas nacionales, pero que sí abren la puerta a que se desarrolle un movimiento nacional que acabe por romper o modificar el actual marco constitucional. No responden por ejemplo, a la demanda de reforma del 27, pero las concesiones establecidas posibilitan que con la confluencia de otros sectores y movimientos, con demandas de ese tipo y por otros medios, acaben por reformarlo, antes de que termine el sexenio o a partir de un nuevo gobierno.

"Según lo que analizamos nosotros y las consultas que hicimos con abogados, necesariamente San Cristóbal empieza a plantear la necesidad de una mesa nacional, de un diálogo nacional, donde además de nosotros participen otras fuerzas.

" En todo caso, si no resuelven tan rápido y en forma clara es por mantener el principio de autoridad, bajo la idea de que no tienen por qué concederle a esta gente. El proyecto neoliberal ya no es defendible."

–Ustedes tuvieron mucha suerte al no ser descubiertos. ¿Cuál fue la fórmula o las condiciones que hicieron eso posible?

–El gobierno pensó primero que lo nuestro no era una guerrilla. Decían que si lo fuera, ya estarían atacando, porque no hay guerrilla que se prepare primero, crezca y hasta después ataque. Pensaron entonces que éramos guatemaltecos, bases de apoyo de la URNG, o pensaron otras cosas, como que se trataba de invasiones de tierra de algunas organizaciones. La información que tenían no checa entonces con el esquema de la computadora de la Sedena, o de Gobernación, si es que Gobernación todavía ocultaba esa información.

"Nosotros pensamos desde 1985, que íbamos a ser descubiertos. Entonces todo nuestro esquema militar era defensivo, esperando ser descubiertos, pues ya estábamos creciendo demasiado: comunidades enteras hablaban de nosotros, nos ayudaban con la carga, nos alimentaban."

–¿Qué pregunta te hubiera gustado escuchar? ¿Qué es lo que nadie te ha preguntado y quisieras decir?

–Yo preguntaría: ¿qué van a hacer los zapatistas, en una y otra posibilidad? ¿Qué van a hacer si la gente dice que no a la paz sino a la guerra? ¿Qué van a hacer si la gente dice sí a la paz y no a la guerra? ¿Qué van a hacer con sus unidades militares y sus profesionales de la violencia en un caso y en otro? En el caso de que la opción fuera la paz, nosotros no batallaríamos, pues nuestro ejército es campesino. La incorporación a la vida civil sería casi natural, aunque no entregaríamos las armas para defendernos en caso de amenaza. De cualquier manera, si se gana la paz tendríamos que permanecer durante un buen tiempo como ejército garante del cumplimiento de los acuerdos. El problema es cómo en ese tiempo se va a dar la relación con el poder, con el que te enfrentaste, pues como quiera que sea su objetivo es aniquilarte, o sea, restarte base social y minar tu prestigio para poder aniquilarte con el menor costo político.

–En caso de que avance la propuesta de paz y el cumplimiento de las demandas zapatistas, ¿qué va a pasar con los ganaderos?

–Yo creo que los van a tener que sacrificar. Si el gobierno quiere llegar a un acuerdo va a tener que sacrificarlos. Puede darse un proceso de concertación dentro de los ganaderos, en el sentido de que ellos mismos decidan sacrificar a algunos, los de estos territorios, para que no se toque a otros. Eso va a pasar en Altamirano, en Ocosingo, en Las Margaritas, donde fue el conflicto.

"Ocurre allí un fenómeno parecido al de San Juan Chamula. El cacicazgo de San Juan Chamula es promovido por el Estado a cambio de votos. Por cumplir esta función, de asegurar los votos, empiezan a darles más poder y ello provoca la situación que conocemos. A tal punto que ahora el gobierno no puede tocar a los caciques; van y vienen gobernadores, y a costos sociales muy altos; no los pueden tocar. Tal vez no se han dado cuenta qué mostruo crearon igual con las ganaderas, cuando les dieron entrenamiento, las armaron, claro a cambio de dinero, y las solaparon en los desmadres que hicieron.

"Y el gobierno sabía. Así como en el 93 descubren nuestros campos de entrenamiento, ellos saben por lo menos desde el 90, que los ganaderos se encuentran armados y se preparan. Son sus oficiales los que les daban instrucciones en campos de entrenamiento de las *guardias blancas*, en los ranchos de los Castellanos, en el auditorio municipal de Altamirano.

"La hipótesis militar que hemos contemplado es que se hace una plaza de toros que se llama Selva Lacandona. En el burladero están el gobierno federal y el ejército; arriba la sociedad civil; nosotros somos el torero, y el toro son los ganaderos. El gobierno dice: que se hagan pedazos y yo llego a recoger los restos. Y entonces el ejército agresor de derechos humanos se convierte en un ejército pacificador, que pone el orden. Ése es un probable escenario, que reproduce en términos militares la detención de la caravana Ricardo Pozas: el ambiente es de linchamiento y los militares se cruzan de brazos.

"Los ganaderos ya están fuera de control. Nosotros amenazamos varias veces con romper las pláticas por lo de Altamirano, y el gobierno no pudo controlarlos. Los ganaderos estaban jugando a romper las pláticas."

–¿Qué va a pasar en Altamirano? ¿Va a haber un rompimiento? ¿Qué pasa si este esquema de confrontación se extiende a otros lugares del país?

–Parece que esto va a jugarse también en las ganaderas nacionales: allí se verá qué apoyo tienen. Pero si estos cuates cuentan con el apoyo de las ganaderas, entonces vale madre, porque van a pasar de linchadores a mártires de la causa de la pequeña propiedad. Si las otras ganaderas empiezan a hacer ruido sobre esto pues van a crear la *contra*. Pero la responsabilidad es del Estado. Igual es el responsable de lo que pasó el primero de enero, porque antes se les dijo que eso iba a pasar; se les demandó que corrigieran. Ahora se les dice que va a pasar esto, que dejen abiertas las puertas.

–¿Cómo ven ustedes ahora la respuesta o la actitud de Camacho Solís?

–El descubrimiento de Camacho fue que en realidad la dirección de este movimiento es indígena. Fue una gran sorpresa para ellos tener que dirigirse a esos interlocutores y no a las fuerzas que supuestamente estaban atrás. Allí es cuando se les abre el mundo, y entonces Camacho dice que esto sí tiene salida aunque estén ocultos detrás de un pasamontañas; que no se trata de fuerzas extranjeras.

–Una de las conquistas de ustedes en la mesa de San Cristóbal es que se creen condiciones para unas elecciones limpias y democráti-

cas en Chiapas. Si esto se cumple, ¿participaría el EZLN de alguna manera como fuerza y candidatos propios en el proceso electoral?
–No lo vamos a hacer. No tenemos la estructura organizativa necesaria. Pero además hay recelo de nuestra gente a que alguno de nosotros lo haga. Por ejemplo, todos los jefes tienen prohibido ocupar cargos públicos, bajo amenaza de expulsión. Tampoco tienen posibilidad de tener propiedades. Pero además la estructura del EZLN es estrictamente militar reivindicativa. Necesitaríamos además cuadros experimentados en la lucha abierta, de masas. Nosotros tenemos la capacidad de organizarnos en las comunidades, de sobrevivir, de mantenernos allí adentro, pero ya no de salir a la luz pública, pues no tenemos experiencia. Allí es donde nos pueden marear y acaballar.
–Pero ustedes, con la simpatía que generaron ¿no podrían tener influencia en la nominación de presidentes municipales? ¿No es parte de sus objetivos influir en el nombramiento de autoridades democráticas?
–Ése es sin duda uno de nuestros objetivos. Definitivamente eso es una cercana realidad en los medios rurales, pues todo el territorio rural del estado es nuestro. Pero eso lo veo más bien en el sentido de saludar la nominación, la candidatura de alguien, y no de lanzarlo por nuestra cuenta, pues de otra forma se pierde prestigio, autoridad moral, base social.

Testimonios de la mayor *Ana María* y la comandante *Ramona* antes de volver

Susana Rodríguez, [*Mi*, 7/iii]. Las mujeres que participan en el EZLN representan entre el diez y quince por ciento del Comité Clandestino Revolucionario Indígena. La mayor insurgente de infantería del EZLN, *Ana María* –de unos 25 años–, comenta que, a pesar de ser "soltera y sin hijos", conoce los problemas de la mujer campesina. "Ingresé cuando tenía 12 o 13 años; era una niña. Y me enseñaron todo, hasta la conciencia política que ahora tengo".

Su lucha, como la de *Ramona* (delegada del CCRI-CG del EZLN, que está a su lado), "es nacional, no local, no sólo de Chiapas". *Ana María* usa uniforme militar del EZLN: camisola café, pantalón negro, pasamontaña negro y paliacate rojo al cuello, y pide que a *Ramona* le hagan preguntas sencillas, "pues no habla castilla".

Tienen a sus espaldas a la Virgen del Rayo, mientras, hablan de su vida en las montañas y la selva, de cómo adquirieron conciencia, cómo está estructurado el EZLN y el papel que debe jugar la mujer en la sociedad.

"El EZLN responde a mis intereses personales –comenta *Ana María*–. Nosotras nos integramos a esta lucha hace más de diez años. Primero fueron luchas pacíficas donde participaba con mis hermanas y hermanos. Y a través de estas organizaciones –sin decir cuáles– nos dimos cuenta que todos tenemos las mismas demandas: tierras, agua y servicios.

"Nuestros intereses son los de todo el pueblo mexicano. Estamos conscientes de lo que buscamos y nos entregamos totalmente a la revolución."

Como insurgente del EZLN, *Ana María* ya no vive con su familia: "Vivimos con los compañeros y compañeras del ejército. Vivimos en campamentos donde nos prepararon para ser lo que somos". Recuerda:

"Cuando entré, éramos dos compañeras, sólo dos mujeres. En ese entonces éramos 8, 6, 9 en la sierra. Los compañeros nos enseñaron a caminar en la montaña, cargar las armas, cazar. Nos enseñaron ejercicios militares de combate y cuando aprendimos esos trabajos, nos enseñaron política.

"Después, salimos a comunidades a hablar con nuestras gentes, a platicarles de nuestra lucha y de cómo podíamos resolverla, y empezó a llegar mucha gente: compañeros, mujeres y niños. Porque la mayoría somos jóvenes".

Entonces iniciaron una vida en comunidad. A la fecha existen tres grupos que apoyan la actividad del EZLN: el pueblo forma el equipo civil –"si no tuviéramos el apoyo del pueblo, no existiría el ejército"–; la milicia, conformada por gente de los poblados que reciben adiestramiento en sus tiempos libres, y cuando se les solicita, acuden. Por último están los insurgentes, que "son compañeros que ya no viven con sus familias; están entregados, pues, a la causa, ya no trabajan para su familia, así es como estamos formados", comentó *Ana María*.

Como comunidad, en el ejército zapatista también existen matrimonios. "Son con mucho respeto: si a una mujer le gusta alguien, un compañero, pues pide permiso al mando, a la autoridad. Les dan permiso de ser novios, y si se entienden, hay dos formas de casarse: si quieren, firman un papel, eso quiere decir casarse, y si quieren juntarse nada más piden permiso, y se juntan".

Respecto a la conciencia política de los integrantes del EZLN, *Ana María* comenta que cuando ingresaron al ejército zapatista eran niños de 12 o 14 años,"y nos considerábamos como de 18". La familia, los compañeros y la comunidad misma influyeron en esta formación. "La conciencia se agarra desde niño, desde chico aprendimos la conciencia de lucha".

Declara sin profundizar en cómo y con cuánta gente participó el primero de enero en la toma de San Cristóbal. "Ahí estuve yo. Yo llevé a la gente. Sobre el número de gente no le puedo decir, pero éramos como mil".

Hija de campesinos tzotziles, concluye señalando que tomarán las armas si el diálogo no sirve y si la sociedad civil se los pide. "Estamos claros, pues, que luchamos por demandas de los chiapanecos, pero también pedimos para todos los mexicanos, no nada más para unos cuantos, porque sabemos y conocemos la situación a nivel nacional. Claro que hay más marginación y miseria en Chiapas, pero también lo hay en otros estados. Nosotros somos representantes de los mexicanos".

Ramona, que no deja ver más que el brillo de sus ojos tras el pasamontañas negro, responde en tzotzil, y la traducción la hace *Ana María*. "Conozco la situación campesina; la injusticia y la pobreza en que vive la mujer indígena en nuestro país. Por eso ingresé a la lucha armada. Las demandas son las mismas de siempre: justicia, tierras, trabajo, educación e igualdad para las mujeres".

En voz de *Ana María*, ambas concluyen haciendo un llamado a las mujeres a integrarse a su lucha. "Pero no necesariamente a través de las armas; que tengan conciencia política y con ella actúen. Necesitamos apoyo de las mujeres porque somos las que sufrimos más. Es muy doloroso ver a los niños morir, morirse de desnutrición, de hambre, de enfermedades curables. La mujer sufre mucho. Y por eso luchamos".